# 関係フレーム理論（RFT）をまなぶ
——言語行動理論・ACT（アクセプタンス&コミットメント・セラピー）入門——

著
ニコラス・トールネケ

監修
山本淳一

監訳
武藤　崇
熊野宏昭

星和書店

# Learning RFT
An Introduction to Relational Frame Theory and Its Clinical Application

by

Niklas Törneke, MD

Supervised
by
Junichi Yamamoto, Ph.D.

Translated from English
by
Takashi Muto, Ph.D.
Hiroaki Kumano, M.D., Ph.D.

English Edition Copyright © 2009 by Niklas Törneke
 Japanese translation rights arranged with Niklas Törneke
 through Japan UNI Agency, Inc.

Japanese Edition Copyright © 2013 by Seiwa Shoten Publishers, Tokyo

# 監修者まえがき
## 行動分析学，関係フレーム理論，アクセプタンス＆コミットメント・セラピーを包括的に学ぶ

　この本は，認知行動療法，臨床行動分析としてのACT（アクセプタンス・コミットメント・セラピー）を，基礎理論から学びたい人たちにぴったりの本である。第3章から読むのもよいかもしれない。行動分析学の基礎を知っている人は，第2章で，最近の人間行動分析で用いられる「確立操作」「等価関係」「派生的刺激関係」「ルール支配行動」「言語行動としてのメタファー」など，概念の有用性を読み解いていく楽しみがある。行動分析学をはじめて学ぶ人たちは，やはり第1章から，こつこつ読むことをおすすめする。

　本書の表題は，RFT（関係フレーム理論）の基礎を学ぶ，というものである。RFTは，行動分析学，徹底的行動主義から生まれた。この本からは，概念の発展と臨床応用の展開がよくわかる。行動分析学の基本は，「事実」を機能分析する上で，必要十分な概念的枠組みのみを用いる点にある。それが，こりかたまった閉じた体系や形式にならないのは，概念的枠組みが，常に「環境との接触（アクセス）」を前提としているからである。環境と個人との相互作用。ここでは，「文脈」と呼んでいる。

　まず，少数の概念を使って，オペラント行動とレスポンデント行動の基礎から，スキナーの言語行動論の体系を学ぶ。その基本的な考え方は，言語行動も，他の行動と同じように，常に，環境との接触によって，生成，維持，機能化しているという点にある。同時に，言語行動は，本人の他の行動に直接的，間接的に影響を与えている。

　では，「心の問題」をRFTではどのように扱うのか？　他の行動と同じように，機能の観点から「私的出来事」として扱う。私的出来事の代表である「思考」は，本書で述べられているような様々な言語行動が，機能をそのままにした上で，徐々にその音声強度を減らしていく過程で生じる

行動である。「心」というとその「内容」に目が向く。私的出来事というと「機能」に焦点を当てることができる。

　私たちは，自分自身の私的出来事を「タクト（叙述）」することができる。日常的なことばでいうと，「自分の」「気持ちを」「相手に」「伝える」ことができる。もちろん，それが，タクト以外の働き，「マンド（要求）」であったり，「イントラバーバル（言語連鎖）」や「エコーイック（音声模倣）」など，別の機能を持つ場合もある。

　このような機能と同時に，ヒトならではの高次の機能として，刺激と刺激とが結びつく働きがある。いわゆる「等価関係」の成立である。ただ，等価関係は，2つの刺激が「＝（同じ）」で結ばれるもののみに限定される。RFTでは，「反対の」「前の」「となりの」「意味する」など多くの関係を示す「文脈刺激」によって，心理的，行動的世界が広がっていくと考える。この文脈刺激が間に挟まれ，刺激と刺激との時間的・空間的近接性が繰り返されると，意味と関係の世界が拡張することになる。

　しかしながら，このような自動的ともいえる関係性の拡張は，「心」の世界の広がりに貢献するのと同時に，心理臨床上の問題をもたらすことにもなる。未来に向かう学習心理学や発達心理学と現在の問題解決のための臨床心理学。コインの裏と表である。「恣意的に適用される刺激関係」が両義的なのである。ふつうの幸せな人生を送っていたのに，嫌悪刺激を含んだ刺激と刺激とが勝手に連合したら，たまったものではない。

　世界は，強化刺激に満ち溢れている。私的出来事もそれに連動して，強化機能で維持されている。

　一方，世界に嫌悪的出来事が起こった。すると，それと関係を持つ刺激が，勝手に関係を取り結び，嫌悪的出来事に囲まれてしまう。現実を見ないようにする試み，忘れようとする努力それらも，嫌悪刺激と連合して，その強度を強めていく。これが，心理臨床上の問題の実態である。嫌な体験を回避することは，嫌悪刺激除去による強化になるので，その方略が繰り返され，症状が固着することになる。

　ここでACTに登場してもらおう。嫌な体験を回避せずに，代替行動を増やしていく。ACTは，心理臨床上の問題の根本を分析する理論である

RFTを基にしている。様々な精神疾患に対応した治療法ではなく，精神疾患の機能の中心へ直接アプローチする治療法である。

　ともかく，人は生きている限り，外側にある刺激や内的刺激は，言語行動も巻き込みながらどんどん結びついていくのだから，それをなくそうというアプローチは中止しよう。代替行動が強化される文脈づくりに専念しよう。

　ACT的に考え，そしてACT的に行動する。本書を通じて，ACTを，認知行動療法のひとつの技法ととらえるのでなく，ヒトの行動のメカニズムの基本から理解しよう。

　本書を読むことで，ACTの基礎理論としてのRFT，RFTの基礎理論としての行動分析学を，帰納的に積み上げて学ぶことができる。また，臨床成果をあげるための基礎的方法を学ぶことができる。

　最後に。この本の魅力は，多彩なパラフレーズにある。パラフレーズによって，読み手の理解を促進するというのがテキストとしての戦略であろう。内容をさらに深く理解するためには，自分のことばに置き換えて表現することが有効だと思う。テキストとして，そのまま学ぶのにとどまらず，繰り返し，概念や考え方や事例をパラフレーズしていただきたいと思う。そのことで，ひとりひとりの「人生（ライフ）」と「生命（ライフ）」の中で，行動分析学，RFT，ACTが，生き生きと動き出すのを感じることができるはずである。

山本淳一

# 日本語版への序文

　今，何かを達成したという充実感とワクワクするような高揚感でいっぱいである。というのも，関係フレーム理論に関する私の本が日本語で出版されることを知ったからだ。

　関係フレーム理論は，しばしば理解することが難しいと言われる。しかし，世界中の人たちにもっともっと，それを理解してもらいたいと考えている。なぜ，そのように考えるのか。その理由は，いたってシンプルだ。解決の難しい領域で（たとえば，心理療法，自閉症の援助，組織内でのメンタルヘルス，学校教育など）働いている実践家の方たちが，ご自身の問題解決を達成しようとしていることに，この理論がますます役に立っている，という知見が今も増え続けているからだ。

　ここで，皆さんに，良いニュースがある。関係フレーム理論は，人間の言語や認知に対する一般的な理解の仕方とはずいぶんと異なってはいるものの，内容的にはそれほど難しいものではない。いったん，基礎的な原理さえつかんでしまえば，あとは，多くの物事が自然とあるべきところに落ち着いていくように，スルスルと理解できるようになるだろう。だからこそ，日本語を母語としている方たちにも，同じ経験ができると考えている。そして，この本は，それをお手伝いすることになるだろう。

　多くの方々が，この本の内容を日本語でも十分に理解できるように翻訳することに重要な貢献をしてきてくださった。そのすべての方たちに深く感謝を申し上げたい。特に，私の良い友人である武藤崇氏に感謝する。彼がいなかったら，この本は翻訳されなかったかもしれないからだ。

　　　　　　　　　　　　　　　　　　　　　　　ニコラス・トールネケ

序　文

人間の言語と認知に関する
プラグマティズムに基づく理論


　行動分析学は，心理学的な科学に対するアプローチとしては，実に変わっている。メインストリームの心理学とは鮮やかなまでに対照的に，行動理論の伝統は，人間行動を説明する基盤として，心的表象と心的プロセスを媒介とすることを拒否している。その代わりに，行動分析学は，徹底した機能分析的アプローチに従い，そこでは，体系立てられた分析が，生体と，その生体をとりまく過去および現在の環境的な文脈との間に起こる相互作用について行われて，それがすべての心理的出来事を説明するための枠組みを提供するのである。
　やや意外なことかもしれないが，この珍しいアプローチは，初期の頃に，特にさまざまな学習障害と診断された個人の生活を改善する上でかなりの成果をあげた。しかし，行動分析学がその注目の対象を人間の言語と認知に向けたときには，同じだけの成果は見られなかった。Noam Chomsky が B. F. Skinner の『言語行動』に対して行った手厳しい論評はよく知られていて，ときには，それが，行動分析学がとる非媒介的なアプローチでは（言語や思考などといった），人間心理のより高度な側面，あるいは洗練された側面にまで力が及ばないことの「証明」として挙げられることもある。Skinner の業績は実際にいくつもの言語訓練プログラムの基盤を提供するものではあったが，その成功は，やはり学習障害のある集団に大きく限定されていた。
　『言語行動』についての主な問題で，Chomsky が強調した点は，それが人間言語の持つ高度に生成的（generative）な特質を扱っていない，とうことであった。Skinner の『言語行動』は，この問題にまったく触れないわけではないが，言語が生成することのできるほとんど無限とも言える新しい関係性について，よく練られた専門的な説明を提供してはいない。

さらに，メタファーやアナロジーといった高度な言語現象を取り扱う箇所には説得力がない。たとえば，これらの言語行動に対して機能分析的解釈を提供する際に，一般用語と専門用語を織り交ぜていて，そのため，結果として，その分析は要求されるような正確さを欠いたものとなっている。

しかし，もちろん，Skinner がその本を書いたのは，Murray Sidman の「刺激等価クラス（stimulus equivalence class）」の形成に関する最初の研究が行われて，その独創的な研究から人間言語の研究のための可能性が示される，20 年近くも前のことである。Skinner は，この刺激等価性に関するデータとそれに続くことになる概念的な研究に当時アクセスすることがなかった点で，明らかにひどく形勢不利であった。今では，私たちは「派生的関係反応（derived relational responding）」が幼い子どもの行動レパートリーの中にも，かなり早いうちから見られることを知っているし，また，人間の言語と認知に対する現代の行動療法は，これらの研究の中から生まれてきたものなのである。残念ながら，Skinner の『言語行動』には，この研究が含まれていなかった。そのために，『言語行動』の大部分は，人間の言語を直接的随伴性に基づいて説明するものとなっていて，言語行動の中でも最も重要な決定的特性——派生的関係反応——については，ごくわずかしか触れていない。

関係フレーム理論についての最初の本である "*Relational Frame Theory：A Post-Skinnerian Account of Human Language and Cognition*"[80]は，Skinner の取り組みから 30 年以上が過ぎて出版されたもので，人間の言語と認知についての現代的で行動分析学的な説明を提示することをねらいとしている。その理論は，派生的関係を取り込み，まさに説明の中心にそれを位置づけるものである。それにもかかわらず，関係フレーム理論（RFT）は，行動分析学の領域において，以前に行われた概念的また実証的な研究の「延長線上」にある。その本の中核的な概念である「恣意的に適用可能な関係反応（arbitrary applicable relational responding）」は，Skinner のオペラント条件づけの概念にしっかりと基づき，Sidman の独創的な研究である刺激等価クラスを豊富に引用している。具体的には，等価クラス形成はオペラント条件づけ（学習された反応

クラス）の履歴の結果と見なされ，そして，この主張に基づいて，そのような反応クラス（関係フレーム）が複数形成される可能性が示唆された。

　この2001年のRFTの本は，人間の言語行動の基本的な分析単位——関係フレーム——がもっと複雑なユニットへと組み合わされて，関係フレーム同士を関係づけるさらに複雑な関係ネットワークの形成につながることと，関係ネットワーク全体をほかの関係ネットワークへと関係づけることについて説明している。この本の中では，こうした高度に抽象的な概念が用いられて，人間の言語能力全体を，ネーミング，物語ること，ユーモア，抽象的な論理，言語的に構築された自己，そしてスピリチュアリティを含めて，心理的な仮説構成といった媒介変数を導入することなしに，純粋に機能分析的に説明している。

　このRFT本の背後にある主要な目的は，ただ単に人間の言語と認知に対する現代的な行動分析学的解釈を提供することだけではなかった。その目的は，プラグマティズムに徹することにあったのである。その本が特にねらいとしたのは，人間の言語と認知についての基礎的および応用的研究の両方を搔き立てることと，研究者と実践家たちの間のコミュニケーションを促進するような機能分析的な用語を複数提供することであった。最初のゴールについては，比較的成功したかのように見える。しかし，後者の目的のためには，おそらく別な本が必要となるのではないかと思っている——そう，それが，今，まさにあなたが手にしている本なのだ！

　そのRFT本は，高度に学術的で，専門用語にあふれ，ひどく抽象的な概念がちりばめられている。本書は，そこから多くの概念と，いくらかの専門用語を含めているが，とてもわかりやすい仕方で内容を提供して，それでいて重要な点は押さえて，主題を完全に伝えるものなのである。

　本書の最初のセクションは，行動分析学を支える哲学的また概念的な土台についての，簡潔ながらもよくまとまった導入ではじまる。この部分は，それ以降に続く本書の内容に取り組むにあたって不可欠な理解を提供するものである。続いて，「考える」という活動と人間の言語に関連する論点が紹介され，それらの論点についての，従来のSkinner学派の視点が解説された上で，従来の認知療法と対比される。この検討では，どちらのア

プローチも，少なくとも臨床分野においては，「考える」ことと言語の役割を完全に扱うことができていなかったということが示されている。本書の最初のセクションは，読者であるあなたを，そして特に臨床家であるあなたを，本書の最も難解な部分（後続する章の）へと探究を進めていこうと，強く動機づけるものとなるだろう。

　本書の第2部では，理論そのものが紹介されるが，それはとても理解しやすい仕方でなされる。この部分の各章は，適切な専門性のレベルを維持しつつ，生き生きとした軽やかで楽しい読み物としての調子を失わないことを絶妙なバランスで実現している。さらに，この部分の前半の章では，必要に応じてRFTのより抽象的な特質を焦点としているものの，内容は，すぐに，そして比較的たやすく，実践の場にいる臨床家で「自己」や「視点取り」などの主題に取り組んでいる人たちにとってより興味のあるテーマへと進んでいく。このセクションの最後の章である「人間の言語が持つダークサイド」は，人間の言語と認知が，人間としての苦悩の主な源泉である可能性が高いことをRFTが意味していることを説明する点で，臨床家にとっては特に関連のあるものとなるだろう。

　本書の第3部（最後のセクション）は，RFTが持つ臨床上の意味を焦点とする。このセクションでは，まず，伝統的な行動療法と，それがほかの臨床的アプローチとどのように関連するかについての説明から始まる。そして，次に，心理療法そのものへの私たちの理解に対してRFTがどのようなユニークな貢献をするかについて説明する。読者は，そこまでで，本書の最後の数章へと進むための準備が整ったと言える。この最後の数章では，現代の行動分析学を臨床心理学に適用することに，体系立てて取り組んでいく。ここでの題材は，臨床行動分析についての力強い概観を提供するものであり，そして特に，RFTがどのようにして従来の行動療法のアプローチを補って，さらにはそれを拡張するかを説明するものである。RFTの極めてプラグマティックな特質が全面的に展開されるのは，本書のこの最後の部分へ至ってからのことである。この高度に抽象的で異質とも言える理論によって，実践家は，人間の言語と思考を，機能分析と行動的介入方略の対象となり得るような行動のユニットから構成されたものと

して概念化することができるようになる。簡潔に言うと，本書は，人間としての苦悩について，それを概念化して治療の対象とすることにRFTがどのように貢献できるのかを力強い方法で明確に説明するものである。正直なところ，本書は，私自身が書き上げたかったほどである。

アイルランド国立大学　メイヌース校<br>
ダーモット・バーンズ - ホームズ

---

ダーモット・バーンズ - ホームズ（Dermot Barnes-Holmes）は，アイルランド国立大学メイヌース校の心理学教授（Foundation Professor of Psychology）である。彼は，200点近くの科学論文，共著（book chapters），そして著書を出版し，それらの大部分が人間言語と認知を行動分析学的な視点から研究したものである。

# 目　次

監修者まえがき　iii
日本語版への序文　vii
序　文　viii

はじめに　1

# 第1部　関係フレーム理論の背景 …………………… 9

## 第1章　徹底的行動主義と基本的な行動分析の諸原理　11

行動主義とその前提　12
徹底的行動主義の何が徹底的なのか　14
基本的な行動分析の原理　16
　オペラント条件づけ——結果による学習　17
　レスポンデント条件づけ——連合による学習　28
　オペラント学習とレスポンデント学習は相互に影響し合う　31
　消　去　33
　般　化　35
　弁　別　37
私たちはここからどこへ向かうのか　37

## 第2章　「考える」と人間の言語　39

言語行動　41
Skinnerによる言語オペラントの説明　42
　タクト　42
　マンド　44

エコーイック　45
　　イントラバーバル　46
　　オートクリティック　46
　　本書での Skinner による分析の使用について　47
　私的出来事をタクトすることを学ぶ　47
　　思考をタクトすることを学ぶ　51
　　般化によって私的出来事をタクトすることを学ぶ　54
　なぜ，このような行動は強化されるのか　55
　それでも内的世界の不明瞭さは残る　57
　話し手と聞き手　57
　ルール支配行動　58
　難しい問い　60
　行動分析学から見た「認知的な回答とその問題点」　63
　行動分析学と人間の「考える」こと——簡単なまとめ　67
　くどい問い？　69

# 第3章　「考える」ということが持っている力は，臨床に関連した問題なのか　70

　私的出来事と，ほかの行動との相互作用　70
　認知療法モデルの支配的な位置づけ　72
　認知療法モデルもまた「考える」力と格闘している　74
　「考える」ということが持っている力の問題を探究する必要性　77
　方略的な後退　79

# 第2部　関係学習 ……………………………………………… 81

## 第4章　派生的関係反応：人間の言語の基本要素　83

派生的刺激関係　84
　派生的刺激関係――人間の言語の基本的なプロセスとして　91
　派生的関係反応――学習された行動として　94
刺激機能とレスポンデント学習およびオペラント学習による変化　96
派生的刺激反応と刺激機能の変容　99
出来事や刺激を恣意的に関係づける能力　103
どのようにして私たちは出来事を恣意的に関係づけることを
　学ぶのか　107
刺激間のさまざまな関係　111
関係フレームづけ　116
文脈が持つ2つの側面が関係フレームづけを支配する　118
言語行動の新しい定義　121
まとめ　123

## 第5章　アナロジー，メタファー，そして自己の体験　126

アナロジー　129
メタファー　133
　メタファーはどこにでもある　137
　メタファーと，2種類の文脈手がかり　139
行動分析学と自己の概念　140
自己を経験すること――視点取りの結果　142
視点取りと心の理論　146
自己の体験の3つの側面　149
　視点としての自己　149

プロセスとしての自己　150
　　物語としての自己，あるいは概念化された自己　152
　　自己の3つの側面が互いに持つ関係性　156
　まとめ　157

# 第6章　関係フレームづけとルール支配行動　159

　関係フレームづけと，先行事象の刺激機能を変換すること　161
　ルールは，理解されたとしても，従われるとは限らない　164
　さまざまな種類のルール支配行動　165
　　プライアンス　166
　　トラッキング　168
　　オーグメンティング　170
　　ルールに従うことは，機能的に定義される　176
　自己ルール　179
　ルール支配行動と問題解決　182
　まとめ　185

# 第7章　人間の言語が持つダークサイド　188

　即時結果に対する感受性の低下とルール支配行動　188
　苦痛との接触面が拡がること　190
　ルール支配行動の結果として起こる心理的問題　195
　　プライアンスとつながる問題　195
　　トラッキングとつながる問題　198
　　オーグメンティングとつながる問題　202
　間接的な刺激機能が優勢になることに関連したリスク　207
　精神病理につながる中心的なプロセスとしての体験の回避　211
　自分自身と格闘すること　213
　まとめ　216

# 第3部　臨床上の意味 219

## 第8章　学習理論と心理療法 221

行動原理と，心理療法に対するほかのアプローチ　225
　　行動原理と精神力動療法　228
　　行動原理と認知療法　233
心理療法と，RFTに基づいた新たな理解　237
臨床行動分析　240

## 第9章　臨床行動分析の実践にあたっての全般的な指針 243

初回面接とセラピーにおける2つの「舞台」　244
機能分析を行う　246
注目すべきはどの行動か　251
機能分析の焦点としての体験の回避　253
機能分析でセラピーを始める　255
行動を捉える　257
行動を引き出す　260
セラピーの道具としてメタファーを使用する　266
セラピーの一部としてのゴール　269
RFTを活用した臨床行動分析の誕生　272

## 第10章　結果に注目しながら文脈を変える 275

結果を通じて影響を与える──行動分析学の古典的方略　276
問題行動に対して結果を確立する　277
代替行動に対して結果を確立する　283
問題あるルール追従を消去する　287

結果と，セラピーの2つの舞台　293

# 第11章　先行事象に注目しながら文脈を変える　295

新しい行動のための言語的先行事象　296
プライアンスを使ってトラッキングの練習をする　301
言語的先行事象を弱める　304
脱フュージョンを獲得するためのメタファー　316
私的出来事が人生で大切なことへの障害になる　320
何を望むのかがわからないとき　325
言語活動に備わった原理主義のさまざまな基盤を弱める　331
まとめ　336


文　献　339
あとがき　355
監訳者あとがき　359
索　引　363

# はじめに

　心理療法家として，私もまた「時代の申し子」である。私は，精神力動の世界に育った。そこは，理解することの重要性がとても強調される世界だった。しかし，そこは，私が見る限り，科学的な研究に根ざしたものであるとは言い難いところだった。また，実施可能な治療的介入についての具体的な指針にも欠けていた。そのような状況だったため，1980年代の終わりに認知療法と出会ったとき，開放的な感覚を味わったものである。科学的な基盤はゆるぎなくて，その治療方略は，私の（精神医学の）日々の仕事の中で適用できるものだった。それ以来，認知理論は，心理療法の基礎的なものとして勝利をおさめてきた——私の「世界」でだけでなく，心理療法の世界全般で。認知療法は，次第に行動療法と統合されて「認知行動療法」（cognitive behavioral therapies；CBT）と呼ばれるようになっていった。しかし，どの認知行動療法のさまざまな技法を組み合わせて使っている場合でも，認知モデルを下敷きにした理論のほうが（行動モデルを下敷きにした理論よりも）支配的だった。

　しかし，1990年代になって，「これは認知理論の欠点だろう」と思えるものが徐々に目につくようになっていった。認知理論では「基本的な用語がどれなのか」，そして「それぞれの用語がどのような科学的基盤に支えられているのか」ということをはっきりと理解することが難しかった。それぞれの認知理論家たちは，自分なりの用語を自由に使って「プシュケー（精神）」の領域内で起きていることを表現していた。そして，この不明瞭さとコンセンサスのなさは，「心理的問題の核心はこの未知の領域内のどこかにある」という前提と相まって，ますます厄介なものとなった。とはいえ，1990年代半ばになっても，私は，認知理論に取って代わるだけの力強い理論を知らなかった。それでも，興味をそそる研究にはいくつか出会うこととなった。特に印象深かったのは，Marsha Linehanの弁証法的行動療法（dialectical behavior therapy；DBT）の本（1993年）だ

った。それは，古典的な行動療法の影響を色濃く持っているものだった。

情動理論，そしてメタファーの使用への関心から，私は，やがて，アクセプタンス＆コミットメント・セラピー（acceptance and commitment therapy；ACT）に出会うことになった。ACT は，多くの点で DBT と関連しているが，DBT よりもはるかにきめの細かい理論的かつ実験的な基盤を持つセラピー・モデルだった。私は，いまひとたび，新しくて有用なツールを手に入れたのである。そして，気がつけば，私は，ACT の基礎となっている新しい理論的アプローチはもとより，心理療法の土台としての古典的な学習理論にもより深くかかわるようになっていた。そうして私は，基本的な行動原理——オペラント条件づけとレスポンデント条件づけ——を理解しないままでは，ACT について，ましてその理論的な基盤である関係フレーム理論（relational frame theory；RFT）について，真に理解することなどできないと思うようになっていった。ひとたび，これらの原理になじむようになって，新たに気づいたことがあった。それは，セラピーの場面で，変化を生むことにすぐに役立つ仕方で，人間の行動を理解するのに ACT モデルが最も期待できるものである，ということだった。このことは，良き友人で，行動心理学については私よりもいくらか長い経歴を持つ Jonas Ramnerö との刺激に満ちた対話につながった。そして，この対話の結果として，私たちは本を共同で執筆したのである——それが "The ABCs of Human Behavior : Behavioral Principles for the Practicing Clinician"[*1] [153)]である。

近年になって，特に「認知」分野で訓練を受けた心理療法家の間で，行動原理への関心が高まっている。この新たな関心は，私に，これまですでにかなりの年月にわたって取り組んできた問題に対して，いっそう力を入れて取り組むための理由を提供してくれた——その問題とは，すなわち，「考えるということが持つ力」（the power of thinking）をめぐる問題である。具体的には，その力が，ほかの人間行動とどのような関係にあるのか，そして，人々が心理療法に助けを求めるような困難な状況の中で，そ

---

*1 （訳注）邦訳タイトルは『臨床行動分析の ABC』（日本評論社，2009 年）である。

れがどのような役割を果たしているのか，ということである。この本の中で私がやろうとしていることは，このような「問い」に対して行動的な観点からから答えを出すことなのである。あるいは，認知理論と認知療法によって提起された「問い」に対する回答を試みている，とも言えるだろう。しかし，その答えは，認知的アプローチにとって，あまりなじみのない地点から出発することになる。換言すれば，ここでの出発点は，オペラント条件づけとレスポンデント条件づけというもので，それはすでに何年も前に築かれた「土台」というべき場所である。行動心理学は，それがかかげる「予測と影響」（prediction and influence）*2という基本的なアジェンダを「認知」の分析に適用するにあたって，長年にわたって苦しんできた。しかし，私は，このような難しさは，終わりに近づいているのではないかと思っている。それというのも，関係条件づけ（relational conditioning）を記述するための基礎研究が年々増え続け，この現象に関する理論的な構造（関係フレーム理論，RFT）が作られつつあるからだ。そして，それらによって，認知と人間の言語に関係する新たな介入方法についての「新たな答え」が提供され「新たな扉」が開かれる可能性があるからである。しかも，これらすべてが，古典的な行動療法のアジェンダに基づいて行われ，その新しい介入方法は実験研究から得られたデータに基づいているのである。

　このように，精神力動モデルや認知モデルとの対比から話を始めることは，いささか非難がましく，そして挑発的な印象を与えてしまうかもしれない。しかし，それは私が意図することではない。もちろん，私がかつて不満を覚えた精神力動理論と認知理論も，そのときのままではないのは，私ももちろん知っている。それぞれの理論が独自に発展してきている。しかし，行動的な「ものの捉え方」は，そもそも本質的に統合的なものであ

---

＊2　（訳注）通常は「予測と制御」（prediction and control）と表現される。ここで注意が必要なのは「行動分析学では『制御』が主要なアジェンダである」ということである。「予測」とは，制御変数が同定できれば，その結果として可能となるものにすぎない。つまり，「予測」が単独で行動分析学のアジェンダとなることはあり得ない，ということである。

る，と私は考えている。行動心理学は，何か1つの具体的なセラピー・モデルに関するものでない。それは，もっと根本的で，普遍的な行動の原理を記述するものなのである。この「ものの捉え方」から，人が行うありとあらゆることについて十分にアプローチできるのである。行動心理学は，たとえば誰かが飛行機に乗ることを避けたり強迫的に手を洗ったりするときのような，簡単に観察して定義できる現象に限定されるものではない。それは，もっと捕まえにくい，人と人との親密な相互交渉にも適用される。たとえば，親しい関係を築いて維持したり，かつて親に対して振る舞ったのと同じような態度でセラピストに対して振る舞ったり，といった行動にも適用される。本人にしかわからない，過去のうらみつらみをいつまでもくすぶらせていたり，落ち込んだ気分に苦しんでいたり，というような行動でさえ，この「ものの捉え方」からはアプローチすることができる。同じことは，逆に心理療法の中ではめったに注目されない，フルートを吹いたり，詩を書いたりといった行動についても言えるのである。

　このように，人間にかかわることで，行動心理学の対象とならないものはない。時間と空間の中で生起する人間の現象（human phenomena）で，精神力動療法や認知療法で扱われることはすべて，行動心理学の観点からもアプローチできるのである。私が，「行動心理学は，本質として統合的である」とするのは，そのような意味なのである。とはいえ，今からなされる分析は，ある理論的な立場に依拠して始められる。──それは，Skinnerが生きていた時代から「徹底的行動主義」と呼ばれてきた立場である。もちろん，本書には新しいものが含まれている。しかし，その基礎となっているものは，何年も前に築かれたものなのである。

## 「行動分析」という用語

　Skinnerは，自らが発展させた，行動に関する科学のことを**行動分析**（behavior analysis）と呼んだ。しかし，この用語は少しずつ違った意味合いで使われることがある。ヨーロッパでは，行動療法の中で，この語が「ケースの概念化」と同義に使われる。このような使い方をする場合，行

動分析は，行動療法の初期段階を意味している。私は，この用語を Skinner と同じ使い方をする。アメリカでは，今でも用いられている使い方である。この使い方をする場合には「行動分析」は，ひとつの科学的体系（行動分析学）を指すことになる。行動の「予測と制御」を目的とし，それを実行するための実践的な取り組みも含めた科学全体を指している。また，一般的に，行動分析はさらに2つの領域に分類される——実験的行動分析（experimental behavior analysis）と応用行動分析（applied behavior analysis）である。**実験的行動分析**は，通常 Skinner が行ったような実験的な取り組みのようなことを指している——注意深く観察された条件の下で，さまざまな変数を操作することで，生体の行動に対して予測と影響が可能かどうかを検討する。**応用行動分析**では，実験に基づいて記述された基本原理が「外の現実生活の中」で起こるさまざまな問題に応用される[*3]。応用行動分析に含まれる系統のひとつに，**臨床行動分析**（clinical behavior analysis）がある。これは，一般に心理療法と呼ばれる分野の中で行われる行動分析のことである。前著である『臨床行動分析の ABC』（*The ABCs of Human Behavior : Behavioral Principles for the Practicing Clinician*[153]）の中では，Jonas Ramnerö と私は，成り行きで，この応用の分野を「行動的心理療法」と呼んだ。しかし，本書では，「臨床行動分析」の用語のほうを主に使うことにする。

## 本書の構成

本書は3部構成になっている。第1部では，RFT を理解する上で重要となる背景をいくつか紹介する。第1章では，基礎的で，かつよく知られている学習原理について，徹底的行動主義の観点から簡潔に説明する。特

---

[*3]（訳注）この説明は，厳密に言えば「不十分」である。応用行動分析は「社会的に重要な問題に関係する標的行動」を扱うという点が実験的行動分析と異なるだけで，実験に基づいて標的となる制御変数を同定していくことに変わりはない。詳しくは，以下の論文を参照されたい。Baer, Wolf, & Risley (1968) Some dimension of applied behavior analysis. *Journal of Applied Behavior Analysis,* 1, 91-97.

にRFTをよりよく理解するために必要な概念を強調する。第2章は，行動分析が，RFTの基礎となった実験的データがまだない時代に，「考えるということが持つ力」をどのように扱おうとしてきたのかということについて概観する。この章では，Skinnerによる言語行動の分析を概観することに多くページが割かれている。Skinnerの分析は（その章で紹介されているように）限界がある。しかし，それがRFTの背景として重要であることに変わりはない。第3章では，ヒトの認知と言語についての新たなる探究の必要性を主張し，第1部を締めくくる。

　第2部は，本書の核心となる部分である。ここで，RFTが説明される。第4章では，RFTの基本用語を紹介し，定義し，理論を支えている実験のいくつかを解説する。第4章は，本質的には，人の言語の基礎的な要素について解説している。第5章と第6章では，これらの基礎的な要素がどのように組み合わされて複雑になっていくか，そして，それらがいかに複雑な人間行動の解明につながる新たな光となるか，ということを示そうとした。第7章では，言語（認知）行動がヒトという存在にもたらした問題，あるいはヒトの言語が抱えることになった副産物とも呼べるものについて説明をして，第2部を締めくくる。

　本書の第3部は，RFTの臨床への応用について解説する。第8章では，心理療法全般に対して，行動心理学の観点から概観する。残りの3つの章では，臨床行動分析に焦点を当てて，特にRFTを基盤とした方略やテクニックを強調しながら解説をする。

# 本書について

　RFTとその実験的な基盤について書かれた科学的研究論文の数は，急速に増えている。ACTを紹介する本に関しても同様である。本書は，テキストの性質として，これら2つのカテゴリーの中間にあると言える。本書の目的は，RFTを包括的に紹介することである。しかし，本書には本書なりの限界を持っている。最も大きな制約は，理論的な視点と臨床的な視点のどちらも失わないようにしていることから生じたと言える。それと

いうのも，RFTは実験研究を基盤としているが，本書の中で実験そのものを詳しく紹介することはしていない。ここでは，実験の概略を記すだけにどどめ，実験から引き出された結論のほうにページを割くことにした。また，本書では，データや実験の詳細よりも，むしろ概念に焦点が当てられている。なぜなら，理論を全般的に紹介するためであり，臨床を円滑にするような理解を提供するためでもある。本書では，実験の全体，たとえば実験デザインや手続きなどの詳細まで示すことはしていない。しかし，そのような詳細を含む文献にはなるべく頻繁に言及するように努めて，読者が関心を持ったときにはより詳しい資料に当たることができるように配慮した。また，この制約には，ひとつのパラドックスが含まれている。RFTを学ぶ上で，実験に取り組んだことでしか達成できない習得のレベルというものがある。それにもかかわらず，本書は，そのようなことに一度も取り組んだことがない人間によって，同じ状況にあるほかの人々のために書かれている，ということである。おそらく，実験心理学者たちの目からは，正確さと技術的な詳細についての記述が不十分であると映るだろう。同じことが，既存の科学的研究論文によく通じている人々にも言えるだろう。その一方で，内容によっては，あまりにも技術的で抽象的だと感じる読者もいることだろう。それでも，私が初めてRFTを知ったときにまず読みたいと感じたのは，まさにこのような本，すなわち「（実験と臨床の）中間にある」本なのである。本書が，当時の私と同じような状況にある人々にとって，少しでも役立つことを願うばかりである。

　ACTは，第3部の臨床的な応用を紹介する部分で中心的な位置を占めることになる。これは，とても自然なことなのである。というのも，この治療モデルはRFTとその歩みを合わせるように進化してきたものだからである。また，ACT以外の臨床行動分析的な方法，特に機能分析心理療法（funciotnal analytic psychotherapy；FAP）と行動活性化療法（behavioral activation）についてもある程度触れることにした。しかし，私の目標は，これらの個々のモデルのどれか1つを完全な形で紹介することでも，綿密な比較検討を行うことでもない。私は，前著『臨床行動分析のABC』（*The ABCs of Human Behavior : Behavioral Principles for the Practicing Clinician*[153]）の中で概略を示したアジェンダをさらに追究したいと思う。つまり，心理療法を徹底的行動主義の幅広い「ものの捉え方」から解説し，そして，行動療法，行動的心理療法，あるいは臨床行動分析と呼ばれる心理療法の伝統について解説をしたい。私は，RFT を理解することで，どのような新しい要素がこの伝統に付け加わるかという点を特に強調しながら筆を進めていきたいと考えている。

# 第1部

# 関係フレーム理論の背景

# 第1章
# 徹底的行動主義と基本的な行動分析の諸原理

　徹底的行動主義とは，B. F. Skinner が築き上げた心理学[174]の哲学的基盤のことである。この徹底的行動主義という用語は，長年にわたって，多くの議論を巻き起こしてきた。また，この用語は頻繁に誤解もされてきた。ときには，そもそもこの用語を使うことに多少なりとも意味があるのだろうか，あるいは，それが本来示している心理学の内容を紹介する上で，この用語自体が障害になっているのではないか，と思ってしまうほどである。Skinner の見解について「表面的で，粗雑で，機械的なもの」であると紹介されることが珍しくなく，それは心理学の教科書においてさえも例外ではない（文献 152 の p.35-36；文献 181 の p.329）。しかし，これは，私自身が Skinner を読んで受ける印象とはまったく対照的である。Skinner の立場をこのように表現する著者たちは，はたして彼の研究を実際に読んだことがあるのだろうかとしばしば疑問に感じる。それはさておき，Skinner の立場とそれを説明するために彼が使う用語は，確かに物議を醸す要素を併せ持っていることは確かである。まさに「徹底的行動主義」は，その代表例であると言えるだろう。その代わりとなる用語で，かつ，より現代的なものに，**機能的文脈主義**（functional contextualism）というものがある[158]。この用語のほうが，その含意をより伝えられるかもしれない。たとえば，ほかの現代的なアプローチと行動分析の哲学がどのような関係にあるのか，といった場合である。それは，Skinner の立場を，別なタイプの文脈主義で，たとえば社会構成主義（social constructivism）やある種のフェミニズムなどといったものとの関係の中に位置づけることができるようになる[158]。この「機能的文脈主義」という用語は，徹底的行動主義

が持つ2つの本質的に重要な要素を強調している。1つ目は「行動とは，常に，それが生起する環境あるいは文脈との関係で理解されなければならない」ということである。2つ目は「行動を理解し，それに影響を与えるためには，その行動が果たしている機能（行動が何をねらいとしているか）を研究しなければならない」ということである。

以上のように，機能的文脈主義という用語のメリットを述べてきたが，私はあえて「徹底的行動主義」という用語を使いたい。それというのも，この用語が，このような背景を生き抜いて，Skinner の足跡をたどる研究者たちの間で広く受け入れられているからである。この用語は言葉としては正しい。そして，本書が基礎を置く立場の重要な要素のいくつかを浮き彫りにするのである。

## 行動主義とその前提

まず，全般的な用語である「行動主義」について，さらに検討してみよう。行動主義は幅の広い用語で，そこに含まれる多くのアプローチは，それぞれに少しずつ異なっている[142]。とはいえ，これらのアプローチにはいくつかの共通した前提があり，そのことが行動主義という概念を適切なものにしている。最も基本的な前提は，「行動主義」という用語を生み出した人物である Watson によって明確にされた。それは「行動主義のアプローチにおいて焦点化されるものは『行動』である」[195]ということである。すなわち，誰かが行為した「何か」，あるいはある生き物（生体）が行為した「何か」について焦点化する，ということである。つまり，生体のありとあらゆる行為，すなわち反応に焦点を当てる，ということなのである。そして，さまざまな行動主義的なアプローチが共通して持っている，もうひとつの前提がある。それは，知識を探究するときの方法に関すること，すなわち「科学は，ボトムアップに（帰納的に）構築されるべきである」ということである。ここでの探究は，行動を理解するための根本的で普遍的に妥当な原理を見つけるために行われる。これは，研究室で行われる実験の役割がとても大きいことを意味する。実験をするときにポイント

となる考え方は，まず，コントロールすることができない変数をできる限り少なくしておいて，それから，重要な変数を同定して，システマティックに操作することである。この考え方は，多くの点で，精神分析家がセッションを行う環境の設定を厳密に行う様子と似ている。というのも，彼らも，セッションの中で起きているやりとりに含まれる無関係なものを取り除いて，関連する重要な現象を観察するからである。この方法の最もよく知られた古典的な例は，行動主義の中ではおそらく，Skinner がハトやラットを使って行った実験だろう。環境には何もなく（箱が1つあるのみ），関連のある変数はごく少ない（箱の中にあるのは，動物がエサをもらう目的で行為することを可能にするバーと，点いたり消えたりするライトだけである）。ここで重要なのは，そういった研究室での実験そのものではなく，またハトやラットの行為でもない。むしろ，この方法を使う目的は，さまざまな生体の行動の根底にある原理——それを通じて，より複雑で，実験室ではおそらく研究できないようなプロセスを理解するために役立つような原理——を同定することである。

　このことから，行動主義の，さらにもうひとつの前提が明らかにされる。つまり，さまざまな生体の間には何らかの連続性があるという前提である。たとえば，ハトを使った研究から，少なくともいくつかの点では，人間についても同じことが言えるという結論を導き出す，といったことである。このように考えることは，ときとして，特に心理療法家の間で論争の的となってきた。動物についての理解に基づいて人間を理解することなどできるのだろうか。これは1960〜1970年代に白熱した議論のトピックになっていた。しかし，その時代から，多くの時間が流れた。今や，進化心理学や神経心理学のみならず，動物行動学もまた，心理療法の領域のさまざまな理論を構築する上で確固とした役割を果たしていると発言しても，流派によらず，議論を呼ぶようなことはすでにない。たとえば，John Bowlby（アタッチメント理論）や Joseph LeDoux（情動理論）のような，さまざまな心理療法の伝統に対して，それぞれに大きな影響を与えた研究者たちは，進化の観点に基づいて，Skinner がかつて主張したものと同じ見解を持つようになった——簡単に言えば，進化はすでに獲得しているもの

の上に連続的に構築される，ということである。役に立つ機能は排除されることはない。むしろ，そのような役に立つ機能は，将来の進化的な発達の礎となるのである。以上のような理由から，私たちは，ゴリラが自分の子どもとどのように関係を築いていくのかを研究したり（アタッチメント理論），動物の基本的な脳機能がどのようなものであるかを研究したりする（情動理論）ことによって，人間について多くを学ぶことができるのである。

さて，行動が研究対象ということであれば，問題は，この用語をどのように定義するかである。何をもって，行動とみなすべきだろうか。この問いへの答えは，行動主義の内部でも，それぞれにいくらか違った複数の表現をとることができる。そして，本書の中で行動という用語を使う場合に，それが意味することを説明するために，私はここで，Skinnerの「ものの捉え方」について触れたいと思う。その「ものの捉え方」とは，「徹底的行動主義」（radical behaviorsim）という用語に集約されているものである。

## 徹底的行動主義の何が徹底的なのか

ラディカルである（being radical）ことは，極端，過激，急進的である（being extreme）という意味にもとれる。しかし，これはSkinnerが"radical"という語を選択したときに，言わんとした内容ではない。この文脈では，"radical"という語は，"extreme"（極端，過激，急進的な）という意味ではなく，"consistent"（首尾一貫して）ということを意味している[*1]。

つまり，徹底的行動主義は，行動の基本原理から離れることではなく，

---

[*1]（訳注）そのため，日本における"radical behaviorism"は「徹底的行動主義」という訳語が定訳となっている。以下では，慣例に倣い「徹底的行動主義」と表記する。また，この訳語を定着させたのは，故佐藤方哉氏によるところが大きい。それを端的に表している，以下の文献に当たられることをお勧めしたい。佐藤方哉（1985）行動心理学は徹底的行動主義に徹底している．理想，625, 124-135．

例外なくすべての事象に対してその原理を適用していくことを意味する。それでは，以下に，このスタンスを端的に表す例をいくつか紹介しよう。Skinner がオペラント条件づけ（これについては後で詳しく触れる）を記述するために使った原理を見てみよう。ある特定の行為が生起した後に，何らかの結果が随伴する。その結果によって，（未来の）私たちの行為が影響を受ける。それがオペラント条件づけの原理である。たとえば，ハトがある場所をつつく確率は，ハトが以前にその特定の場所をつついた後にエサをもらったという経験を持っていると，高くなる。しかし，この原理が首尾一貫して適用されるべきであるとすれば，つまり Skinner の立場を貫くのなら，この原理は科学者としての自分自身にも適用されることになる。私が（ハトを使う実験の中で）いつもしていることは，以前に，同様の実験作業をしてきたことによって影響を受けているのである。科学者としての自分の立場は，何ら客観的でも例外的なものでもない。私自身とて，自分が研究している原理の外に立つ者でも，上に立つ者でもないのである。このような理解を首尾一貫して適用した場合，存在論的真理（ontological truth）についての主張がどのようなものであれ手放されなければならない。というのも，この立場に立つと「これこそが本当の在り方だ」という主張はできないからである。徹底的行動主義者は，次のような考え方と「手を切る」のである。つまり「科学者は客観的で中立的な立場から操作をする」とは考えないのである。先に述べたように，徹底的行動主義の観点からは，行動を，その文脈を研究することなく理解することはできない。行動はすべて，文脈の中で起こるものである。しかし，文脈のほうも，行動から独立して研究されることはできない。なぜなら，何かを研究しようとする科学者の試みもまた，行動だからである。結局のところ，研究される対象は，私たちがそれを研究するというだけで，すでに私たちが働きかけをしている行為の対象なのである。このように，行動を文脈から切り離して理解することができないのと同じように，生体にとって，行動なしの文脈というものもあり得ないのである。

　今まで見てきたような科学者の行動についての捉え方は，より一般的な意味においても正しい。というのも，刺激と反応（行動）は共依存的

(codependent) であり，双方は一緒に考察されるべきだからである。刺激と反応は1つのまとまりを形成しているからである[104]。ただし，私たちは，何らかの具体的なねらいがあって，そのための実践上の理由があるなら，そのまとまりを個々に扱うこともできる。そして，Skinnerが創出しようとした行動科学はある目的を持っている。つまり，それは「行動の予測と制御（影響）」である。徹底的行動主義者は「真実を解き明かす」ということを主張しているのではない。むしろ，私たちが主張しているのは「この方法，つまり徹底的行動主義の科学プロジェクトが，自分たちの目的達成のために役立つ」ということなのである。Skinnerの実験で使われていたハトがもし話ができるとしたら，次のようなことを言うだろう――「この場所をつつくことは，Skinnerからエサをもらいたいときには役に立つんだよ」

　研究によって同定されてきた，さまざまな行動の基本原理を徹底的に適用していくと，もうひとつの重要な結論が導き出される。それは，「行動」という用語の定義にもかかわってくるものである。私たちが日常会話の中で「行動」という単語を使うとき，それはその場にいる人なら誰にでも見えるような外的な行為だけを指すのが一般的である。それでは，人がすることで，その人自身にしか見えないような，感じる，思い出す，考えるといったことについては，どのように考えたらよいのだろうか。伝統的には，このような現象は，別の領域――プシュケー（精神）――に割り振られて，まるで観察できることとは性質が違うものであるかのように扱われてきた。しかし，ここでもまた，Skinnerは首尾一貫性を要求している。つまり「このような現象について，同じ原理が有効でないと示すものは何もない」と主張したのである[174, 178]。この主張が意味しているのは「これらの現象もまた，行動なのであり，他人が観察できる行動と同じ原理に従って分析できるし，そうするべきだ」ということなのである。

## 基本的な行動分析の原理

　それでは，実験によって研究され，実証されてきた，さまざまな基本的

な原理（行動の予測と制御〔影響〕に有用な）は，いったいどんなものがあるのだろうか。この問いに対するより詳しい答えについては，ほかの書籍に当たられることをお勧めしたい[36, 153]）。とはいえ，本書の主題に入る前に，それに簡単に触れておこう。なぜなら，本書は「考えるという行為がどのような機能を持っているか」ということを，これらの原理を適用して検討していくからである。

　行動分析学のための2つの基本原理は，オペラント条件づけとレスポンデント条件づけである。レスポンデント条件づけは，Pavlovが20世紀のはじめにイヌを使って行った，あの有名な実験に基づいている。もちろん，その実験は，どのようにイヌの自然な唾液分泌反応が条件づけによって影響を受けるか，というものである。一方，オペラント条件づけとは，Skinnerが自ら実験をしながら検討し実証した，学習の原理のことである。私は，オペラント条件づけから話を始めたいと思う。

## オペラント条件づけ──結果による学習

　人間の行為は，環境内に何らかの変化が生じなければ，決して生起しないものである。どの行動にも，それに先行する「何か」と，それに後続する「何か」が生じているのである。このような文脈的な要因──先行するものと後続するもの──の中にこそ，行動分析家は「何が行動を制御しているのか」という問いに対する答えを探し求めるのである。もしも，ある文脈で，誰かが私のほうを見ながら特定の表情をしたら，私はその人に向かって「どうしましたか」と言うだろう。そして，私がそう言うと，新しい出来事が起こる──その人が返事をするだろう。このように，私の行為には結果がついてくる（この場合は，「私の問いかけに対して，その人が応答する」ということ）のである。**オペラント条件づけ**における中心となる原理とは「ある行動（反応）に後続する結果が，その行動の繰り返す確率に対して影響を与える」というものである。それでは，上記の日常的な例で，かなり異なる結果がついてきた場合を使って，少し考えてみよう。「どうしましたか」と私が言った後に続く結果を想像してみてほしい。そ

の人は，親しげな笑顔を見せて，自分が必要としていることを私に伝えるかもしれない。まったく違う反応としては「余計なお世話じゃ，このドアホ！」といったところだろうか。もちろん，相手からいずれかの反応をされたからといって，将来，私が似たような状況に遭遇したとき，相手に話しかけるかどうかを正確に予測することは難しい。しかし，ここで本質的なことは，以前の結果は間違いなくその後に影響を与える，ということである。つまり，スウェーデン語の古いことわざで言えば「やけどをした子は火を避ける（A burned child shuns the fire）」であり，英語では「一度痛い目に遭うと，二度目からは用心する」である。ある有名な作家は，このことを，"Burned Child Seeks the Fire"（やけどをした子が火を求める）という題名の本[58]の中で反転させてみせた。確かに，以前に経験した結果に基づいて，どのような行動が生じるかを予測することは必ずしも簡単なことではない。しかしながら，このことわざと作家は，1つだけ見解が一致している点がある。それは「先の結果は何かしらの影響を与える」ということである。このことが，オペラント学習の核心なのである。

　オペラント心理学では，与える影響の違いによって，「結果」をいくつかのカテゴリーに分類している。その分類の基準は，その結果が行動の生起確率を増加させるか，減少させるか，というものである。それでは，先の会話の例で説明してみよう。あの場面で，相手から親しげな反応を返された私は，その後，似たような状況で，似たような特有の表情を浮かべた人に対して，より頻繁に声かけをするようになったとしよう。その場合，相手からの親しげな反応は，私の声かけをするという反応を強める効果を持っていた，と言われることになる。つまり，行動が繰り返し生起する確率を高めるような結果は，**強化的**（reinforcing）と呼ばれる。この例の中で，強化的な結果とは，私が受け取った「何か」のことである。つまり，「親しげな反応」のことである。また，この場合，声かけが生起した後に「何か」が環境内に「プラス（付加）」された[*2]。そのため，このようなプロセスは**正の強化**（positive reinforcement）と呼ばれる[*3]。

　ある行動が強められるのは「何か」が除去されるという結果が生じた場

合にも起こる。それでは，先の例にあった「余計なお世話じゃ，このどアホ！」という反応を使って説明してみよう。たとえば，「余計なお世話じゃ，このどアホ！」という行動が生起したときに，私が黙って相手から注意をそらしたとしよう。つまり，私は，相手の言ったとおりにしたことになる。この結果は，相手の「余計なお世話じゃ」発言が将来似たような状況で繰り返して生起する確率を高めるだろう。ここでの結果（つまり，私が黙って相手から注意をそらしたこと）は，ここでも，その相手の行動を強めた（強化した）ことになる。ただし，ここでの強化は，「何か」が環境内から除去された（「私からの注目」がなくなった），という違いがある。このように，「何か」が除去されることで行動が増える場合，それは**負の強化**（negative reinforcement）と呼ばれる。

　「正の強化」と「負の強化」（どちらも，ある行動の生起確率を高めるプロセスなのだが）を区別することは，必ずしも重要なことではない。というのも，これら2つの概念は，同じ事柄について異なる側面を表している，ということも言えるからである[136]。先の例で言えば，相手の「余計なお世話じゃ」という行動が，私の「黙る」ことで強化された場合，「うっとうしかった私からの声かけがなくなった」と記述できる。これは「負の強化」と分類することができる。しかし，同じことを別の表現で言うこともできる。つまり，「黙る」ことが環境内に付加されたとか，「私からの『意外だ』といった驚きの表情」が付加されたといった記述も可能である。これは「正の強化」と分類できる。そうだとしても，たとえ「正の強化」と「負の強化」の違いが理論的な観点からははっきりとしていなくても，そのように区別することが便利なことがしばしばある。「何か」が除去されたことのほうが「何か」が付加されたことよりも明らかでわかりやすいと

---

＊2　（訳注）声かけをするまでは，その状況に「親しげな反応」は存在しなかった。声かけをして初めて，その状況に「親しげな反応」が存在することになった。換言すれば，その環境内に，「親しげな反応」が「プラス（付加）」された，のである。

＊3　（訳注）数学では「プラス（＋）」を「正」，「マイナス（－）」を「負」と呼ぶ。ここでの「正」は，この数学における「正負」と似た意味で使われている。つまり，「正」とは「何かがプラス（付加）される」，「負」とは「何かがマイナス（除去）される」という意味である。

きもあるからだ。ここでの例は「負の強化」として記述するほうが、そこに生じているプロセスをよりクリアにしてくれるだろう。この区別は臨床場面ではしばしば実用的なものとなる。それについては、本書の第3部で詳しく検討しよう。

　ある結果が、特定の行動の繰り返し生起する確率を減少させるときがある。そのときの結果は、**弱化**（punishment）と呼ばれる[*4]。今までの例で言えば、もし相手から無愛想な反応が返ってきて、それ以来、その特定の社会的文脈の中で、私が人に話しかけるのを差し控えたり、話しかけたとしてもその頻度を落したりした場合、「相手からの無愛想な反応」という結果は弱化であったことになる。さらに、弱化もまた、正の弱化（「何か」が付加されて行動が減少する場合）と負の弱化（「何か」が除去されて行動が減少する場合）に分類することができる。ただし、次のことに注意が必要である。それは「たとえ、その結果が『強化的』あるいは『弱化的』に見えても、結果そのものがもともと持っている性質に基づいて、それが強化なのか、それとも弱化なのかを決めることはできない」ということである[*5]。もちろん、結果によっては、強化的に機能することのほうが多いものがあることは確かである。たとえば、ある種の社会的な注目などはそうだろう。しかし、それですら、いつもそうであるとは限らない。気に留めてもらって親切にされることは、たいていの場合、人間の行動にとって強化的である。しかし、そのようにされたくないという状況もあるということは、誰しもが思い当たるだろう。同じように、普通なら、弱化的に機能するような結果であっても（たとえば、叩かれるなどといったこと

---

[*4]（訳注）本書では「罰」という訳語ではなく「弱化」という訳語を採用した。「罰」という用語は、読者に無用な誤解を助長する危険性があるためである。その「罰」という用語の功罪については、Ramnerö & Törneke[153]の邦訳である『臨床行動分析のABC』（日本評論社、2009）を是非参照されたい。

[*5]（訳注）たとえば、ある行動をしたときに「いくらかのお金を手にする」という結果が生じたとしよう。一般的に、この結果は「強化的」とみなされることが多いだろう。しかし、その後、その行動が一切生起しなかった場合、「いくらかのお金を手にする」という結果は「弱化的」であったと捉えることになる。つまり、実際に確かめてみるまでは、その結果が強化的なのか弱化的なのかは明確にならない、ということなのである。

でさえ），必ずしも常にそうであるとは言い切れない。実際に，叩かれることが行動を強化するということもある。たとえば，ある子どもが，周囲からの注意を自分にひこうとして，さまざまなことをしたにもかかわらず，誰からも相手にされなかったとしよう。しかし，唯一，誰かから叩かれるときにだけ，自分に注意が向けられているという場合，単に注意が引けるという理由だけで，叩かれるような行動（たとえば，ひどいイタズラなど）をその子は繰り返すかもしれない。それこそが**機能**（その結果が持っている）なのである。その結果が，ある特定の行動の生起確率を増加させる。そのような結果は強化である。一方，その結果が，ある特定の行動の生起確率を減少させる。そのような結果は弱化である。以上をまとめると，次のようになる。

---

### 4つの「結果」

**強化**：ある行動が繰り返される確率を上げる結果
・**正の強化**は，何らかの結果が付加されるものであるとき
・**負の強化**は，何らかの結果が除去されるものであるとき

**弱化**：ある行動が繰り返される確率を下げる結果
・**正の弱化**は，何らかの結果が付加されるものであるとき
・**負の弱化**は，何らかの結果が除去されるものであるとき

---

どのように，ある特定の行動を分析していくかを説明するには，そもそも私たちが何を分析しているのかについて，明確にしておかなければならない。2つの行動がまったく同じであることはまずない――同じように見えたとしても，細かい部分では違っている。私は，自分のコーヒーカップを何通りものやり方で持ち上げることができるし，ほかの人にさまざまな方法で話しかけることができる。行動分析学では，機能が同じという意味

で似ている行動は，同じ**機能クラス**に属すると記述される。このようにカテゴリー分けするのは，行動を分析していく上で重要である。時系列の上で過去の行動を分析する場合，分析されるのはもちろん，その特定の行動である（たとえば，上の例の中で私が誰かに話しかけた方法など）。しかし，同時に，その具体的な行動が関心の対象となるのは，それが未来の似たような行動——同じ，またはほぼ同じ機能を持つくらい似ている行動——を分析する上で役立つときだけである。長期的な視点から考えれば，私たちの関心は，特定の行動にはないのである。むしろ，行動の機能クラスのほうにある。そのような行動クラスには，幅が狭い，あるいはとても具体的なものもある。たとえば，バイアスロン選手が直立した射撃の姿勢で的をねらうときの行動などが挙げられる。一方，幅が広い，あるいは広範囲の行動を含むクラスもある。たとえば，人々が嫌な記憶を避けるためにする行動などがそうである。

## ABC

行動分析では，オペラントに関連した出来事の連鎖（operant sequence of events）を記述する場合，ABCを使うのが一般的である。このような連鎖を分析することを「**機能分析を行う**」と表現する。中心となるのはBで，これは「行動（behavior：「何か」が行われている）」を表す。この行動あるいは反応こそが，私たちが「予測と影響」を与えようとしている対象のことである。Cは，「結果（consequence）」を表す。結果がオペラント分析の中で果たす重要な役割は，今まで見てきたとおりである。残るAは，「先行事象（antecedent）」または「先行するもの（that which precedes）」を表す。ある行動に影響を及ぼしている結果も，実際には，その行動に先行して生じている。というのも，その結果は，過去に生起した類似の行動に続くものだったからである。別な人に話しかける行動が，以前に親切な注意を向けられる結果につながった場合，その行動が繰り返される確率は高まるだろう。しかし，ABCのAが表している先行事象は，ある行動が生起するその時点で，そこに存在している条件のことを意味している。行動分析では，Aには少なくとも2つの異なるタ

イプの機能があると考える。それは，弁別機能と動機づけ機能である。それでは，まず，弁別機能から説明を始めよう。

　私の声かけ（「どうしましたか？」）が強化されたからといって，そのときを境に，私がいつも同じ声かけをするようになる，ということはない。この行動は，ある具体的な文脈の中で強化されたのであって，私が再びこの声かけをする確率が高まるのは，この文脈——より正確には，類似の文脈——の中でだけのことである。先行事象を正確に記述すると，以下のようになる。それは「以前に，私の行動がある結果（今では，その行動に影響を与えるようになっている結果）と関係を持ったときの『条件（状況）』」のことを意味する。ある人が特有の表情を浮かべながら私のほうに顔を向けたという条件（A）の下で，私がその人に声をかけ（B），そしてこの行動に続いてさまざまな結果に出くわす（C）。これは，Aが今や，私のヒストリーの中に存在する特定のつながり——「ある条件—ある行動—ある結果」のつながり——によって確立された機能を持っている，ということである。新しい状況に出くわし，その状況が以前に経験した状況と十分に似ていた場合，以前の結果が現時点の行動に影響を与える。このようなAが持っている機能のことを**弁別的**（discriminative）**機能**と呼ぶのである。さらに，この機能を強調する場合に，先行事象を**弁別刺激**（discriminative stimulus）と呼ぶのである。

　弁別刺激が合図として教えてくれるのは，ある行動と特定の結果との間にある今までの「つながり」（connection）である。たとえば，チラッと見たりすることや，顔の表情などは，「どうしましたか？」と尋ねる行動と特定の結果との間に，どのような経験的なつながりがあったかを教えてくれるのである。つまり，弁別的な先行事象は，ある結果が有効である可能性を教えてくれるのである。それは，単純に，行動と結果との近接性に基づいている。このつながりのことを，行動分析では，**随伴性**（contingency）と呼んでいる。また，特定の結果は特定の行動に随伴して初めてその機能を発揮する，ということもある。ここで意味するのは，行動と結果の間には直接的なつながりがあるに違いない，ということである。弁別的な先行事象と強化的または弱化的な結果が，それぞれの機能を特定の行

動との関連の中で持つためには，それらがその特定の行動に対して時間的に近接して起こらなければならない。実験的行動分析の分野で行われた膨大な研究は，そのようなつながりをより顕在的に記述しようとし，またそのようなつながりがいかにバラエティに富んでいるかを記述しようとしてきたのである[36]。

その場の状況（A）が，また別な方法で，特定の行動が起こる確率に影響を与えることがある。それは，弁別的な機能を持っていない。つまり，ある行動と特定の結果との間の今までのつながりについては，何も教えてくれないのである。そのようなことは教えてくれないのだが，特定の行動の生起確率に影響を与えるのである。つまり，学習履歴上のつながりは何も示さないのである。そのような状況は，ある結果が起こる可能性の高まりを示すものではないにもかかわらず，特定の行動が起こる見込みに影響を与える。古典的な例としては，食べ物の遮断化（food deprivation）が挙げられる。もし，私の娘がキッチンの近くに来たときに，私が料理をしていて，「夕食ができたよ」と言ったとしよう。この場合，私の「夕食ができたよ」という音声が，彼女にとって弁別刺激として機能するかもしれない。もし，そのように機能した場合，彼女はテレビのある部屋へ行くのをやめて，食卓につくだろう。この背後には，さまざまなタイプの学習履歴が考えられる。とはいえ，少なくとも，私の言葉が，娘に，現在の条件と特定の結果——食事が出てくる——が起こる可能性との間の今までのつながりを示したと言えるだろう。もちろん，これは，弁別的機能のことである[*6]。しかし，これとは別に，娘が満腹（サンドイッチを少し食べたばかり）なのか，空腹（朝食以来，何も食べていない）なのかといった事実も，彼女が食べるために食卓につくかどうかに影響するだろう。彼女が満腹なのか，あるいは空腹なのかということは，食卓の上に食べ物が用意されているかどうかを教えてくれはしない。彼女がお腹をすかしているかどうかにかかわらず，食事は用意されているからである。空腹（食べ物の遮断化）は，ある先行条件が行動に影響を与える「別の機能」の代表的な例なのである。このような機能は，一般に**確立操作**（establishing operation）あるいは**動機づけ操作**（motivational operation）と呼ばれる[138]。

それは，A（先行事象）が持つ機能だが，弁別的機能ではない。このような先行事象は，結果が持つ強化的または弱化的な効果の強さに影響を与える。この例では，夕食が娘にとって強化的であるかどうかは，彼女の食事に関するごく最近のヒストリー（経験）――つまり，お腹がすいているかどうか――次第で，変わってくるのである。

　この点を念頭に置きながら，先ほどの「どうしましたか？」と尋ねるという例を検討してみよう。仮に，私には，ほかの人の特定の行動（たとえば表情）が声かけをするための弁別的な先行事象として機能するようなヒストリーがあるとしよう。ここで，ありそうなシナリオを2つ想像してみる。1つ目は「私は，前の晩，よく眠れなくて，いつになく疲れている」，もう1つは「私は，ここしばらく，誰とも会っていない」というものである。これらの条件はどちらも，実際にこの行動に対する弁別刺激に遭遇したときに，私が声かけをするかどうかに影響を与えるだろう。つまり，私が昨晩あまり寝ていないことやしばらく人と接していないことが，声かけをするという行動に影響を与える可能性がある，ということである。しかし，その疲労感あるいは人恋しさは，相手から親しげな反応が返ってくることに何ら影響を及ぼさないのである。その代わりに，ここで重要なのは，これらの条件が何に影響を与えているか，ということである。つまり，それらは，私がどの程度，その特定の結果によって動機づけられているか，あるいは，この特定的な状況下で，その特定の結果が声かけをするという

---

＊6　（原注）後で解説するように，この描写は単純化されていて，言語的弁別機能と非言語的弁別機能の違いを考慮していない。しかし，この例は，ここで伝えなければならないポイントは押さえているはずである。この章には，これと同じような単純化された例がいくつも含まれている。このような単純化を使う代わりに，例を挙げるときには人間の言語をもたない生体だけを使うことも考えられたが，そうすることはテキスト全体にマイナスの影響を与えたであろうし，読者の理解の助けにもほとんどならないと思われた。行動分析学の領域では言語や認知といった現象を取り扱う難しさがあるため，このような単純化は必要不可欠なものでありつづけてきた。しかし，それに伴う問題については，本書の後の方で取り上げる。また忘れてはならないのは，行動分析学では，役に立つかどうかが重要なのであり，出来事のすべての側面を網羅することが必ずしも重要ではない，ということである（文献153を参照のこと）。

行動に対してどの程度強い影響力を持っているか，に対して影響を与えているのである。

　先行事象が持っている弁別的機能と動機づけ機能を区別することは，役に立つことが多い。ただし，何度も言うようだが，その区別が重要である

## ABC 分析の各要素の基本的機能

| A | B | C |
|---|---|---|
| **Antecedent**<br>先行事象 | **Behavior**<br>行動 | **Consequence**<br>結果 |
| 弁別機能 | | 強化的機能 |
| | ある個人がする「何か」 | |
| 動機づけ機能 | | 弱化的機能 |

かどうかを決めるのは，それがどの程度役に立つかどうか，ということである。つまり，実践の場では，それはいつも常に区別ができるものでもなく，またできたとしても，それはたいして重要なことではないかもしれない。また，このことは，これからお話しする「ABCとは何でないか」という重要なポイントと密接につながっているのである。

## 「ABCとは何でないか」についての注意

　行動の一連の流れを上記のように記述して，それぞれの機能にそれぞれの用語を割り当てていくと，ついつい，「リアリティの中に」一連の出来事が機械的に（物理的に）生じているのを発見したかのように考えてしまいそうになる。しかし，先に触れたように，私たちが意図していることは，

そういうことではない。その方法は，単に，行動について話したり書いたりするためのやり方のひとつにすぎない。そして，その方法が，行動の理解と影響に役に立つ，ということなのである。私たちは，絶え間なく続く出来事の流れの中で，さまざまなプロセスを区別していく。それというのも，そうすることが自分自身にとって役に立つからである。そして，このように記述していくことは，いつでも誰に対しても適用可能なのである。もちろん，科学研究に従事する人たちも，その例外ではない。つまり，さまざまなプロセス，原理，先行事象と結果，強化と弱化などを区別することも，行動分析家によって遂行される行動として捉えることができる。この枠組みの中では，知識も，何かをするためのスキルと見なされる。つまり，知識は，発見したり，手に入れたりするようなモノではないのである。徹底的行動主義の視点から言えば，行動を分析するということは，隠されたリアリティを発見することを意味していない。私たちがするありとあらゆることは，リアリティに基づいて活動すること，つまりすべては行動なのである。これが意味しているのは，私たちがABC分析を行うといった活動もまたオペラント行動なのであり，そのため行動分析家が以前に同じ活動をしたときに出会った結果に制御されている，ということなのである。私たちはすることをするのである（We do what we do.）。それというのも，私たちは，さまざまな先行事象，以前の行動，そして結果の3つの事象間のつながりについての何らかのヒストリーを持っているからである。そして，それをすることが，特定の目標に到達する上で，有用だからなのである。

　この立場からは，「リアリティの特性」を発見したとか，理解したとか，といったことを主張するのは，自己矛盾である。機能的文脈主義に基盤を置くということは，いわゆる「真理」を発見するとか，理解するといった主張は差し控えることを意味する。その代わりに，私たちは，**プラグマティズムに基づく真理基準**（pragmatic truth criterion）を採用する。この基準を用いると，何が真理かということは，特定のねらいや目標を実現する上で，何が有用なのかということによって決まる。これはまた，科学がそれ自身のねらいを明確にする必要があることを意味している。「全般

的に」機能するものなどない．何かが機能しているとしたら，それは特定的な「何か」に対して，あるいは私たちがねらいを定めていることに対して機能しているのである．そして，行動分析家が持っている目的は 2 つ存在する．それは「予測と影響」でなのである．

## レスポンデント条件づけ——連合による学習

オペラント条件づけと呼ばれるものでは，結果が行動に対して持つ力が重要なポイントとなる．一方，**レスポンデント条件づけ**は，特定の先行事象が反射行動を引き起こす力について記述している．簡単に表現するなら「特定の状況に置かれれば，私たちは特定のリアクションをするだろう」ということである．もしも同じ状況，またはよく似た状況が再び生じた場合，同じリアクションが，純粋に先行事象だけに基づいて誘発されるのである．その行動が生起するのは，以前に，このリアクションに続いて生じた結果と無関係なのである．

ここでもまた，忘れてはならないことがある．つまり，レスポンデント条件づけは，それ自体で成立する現象として「リアリティの中」に発見されるような機械的なプロセスではない，ということである．行動主義の用語の使い方は，問題について語るときのひとつの方法にすぎず，私たちがそれを使うのは，それが役に立つからである．同様に，何がオペラントで，何がレスポンデントなのかを区別するのも，私たちの目的である「予測と影響」に有用だからにすぎない．オペラントとレスポンデントの 2 つのプロセスは，私たちが「予測と影響」を与えようとしている一連の出来事の中に，共に存在している（詳細は後述）．しかし，話を明確にするために，レスポンデントのプロセスと考えることができるものを取り出しているだけのことなのである．

ある種の基本的なリアクションは，私たちが学習する必要のないものである．それらは，先天的に備わっている．大きな音，物理的な衝撃，目に向かって急速に接近してくるもの，熱いものとの接触など——これらものはすべて，自発的な動きの「引き金」となる．それは，人間だけでなく，

ほかの動物でも，同様である。私たちの行動の「結果」は，このようなリアクションに対して実質的な影響を与えないようである。たとえ，これらの自発的な動きに続いて，オペラント行動では典型的に影響を与えるような結果を確実に随伴させたとしても，それは，期待される相応の行動変化をもたらさない。もし，何かを口に運ぶことによって，特定の結果を得たとしよう。その場合，この結果は，おそらく制御的な機能を持つようになるだろう。口に入れたものが美味しいか不味いかが，将来私が同じものを口に入れる傾向に影響を与える。これは，オペラント行動であり，結果によって制御されている。しかし，もし何らかの方法で，私の唾液分泌が不味く感じられるように仕組んでおいて，そのあとで通常唾液を分泌させるようなことをしたとしても，不味い感覚が私の唾液分泌に対して顕著な影響を与えることはない。なぜなら，唾液分泌はレスポンデント行動だからである。そのような行動は，先行事象がもたらすものであり，行動の結果によってあまり制御されることはないのである。このように学習されたものではない反応は**無条件反応**（unconditioned response）と呼ばれ，その反応を引き起こす刺激*7（この場合では，先行事象）は**無条件刺激**（unconditioned stimulus）と呼ばれる。典型的な例としては，唾液分泌は無条件反応で，食べ物はそれを引き起こす無条件刺激である。また，情動的なリアクション（たとえば，恐怖など）の中には無条件反応もある。これらのリアクションは，すべて生得的なものであり，生き残るのに必要だったために進化の過程で獲得してきたものである。

　それでは，レスポンデント学習が起こるということは，何を意味してい

---

*7 （原注）「刺激」という用語は，行動心理学ではよく使われる。この用語は，何らかの質または現象で，ある行動を取り巻く文脈または環境の中にあるものを指す[36]。そのため，先行事象と結果のどちらも，刺激と呼ぶことができる。この用語についてのひとつの問題は，もしかすると行動主義が研究の大部分を実験に負ってきた経緯によるものかもしれないが，それが何か小さくて明確に定義できるものと結びつけて考えられやすいことである。しかし，これは必ずしもそういった意味ではない。刺激は，何かとても複雑で複合的なものを指して，日常語で私たちが出来事と呼ぶものと同義になることもある。この理由から，本書ではどちらの用語も使われている。また，より複合的な意味合いがある場合には「出来事」という用語をしばしば用いている。

るのだろうか。それは、経験がこれらのリアクションとその生起のどちらにも影響を与えるようになる、ということを意味している。唾液分泌と情動的なリアクションにもそれは当てはまると言える。外的状況の中には、学習を必要とせずに恐怖を引き起こすものもある[143]。しかし、私が怖いと感じる状況の中にあったほかの刺激が、最初に恐怖を引き起こした元の刺激が持っていたものと同じ機能を帯びる、または獲得することがある。たとえば、私が、今住んでいる街の中央広場を散歩中に突然暴行を受けたとしよう。その出来事の最中に、私はある種の恐怖を覚えるに違いない。後日、私が同じように広場を散歩したら、以前はニュートラルだった刺激（あるいは、私の中にポジティブな情動すら引き起こしたかもしれない）が、恐怖を誘発するようになるかもしれない。このように条件づけされた刺激は、広場そのものかもしれないし、私が襲われた地点に近いレストランからの香りかもしれないし、あるいは、そのほかの数あるディテールなら、どれでもその可能性がある。ただし、それらの刺激は、それ自体としては広場に立っている銅像といったものと同じように、もともとは恐怖とは無関係なものである。しかし、これらの刺激が、暴行が起きた時点でそこに存在したために、暴行と関連づけられることとなったのである。この種の学習された反応は、**条件反応**（conditioned response）と呼ばれる。また、ニュートラルな刺激が無条件反応を引き起こす刺激と関連づけられたときに、レスポンデント反応がその刺激にまで波及するのである。この場合のニュートラルだった刺激のことを**条件刺激**（conditioned stimulus）と呼ぶのである。

　レスポンデント学習が生じる場合、ある出来事と別の出来事との直接的なつながりが重要である。条件刺激は、無条件刺激およびそれに付随する反応と直接結びついて起こることで、その機能を獲得するのである。このような結びつきとそのバリエーションは、別に多くの研究の焦点となっており、ひとつの分野を形成しているほどである[36]。

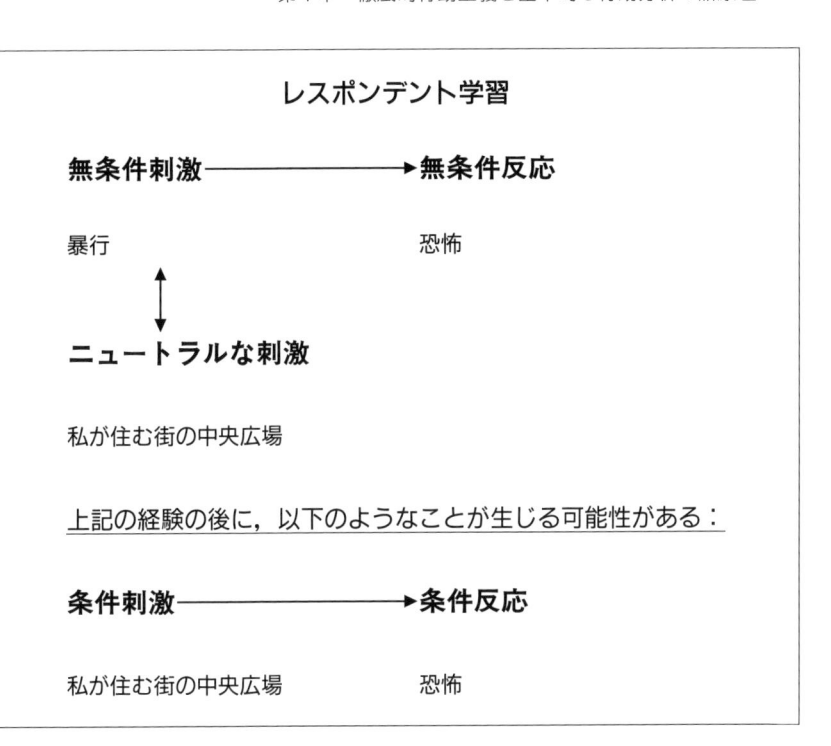

```
┌─────────────────────────────────────────────────────┐
│                  レスポンデント学習                   │
│                                                     │
│   無条件刺激 ──────────────→ 無条件反応               │
│                                                     │
│   暴行                        恐怖                   │
│          ↕                                          │
│   ニュートラルな刺激                                  │
│                                                     │
│   私が住む街の中央広場                                │
│                                                     │
│   上記の経験の後に，以下のようなことが生じる可能性がある： │
│                                                     │
│   条件刺激 ────────────────→ 条件反応                 │
│                                                     │
│   私が住む街の中央広場          恐怖                  │
│                                                     │
└─────────────────────────────────────────────────────┘
```

## オペラント学習とレスポンデント学習は相互に影響し合う

　オペラント学習とレスポンデント学習を区別することは，多くの場合に役立つ。プロセスによっては，それを理解したりそれに影響を与えたりするときに，オペラント原理に基づいたほうが簡単な場合もあれば，逆にレスポンデント原理のほうが有用な場合もある。しかし，実際の学習は，両方の原理の影響下で同時に生じることが多く，2つの原理が相互に影響を及ぼしていることが少なくない。たとえば，私の息子が別の都市に住んでいて，私が彼と電話で話をするのが好きだったとしよう。そのような場合，私はときどき彼に電話をかけるだろう。もし，彼を電話で捕まえるのが火曜の夜なら比較的簡単だとわかったら，火曜日の夜だということに気づいたときには，私は彼に電話をかけるだろう。ここまでのプロセスは，電話

をかける行動が正の強化によって確立されたオペラント学習である。この場合，火曜日の夜が弁別刺激となって，ある結果が私の電話をかけるという行動の生起確率を高めている。もちろん，その結果とは，息子が電話に出るということである。さて，私が電話で息子を呼び出したとき，彼が出るのを待っている間，いつも同じメロディーが流れているとしよう。待つ間，このメロディーを聞く状況に私が何回か遭遇した後で，ある日，同じメロディーがラジオから流れてきたとしよう。そのとき，私は息子のことを考え始め，何らかの情動反応（息子と会話するときにわき上がってくる）が，意識に上ってくるかもしれない。これは，どのようにして起こったのだろうか。答えはレスポンデント学習によって生じたのである。この場合，メロディーが条件刺激であり，息子に関連した思考や気持ちが条件反応である。このような反応が，どのようにして，次のオペラント行動に対する先行事象として機能するようになるかを理解するのは，それほど難しいことではないだろう。たとえば，私は，このメロディーをラジオで聞いたために，そうでなかったときよりも，早いタイミングで彼に電話をかけるようになるかもしれない[*8]。

　レスポンデント学習とオペラント学習が作用し合う場合はほかにもある。それは，どのように強化子（好子；reinforcer）と弱化子（嫌子；punisher）が確立されるか，というプロセスである。以前は強化子として機能していなかった刺激も，すでに強化子として機能しているものと関連づけられることで，この機能を獲得できる。ステータス・シンボル，デザイナーズ・ブランドの服，愛する人の写真，お気に入りのテレビ番組は，どれもが強化的な機能を持つようになることができる。これらの刺激は，ほかの強化子と関連づけられることで，その機能を獲得したのである。たとえ

---

[*8] （訳注）ここでのオペラント行動は「息子に電話をかける」という行動である。そして，呼び出しメロディーによって誘発された条件反応である「息子と会話するときに生じる情動反応」が，その電話をかけるというオペラント行動の確立操作として機能した（息子と会話するという強化子の価値がより高められた）と考えられる。なぜなら，その待ち受けメロディーを聞いた場合のほうが，聞かなかった場合より，早いタイミングで（つまり，電話を息子にかけるという行動の反応間間隔が短くなって），息子に電話をかけたからである。

ば，ステータス・シンボルのおかげで，誰かから注目されるようになるといったことが，それである。強化子で，学習されることなくその機能を持っているものは，**無条件性強化子**（unconditioned reinforcers）または**一次性強化子**（primary reinforers）と呼ばれる——たとえば，対人的な注目，空腹時における食べ物，そして寒いときの暖かさ，などである。強化子のうちで，学習されることによって，その機能を獲得したものは，**条件性強化子**（conditioned reinforcers）または**二次性強化子**（secondary reinforers）と呼ばれる。これに対応する用語は，弱化子にも適用される。それらも，**無条件性弱化子**または**一次性弱化子**と呼ばれ，またはその機能をほかの弱化子との関連づけられることによってその機能を獲得し，**条件性弱化子**または**二次性弱化子**と呼ばれるのである。

## 消　去

　学習された行動は，必ずしも永続するわけではない。結果によって制御されているのか，あるいは刺激と刺激の連合によって制御されているのかにかかわらず，行動は，特定の随伴性（contingencies）を取り除くことで，消失したり，減少したりする。この現象を指す用語として**消去**（extinction）がしばしば使われる。学習の種類に応じて，**オペラント消去**（operant extinction）または**レスポンデント消去**（respondent extinction）とも呼ばれる。オペラント消去が生じるのは，ある行動が，もはや強化的な結果だったものを引き出さなくなった場合である。たとえば，息子にかける火曜日の電話がつながらなくなり始めても，しばらくの間はその曜日に私は彼に電話をかけ続けるだろう。しかし，もし，火曜日に電話をかけても，まったくつながらなくなったら，私は，その曜日に電話をかけるのをやめるだろう。火曜日は，もはや，以前には強化的だった結果に対する弁別刺激ではなくなったのである。つまり，火曜の夜は，もはや，特定の行動（息子に電話をかける）と特定の結果（息子が電話に出る）との間の時間的な結びつきを示さないのである。

　レスポンデント消去も，学習を成立させるような，さまざまな刺激同士

の関係が大きく変わったり，なくなったりすることによって生じる。仮に，自分の住む街の広場で暴行を受け，レスポンデント学習によって恐怖を感じるようになっていたにもかかわらず，その後も，引き続いて定期的にその広場を訪れたとしよう。その場合，恐怖の原因となったもともとの出来事（暴行されること）が繰り返し生じなかったとしたら，私は恐怖を感じなくなるだろう。というのも，私の情動的なリアクションと，広場，レストランからの香り，広場に立っている銅像との間に，新たな連合が確立されたからである。また，私は，ポジティブな情動を呼び起こすような，広場でのほかの出来事を経験するかもしれない。そのとき，新しいレスポンデント学習が生じるかもしれない。最初は恐怖を感じても（レスポンデント），広場を歩くこと（オペラント）によって，このような消去が生じるのも，オペラント学習とレスポンデント学習が一緒に作用しているからなのである。

　しかし，ある特定の行動が消去されたということは，それが学習される前の状態に戻るということではない。ひとたび，暴行を受けたことで，自分の住む街の広場に対して恐怖を感じるようになると，そもそもそのような暴行を一度も経験しなかった場合と比べて，恐怖をより簡単に感じるようになる。もし，息子の電話の呼び出し音があの特定のメロディーでなくなったとしたら，ラジオからそのメロディーが流れても，私は息子のことを考えなくなるかもしれない。しかし，それでもなお，このような連合が何年も消えていたにもかかわらず，突如として現れるという経験を誰もが持っているのではないだろうか。同じことが，オペラント消去についても当てはまる。私たちが一度学習した行為は，手の届く範囲内にあり続けている。それは，私たちがそのようなことをしなくなって，時間的にかなり経過した後でも，生じることがある。たとえば，かつて自転車の乗り方を学習し，その後，この行動に対する強化的な結果がなくなったとしたら，何年も前にその行動は消去されていたかもしれない。そして，再び自転車に乗ると，以前ほど上手に乗れないことに気がつくだろう。それにもかかわらず，この行動に対する学習が解除されてしまったわけではない。

　学習がこのような永続的な効果を持つという事実は，行動を変えること

に取り組む上で重要なことを私たちに伝えてくる。この点については，本書の主題——考えるということが持つ力——を論じるときに再び取り上げることにしよう。今の時点で私たちが確実に言えるのは「鍵となるのは，すでに学習済みのことを消去しようと努めることよりも，むしろ新しい学習をすることだ」ということである。

## 般　化

　今まで見てきたように，特定の刺激が，出来事のオペラント連鎖の中で，弁別的または動機づけの先行事象として機能する，あるいは，強化的または弱化的な結果として機能するようになる。しかし，新しい刺激がその特定の刺激と同じ機能を持つには，その刺激自体とまったく同一である必要はない。もしそうだとしたら，学習は事実上不可能になってしまうだろう。なぜなら，2つの刺激や出来事が同一などということはまずないからである。そうではなくて，2つの刺激や出来事が「十分に似ている」だけでよい。仮に，ある人が特有の表情を浮かべて，私のほうを見ているという条件の下で，私がその人に声をかけるという社会的行動を生起させたとしよう。そして，私の声かけに正の強化が随伴したとしよう。この場合，状況が類似していれば，私がまた誰かに声かけをする可能性は高い。つまり，状況が同一である必要はないのである。それでは，どの程度類似した状況でならば，その刺激が弁別的に機能するようになるのだろうか。その程度は，その人の特定の学習履歴にかかっている。幼い子どもは，最初，親とのやりとりの中で，何かを言うことを学習する。最初に，誰かに何かを言うという行為が強化されるのは，親とのやりとりの中なのである。ただし，この最初の段階では，親以外の人がチラッと見たり，顔の表情を変えたり，何かを言ったりすることが，社会的なやりとりの先行事象として機能してはいない。しかし，このような先行事象の機能は徐々に拡がっていく，つまり**般化**（generalized）していくのである。時間の経過とともに，さらにより広範囲な状況が（異なる人，異なる環境，異なる発語，わずかに異なる表情など），特定の社会的行動に対する先行事象として機能するよう

になるのである。

　これは，先行事象に限られたことではない。強化的または弱化的な結果として機能するような出来事においても般化が生じる。親しげな行動は，実にさまざまな形態がある。しかし，このような違いがあるにもかかわらず，同じ強化的な機能を持つことができる。また，弱化子として機能することが多いような事柄（たとえば批判されるなど）についても，同様のことが言える。たとえば，強化的な機能が般化するものの例として，お金を挙げることができる。お金は，条件性強化子（二次性強化子）である。経験的によく知られていることだが，金属片や紙切れがほかの強化的なものと関連づけられることで，それ自体が強化的な機能を持つようになる。お金は，そのほかの実に多くの強化的な機能と関連づけられることで，その機能を獲得していき，般性強化子（generalized reinforcer）となるのである。また，ほとんどの子どもたちにとって，大人からの注目も般性強化子としての機能を持つ。しかし，特定の文脈の中では，大人からの注目が弱化としての機能を持つこともあり得る。繰り返すようだが，このことは，その刺激（大人からの注目）が強化的なのか弱化的なのかを決めるのは，刺激に備わった固有の性質ではない，ということを示している。むしろ，そのどちらであるかを判断するのは，文脈の中で，つまり生体とその環境との相互作用の中でしか理解できないものなのである。

　般化は，レスポンデント学習でも生じる。暴行を受けたことのある，自分の住む街の中央広場と，別の街の同じような広場が，十分に似ていた場合，私は同様の恐怖を感じるかもしれないのである。あるいは，この恐怖は，広場とはまったく異なる状況においてもわき上がってくるかもしれない。たとえば，地下鉄の中で，私を襲った人物と十分に似た人を見かけた，という状況などである。同じように，あのおなじみのメロディーがラジオから流れたとしても（それが，たとえ息子の電話のものとは，歌手も違えば，バージョンも違っても），私に息子のことを考えさせるだろう。

## 弁　別

　弁別（discrimination）は「般化と正反対のものである」と言うことができる。般化は，何らかの点で似ているために，ある出来事の機能がほかの出来事にも拡がっていく。一方，弁別は，特定の機能がより特定的な出来事に限定され，それがたとえ類似していたとしても，その機能を持たないようになる。他者の表情は，私にとって，特定の社会的行動に対する先行事象になっている。おそらく，私が他者とのやりとりを初めて試みたときからずっと，般化が生じてきたからだろう。というのも，他者の表情はそれぞれ少しずつ異なっているにもかかわらず，私は同じような社会的行動を生起させるからである。しかし，私がトランプでポーカーゲームをするときには，どうだろうか。その場合，ほかのプレーヤーの表情の中にある，とても微妙な違いが先行事象となって，自分の行動をさまざまに変化させていくことだろう。たとえば，ある種の視線が手がかりとなって，私は自分の賭け金を上乗せするかもしれない。また，ほかのプレーヤーがわずかにいつもと違う仕方で私を見るということが手がかりとなって，私は手仕舞いを決めるかもしれない。どの違いも，記述できないほどに微妙なものと言えるだろう。それでも，私はその微妙な違いに基づいてプレーをしているのである。おそらく，ポーカーゲームが格段にうまい人は，他人の行動に対する高度に訓練された弁別能力を持っているからなのかもしれない。

　般化と弁別，そしてそれのバランスは，オペラントとレスポンデントに含まれる，あらゆる種類の学習の中でも重要な部分である。たった1つの非常に特定的なシグナルを騒々しい環境の中で捕まえなければならないときもあれば，大雑把に対応することが大切なときもあるからである。

## 私たちはここからどこへ向かうのか

　これで，学習心理学の重要な基礎的知識をひととおり見てきたことになる。興味を持った読者は，詳細な知識を得るために，ほかの文献等に当た

られることをお勧めしたい[*9]。第2章では，今まで紹介してきた諸原理が，「考えるという行動」そして「考えるという行動が持つ力」を理解するために，今までどのように使用されてきたのか，そして現在，どのように使われているのか，ということを検討していきたい。そして，「考えるという行動」そして「考えるという行動が持つ力」を扱うことに潜むいくつかの問題点についても検討していくことになるだろう。つまり，「考える」といった人間の深遠なる部分を行動分析が扱おうとするときに直面する「不十分さ」とでも表現できるようなことについて検討していこう。

---

[*9]（訳注）本書の著者による『臨床行動分析の ABC』にまずは当たられることが適当だろう。

## 第2章
# 「考える」と人間の言語

　私たちが一般に「考える（thinking）」と呼ぶ現象は，たいてい見えないものである。もちろん，常にそれを見ている者が存在している。しかし，それはたった1人——思考をしている（thinking her thoughts）本人である。そのように捉えるなら，「考える」という行動とはプライベートな現象で，その人以外の誰にも直接観察することができないものだ，ということになる。そのため，Skinnerは思考を**私的出来事**（private events）という現象に含まれるものであるとした[174]。これに対して，私たちは，次のように反論することもできる。たとえば，発言されたことが聞き取られるときや，書かれたものが読まれるときのように，しばしば，そのような事象にはアクセスできるではないか，と。しかし，注意深く考えてみれば，私たちがアクセスできるのは，思考そのものではないことに気がつくだろう。私たちができるのは，言われたことであり，書かれたことである。これらは，多くの場合は，元の思考と関係してはいるものの，それとまったく同一ではない。思考の体験そのものに直接触れることができるのは，その思考をしている本人だけである。同じことが，記憶，身体の内部感覚，そして私たちが情動と呼ぶものの少なくとも一部についても当てはまる。そして，これらはすべて，Skinnerが主張する「私的出来事」に含まれるものなのである。ここで強調すべき重要な点は，次のようなことである。Skinnerが言わんとしているのは「"内的"現象は，私たちが公的に観察できる事象とは違った性質を持っている」ということではない。これらの現象は，外的世界とは質的に異なる精神世界で生じているのではなく，公的な観察（複数の人たちが同時に観察できるような状態）とアクセスできる程度が異なるだけにすぎない，ということなのである。

私たち人間は，このような私的出来事に対して，多くの注意を払う。私たちは自分の内側で生じていることについて話し，他人にもそのようなことが生じていることを前提としている。たとえ，自分以外のほかの誰についても，そのようなことが生じていることを観察できなくても。そして，私たちはさまざまな方法で私的出来事に大きな意味を持たせる。たとえば，今この場で起きていることを説明するなら，私は著者として，私的出来事という現象のある部分についての本を書いている。そして，あなたは読者として，時間と注意を割いて，私が書いていることを理解しようとしている。そして，（あえて推測させていただけば）あなたは「このことについて，著者が考えていること（！）を知ることは面白そうだ」といったようなことを考えているかもしれない。さらに，この「考える」という現象は，現代科学の人間理解の中で重要な位置を占めている（たいてい，それは「認知」という見出しが付されている）。

　私的出来事への関心の中で，Skinnerはさらに一貫した，徹底的な姿勢を示している。それは「なぜ，私たちはこのように私的出来事について語るのか」という問いの投げかけである。この問いは，間違いなく，とても本質的なものである。というのも，もし「なぜ，私たちは私的出来事について語るのか」ということを理解したら，それが果たす機能について何かしらの知見を得ることになるからである。さらに，私的出来事をきちんと話せる大人になるために，私たちはどのような学習プロセスを経て，自分にしかわからないことを話せるようになっていくのだろうか。それは，内的な現象に結びついた「何か」を自分以外の誰かと一緒にすることによって獲得していくのである。つまり，実のところ，これらの現象は，まさに，私たちのよく知っている学習の原理を通じて，人間行動において中心的な役割を担うようになった。私的出来事について話すことを学び，回り回って，再びそれについて話すやり方は，私的出来事の展開に影響を与える。（私が「語り」として論じているものは，音を発することに限らない。たとえば，発語できない人でも，同じことを，手話を通して学ぶことができる。）

　なぜ，気持ち，記憶，身体感覚，そして思考について語ることについて

学ぶことが私たち人間にとって重要なのだろうか？ それは，こういった類の共有が，社会的共同体にとって価値を持つからである。Skinner の言葉によると，「ある人の私的な（内的な）世界は，それが他者にとって重要なものとなるときにだけ，その人自身にとっても重要なものとなる」（文献 178 の p.35）。もう少し専門的に表現すると，私たち一人ひとりが自分自身にしか観察できない事柄について語るということを学ぶのは，私たちの社会的環境がその種の行動を強化するからである。社会的共同体は，子どもたちが自分の私的出来事に基づいて話すことを強化する。やがて，徐々にではあるが，強化随伴性に基づいて，これらの内的な現象——社会的共同体が直接観察することができない——が子ども自身にとっても重要なものとなっていくのである。

## 言語行動

私的出来事がどのようにして発展していくのかをさらに詳しく見る前に，もっと一般的な意味で話すことについて，すなわち，Skinner が**言語行動**と呼んだものについて振り返っておく必要があるだろう。言語訓練のごく初期の段階から，人は音を組み合わせて使うことを学び，その方法は，やがて私たちが互いに交流する上でとても重要なものとなる。Skinner によると，音を組み合わせるこの行動について，機能的にきわめて重要なのは，行動が遠回しに強化される可能性，つまり，発語者自身の行為の直接的結果としてではなくて，むしろほかの人の振る舞い方によって間接的に強化される可能性である。このことは，自分がほしいと思う物を，自分から物理的に動くことなく手に入れることを可能にする。私は，何かを手渡してくれるようにと頼むことで，ほかの人の行為を通じてそれを受け取ることができる。音をこのように使うことは，主として社会的な能力であり，それは，ほかの行動に適用されるのと同じ学習の基本原理に基づくものである。Skinner は，話し手によるこのような行為を「言語行動」と呼び，その定義は，聞き手の行動が媒介することで効果を獲得する行動であるとし，聞き手は自分の行動が話し手の行動に対して強化的なものとして正確に機

能することを教えられている，と述べた[175]。もしも，私がある物体に手を伸ばしたなら，手に入れようとしてとった行動の結果は，その行動に対して強化的である。物を手に入れようとして，それを手渡してくれるように頼む行動は，それに引き続く聞き手の行動が，私が望んだ物体を私に手渡すという形になったときにだけ，強化的なものとなる。

　ある人が話し，話されたことに基づいて，また別の個人が，話し手にとってそれぞれに違った強化的な結果に結びつく可能性があるような仕方で振る舞う。このことは，次に，そこで確立された強化随伴性に基づいて，社会的な文脈が話し手の行動を支配することを可能にする。聞き手が，私の発語を聞いて，私が頼んだものを手渡してくれたなら，私がこの行動を繰り返す確率は増加する。もしも聞き手の振る舞いが違っていたのなら，これもまた，私の将来の行動に影響を与える。

## Skinnerによる言語オペラントの説明

　Skinnerは，言語行動をいくつかの基本的なタイプに分類した——タクト，マンド，エコーイック，イントラバーバル，そして，オートクリティックである[175]。私たちが言語行動をオペラント反応とみなすときには，ほかのどのオペラント行動とも同じように，それらが，先行事象と結果によって制御されているものと考える。これらのさまざまな反応（ABC分析のB）は，それぞれが，それ自身の形態（言われたことや書かれたこと）とそれを支配している変数（Aおよび／あるいはC）との間にどのような関係を持っているかによって区別される。反応（B）がとる形と，その先行事象（A）と結果（C）との関係が，分類の基盤となっている。

### タクト

　**タクト**は，先行刺激に基づいている——つまり，先行刺激そのものが，タクトされる対象となる。例としては，椅子がある場面で「イス」と言うようなことである。この反応，つまり発語は，椅子を目にしたことから直

接に影響を受けている。私たちが「彼女は走っている」と言うとき，それは，誰か（彼女）があるやり方で体を動かしているという事実に基づいている。このように環境をタクトするのは，タクトすることが強化されてきた確固とした学習履歴があるからである。幼いころから私たちは，たとえば，牛がいるところで正確に「ウシ」と発語したときに，強化的な結果を経験してきた。もしも，牛がいる場面で「子ネコちゃん」と言ったとしたら，違った結果になっていたはずである。結果は，主に一般的で社会的な性質のものである。すなわち，タクトすると，般性強化子（generalized reinforcer）がそれに続く。私たちが日常会話の中で，「説明する」，「伝える」，「言及する」などと言うときに考えているのは，タクトすることである。しかし，このような日常的な概念はすべて，科学的な目的にはとても不完全である。そのため「タクト」は，新しい表現方法として用いられるのである。

　理想的なタクトは，先行刺激によって，完全に制御されている。日常的な文脈の中では，その発言は事実に基づいている，あるいはその発言は言及する物に対応している，などと言うだろう。これは「純粋な」タクトで，科学的な言語研究で探求する類のものである。私たちは，科学的な状況設定においてでさえ，純粋なタクトなどというものが単なる理想にすぎないのではないかと問いかけるほどに，実際の生活の中でタクトがこのような性質を持つことは稀なことだろう。Skinnerは，歪んだ，または純粋でないタクトについて書いている[175]。それは，ほかの要因，たとえば誰が聞いているか，タクトの結果として聞き手がどのように振る舞うか，などといったことに制御されているタクトについてである。私たちが普段から「誇張」と表現するものは，歪められたタクトの例である。この言語オペラントは，先行するものに制御されてはいるけれども，その大きさなどが誇張されている場合がある。そのような場合，タクトは歪んでいる。「偉大なる漁師」が自分で釣った魚の大きさについて話すとき，彼が描写しているのは，魚の大きさだけではない。もしもそうだったとしたら，彼の描写は純粋なタクトになるはずである。それどころか，彼がする描写は，おそらくほかの要素にも支配されている。ある発言が，タクトとして表現さ

れてはいるものの，実際にはそれに先行するものの影響を何ら受けていない，むしろまったく別の何かによって支配されている場合，それらを私たちは，日常語では「ウソ」と呼ぶのである。

## マンド

　マンドは，特定の強化子によって制御され，そしてその同じ強化子を指定するような言語行動である。たとえば，あなたが誰かに「あっちへ行け！」と言うのは，以前，あなたが誰かにこの言葉を言ったときに，その人があっちへ行ったという経験により強化されている。「私を見て」と言うのも，それ自体が強化子――すなわち，聞き手が話し手を見ること――を指している。マンドの典型的な先行事象（A）は，聞き手の存在（弁別機能）と，結果を話し手にとって好ましいものにするような動機づけ操作（確立操作）である。「あっちへ行け！」に先行する動機づけ操作は，おそらく，話し手にとってその時，聞き手の存在が，嫌悪的に感じられるということであり，一方，「私を見て」については，また違った何かが，話し手と聞き手の相互作用の中で起きている。マンドの例としては，さまざまなタイプの要求や命令，質問，そして発言する許可を求めて手を挙げること，などがある。

　重要なのは，タクトもマンドも，機能により定義されるのであって，トポグラフィーそのものではない，ということである。まったく同じ言葉や表現が，いくつもの違った機能を持つ可能性がある。これは，トポグラフィー的に同じ言語表現は，特定の状況の中での先行条件と後続条件の関係次第で，タクトとしてもマンドとしても機能できることを意味する。誰かが「新聞」と言うとき，制御変数が新聞であり，口から出てきたのが「テーブルの上にあるのは何？」という質問への答えだったときには，その発言はタクトになる。しかし，「新聞」という発言は，話し手に対して誰かが新聞を手渡してくれることを要求する役割を果たす場合には，マンドにもなる。発言されたことと，制御変数との関係により，どのタイプの言語行動なのかを決める。「見事なリンゴですね」のような発言は，タクトの

ように感じられるけれども，話し手が以前同じような発言をして，リンゴをもらったという結果があり，それにより強化されているのならば，実際にはマンドだということがあり得る。

## エコーイック

**エコーイック**では，言語行動の先行事象は，反応と同じトポグラフィーをしている。それは，先行する言語反応に引き続く言語反応であり，エコーしている，または先に発語されたことを繰り返している。ここでも，典型的な強化子は，注目やそのほかの対人的プロセスなどといった社会的な般性強化子である。エコーイックは，初期の言語学習では中心を占める。たとえば，親は，ある単語を発語し，子どもがまねをして繰り返して発語するすべての機会に強化する。しかし，エコーイックは，私たちがたった今耳にしたばかりのことを声に出さずに繰り返して，生涯を通じて重要な言語行動としてあり続ける。

Skinner は，ほかにもいくつか，何らかの形で先行事象の繰り返しであるような反応を含む場合，エコーイックに類似するものを，言語反応の例として挙げている。彼は，読字行動のみならず，転写と書き取りについても説明している。これらのすべては，非常に類似していることから，エコーイックと一緒に説明しよう。**読字行動**は，何かを発言したときに，それを制御している先行刺激がテキストに書かれていて，書かれたことと言われたこととの間に形態的な一致関係がある場合である。したがって，読字行動は，私たちが普段から音読と呼んでいる反応だと言える。**書き取り**は，逆のプロセスである——それは，電話番号を誰かが言ったその場で書き留めるなどといった発語された事柄と形態的な一致関係にある何かを書き下ろすことある。**転写**は，制御している先行事象と反応のトポグラフィーが一致するような何かを書くことである。日常言語で，これはコピーと呼ばれている。このような言語行動は，どれも，社会的般性強化子によって強化される。

## イントラバーバル

**イントラバーバル**もまた，別な言語行動をその先行事象として持つ言語行動で，その点は，エコーイック行動と同じである。ただし，イントラバーバルの場合には，先行事象と反応との間に，トポグラフィー的な対応関係は何もない。この場合は，言語的先行事象とイントラバーバルの関係は恣意的で，社会の「気まぐれ」によって確立されると言える。もしも，私が「いち，に，さん」と言って，あなたが「し」と言ったなら，あなたの反応はイントラバーバルである。もしも，私が「*casa*（スペイン語で「家」）は英語で何と言いますか？」と言って，あなたが「house」と言ったなら，この反応もまたイントラバーバルである。マンドを除いて，そのほかのすべての言語オペラントがそうであるように，イントラバーバルについても，それを支配する重要な結果は，社会的般性強化子である。

ここでもう一度，注目すべき点は，これらの異なるタイプの言語行動の定義は，機能的なものであるということである。重要なのは，反応と，先行事象および結果との関係である。私は，「新聞」という表現がタクトにもマンドにもなり得ると書いてきた。しかしもちろん，それが，誰かの言う「新聞」に影響されていて，その反応を反復している場合には，エコーイックにもなり得る。そして，それはイントラバーバルにもなり得る。たとえば，ちょうどほかの誰かが言った「『地方紙』のほかの言い方って何だっけ？」という言葉に影響されているような場合である。

## オートクリティック

Skinner は，もう1種類の言語行動について記述している——**オートクリティック**である。これは，言語行動，または言語行動の一部で，話し手自身による別な言語行動に支配されて，これを別の行動に変容するものである。オートクリティックの例は，誰かが「テーブルの上にあるのは何？」と尋ねたときの，「新聞かもしれない」という反応の中の「かもしれない」の部分である。「かもしれない」という言葉は，全体を変容させ

て聞き手に対して話し手の発言の立場を何かしら知らせることで，オートクリティックとしての機能を果たしている．つまり，この場合は「立場の不確かさ」を伝えている．ほかのオートクリティックで，タクトをまた違った方法で変容するものとしては「〜ではない」などといった言葉がある．たとえば，テーブルの上にあるのは何かという質問に対して，「新聞ではない」と答えるような場合である．オートクリティックは，今見た例のように，言葉が丸ごとそうであることもあるし，質問への答えが「（複数の）新聞（newspapers）」であるときに複数を示す"s"を語尾に加える場合のように，1つの単語の変容という形にもなり得る．句読点，文法構造，そして構文などは，どれもがオートクリティックのカテゴリーに含まれる言語行動の形態である——すなわち，話し手自身による別な言語行動に依存した，または，それを変容するような言語行動なのである．

## 本書でのSkinnerによる分析の使用について

Skinnerが言語行動を分析するために用いた体系はかなり複雑で，私の意図は，それをここで詳細に解説することではない．これまでに紹介した言語行動の分析の概略について重要な点は2つある．1つ目は，この概略によって，言語行動の機能分析は，実行可能で有用な方法である，ということが示されることである．つまり，言語行動は，先行事象と結果によって支配される人間の行動として捉えることができる，ということである．2つ目は，この分析によって，私的出来事の検討に立ち戻ることが可能となる，ということである．このなかで，私的出来事がどのようにして私たち人間にとってこれほどまでに中心的な機能を獲得するようになっていくのかを，Skinnerの分析の一部——タクトについての彼の記述——を使用して説明していこう．

## 私的出来事をタクトすることを学ぶ

私的出来事について話すことを私たちはどのように学ぶのか．この問い

からはじめよう．まず，私たちは，私的出来事について語ることを，自分が所属する社会的な環境から学ぶ．そして，その環境は，特定の行動を強化するような性質を持っている．子どもにとって，そのような環境とは，はじめは，親や親以外の保護者，あるいはそのほかの家族メンバーから成り立っている．そのため，Skinnerの観点からすると，私たちが生活する社会的な環境にいるこれらのメンバーが，その環境で生じる出来事を適切にタクトするのを訓練してくれるのである．しかし，もちろん，これらの人々も（そしてほかの人々も），子どもの私的出来事に対して直接アクセスできるわけではない．その社会的環境に含まれる人たちがタクトすることを強化し，タクトされる対象が，物や人，目に見える行為といった外的な現象だったときには，タクトされるものが何であれ，それは実際にアクセスすることができる．つまり，その刺激とタクトとのつながりは明白である．このような場合には，強化子とのつながりを確立することは比較的簡単である．子どもがテディベア（クマのぬいぐるみ）をタクトすることを学んでいる場合，子どもは目の前にあるテディベアを見て，また，親も見ている．子どもが「テディ」，またはそれに似たことを言ったときには，親はその行動を強化することができる．しかし，子ども自身が内的に観察した事柄については，社会的な環境（たとえば，周囲の大人たち）がそれに対して，テディベアの場合と同じようにアクセスすることはできない．このことは，子どもがそのような私的（内的）現象をタクトしたときに，環境側がそれを強化することを難しくしている．Skinnerは，社会的環境にいる人たちが，そのような困難にもかかわらず，私的出来事がタクトされるのを強化できる方法をいくつか述べている[173]．

　私たちが私的出来事をタクトするのを学ぶひとつの方法は，タクトされる事柄と並行して起こる現象を他者も観察できる場合である．もしも，他者が，子どもの皮膚が紅潮したり腫れたりしているのを観察できたら，そのことから子どもが痛みを経験していると想定できる．そのような状況では，子どもが「いたた」あるいは「いたいよー」などと言えば，親は，想定された痛みをタクトしている言語行動を強化することができる．そのことで，子どもの言語行動には，周囲の社会的環境によって確立された強化

的な結果が随伴することになる。また，そのほかの，よくある，そして誰にでもアクセスできる現象は，通常どのような気持ちを生み出すかを私たちが知っている出来事である。ひとつの例としては，子どもの環境の中にいる誰かが攻撃的な行動をした場合に，後になってから，子どもに「さっきのは（先ほど生じた出来事は），怖かった？」などと尋ねるような場合である。自分自身の私的な世界をタクトすることを学ぶと，私たちは，自分の経験に基づいて，子どもも私たち自身と似たような経験をしているのではないかと想定するようになる。しかし，親の感情がいつも子どものそれに対応しているとは限らないため，子どもの側で感情について問題のあるタクトが起きる可能性を残すことになる。

　個人による観察可能な反応は，タクトされた私的現象と並行したとき，似たような学習が起きる。音，顔の表情，ある種の動作などは，個人の私的出来事に並行してよく見られる観察可能な反応である。痛み，怒り，興味，そして喜びの経験には，しばしばほかの行動が伴う。子どもたちは，尻込みしたり，近寄ってきたり，チラッと見たり，またそのほかにも，社会的環境の中で，他人にはっきり伝わっているさまざまなやり方で振る舞う。このような違った形態の観察可能な行動が私的出来事に対応して変わるという事実は，環境側が強化随伴性を確立することを可能にする。そしてこの随伴性は，それ以後，その子自身にしか観察できないような事柄について話すという，子どもの能力に影響を与える。

　私的出来事について語ることを学ぶさらに別な方法は，子どもが，自分にも他者にも観察可能な自分の動作について話すことを初めて学んだときに起こる。その子は，それから徐々に，似たような自分の行為で自分自身にしか観察できないようなものについても，語ることを学んでいく。このことは，特に，私たちが一般に思考や「考える」と呼んでいるものや，記憶と呼ばれるものについても当てはまる。

　子どもは，たくさんの行為をする中で，それらについて語ることを徐々に学んでいく。歩き，手を振り，食べ，犬を見て，じっと立ち，遊び，着替えをする。どの子も，自分の行為をタクトできるようになるためには，それに先立って実際に振る舞うことをしなければならない。（ただし，子

どもは，何かしらの振る舞われたことを表現するために他者が使った言葉を，その行動を自分で振る舞うことなく発語することはできる。このような場合には，その子は，ほかの誰かが発語した何かを聞いて，それをエコーしている）。子どもが自分自身の行為をタクトできるようになるためには，次の順を追う必要がある――子どもが，その子自身とその子の社会的環境のどちらにとっても観察可能な何かをする。この行為をしたとき，あるいはその直後に，環境が，子どもの特定の言語行動を強化する。最も考えられることとしては，子どもが最初にほかの人の言うことを繰り返し（エコーし），それが次第にタクトへと移行する。子ども自身の行為は，その段階で，言語行動に関しての弁別刺激になる。

　例を挙げよう――ペトラがボールをキックしている。彼女がそれをしたときに，彼女の父親が「キックだ！　見てごらん，君はボールをキックしているんだよ！」と言う。ここでは「キック」という言葉が繰り返されて，ペトラが何か「キック」に似たことを言えば，父親はその発語を強化する。じきに，キックをするまさにその行為が，ペトラにとって「キック」と発言するための弁別刺激になる。ペトラは，自分のキックする行為をタクトすることを学んだのである。時間が経つにつれて，似たような学習がほかの行為――手を振る，走る，遊ぶ，などといったこと――についても起こる。

　このプロセスと並行して，子どもは，これらの行動の私的な（内的な）側面，つまり，その子自身にしかアクセスできないような事柄を経験することになる。たとえば，誰かに向かって手を振るときに，腕がどのように感じられるかなどといったことである。このことは，その子の私的出来事をタクトする能力を伸ばすことに寄与する。子どもは自分自身の行為をタクトすることを学び，そしてそれらの行為は私的出来事に対応してさまざまであるため，その子が私的出来事を弁別する能力は，それらをタクトする能力とともに次第に伸びていく。

　Skinnerは，私的出来事をタクトすることを学ぶ別の方法も述べたが，その話の前に，まず，本書にとって特に重要である，私的出来事としてタクトをすることについて吟味してみよう。これは，私たちがどのようにし

て考えることを学ぶのか，どのようにして「考える」について語るのを学ぶのか，そして，どのようにして私たちはやがて「考える」について考えるのを学ぶのか，ということと関連している。

## 思考をタクトすることを学ぶ

　行為の中には，はじめは行動する本人にとっても社会的環境にとってもアクセス可能だったものが，次第に変化して（Skinnerは，このことを「弱まる」という用語で表現した），ついには，その行動をしている本人にはアクセスできる状態のままでも，他者にはもはやアクセスできなくなる，というものがある。例として，私たちが数えることを覚えるということについて考えてみよう。子どもたちは，最初は，声に出して数を数える。それは，この行動が環境からの強化を受けることができる，唯一の方法である。時間が経つにつれて，子どもは，声に出して数えることがどのような場面ででも強化されるわけではないことを経験し始める——実際には，ときには弱化を受けることもある。周りの人が，子どもが声に出して数えているのを疎ましく感じることもある。そういった場合には，強化は随伴しなくなる。そうすると，子どもは，もっと静かに数えるようになり，そして自分以外の人には聞こえないほど静かに数えることができることに気がついていく。その子は，まだ唇を動かしているかもしれないが，音は出していない。また，子どもが，数え遊びの本を持ちながら静かに座って，集中した様子で唇を動かしているときに，その子は，この行動に対する社会的強化子を受けることもあるかもしれない。そして——ほら！　まるで魔法のように——その子は黙って数えることを学んだのである，つまり「心の中で数えること」を。この行動は，機能的に強化的な結果に結びつくことさえあれば維持していく。声に出さずに数える能力は，人が望む多くの事柄を成し遂げる上でとても役立つため，これは人間の能力として残っていく。これと同じようなプロセスが，私たちが読む能力を身につける場合にも容易に見てとれる。私たちは，最初は声に出して読み，しばらくすると声に出さずに読むようになる。それでも，長年にわたって声に出さずに

読むことができている人でも，読んでいるものがたとえば複雑で馴染みのない単語のように特に難しい場合などには，たとえ聞いているのが周りにいなくても，声に出して読むこともある。そして，自分の思考が特に効果的であってほしいような，たとえば難しい課題をこなそうとするときなどには「声に出して考える」ことは一般的なことである——「さあ，やってみよう，ニコラス。君ならできる！」。

　今挙げた例は，数を数えたり，読んだりといった言語行動が，どのようにして，強化を受けられる社会的環境にアクセスできる公的な出来事として始まり，そして次第に私的なものへと変わっていくかを示している。私たちが通常「考える」と呼ぶものの大部分が，似たように発達していく。私たちは，まず，自分自身の行動について語ることを，社会的環境によって確立された強化随伴性に基づいて学んでいく。それから，徐々に，行動の私的側面が残っていき，その一方で公的部分は薄れていく。

　もちろん，以上のような説明で，「思考」および「考える」に含まれるあらゆる事柄に関して説明が十分であるとは思っていない。もしかすると，完全に説明をすることなどできないかもしれない。それには多くの理由が考えられるが，少なくとも「思考」や「考える」という言葉が示している内容が曖昧さを含んでいるからである。というのも，それらは，さまざまに定義することが可能だからである。つまり，それらは日常的な概念なのであって，科学の用語ではないからである。しかし，私が主張しているのは，先に説明したプロセスは，私たちが日ごろ「思考」や「考える」と呼ぶものに関して基本的なものだ，ということである。また，この説明は，行動分析学のねらいに関連している——すなわち，私たちが人間として何をするか，あるいはどのように行動するかについての「予測と影響（制御）」を与えるというねらいに。

　いくつもの要因によって，私的な言語行動が維持され，それがもともとの起源であった外的な行為からますます独立していくようになる。走ることについて考えることは，いくつかの点で，実際に走ることと似ている。それは，実際に走っているときと同じ内的刺激をいくつも含む。このようなことは，私たちが，想像する，視覚化する，または，何かについて考え

ると呼ぶような「考える」ことについて言えば，特に明らかである。私が自分の母親について考えるとき，自分の「心の目」で，彼女が実際に私の前に立っているときに私が目にするものととてもよく似た何かを見る。そのようなつながりが「考える」ことと外的な行動との間にあるという現実は，私たちがヒトの身体機能（特に神経系）について知っていることと対応している。誰かを見ることについて考えることは，大部分が，実際に誰かを見ているときと同じ脳の部分を使って行われている。もしも，あなたが，最初に，ある音楽を奏でることを学び，その後でこの音楽が演奏されるのを耳にすると，あなたが音楽をただ聞いているだけの間にも，運動ニューロンが活性化した状態になる[113]。「走る（running）」について「考える」ことは，実際に走るときと同じ脳の運動中枢が関与している[98, 112]。これは，何かをすることについて「考える」ことは，多くの点で，「考えている」そのことを実際に行うことと似た行為であることを意味する。同時に，このような私的な行為には大きなメリットがある。私たちは，ある行為を，外からは見えない想像上の設定の中で，実際に外的な行為をすれば生じるようでな結果の多くに直面することなく，振る舞うことができる。物事を私的に行う——それを行うことについて「考える」——ことは，このように，試したり練習したりするための方法となることができる。誰もが知っているとおり，このような行動は，私たちがしばしば問題解決と呼ぶものの中で重要な役割を果している。私たちは，自分の思考の中で物事を試してみて，その後で，それを実際に実行するか，そうでなければそれを差し控えるかを決める。このようなことができることによって，ヒトは，種として生き残ることができたと言っても過言ではないだろう。

　私が今説明した学習の道筋は，次のようになる：

1．何かをする。
2．自分がしていることについて語ることを学ぶ。それは，先に示した用語でいえば，私たちが自分自身の行動をタクトしている，ということになる。
3．実際に言葉を口にすることなく話すことを学ぶ。つまり，私たちは

考えることを学ぶ。

　ひとたび私たちがこれを行うことができるようになると、この行動自体がタクトできるようになる。ひょっとすると、あなたは、読者として、たった今、自分がこのテキストの言っていることとは別の何かについて考えていたことに気がついたかもしれない。そうであれば「ちょうど今、考えていたのは……」のように、あなたにはタクトできる何か新しいものがある。それゆえに、私たちが考えているという事実について誰かに話をするとき、そのことによって、自分が何かを考えているという事実について考えるようになるかもしれない（認知理論では、このことはしばしばメタ認知と呼ばれる）。

　ここまでで、私たちが私的出来事について語ることを学ぶ上での、2つの主要な方法について述べてきた。まず1つ目は、環境にいる人たちが、その個人の中の私的出来事に並行して起こるような外的な現象を観察し、その現象を使って、私的出来事が次第に弁別刺激になっていくような言語行動を強化する場合である。もうひとつは、はじめは社会的環境にとってもアクセス可能だった行動が、次第に私的なものになる場合である。後者は、ある種の文脈では、この行動が全体として弱化されたり、消去されたりする一方で、同時に、その行動の一部──同じことをするのだが、ただ、黙ってそれをする──が強化的な結果につながることによって実現する。このような行動は、それ以後、その個人によって、ほかの私的出来事とまったく同じようにタクトされるようになる。それでは、なぜ社会的環境が、一人ひとりにこのようなスキルを教えることにこれほどまで重きを置くのか。しかし、そのような問いと向き合う前に、私的出来事をタクトすることを学ぶための3つ目の方法について見ていこう。

## 般化によって私的出来事をタクトすることを学ぶ

　ひとたび私的出来事をタクトする能力が確立されると、私たちは、般化によって、このような言語行動をさらに発展させることができるようにな

る。私的な刺激は，ほかの外的または内的な現象に似た特徴を持つことがある。話し手個人にしか触れることができないような何かをタクトする際に，他者にもアクセス可能な何かとの類似性を利用することは，しばしば強化される行動である。ひとつの例は，子どもがずいぶん長い時間トイレに座っていた後で，立ち上がって「脚が，ソーダみたいにチクチクしている」と発言するような場合である。その子は，炭酸飲料を飲んだ経験と，トイレに長い間座っていたことで脚に起こった経験（脚がしびれたこと）との間に，ある種の類似性を弁別したのである。その子は，メタファーあるいはアナロジーと呼ばれるようなものを使って，自分が経験した類似性をタクトしたのである。私たちが私的出来事を説明するために用いる言葉のうちの膨大な部分が，外的環境の出来事から引かれたメタファーによって構成されているという事実は，このような道筋で学習がなされているのである。私たちがメタファーを用いるとき，私たちは，違った現象同士の間にある類似性を利用している。つまり，メタファーは般化を引き起こすことができるのである。言語表現のうちで「怒りで煮えたぎる」，「気分が沈む」，「平和で満たされる」，あるいは「押しつぶされたような気分になる」などといったものは，すべてその典型的な例である。

## なぜ，このような行動は強化されるのか

　この章の導入部分で，私はSkinnerの言葉を引用した——「ある人の私的な世界は，それが他者にとって重要なものとなるときにだけ，その人自身にとっても重要なものとなる」（文献178のp.35）。では，なぜ，ある人の私的世界は，社会的環境にとって重要なのだろうか？　また，子どもに，このような私的世界について語ることを教える意味とは何だろうか？　その答えは，個人の私的世界が，社会的な相互作用をする上で有用なものを含んでいるからである。私たちは社会的な生き物であり，社会的なやりとりは私たちの生存にとって基本的なものだからである。
　ある人が特定の状況で何を感じるかということから，似たような状況に関連した，その人の過去について多くのことをうかがい知ることができる。

たとえば，ある人が「お腹がすいている」と言えば，それによって，どのくらい食べ物を口にしていないかを手短に誰かに表現することができる。それは，私たちに，その人の現在の状態と，今の状況において何がその人にとって重要か，その人が近い将来にどのように行為するかの傾向などを教えてくれる。それは，じきに，その人がおそらく何かを食べるか，または食べ物に関連して何らかの別な行動をとるだろう，ということも伝えてくれる。同じことが，怒り，退屈，喜びなどを表現する言語行動についても言える。もしも，誰かが憂うつだと言ったとしたら，それを聞いた他者は，中身の濃い説明を受け取ることになる。その内容は，自分自身の行為にも，憂うつを感じている人の今後の行為を見通す能力にも，深くかかわってくるかもしれない。重要なのは，このような内的な現象がある種の自律的な力を持っている，ということではない。むしろ，そのような表現の影響力は，そこに描写されている私的出来事がその個人の学習履歴とどのように関係しているかに由来しているのである。

　ひとたび，私的出来事をタクトする能力が確立されると，この能力は，その個人にとっても価値のあるものになる。Skinner をもう一度引用すると，「投げかけられた問いによって『自分自身に気づかされた』人は，自らの行動を予測し，コントロールする上で，よりよい立場に立つ」(文献 178 の p.35)。自分自身の行動を見越してそれを制御できることは，もちろん，自分にとって好ましい事柄を達成する能力の向上を意味するからである。

　「考える」と言語行動との間にある関係性についての一節を締めくくる前にもう一度強調しておきたいことがある。それは，今まで述べてきたことが「考える」や「思考」という概念に含まれる側面のすべてを記述しているわけではない，ということである。先に説明したような，声に出さない言語行動の学習が確立される前にも，ある種の原始的な行動の中に「考える」と呼べそうなものが子どもに見られるではないか[194]と主張する人もいるだろう。また，これに似たような行動が，人間以外の動物にも存在するではないか，と主張する人もいるだろう。しかし，このような主張をどのように扱うかは，「考える」という概念に何をどこまで含めるかにか

かっている。いずれにしても，私たちは，このような原始的な能力と，それがどのような機能を持つかについて，ほとんど何も知らない。しかし，それとかかわりなく，子どもの言語行動が，まったく公的なものしかなかった状態から，私的なものも存在するような状態へと移行していくにつれて，新しくて革命的な何かが生じているのである。

## それでも内的世界の不明瞭さは残る

　私たちにとって，自分の内的世界について語ることは，他者にも観察可能な外的世界について語ることより，依然として難しいままである。それは，私たちが，内的世界について語ることを（外的世界の助けを借りて）学んでいくということに関係なく，難しい。生涯を通じて，誰かに，どのように車を運転するか，あるいはどのように絵を描くかを説明することのほうが，私たちがどのように考えているのか，悲しいときにはどのように感じるか，といったことを説明することよりも簡単である。なぜそうなのかについては，今までの分析で論理的に説明がつく。自分がどのくらい痛いのか，どのくらい怒っているのか，どのくらい気持ちがよいのかについて語ることを学んだ状況には，少なくとも，自分以外には誰にも観察できない何かが含まれているからである。そのため，私たちが内的な世界について語ることを学ぶ場合，他者もより容易に観察できる外的な現象と比べると，環境から不十分な援助しか受けることができないのである。それゆえに，私たちがこのような私的出来事を弁別して，それについて話す能力は，経験の中で，ほかのより観察しやすい領域と比べると，いつまでも未発達で正確性に欠けたままになってしまうのである。

## 話し手と聞き手

　言語行動の重要な側面のひとつは，それが起こるときには，必ずそこに話し手と聞き手がいるということである。このことは，言語行動が，他者がその場にいるときに起きた場合に，特に明らかである。しかし，誰かが

何かを考えているときにも，聞き手は存在するのである。その場合，話し手と聞き手が同一人物であるという点が違っているにすぎない。後者のような状況は，本書の中で特に関心の高い話題であるのだが，ひとまず，誰もが最初に経験する状況——つまり，話し手が自分で，聞き手が自分ではない誰か——を検討するところから始めよう。Skinner は「言語行動」を概念化するとき，それを話し手の行動に限定した。彼の定義の中では，言語的に行動するのは話し手なのである。彼によれば，聞き手は話し手の行動を強化はするが，その行為そのものは，ほかの行動と同様，強化に適用されるのと同じ原理に従うものなのである。また，Skinner は，聞き手の行動を言語的であるとみなすべき理由をまったく見出すことはなかった[175]。もちろん，聞き手が自分の番になれば話すこともあり，それは言語的な行為となる。それでも，聞く行為そのものは，Skinner が自らの言語行動に関する分析の中で，ほとんど取り扱わなかった[78, 166]。とはいえ，Skinner が言語行動と呼んだものが，多くの場合に聞き手に対して複雑な影響を及ぼすことは，かなり明確である。たとえば，誰かが「外で待っていてください。すぐに行きますから」と言うとき，これは Skinner が言語行動と呼んだものの典型的な例である。この発言で重要なのは，もちろん，聞き手に影響を与えていること，つまり聞き手が外に出て待つようにすることである。もし，思考の中に含まれる私的出来事が強い影響力を持っている場合，たとえ聞き手と話し手が同じ1人だったとしても，聞き手との関係の中で，その影響力が行使されるに違いない。だからこそ，聞き手の行動に対して Skinner がどのように考えているかを見ていく必要があるだろう。彼は，そのような「聞くこと」を「話すこと」とは別の行動のカテゴリーとして捉え，それをルール支配行動（rule-governed behavior）と呼んだ。

## ルール支配行動

「外で待っていてください。すぐに行きますから」という発言は，オペラント心理学の基本的な分析ユニットである ABC を使って簡単に分析で

きる。もし，この発言の後，聞き手が，その話し手が来るのを待つために外へ出たとしよう。その場合，私たちは以下のように分析できる——発言は先行事象（A）として機能し，それによって聞き手の外へ出る行動（B）が起こり，外で話し手が合流する（C）。Skinner によると，先行事象はルールとして機能している。なぜなら，それは，行動と結果を特定しているからである[177, 178]。彼が強調したのは，そのようなルールによって支配されている行動と，実際に起きた結果を直接に経験することによって支配されている行動との違いである。そして，彼は，後者の行動を随伴性形成行動（contingency-shaped behavior）と呼んだ。以下は，Skinner によって紹介された，この2つのタイプの行動に関する例である。

　ルール支配行動と随伴性形成行動の違いが明確に理解できるような例を挙げてみよう。野球の外野手がフライをキャッチするときの行動と，大気圏に再突入してくる人工衛星を回収する船長（人工衛星が海に落下すると考えた場合）がそれを回収するときの行動には似ているところがある。どちらも，計算された方向とスピードで地上を移動し，その物体が平面に到達する瞬間に落下地点に到着しようとしている。どちらも，物体の位置，方向，そして速度に関する直近の刺激（データ）に反応しており，重力と摩擦の影響を考慮している。しかし，野球選手の行動が，ほとんど実際の強化随伴性によって形成されているのに対して，司令官は手に入る情報と類似した状況から引き出されたルールに従っているだけである（文献 177 の p.241-242）。

Skinner は，さらに続けて，その船長は，人工衛星を回収するという経験を多く積むことによって，ルールからいくらか離れることができるようになる，そして，彼の行動も，徐々に，随伴性によって形成されたものになっていくだろう，としている。しかし，ルール支配行動には利点がある。それというのも，その船長が自分のミッションを成功させるために，必ずしも今までの個人的な経験（ここでは，人工衛星を回収するという経験）を必要としないからである。

人間の行動の大部分が，実際にルール支配行動であると理解するのはそれほど難しいことではない。たとえば「赤信号が点灯しているときは，止まらなければならない」，「ダウンした人をそれ以上キックしてはならない」，「一生懸命に勉強をしたら，よい仕事に就くチャンスが増える」といったものである。ルールの中には，実際の経験から導き出された行動と結果を特定するものもある。たとえば，「もっとたくさん服を着なさい。さもないと，寒い思いをするだろう」などといったものである。逆に，今まで経験したことのない行動と結果を特定するようなものもある。たとえば，「アルコールを浴びるように飲んではならない。さもないと，死んでしまうだろう」といったものである。

　私たちがルールに従うことを学んでいるときには，それらのルールは，私たちの環境の中にいる人たちから与えられる。しかし，次第に，私たちは，自分で自分のためのルールを特定していくことを学んでいく。その場合，私たちは話し手と聞き手の両方を兼ねることになるのである——たとえば，「もう一度やってみよう。きっともっと上手にできる！」，「今はとりあえず放っておいて，後からまたやってみよう」，「何も言うんじゃない。言えば状況が悪くなるだけだ」，といったように。ほとんど誰もが，誰かからこのようなことを言われたことがあるだろうし，自分に対してこういったことを言って，自分で特定化したそのルールに従おうとしたこともあるだろう。そして，まさに，このように自分を誘導するルール（self-directed rules）を特定して，それに従うことの中にこそ，私たちが一般的に「考える」ことが持っている力と呼ぶものが多く含まれているのである。そして，それが，本書のメインテーマなのである。

## 難しい問い

　Skinnerの定義によれば，ルールや教示を口にすることも，言語行動である。しかし，先に述べたように，ルール支配行動——ルールに従うこと——は，必ずしも言語行動ではない。もし，誰かが「外で待っていてください。すぐに行きますから」と言い，私が返事をしたら，それは言語行動

である．ところが，私が返事をせずに，ただ外へ出ただけなら，それは言語行動ではない（Skinner の定義によれば）．むしろ，この行動は，以前に経験した結果によって生じたものと見なされる．つまり，それは随伴性形成行動として理解されるのである．しかし，このように考えると，私たちは，次のような難しい問いを抱え込むことになってしまう．「それでは，私たち人間が，将来を見据えて行動をする，つまり今まで経験したことのないことをする，ということは，いったいどのようなことなのだろう？ そして，自分が言ったり考えたりしたことを踏まえて行動するということは，どのようなことなのだろう？」．たとえば，次のような日常場面で，言語行動が聞き手に対して及ぼす効果をどのように理解できるのだろうか？ 仮に，誰かがあなたに「明日，外でクラクションを5回鳴らしたら，出てきてください．そうしたら，私がそこにいますから」と言ったとしよう．そして，あなたは，翌日，クラクションが5回鳴るのを聞いて外に出る．しかし，これまで，そのような合図で外に出た経験は一度もない．もう少しスパンの長い例を挙げてみよう．あなたの同僚が不愉快なことをして，「今度，彼女があのような行動をしたら，文句を言おう」とあなたは考えたとしよう．そして，3週間後，その同僚が再び似たようなことをしたとき，あなたはそのとおりにする．ここで作用しているメカニズムは，もっと先の未来のことを考えた場合，さらに興味深いものとなる．つまり，自分が死んだ後に，物事はどうなっているかを考えることに影響を受けて，今生じている物事に対処しているという場合である．たとえば，それが，天国へ行く見込み，子どもたちの経済的将来，または「ついに安らぎを得る」ことへの願いなど，どんなものと関係していてもである．

この同じ問いをより学術的に表現するならば，それは「ルールや教示として機能するような言語行動をSkinnerはどのように定義しているのだろうか」というものになるだろう．そして，彼は「そのような行動は，行動と結果を特定化するものである」としている[177]．そこで，私たちに残された問いは「ある言語行動が，現時点で生起していない行動と結果をどのように特定化するのか，そして，今まで経験したことのない行動と結果をどのように特定化するのか」ということになる．さらに「どのようにし

て，私たちは，そのような結果を達成するために新しい行為を実行することができるのだろうか」ということになる。たとえば「タバコを吸うことをやめなさい。さもないと，肺ガンに罹るリスクが高まりますよ」という主張に基づいて，どのように禁煙ができるのだろうか。というのも，タバコをやめたときに最初に直面する結果は弱化的なものだからである。たとえば，短期的に見れば，禁断症状が生じたり，喫煙するときの楽しい仲間を失ったりするからである。それに対して，「ガンに罹らない」というのは，とても抽象的で，かつ時間的には切迫したものではない。いったい，そのようなルールや教示は，どのように機能しているのだろうか。

　Skinner は，この問いに対して「言語条件づけが長期にわたって行われているためである」と答えている（文献 175 の p.360）。しかし，「そのような潜在的な学習履歴がどのようなものであるのか」といったことについて，彼はついに明らかにしなかったのである。では，ここで，基本原理について思い出していただきたい。行動に対して，先行事象と結果事象が何らかの機能を獲得するには，どのようなプロセスが必要であっただろうか。それは，それらの事象がその行動に対して随伴して生じる，ということであった。実験的行動分析では，それがレスポンデント条件づけであろうと，オペラント条件づけであろうと，最も重要なことは，刺激と刺激の間に直接的な連続性や近接性（contiguity）が必要である，ということであった。Skinner は，随伴性形成行動とルール支配行動を区別し，さらに，それらを分け，つなぐことに，何らかの複雑な学習履歴が絡んでいる，と主張した。しかし，そうであれば，その学習履歴とは，いったい，どのようなものだろうか？　これは，Skinner が決して答えなかった問いである。初期に，彼は，人間の言語がオペラント条件づけとレスポンデント条件づけの原理以外の何かを含んでいる可能性について触れたことがあり，それについて説明もしている[172]。しかし，後に，彼はそのような可能性を否定している。

　何人かの指導的な立場にある行動分析家，たとえば Michael[137]，Parrott[150]，Schlinger[165]といった研究者たちは，この話題について言及している。しかし，行動分析学は，その話題に対する確固たる答えをいま

だに出せないままでいる。

## 行動分析学から見た「認知的な回答とその問題点」

「私たちは，どのようにして，現時点で生じていないモノやコトを関係づけているのか」というような上述の問題に対する一般的な答えは，はたしてどのようなものなのか。それは，さまざまな認知理論あるいは情報処理理論と言われているものである。このアプローチには多くのバリエーションがある。そして，その歴史的ルーツは，約千年前にまでさかのぼることができる[60]。その現代的なものとして，これらのアプローチに共通しているのは，「人間には，情報を運ぶためのある種の内的構造が備わっている」という前提である。このような内的構造は，一般に「スキーマ」あるいは「心的表象」と表現される。このような構造は，外的な出来事からの影響を受け変形されるもので，人間の行動を支配する上で重要な役割を果たすと考えられている。外的な刺激あるいは出来事は人間の内的な処理活動を賦活させるものの，このような内的な処理プロセスが私たちの行動を説明するのに有用なのである。その説明は，外的な出来事自体を分析するといった手段によって明らかにすることができないものなのである。それゆえに，人間行動の原因，特により複雑な行動の原因は，このような内的なプロセスに主に求められることになるのである。

それに対して，行動分析学が指針としている原理とは，いったい何だろうか。それは「さまざまな行動の原因は，その行動の文脈の中で生じている『何か』である」というものである。原因は，実際に生じている行動の外側にある，さまざまなプロセスなのである。そのため，そのプロセスは（少なくとも原理的には）直接に影響を与えることができるものなのである。これは，プラグマティズムによるアプローチなのである。このようなスタンスをとるのは，それが行動分析学の目的を支持するから，つまり予測だけではなく影響（制御）を達成するからである。このような観点から考えると，スキーマのような想定された内的な構造は，問題をはらんでいる。というのも，つまるところ，そのような構造は，それに直接に影響を

与えるためにアクセスすることができないからである。それらは，ただ前提として考えられているだけで，時間的にも空間的にも触れることができないものだからである。私たちがコンタクトできるのは，その効果——すなわち，それらが引き起こすと想定されている現象——だけである。もし，それが時間と空間の中でコンタクトできないものだとしたら，私たちはそれに対して直接的な方法で影響を与えることもできない。行動分析学では，想定された内的構造や心的表象に基づいたこのような理論は，魂やプシュケーを含んだ「前・科学的」な議論の歴史的遺物とみなされている[176]。

　内的な構造に行動の原因を求める議論は，私たちが日常的な表現で，たとえば，誰かが食べているのは「彼女は，お腹をすかせているからだ」と言うのと同じパターンをたどる。どのようにして，私たちは，誰かがお腹をすかせているということを実際に知ることができるだろうか？　「彼女は，お腹をすかせているからだ」という発言は，ただ単に，その人の行動（私たちが観察できるような）に基づいて導き出された結論であるにすぎない。彼女は，食べ物に関係した特定の方法で行動している。「お腹をすかせている」という表現は，私たちが何らかの方法で観察したりコンタクトしたりできるような，数多くの行動や現象を要約したものにすぎない。たとえば，彼女が何かを食べているところを実際に目にしたり，食べることに関係する話を実際に耳にしたりといった，その場に居合わせた人なら誰にでもコンタクトできるものがある。一方，空腹なのか満腹なのかといった胃腸の感覚のような本人しかコンタクトできないものもある。しかし，「彼女はお腹をすかせている」という評価は，上述のような現象が取りまとめて表現されたものでしかない。このような現象が存在しなければ，内的な実体のような「お腹をすかせている」も存在しないのである。もちろん，このような方法で自分の状態を表現することは，しばしば言語的に有用である。本章で説明してきた用語を1つ使わせていただくとすれば，「お腹をすかせている」という表現は，自分や他人の行動に対する「タクト」の一例である。しかし，「彼女はお腹をすかせている」という事実は，その人がなぜ食べるのかについての科学的な説明としては不十分である——少なくとも，行動分析学においては「不十分である」と捉える。なぜ

なら「彼女はお腹をすかせている」という表現は，話し手が説明しようとしている行動の単なる要約にすぎないからだ。「なぜ，その人は食べるのか」という問いに答えるためには，その行動の文脈を検討する必要がある。食べるという行動を取り巻く先行事象と結果事象を探らなければならない。原因は，「今」と「これまで」の文脈の両方の中に探し求められなければならないのである。

　現代的な認知理論や情報処理理論の多くは，その説明モデルに神経生物学を使っている[171]。そして，さまざまな脳構造とそれらの中で起きている活動を行動の原因として見ている。このように捉えることは，より科学的であるかのように感じられる。しかし，実のところ，このような捉え方は，スキーマのような仮説的な構造の根底にある前提と何ら変わりはない。確かに，脳の構造は，時間的にも空間的にもコンタクトが可能なものである。しかし，プラグマティズムの観点から言えば，そのように捉えることに対して根本的に承諾できない部分ある。つまり，脳構造あるいは脳内で起こっていることがその行動の原因と捉えているが，そもそも，それらと行動とは切り離せないものなのではないか，という異議である。実際のところ，それらは行動の一部なのではないのか。もし，私が自分の手を挙げたとしたら，複数の出来事が，私の腕，肩，大動脈，脳，そしてほかにもたくさんの箇所の中で起きる。しかし，これらの現象のすべてが，手を挙げるという私の行為の一部にすぎない。行動分析学では「行動とは，生体全体として遂行されたアクションのことである」と定義される。つまり，アクションの一部分によって，そのアクション全体を説明することはできない。私の「手を挙げる」という行動は，生体全体としての私が遂行したアクションなのである。そして，私の脳内で起こったことは，私の腕，肩，大動脈の中で起きたことと同じであって，決して私のアクションの原因となることはできないのである。上述のようなものはどれも，「手を挙げる」ことに対して寄与する要素なのであり，それ故にアクションの一部であるにすぎない。そして，行動分析学的アプローチでは，アクションの原因は，アクションそのものの構成要素であることはできない。また，原因は，アクションに対して先行する，かつ／または，後続する出来事の中に探し求

められなければならない。原因は，アクションの文脈の中に見つけられなければならない。（繰り返しになるが），「なぜ，そのように考えるのか」，それは，行動分析学が探究している「原因」が，「行動に影響を与える」という根本的なゴールに基づいて，直接的な介入によってアクセスできるようなものだからである。

　上述のようなことは何を意味するのか。それは「行動分析家から見ると，どのような認知理論も『袋小路』にはまる。というのも，内的構造あるいは心的表象に基づいた説明をするからだ」ということである（行動分析学における科学・理論的アプローチについてのより詳細な説明は文献139, 201を参照のこと）。もし，心的に「表象する」ことが人間行動の一連の動作の中で重要な部分なのだとしたら，「この想定された『表象する』という人間の活動を，私たちはどのように理解すべきなのだろうか？」という問いが行動分析学から提出されることになるだろう。つまり，「表象する」ということを想定すると，さらに説明しなければならない行動が増えてしまい，それは，そのアクションの文脈に生じる出来事を分析することによって行われるのである。行動分析学の観点からすると，心的表象を持ち出すことは「人間行動の原因は何か」という問いに対して何か役に立つ答えを提供してくれるものではない。それは，良くても，多くの人間行動についてより詳細な描写でしかない。そして，その新たな描写に対しても説明を加えなければならなくなる。最悪の場合，このモデルによって，行動の原因が想定された内的世界の中に位置づけられることになる。そうなってしまうと，科学的な心理学的分析をすることができないようになってしまう。もちろん，そうは言っても，神経生物学的な研究（脳の中で起こっていることが，どのようにして人間のアクションにおいて役割を果たすかについてのさまざまな理論も）が，それ自体として重要な研究分野であることは間違いない。しかし，そういった研究は「どのようにしたら，私たちは，心理学的な介入を使って，行動を理解することができるか，そして行動に影響を与えることができるか」という行動分析学的な問いに答えることはできないのである。

　認知理論と一口に言っても，多くの切り口があり，個々にさまざまな異

なる点を持っている。私がここで意図したのは，行動分析学とさまざまな認知理論を一つひとつ丁寧に比較検討することではない。また，認知理論が，上述したような行動分析家のジレンマをどのように解決できるのかを説明することでもない。このような話題に興味を持たれた読者は，次のような論文に当たるとよいだろう（例：文献3，181）。ここでの目的は「行動分析学の観点からは，認知理論的な観点のどの部分が統合できて，どの部分がそうではないのか」を指摘してきただけのことである。

認知的アプローチと行動分析学的アプローチが互いに非常に異なる点があるという事実があるからといって，記述された現象に対して，まるで双方に接点がないというわけではない（これについては，本書の後の章で再び取り上げる）。また，それらの違いは，このアプローチ間の対話が無意味だということも意味していない。むしろ，それとは逆に「私たちは，今まさに，そのような対話が生産的であるかもしれないようなポイントにさしかかっている」と主張する人もいるくらいだ[148]。

## 行動分析学と人間の「考える」こと――簡単なまとめ

私たちが普段から，思考あるいは「考える」と呼んでいる現象について，行動分析学の観点から研究するときには，私たちがそれらの現象について，今まさに語っているという事実からスタートする。つまり，それは，私たちは「考える」ことについて話す方法を学んできた，ということを意味している。この学習は，ほかの人間行動を支配するのと同じ原理，すなわちオペラント条件づけとレスポンデント条件づけによって成立したものなのである。私たちが分析しようとしている現象を形成したのは，私たちが話すことを学んだその方法――最初は声に出して，それから声に出さずに――である。そして，この現象の大部分――私たちの目的にとって重要な部分――は，Skinner が言語行動と呼んだものである。これは「考える」という行動が，行動に関するより大きなクラスのひとつである，すなわち言語行動のひとつである，ということを意味している。言語行動は，主として社会的なアクションである。それは，その場にいる聞き手がいないと

成立せず，聞き手の対応によって強化される。同時に，この行動は，聞き手の行動に劇的な効果を及ぼすこともある。言語行動は，即時に強化される場合がある。たとえば，私が「○○が欲しい」と言えば，誰かがそれをくれる場合などである。しかし，その効果は即時でなくても生じることもある。たとえば，両親が20年前に私に話してくれた思い出の場所を実際にわざわざ訪ねていくこともできる。行動分析学では，後者のような行動はルール支配行動と呼ばれる。その用語は，Skinnerによって初めて使われ，現在に至っている。私たちが初めてこのような行動を学習するとき，自分は聞き手で，誰かほかの人が話し手である。つまり，誰かがルールを提示して，聞き手の私は，それに従うことを学習する。しかし，私たちが話し手（声に出さない）と聞き手の両方をこなすようになると，自分の中で，それと同じ行動が生じるようになる。つまり，私たちは，自分でルールを作り出すことを学習し，そして，それに従うようになる。人間の行動は，しばしば，自己生成されたルールによって影響されるのである。

　行動分析学が直面してきた重要な問題は，言語行動がどのように聞き手に影響を及ぼすかを説明することであった（その効果が時間的に遅れて生じる場合だけでなく）。レスポンデント条件づけやオペラント条件づけの原理に基づいて説明することができないような，短期的な結果によって生じている言語行動も存在しているからである。たとえば，「その銅像の陰に隠れろ。茶色いジャケットを着た2人組が，君を捕まえようとしている」という発言は，聞き手の行動に即座の影響を与えるかもしれない。このような効果は，たとえ聞き手が今までに茶色いジャケットを着た人たちに遭遇して不快な体験をしたことがなかったとしても生じる。また，今までに襲われたこともなく，脅されたときに銅像の陰に隠れたこともなかったとしても生じる。似たような効果が，自己生成されたルール（それに従っている人にしか感知できないルール）によっても生じる。そして，このような効果は，レスポンデント条件づけのような連合学習の一種として説明されることが提案されてきた[149]。しかし，そのような説明は「こじつけ」のようにも見える。というのも，より複雑な言語行動について説明するときに無理があるからである。また，そのような説明は，行動分析学の

２つ目の目標——行動に影響を与えること——に関連する研究の進展にまったくといってほど結びついていない[80]。

## くどい問い？

　本書を執筆するにあたって，私が主として探究するのは，さまざまな理論的な結論を記述することである。その結論は，人間の言語と認知に関する実験的に検証された新しい知見に基づいている。さらに，私が示したいと考えていることは，言語行動やルール支配行動に関する「行動分析学的なジレンマ」を解決するために，そのような結論をどのように使用できるか，ということである。そして，このようなことはすべて，複雑な人間行動に対する理解と，それに影響を与える能力を高めることを目的として行われる。そして，この知識は，人が心理学的な援助を求める問題のさまざまなタイプに適用することができる。それゆえに，変化を引き起こすのに機能する臨床的ツールを提供するのに役立つ可能性がある。しかし，このような重要な事柄を探究する前に，読者の皆さんには，次のような問いに注意を向けてもらいたい。その問いとは，人間に対して「考える」ということが持っている機能を理解し，その機能に影響を与えるために腐心することは，実際のところ，臨床的な意義を持つのだろうか，ということである。第３章では，その意義について検討をしていきたい。

# 第3章
# 「考える」ということが持っている力は，臨床に関連した問題なのか

　心理的変化の作用において，思考の役割が重要であるかどうかを問うということは，ありそうもないように思えるかもしれない。人の「考える」仕方が，自分がどのように振る舞うかに決定的となること，また，人の振る舞いに影響を与えようとすれば，思考や「考える」を考慮しなければならないことは，絶対的に明白なことではないだろうか？　このことは，私たちの日々の議論や，互いに影響を及ぼし合おうとする試みのほとんどに当てはまると推測している。あなたは「このことは私がたった今書いているこの文章を書くことの基礎にもなっている」とさえ言うかもしれない。私の意図は，読者としてのあなたの考え方に影響を及ぼすことではないのだろうか？
　それでもなお，この問題に対していくらか注意を喚起しておきたい理由が少なくとも2つある。第一の理由は，行動分析学そのものの歴史であり，それは「考える」ことの持つ力に関する問いを含むものである。第二の理由は，「考える」仕方を具体的に変化させるための方略が，治療の中で本質的な要素かどうかに関して，実証的な心理療法の研究分野において今も議論が続けられている，ということである。では，行動分析学と「考える」ということが持っている力に関する問いから始めよう。

## 私的出来事と，ほかの行動との相互作用

　一部の行動主義の伝統は，Skinner が私的出来事と言及したものの科学的研究の可能性を，完全に否定している。行動主義の父である Watson

は，この「完全に否定する」という立場である[140]。Watson にとって，本質的な問題は，客観性をめぐることであった。科学的であるものは何であっても，複数の独立した観察者によって観察される必要があった。先の章で明らかにされたように，Skinner は，このような（Watson の）立場を否定した。彼は，複数の観察者で共に同意を得た観察だけでは，必ずしも科学的にはなり得ないこと，さらに，科学的に妥当な観察はひとりの個人によってもすることができることを主張した。Skinner によると，ある陳述の科学的な妥当性は，その陳述を制御しているものによって決まる。もし，ある人が「私は，左足に痛みがある」と言ったときに，その陳述が，その人が自分の左足に接触している刺激によって制御されているなら，その陳述は科学的に妥当なのである。それは，Skinner が純粋なタクトと呼んだものである。この場合，タクトされているものは，たとえばほかの誰かが左足を動かしているといったような，1人以上の人によって観察可能な現象の類と，異なるものではない。より明確にすれば，それは，前者が性質として「精神的」なもので，それゆえに，後者の「物理的」な性質とは違った類のものである，ということではない。ここでタクトされていることは，たとえば痛みといったその人自身の体の内部の現象か，または，その人自身の行動である[174]。もし，誰かが「痛みはすぐに消え失せるだろうと思った」と言ったならば，その人もまた，自分自身の行動をタクトしている――この場合には，声に出さない言語行動である。

　このように，行動分析学では，私的出来事を，私たちがほかの種類の行動を理解するのと同じ方法で理解することができる，と常に考えてきた。しかしながら，この理解が行動に影響を及ぼす私たちの取り組みにどのように効果を及ぼすのか，という問いには，それほど明確に答えられてきていない。また，行動を説明するための外的な変数に対する行動分析家の焦点は，しばしば，思考や気持ちなどといった現象を，行動変容を目的とした取り組みにおいて決定的な重要性はなく，一種の副産物である，と見なしてきた。行動分析学の中には，一方でその私的出来事の妥当性を肯定していることと，他方でそれらを実践において無視する傾向にあることの間に，内包的な緊張関係がある。この緊張は，数多くの Skinner による文

献の中で，明白となっている[167]。ひとつの例は，私的出来事の分析は人間行動に影響を与えるための私たちの努力に対してそれほど効果を及ぼさない，というSkinnerの主張である[174]。しかし，それならば，行動に影響を及ぼすために自分自身と自分の行動に気づくことの重要性についてSkinnerが記すときに，私たちは彼の意図をどのように理解すべきであろうか[178]。同じように，Skinner自身によるルール支配行動についての分析は，私的出来事がそれ以外の私たちの行動を制御する際に，重要な役割を果たすことを示している。ルールに従うことは私的な領域に由来するものではないにもかかわらず，私的出来事は，この行動がどのように展開するかを決めるのに何らかの役割を果たすように見える。このことは，自己生成ルールの影響を受ける行動については特に明白である。すなわち，話し手と聞き手とが同一の状況である。

この点に関する行動分析学における見解の相違の別の表れは，私的出来事が支配的な結果としてどのように機能し得るかという問題を含んでいる。臨床上の問題の分析において，支配的な機能を，不安や不快感といった情動状態に割り当てることは，むしろ一般的である。すなわち，それらはたとえば回避の基礎などとみなされるかもしれない。しかし，これらの状態は少なくともほとんどが私的出来事である。先進の研究者や理論家たちは，この一貫性のなさを指摘している[52, 102]。

明らかに，行動分析学は，これまで長い間にわたって，私的出来事とそれが全体としての人間の行動に及ぼす影響に関する未解決のジレンマを抱え続けてきた。ここでの重要な側面は，「考える」という力の可能性と，それが現実のものであるならば，どのようにしてその力は機能するのか，ということである。多くの点において，これは，前章で記述したものと本質的に同じジレンマである。つまり，私たちはどのようにして，ルール支配行動を理解し，それに影響を与えるべきか，という問いである。

## 認知療法モデルの支配的な位置づけ

行動分析学の伝統からはずれた臨床心理学と心理療法では，「考える」

ことが持っている力は重要な位置にあり，これは少なくとも1970年代からの事実であった。認知療法の台頭と，それが心理療法の世界全体で収めた勝者的な進歩は，認知療法において最も著名な人物であるAaron Beckによっても引用されている，ギリシャの哲学者Epictetusのよく知られた名言の中によく要約されるような見解をもたらした。すなわち，「人は，物事によって動かされるのではなく，物事の見方を通して動かされる」（文献23のp.47）という見解である。この見解は，私たちのほとんどが，自分たちの日常生活の環境をどのように見ているかということ，つまり，私たちが物事についてどのように考えるかということが，私たち自身のそのほかの行動に対して大いに影響を与えるという見方と概ね一致している。

認知療法は，いくつかの異なった構成要素と多様な形態を持つ治療法のパッケージである。しかしながら，このモデルの中心では，私たちは，人間を情報処理する存在と見なしている。決定的に重要なことは，「考える」ことが持っている力なのである。そのため，治療での基本的な方略は，クライエントが自分自身に起こったことをどのように考えるかというまさにその方法を再検討できるように援助することである。セラピストの仕事は，論理的思考と，さまざまな種類の実験を通して，クライエントが自分自身と自分の状況のより適切な考えに到達するように援助し，さらに，より適切な方法で振る舞うように援助することである。認知の歪みと，プロセスと出来事の誤った解釈は，人々の心理的問題のとても重要な部分とみなされており，そのため，より現実的な思考の方法が，問題の解決策であるとみなされる。治療の中での作業は，現実の歪んだ解釈を修正する試みが中心になる。このアプローチは，Beckによる認知療法についての初期のテキストの中で明確に記述されている[20, 21, 22]。また，それは，Beck自身[24]とそのほかの主要な認知療法家（例：文献67, 114, 163）の両方による，より最近の文献においても，本質的にそのままで残されている。

認知療法モデルは，そのほかの数多くの病態と同様に，最も一般的な臨床疾患（抑うつと不安）においても，好ましい治療効果をおさめてきた[26, 49]。このことは，心理学的治療において，思考や「考える」方法を変

容することが重要かどうかを問うことは不要である，という考えを支持しているように見える。私たちは皆，自分たちの「考える」方法が，どのように振る舞うかにおいて決定的な役割を果たすという印象を持っており，ほとんどの十分に実証された心理学的治療の形式は，基本的には，この基礎的な見解に同意している。それでもなお，全体としての臨床心理学は，行動分析学のそれと実際に一致する緊張とジレンマを含んでいる。「考える」ことが持っている力に関して，行動分析学は疑念の歴史を持っている。一方，支配的な認知療法モデルは信用の歴史を持っている。それにもかかわらず，この信用の基礎には，ここ数年になって，疑問が投げかけられている。

## 認知療法モデルもまた「考える」力と格闘している

　ある特定の治療モデルが好ましい効果を見せるという事実は，必ずしも，そのモデルの根底にある理論が，それらの効果について正しい説明を提供していることを意味するわけではない。たとえば，私が，肉を食べることは体重の増加をもたらすという信念に基づいて，ある特定の菜食主義の食事法を推薦したとしよう。また，この食事法が実際に体重の減少につながるとしよう。このことは，必ずしも，私の説明が正しいということを意味しない。その食事法の効果は，それが菜食主義であるということ以外の要因によっても説明されるかもしれない。この例を，現代の心理学的治療と，それがどのようにして効果を発揮するかに関する理論と比較することは，もちろん単純化してはいるが，それでも，類似性がある。

　どのようにして私たちは，基礎的な「考える」力に関する認知療法モデルの中核的な前提が正しいと知ることができるだろうか？　私たちは，数多くの認知療法のアプローチが，パッケージ全体としては，好ましい効果をおさめることを知っている。しかし，なぜこれがそうなのだろうか，そして，どの程度その中核的な前提に起因するものなのだろうか？　認知療法は，多くの異なる構成要素から成り立つ，複合的な治療法である。人々の「考える」の方法に影響を及ぼそうと意図した技法に加えて，それは，

たとえば行動活性化と，以前には回避していた状況に接近することの促進（行動療法では伝統的に「エクスポージャー」と呼ばれているもの）も含んでいる。おそらく，このような特徴が，「考える」力に関する前提と同じくらいに，治療パッケージとしての効果に，少なくとも同程度関連している。

近年になって，いくつもの異なる研究が，認知療法に含まれているそれぞれの構成要素を区別し，それらの効果を別々に比較することで，この種の疑問に答えようと試みてきた。認知モデルの理論的な側面に疑問を感じずにはいられなかった研究者たちは，治療において人の「考える」方法に影響を及ぼすことを目的とした技法（認知的技法）と，認知的パッケージの一部となっている，行動活性化やエクスポージャーといった行動療法的技法を区別しようと試みてきた。よく知られている研究では，このような方法でうつ病の治療法を比較している[97]。うつ病の患者集団（計150人）を3つの群に振り分けた。すべての患者が，20のセッションからなる治療を受けた。1つ目の群は認知療法の行動活性化の要素のみを受けた。すなわち患者の思考の仕方に影響を与えることを目的とした方略はすべて除外された。2つ目の群は，行動活性化要素を受けることに加え，ネガティブな自動思考に対する代替思考を見つける方法を教えられた。3つ目の群は，完全な認知療法が実施され，これには根底にある信念を修正することを目的としたワークが含まれていた。その結果，3つすべての群において同等水準の治療効果が示された。この研究は，独立した観察者が，各々のグループの基準に対応して，異なる治療が間違いなく行われていたことを確認したことを含んでいた。1年後，2年後にフォローアップが実施され，その時点においても群間差がないことが示されている[72]。それ以降の後続する研究においても同様の結果が公表されている[47]。この後続の研究では，行動に基づく治療モデルは，抑うつに関して確立されている行動分析学的な原理（文献66で概略が示されたとおり）とより一貫するよう修正された。この研究では，抑うつの状態が重篤である場合には，認知的モデルよりも行動に基づく介入モデルの方が，実際に，よりポジティブな効果を示していた。抑うつの状態が重篤でない場合は，効果は同等であった。

不安の問題も特定の認知的技法を含む場合と含まない場合の治療パッケージを比較する研究において，焦点のひとつとなってきた。それらの結果は入り交じったものである[128, 147]。多くの研究は，いかなる有意差も指摘してきていない。しかしながら，いくつかの社交恐怖に関する研究は一貫した認知的モデルに基づいた治療のほうが，認知的要素を含んでいない治療と比較して好ましい治療後の結果を示してきた[41]。この研究における代替的治療モデルは古典的エクスポージャーであった。

どのように研究が実行されているか，何が差異を説明し得るか，などといった，個々の治療研究の結果を議論しようとすることはとても扱いにくく難しい課題である。研究者たちはしばしばどのように詳細を解釈するか，どんな結論を引き出すかについて，異なる意見を持つ。この種の個別の研究は，どちらにしても何らかの結論を出すための根拠にすることはできない。しかしながら，最近出版された展望論文では「認知行動療法によって到達される症状改善において，認知的変化が原因として果たす役割に関しては，実証的な支持はほとんどない」という結論に達している[122]。明らかに自分自身を認知的モデルに忠実に従わせている指導的な研究者たちでさえ，認知療法において実際に何が変化を媒介しているかについて，私たちは明確な結論づけをすることができないような今日の研究状況であると述べている[93]。そして，これは，30年以上にわたってこの領域で支配的となってきた治療モデルについて言われているのである！ この同じ期間に，実証的に支持された治療におけるより一般的な結果も，認知モデルが支配的になったことに伴って改善したようには思えない[146]。

このことは，行動分析学の外においてでさえ，「考える」ことが持っている力をめぐる問いは，多くの点で答えが出されていないことを意味する。思考と「考える」力に特異的に焦点を当てることが，臨床的な治療作業に対して本質的であるという考えに対する，明確で科学的な支持はいまだにない。そのような焦点が，既存の，機能的治療の一部分であることは，紛れもない。しかし，私たちは，そのような治療方略の意義が何なのかを知らない。また，たとえ思考と「考える」ことの強調が本質的であると証明されたとしても，私たちはこの焦点がどのようにして実践の中で最もよく

実行されるべきかについて，まだ知っているわけではないのである。

## 「考える」ということが持っている力の問題を探究する必要性

　明らかに，行動分析学と認知療法のモデルは，取り組まなければならない共通の問題を持っている。私たちは，どのように言語行動または認知的プロセスを理解するべきだろうか，そして，この領域における潜在的な理解は，どのようにして治療において用いられ得るだろうか？　2つの伝統は非常に異なる立場からこの問いにアプローチしている。少なくとも実践において，行動分析学は大部分においてこの問いを無視してきたという歴史がある。それとは異なる認知モデルでは，今となっては未熟に思われるような，信用の歴史がある。私はこの問いに答えるための新たな試みを要請する2つの主要な論点があると信じている。

　第一に，臨床治療研究のほかにも，「考える」力とそれが持つ人間にとっての本質的な機能を支持する非常に多くの知識がある。「人の頭の中で」物事を想像したり，計画を立てたり，問題を解決するなどといった人の能力はこれまで述べてきた問題と関係がないと真剣に議論することは非常に難しい。もしそれが関係ないとするのであれば，なぜ私たちはこれらのタイプの活動に取り組むため，それほど多くの時間と努力を費やすのだろうか。加えて，私たちがそのような行動を関係がないとみなすのであれば，第2章で議論されたようなルール支配行動の現象を私たちはどのように説明することができるだろうか。人は目の前に存在しない物事や出来事についてどのように取り組むのだろうか。これらの現象が，人々にとって，人生のほかの領域では重要であり得るが，心理的問題や私たちが精神病理と呼ぶものとは関係がないだろうということは可能だろうか。そういったことはありそうにもないように見え，擁護することもまた同様に困難である。心理的問題に関する私たちの異なる種類の知識は，私たちが一般に思考や思考することと呼ぶものが，しばしばまさしく影響を及ぼすことを示している。たとえば，私たちはうつ状態を示す人たちが特有の方法で記憶を想

起することを知っている[200]。私たちは，言語行動が気分に影響を与える傾向があること，抑うつ気分は，その定義によると抑うつ状態の一部であることもまた知っている[52]。私たちは思考の特徴的パターン，これは認知科学においては認知バイアスと呼ばれているが，これとほかの心理的問題とのつながりも同様に見出している[203]。これらすべての観察は関係がないものであり，そしてこういった事実があってもなお「考える」ことは，何らかの二次的な現象にすぎず，心理的治療が到達しようと求めるようなタイプの影響性に対して意義を持つものではないことを議論することは，理にかなっているだろうか？　私たちがこの影響性に到達するために，これらの現象が作用している方法について，私たちがまだ十分に理解していないのだ，と想定することは，より理にかなっていないのであろうか？おそらく，私たちの知識が単に，非常に限られており，より深める必要があるのだ。

　この分野における高まる私たちの研究努力に関する第二の論点は，治療において認知的現象に焦点を当てることに疑問を呈す研究にはっきりと見ることができる。その理由は，たとえ特定の認知的技法を治療プロトコルから取り除いたとしても，そのことは，全体として言語行動を取り除いていることを意味しないからである。もちろんこの理由は明白である。クライエントが抱える困難に取り組むために，セラピストがクライエントと会う，いかなる心理的治療も会話を通じて，すなわち，話すことで成し遂げられる。そしてたとえばクモ恐怖のように明確な恐怖症のようなものを治療するためエクスポージャーが用いられるときでさえも，治療の大部分は治療の異なる段階や，それらをいつ実施し得るのか，それらを実施したときに起こり得ることについて「話す」ことから構成されている。すべてのタイプの心理療法は根底にあるモデルにかかわらず，大部分が対話療法（トーク・セラピー）である。

　さらに近年，認知的要素を排除した治療のよい例として考えられ得るモデルのひとつを詳しく見てみよう。すなわち，行動活性化療法であり，それはうつ病の治療に用いられている[129]。行動活性化療法では，セラピストは，思考の内容を取り扱う深い会話は差し控えて，クライエントの「考

える」仕方を問うような対話には入っていかない。根底にある信念をほかの信念と置き換えるため，それを特定する試みは，一切なされない。その代わりに，セラピストは，クライエントに対して，どのようにしてうつ病をひとつの状態として理解するか，治療がどのように作用することが期待されるのかの両方について説明することに，多大な努力をつぎ込む。この治療は，クライエントが自分自身の行動を観察し記述することの助けになることを目指した特異的な質問技法を採用する。先に用いた用語では，クライエントは自分自身の行動をタクトすることを学習する。ホームワークの実施が計画され，そしてセラピストは，後から，クライエントに自らの体験を記述するように促す。要するに，もちろんその治療はセラピストによる活動の形式とクライエントに促されるスキルの形式の両方において言語行動に満ちている。実際，この治療モデルの支持者であっても，このことに対して異なることを主張する人はいないだろう。

## 方略的な後退

まとめると，本章で議論された問題は，私たちには，さらによい治療モデルを開発できるという希望のもとに，私たちの言語行動の分析を深めて発展させる理由があるということを意味する。無言であるか，声に出すかにかかわらず，言語行動を通して，どのように私たち人間はお互いや自分達自身に影響しているかということをよりよく理解することがまさに必要なことなのではないだろうか。本書は，この答えがイエスだという立場から書かれている。また，近年，行動分析学における基礎的研究がこの目的を達成できるような新たな知見をもたらしてきた，という確信に基づいて書かれている。この理解に到達するためには，治療モデルとそれらのモデル間の比較に焦点を当てる研究から方略的に後退し，その代わりに，どのように言語行動が最もよく記述されるのか，人間の行動を制御することにおいて，どのように言語行動の役割は最もよく理解されるのかを明確にすることを試みる基礎的な実験研究を行う必要がある。このような研究は，「認知とは何か？」や，「どのようにして私たちは，誰か（または自分たち

自身）に対して，その人（または自分自身）の行動に影響する方法で何かを言うことを成し遂げているのだろうか？」や，「どのようにこれらの現象は，心理的問題と関連しているのだろうか？」，などといった問いへ答えることを助けるかもしれない。

　本書の第2部では，人間の言語と認知についての現代の行動分析学が，これらの質問に対して与えることができる答えを探すため，基礎的研究とその結論へと後退する。これらの記述は，関係フレーム理論（relational frame theory；RFT）の概念のもとにまとめられる，そして，RFTについての記述を追究することが，本書の主な目標である。簡単に言うなら，人間行動を理解し，予測し，影響を与えるために，私たちは実験的研究に基づいた人間言語についての理論を必要としていると主張していく。RFTとは，そのような理論である。

# 第2部

# 関係学習

# 第4章
# 派生的関係反応：
# 人間の言語の基本要素

　言語や認知の基盤となる人間の行動が，人間のほかの行動と何らかの重要な違いがあるとすれば，それは，どのような違いなのであろうか？　行動分析学では，オペラント学習やレスポンデント学習などのように，用いられる概念を厳密に定義することが，これまで常に重要とされてきた。言語行動はほかの行動とは違うと主張するのであれば，それがどのように違っているのかを，正確に記述できなければならない。

　関係フレーム理論による言語行動の分析の概要を説明するにあたり，以下の3つの問いを掘り下げることから始めたいと思う。

- 私たちが「言語行動」と口にするとき，それは，どのような種類の行動を指しているのであろうか？
- 言語行動は，全体としてどのように人間の行動と相互作用するのであろうか？
- 言語行動を支配する要因は，何であろうか？

　最初の問いに答えるためには，私たちはどうにかして言語行動を記述しなければならない。しかし，どこから始めるべきであろうか？　私たちが漠然と言語的と呼んでいる行動は，誰でも知っているように思われる。行動分析家たちは，その中核となる現象を指摘しようとして，言葉による相互作用を詳しく調べてきたが，初期に行われた努力は，決定的な前進をもたらすことはなかった（文献80のp.10-11）。新しい展開への扉を開くことになった研究領域は，Murray Sidmanらによって行われた，言語学習に

特定の困難を抱える子どもたちへの援助の取り組みであった[168, 169]。Sidman は，学習に困難のある子どもたちが読みのスキルを練習する際に，どのようにして刺激を相互に関係づけることを学習できるか，その方法を記述した。そして，その方法はこれまで知られてきたオペラント条件づけとレスポンデント条件づけの原理では理解しにくいものであった。その研究の参加者たちは，ある刺激同士を関係づけたのだが，その当時，オペラント学習やレスポンデント学習の原理からして，刺激同士の関係が成立するには，実験の中でその刺激間の随伴性を確立することが必要であると考えられていた。しかし，その研究の参加者たちは，対象となる刺激間の随伴性の確立が実験の中でなされていないのにもかかわらず，その刺激同士を関係づけたのであった。

## 派生的刺激関係

　人間の言語は，非常に高度な複雑性を示す。行動分析学を批判する者たちは，このような複雑性はオペラント学習やレスポンデント学習では説明できないものであると主張した。そして，行動分析の研究者に対して，これほどまでに複雑な行動がどのようにして学習され得るのかを示すようにと迫ってきた。たとえば，どのようにして新しい言明が，その個人の歴史のなかで特に強化されることもなく生み出されるのか[39, 40]，といった問いである。長い間，刺激同士の関係が，学習理論の基本原理では理解しにくい方法でも，確立し得ることは知られていた。しかし，その現象は，1970年代のはじめの Sidman の実験まで，明確に説明されてこなかった[170]。**派生的刺激関係**として知られるこの現象，つまり，特別な学習や訓練がなくとも現れる刺激間の関係について，もっと詳しく見てみよう。Sidman の最初の実験以来，同様の実験が繰り返し行われ，彼のもともとの発見を確認するとともに，さらなる発展が示されてきた。

　この種の典型的な実験の中で行われる手続きは，以下のとおりである。研究参加者は，ある任意の刺激（E とする）が呈示されたときに，別の任意の刺激（D とする）を選択するように教えられる。実験で用いられるす

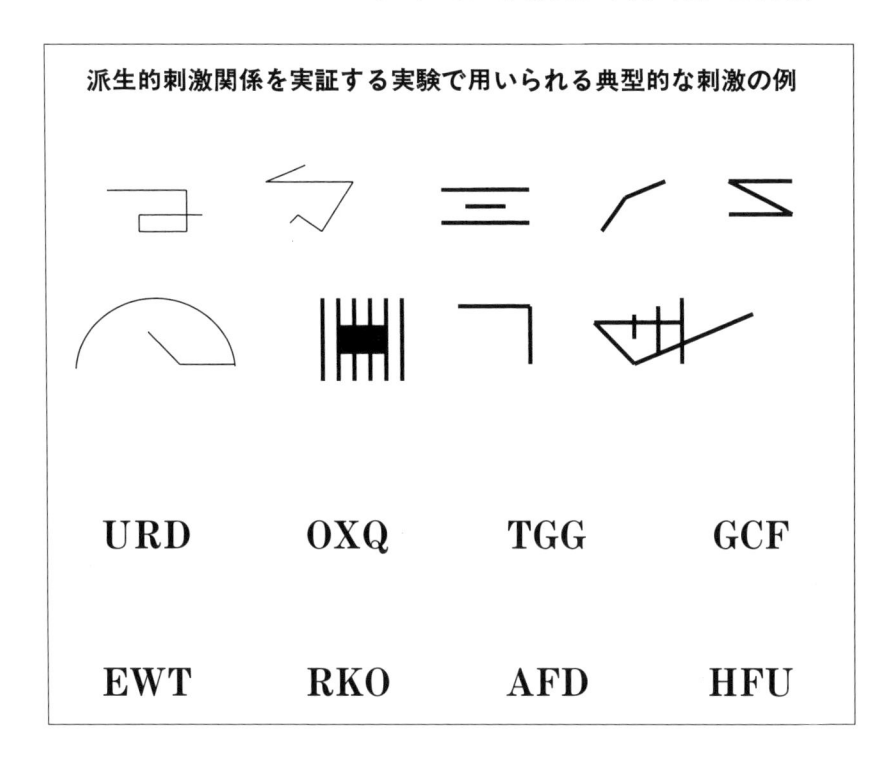

> **派生的刺激関係を実証する実験で用いられる典型的な刺激の例**
>
> URD　　OXQ　　TGG　　GCF
>
> EWT　　RKO　　AFD　　HFU

べての刺激は，実験開始時点では，参加者にとって何の意味も持たないものである。通常，意味のない図形か，無意味な文字のつづりが，刺激として用いられる。

　参加者には，まずEが呈示され，それからDや別の刺激（Fとする）が選択肢として与えられる。そして，Dが選ばれた場合，この選択が強化される。この手続きが，異なる選択肢を含めて繰り返され，Eが呈示されたときにDを選ぶことが一貫して強化される。ここまでは，E→Dが，オペラント学習によって明確に訓練されている。これにより，EがDを選ぶための弁別刺激として機能する。もし，Eが選択肢Dと一緒に呈示された場合，参加者がDを選ぶ確率は高くなる。この手続きは，見本合わせと呼ばれる。この例では，Eが見本刺激となり，選択可能ないくつかの刺激（DまたはF）と一致させることが課題となる。

では，私たちが詳しく見ていきたいと考えている現象へと進もう。すなわち，新しい関係が，明確に訓練されることなしに生じる現象である。ここからは条件が変わり，まずDが先に呈示される。そして，参加者はいくつかの異なる無意味な刺激から1つ選択することが可能となり，その選択肢のうちの1つがEとなる。この場合，参加者はEを選ぶ可能性が高くなる。それ以前にDが見本刺激として呈示されたことがなく，また，Eを選択することが強化された学習履歴がないにもかかわらず，Eを選ぶ可能性が高くなるのである。学習履歴がないという点については，実験で無意味な刺激のみを用いることによって保証される。刺激は，純粋に実験のためにつくられたものであり，従ってそれらの間にはもともと関係は存在していない。E→Dが訓練された後に，別の関係（すなわち，D→E）が，明確に訓練されることなく刺激間に確立したと言える。これが，**派生的刺激関係**として知られるものである。直接訓練されたわけではなく，この種の状況で参加者によって派生されたものである。刺激間に1つの関係（E→D）を訓練すると，別の関係（D→E）が**内包される**のである。

ほとんどの人にとって，これは自明なことと感じられるかもしれない。しかし，これが自明なことと感じられるのは，おそらく，私たちがこれを四六時中行っているからである。この行動は，人間にとって誰もが行っていることなので，私たちにはそれが自然なことのように見えるのである。私たちが言語行動を説明しようとする場合に伴う困難のひとつは，説明したいと思うものが私たちにとって自然なもの，あるいは明白なものであるという，まさにその点にある。しかし，このことは，より大きな視点からすると，どれほど明白であろうか？ さまざまな動物種を対象とした研究の積み重ねによって，この能力が，人間以外のほかのどの種においても，説得力をもって示されていない[*1]ことが知られている[77]。何年にもわたって人間と一緒に「言語」訓練を受けたチンパンジーにさえも，示されないのである[54]。それとは対照的に，人間は少なくとも2歳からこの行動を示す[45]。

訓練された関係（E→D）が，付加的な関係（D→E）を内包することは，派生的刺激関係のひとつの側面にすぎない。2つ以上の関係が訓練さ

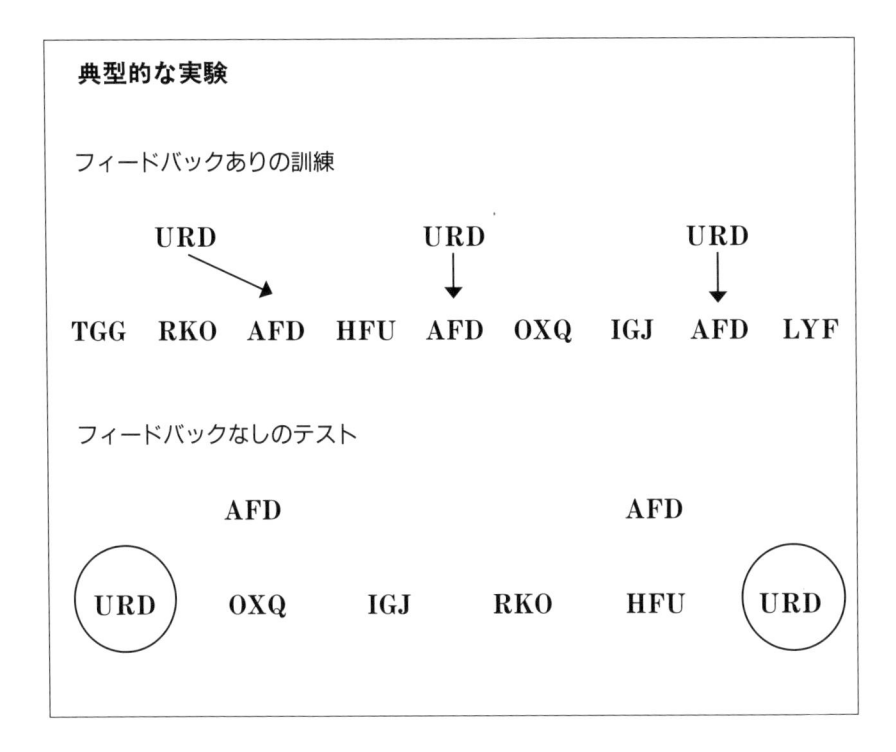

第4章　派生的関係反応：人間の言語の基本要素　87

```
典型的な実験

フィードバックありの訓練

                URD              URD              URD
                  ↘               ↓                ↓
    TGG   RKO   AFD   HFU   AFD   OXQ   IGJ   AFD   LYF

フィードバックなしのテスト

                AFD                       AFD

   (URD)   OXQ       IGJ       RKO       HFU    (URD)
```

れることで，その関係の組み合わせに基づいて，1つまたはそれ以上のほかの関係の出現につながる可能性がある。ここで，私たちがさらに別な関係の訓練をするとしよう。たとえば，Dが呈示された場合にZを選び，それ以外の刺激は選ばないよう訓練する。これは，直接的な訓練を通じて，D→Zという関係を私たちにもたらす。これが訓練されると，付加的な関係が派生する。すなわち，Z→Dである。これは，DとEとの間に関係が

---

*1　(原注) ほかの動物種において派生的刺激関係が実証された例がないという事実は，この能力を排他的に人間だけのものとみなすべきである，ということを意味するのではない。今後，おそらくより質の高いさらなる研究によって，この点についての私たちの理解が変わる可能性がある。とはいえ，仮にほかの種がこの能力を実際にある程度持っていたとしても，その規模が人間よりもはるかに小さいことは，明らかなように思われる。

生じたのと同じように起こる。ここまでで，私たちは2つの関係を訓練して，そこからさらに別の2つの関係が派生した。すなわち，E→DとD→Zが訓練され，D→EとZ→Dが派生した。ところで，Dは訓練された2つの関係の両方に含まれている。そのため，これらの関係は組み合わせることが可能である。ここで，もしZが最初の刺激として呈示され，Eが選択肢のひとつであり，Zと直接訓練されたほかの刺激や派生的な関係にあるほかの刺激が選択肢の中になければ，参加者がEを選ぶ見込みは高い。同じことが，Eが最初の刺激として呈示され，Zが選択肢のひとつである場合についても言える。そして，このことは，EとZの間には，直接的に訓練された相互的関係が何らないという事実にもかかわらず，生じるのである。訓練された関係は，**複合的相互的内包**[*2]を示す。参加者は，2つの関係について訓練されただけで，ほかに4つの関係を派生したのである。

　ここまでに説明してきた実験は，やや抽象的に感じられるかもしれない。しかし，ほかの動物にはまったくできないか，またはできたとしてもはるかに低い程度でしかないようなことが，人間にはできるということを，これらの実験は示している。また，これらの実験は，オペラント学習やレスポンデント学習として知られる原理では説明できそうにないタイプの学習が，存在することを示している。これらの実験では，EにDを選択するための弁別刺激としての機能を確立させるため，訓練が行われている。しかし，Dもまた，Eを選択するための弁別機能を獲得する。これは，どのようにして起こるのであろうか？　さらに，EとZも，お互いに何ら直接的に訓練された関係がないにもかかわらず，一方に他方を選択するための弁

---

*2（原注）ここで解説している現象を指して使われる「相互的内包（mutual entailment）」と「複合的相互的内包（combinatorial mutual entailment）」という用語は，本書で説明される関係フレーム理論（RFT）の中で用いられている。しかし，文献の中には，これらの現象を指す別の用語も見つけることができる。Sidmanは，前者に対しては「対称律」を，後者に対しては「推移律」を用いている。また，「刺激等価性」という用語が，これらの現象全体に対してよく用いられる。複合的相互的内包に関しては，よく「複合的内包」と短縮される。しかし，私たちが言及しているのは組み合わされた形での相互的内包であるということをより明確に示すために，本書を通じて一貫して正式名称を使うこととする。

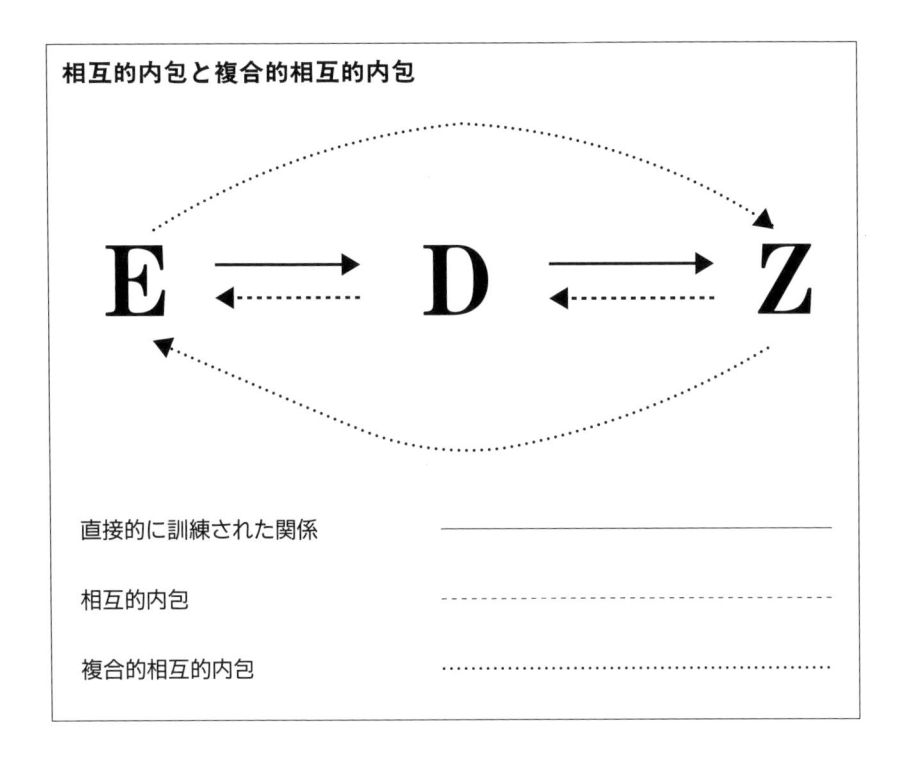

## 相互的内包と複合的相互的内包

$$E \rightleftarrows D \rightleftarrows Z$$

直接的に訓練された関係 ────────────

相互的内包 ─ ─ ─ ─ ─ ─ ─ ─ ─ ─

複合的相互的内包 ・・・・・・・・・・・・・・・・

別機能を獲得する。この場合，それぞれの機能は，EとD（Eが与えられれば，Dを選ぶ）およびDとZ（Dが与えられれば，Zを選ぶ）の間で訓練された機能の組み合わせを通じて，獲得される。

　私たちが，人間以外の動物でそのような実験を行ったとしたら，その動物（イヌかサルあたりであろうか）は，同様の訓練を受けたあとに，そこで訓練された関係に従って振る舞うであろう。イヌが，Eが呈示されたときにDを選び，Dが呈示されたときにZを選ぶ確率は高い。しかし，それ以外の選択については，ただランダムに選ぶであろう。動物にとっては，いかなる派生的刺激関係もないようである。同じことが，ほとんどの子どもについて，2歳くらいまでは当てはまる。

　このようなことは，すべて，私たちが日常生活で知っていることと，驚くほどよく似ている。たとえば，賢いオウムと，同じように賢い3歳か4

歳のスーという女の子に対して，カーラが部屋に入ってきたらすぐに「きれいなカーラ」と言うように訓練をしているとしよう。私たちは，この訓練を，彼らが私たちに続いて同じことを言ったときに報酬を与えることで行う。オウムは，「きれいなカーラ」に徐々に近づく音の連鎖を発音したときに，ピーナッツが与えられる。スーは，「『きれいなカーラ』，うん，そのとおり。スー，よくできたね。その調子！」などと私たちが言うことを通じて，励まされる。この種の対人的接触（しばしばチューニングやミラーリングと呼ばれる）は，スーの行動に対しては強化的な効果を及ぼすが，オウムの行動に対してほとんど，あるいはまったく効果を及ぼさない。このようにして，私たちは，オウムとスーの両者に対して，カーラが部屋に入ってきたらすぐに望ましい言葉を言うように訓練をする。これが特別なオウムであれば，その発音は，スーの発音とほとんど変わらないくらい似て聞こえるかもしれない。私たちは，オウムは話すことを学んだ，と言うだろう。それでもやはり，オウムが学習していない何かを，スーは学習したということを，簡単に示すことができる。この時点で，もし，カーラがいないにもかかわらず私たちが「きれいなカーラ」と言ったとしたらどうなるであろうか？　オウムやオウムの行動について私たちが知る限りでは，その発言がオウムにとって何らかの意味を持つことはない。それに対して，スーは，振り向いたり，入り口の方を見たり，などといった振る舞いをすることが見込まれる。オウムもスーも，「『きれいなカーラ』と聞こえたら，カーラを探すか，彼女が来ることを期待しなさい」と訓練されたわけではない。訓練された関係は，カーラを見る→「きれいなカーラ」と発音する，である。それにもかかわらず，スーは，派生的な関係，すなわち，「きれいなカーラ」という音→カーラ，という関係に基づいて振る舞うことも見込まれるのである。このような関係は，オウムには存在しないようである。

　ほかの動物には存在しないような関係を派生させる幼い人間の能力について，それを示すような多くの例を挙げることができる。私たちは，イヌに本物のクッキーを与える直前に繰り返し「クッキー」と言うことで，「クッキー」という言葉に反応するようにイヌを訓練することができる。

イヌが，「クッキー」という言葉→本物のクッキー，というこの経験を繰り返した後で，私たちが「クッキー」と言ったときに，イヌが，あたかも本物のクッキーがすぐに出てくるかのようなさまざまな振る舞いをするであろうと予想できる。しかし，先にクッキーを与えて，イヌが食べ終わってから「クッキー」と発語する順で訓練をしたとすると，イヌは，その言葉に対して反応することを決して学習しない。たとえ，私たちがこの手続きを何回繰り返したとしても，同じことである。イヌの学習プロセスは，特定の順をたどる。本物のクッキー→「クッキー」という言葉（これは，イヌが後者の例で経験したことである），という関係から，「クッキー」という言葉→本物のクッキー，の関係をイヌが派生させることはない。一方，私たちが4歳の子どもに対して同じことをしたなら，子どもが持つ，派生された関係に基づいて反応する能力は，明らかとなるであろう。子どもは，「クッキー」という言葉→本物のクッキー，という関係が決して直接的に訓練されたわけではないのにもかかわらず，「クッキー」という言葉に反応するであろう。「クッキー」という言葉は，相互的内包を通じて，その機能を獲得するのである。

　表面的には，私たちがオウムやイヌに人間の言語の一部分を教えることが可能であるかのように見える。しかし，小さな子どもたちが幼いうちに学ぶことは，そこにさらに付加された反応の形態である。彼らは，動物たちの場合とは違って，人間が言語を操る（human languaging）上での基本的なスキルを学習しているのである。

## 派生的刺激関係——人間の言語の基本的なプロセスとして

　研究者たちは，これまで長いこと，この特有な関係づけの仕方は人間の言語にとって本質的なものであると想定してきた。この想定が正しい確率が高いことを説明するために，次のような学習の場面を，架空の実験を使って想像してみよう（この実験は架空のものではあるが，類似した実験が，実際に何度も行われている）。7歳の時点で，カイルは読むことを身につけていたが，英語以外の言語にはまだ触れたことがない。さて，カイルは，

先ほど説明したような系統の実験に参加することになった。しかし，今回の実験で使われる刺激は本物の単語である。私たちは「chair」という単語を見せて，カイルは，いくつかの5文字の無意味単語の中から1つ選ぶ。その選択肢には「silla」(スペイン語で「chair」を意味する)が含まれている。「silla」は，スペイン語を知っている人にとってはもちろん無意味な単語ではないが，カイルは英語以外の言語に接したことがないために，「silla」は選択肢として呈示されているほかの「単語」(たとえば「chorp」や「tvari」など)と同じくらい意味のないものである。そこで，カイルは当てずっぽうに選ぶ。もしも，彼が「tvari」を選ぶと，その反応は「間違い」である。彼が「silla」を選ぶと，最初はただランダムに選んだだけなのだが，この反応は強化される(「そのとおり。よくできました，カイル！」)。この手続きが，カイルが「chair」を呈示されたときに，ほかの単語ではなく「silla」を選ぶようになるまで繰り返されると，彼は「chair」→「silla」と学習したことになる。語彙を増やしつつある時期の子どもとかかわったことのある人なら誰もが知っているように，カイルは，特に訓練されることなく，「silla」→「chair」の関係も派生させる。そして，彼が同じ方法で，「silla」が示されたときに「stol」(スウェーデン語で「chair」を意味する)を選ぶように訓練されると，訓練された「silla」→「stol」の関係から，「stol」→「silla」の関係も派生させる。また，それとともに，彼が，「stol」が示されたときに「chair」を選ぶ見込みと，「chair」が示されたときに「stol」を選ぶ見込みも高くなる。言い換えるなら，彼は派生的関係に従って振る舞っているのであり，彼の行動は相互的内包と複合的相互的内包の両方を示すものである。

　これは，子どもと親，あるいは子どもとそのほかの世話をする人とのやりとりの中で繰り広げられる普段の言語訓練において，よく観察されることと，とてもよく似てはいないだろうか？　単語(発話されたものも書かれたものも)とさまざまな種類の事物や絵，出来事との間の関係が，まさにこのような方法で，社会的環境の中で自然に訓練される。そして，このようなさまざまな関係のすべてが，明確にそれぞれ訓練されるわけではないことも明らかなようである。

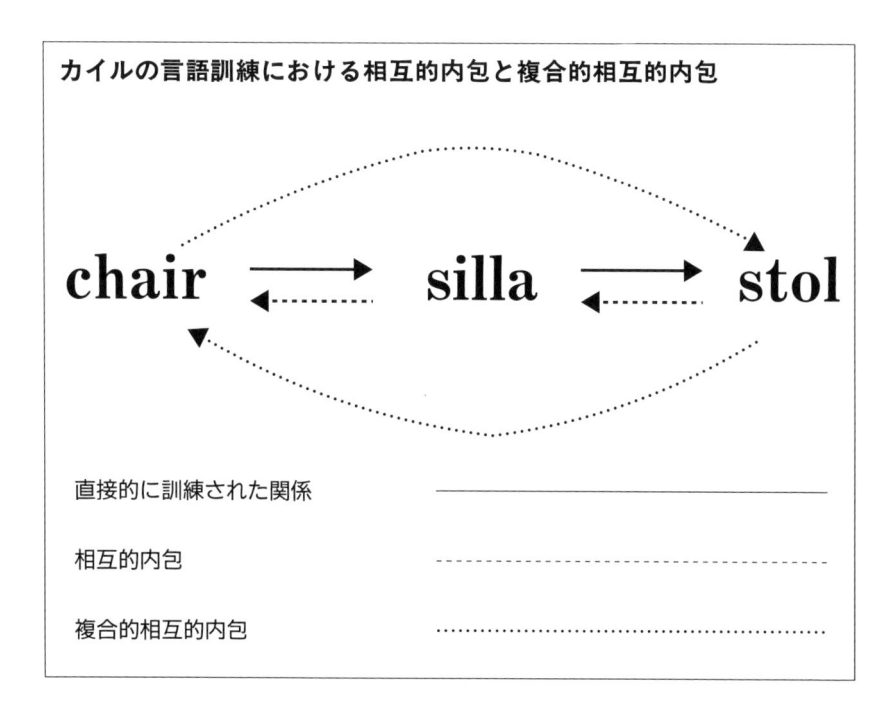

```
┌─────────────────────────────────────────────────────────────┐
│ カイルの言語訓練における相互的内包と複合的相互的内包         │
│                                                             │
│                                                             │
│      chair  ━━━▶  silla  ━━━▶  stol                         │
│           ◀╌╌╌╌        ◀╌╌╌╌                                │
│                                                             │
│                                                             │
│   直接的に訓練された関係    ─────────────────                │
│                                                             │
│   相互的内包                ╌╌╌╌╌╌╌╌╌╌╌╌╌╌╌╌╌                │
│                                                             │
│   複合的相互的内包          ・・・・・・・・・・・・・・・・    │
│                                                             │
└─────────────────────────────────────────────────────────────┘
```

　実験の中で実証可能な派生的刺激関係の現象が，人間の言語を操るスキルにおいて観察されることとこれほどよく似ているという事実は，研究者たちを，これが人間の言語の基本的なプロセスであるという想定へと導いてきた。この方向性をもっともらしく示唆する知見が，さまざまな程度の言語障害を抱える個人についての研究からもたらされている。これらの研究では，言語の上達と，実験において派生的関係反応を示す能力との間に，相関があることが示されている。言語の得点が非常に低い個人は，派生的関係反応のテストに失敗する傾向がある[45]。

　言語と派生的関係とのつながりは，神経生理学的測定を用いた多くの研究によっても，支持されてきた。これらの実験では，先に説明した方法で人々が関係を派生させるときには，明らかな言語関連活動の際に記録されるのと同じ種類の脳活動が観察されている[12, 46, 95]。

## 派生的関係反応——学習された行動として

　派生的刺激関係を示すことは行動のひとつの形態であり，それは反応の一種である。では，それはどのような種類の行動で，どのようにして起こるものなのであろうか？　ひとつの可能性として考えられる答えは，この種の行動は最初から備わっていた，というものである。この場合，それは，学習を通じて身につけるようなものではない。連合を学習できること（レスポンデント条件づけ），あるいは自分の行為の結果によって支配されること（オペラント条件づけ）は，人が学習する事柄ではない。特定のオペラントやレスポンデントが生じ，どのようにしてその人の行為の一因となるかは，その人の学習履歴による。しかし，このような仕方で学習する能力そのものは，最初から備わっている。それは，進化の結果である。ところが，これまでのエビデンスは，派生的関係反応が，レスポンデント条件づけやオペラント条件づけなどのようにあらかじめ備わった能力ではなく，学習されるものであること，さらには，レスポンデント学習が部分的に役割を果たしている[156]にしても，主にオペラント条件づけを通じて学習されるものであること，を示している。この見解を支持するものとして，どんなものがあるのであろうか？

1. オペラント行動は，緩やかに，時間をかけて発展する。幼い子どもたちに派生的刺激反応が発展していく様子を示した研究では，そのような段階的な学習が示されている[121, 123]。
2. オペラント行動は，柔軟性があり，ほかからの影響を受けることができる。このことも，やはり，派生的関係反応の特徴となっており，それは関係反応のレパートリーそのものを学習すること[121]についても，また，新しく個々の反応を学習することについても言える[92]。
3. オペラント行動は，行動に先行する条件（私たちが先行事象と呼ぶもの）によって影響される。これは，派生的関係反応にも当てはまる[53, 56, 159]。
4. オペラント行動は，それ自身の結果によって影響される。実際のと

ころ，まさにこのことが，この形態の行動を定義する特徴である。派生的関係反応についての私たちの知識も，これと一致する[15, 17, 27, 91]。

　このことは，本章の冒頭で提示した最初の問い，すなわち，RFTの中で，私たちが「言語行動」と口にするものは，どの種の行動を指しているのであろうか，という問いへの説明が可能であることを意味する。**言語行動とは，刺激または出来事を特定の方法で関係づける行動である**。特定の関係がオペラント学習とレスポンデント学習の原理により直接的に訓練されるにつれ，言語的に有能な人間は，付加的な関係を派生させる。これは直接的に訓練される必要のない関係である。刺激をこのような方法で関係づける能力は，それ自体が学習された能力で，それはオペラント条件づけを通じて学習されたものである。

　もしこれが正しいとしたら，つまり，人間の言語の基本的なプロセスがオペラント行動として理解できるものであるとしたら，それによって興味深く，また重要な可能性が生まれる。オペラント行動は，影響を受け得るものである。つまり，このプロセスを理解することは，「言語を操ること」が要因となるすべての状況での人間の行動に影響を与える可能性が示される，ということを意味する。そうであれば，このことは，とても広い領域に適用可能になる。たとえば，私たちは，言語の習得に困難のある子どもたちを援助できるかもしれないし，教育全般を改善できるかもしれない。また，思考の仕方が問題を引き起こしている場合に，その人たちを援助することができるかもしれない。

　どうしたら派生的関係反応に影響を及ぼすことができるか（たとえば，心理的治療の中でなど），といった課題にアプローチするためには，私たちは，まず，これらの反応（すなわち人間の言語）がどのようにして人間のほかの行動と相互作用し，影響を与えるのかについて，理解を改めなければならない。さらに，私たちは，何がこの種の関係づけを制御するのか，あるいは支配するのかを理解する必要もある。ここまでは，興味深そうな現象について，簡単に説明したにすぎない。それでは，いったい，私たち

の行為に影響を及ぼす力は，どこに存在するのだろうか？　これが，本章の冒頭で述べた，2つ目の問いである。この問いに答えるために，私たちは，まず，刺激機能の概念をより詳しく見てみる必要がある。

## 刺激機能とレスポンデント学習およびオペラント学習による変化

　ある刺激に対して行動が生じる，あるいはある刺激の影響下で行動が生じる場合，その刺激や出来事はその生体の行動に対して機能を有している。私が車を目にするとき，この車は，私の視覚に対して機能を有している。それは，私が目にするものを見るという事実に影響を与えている。そして，もしも私がその車に向かって歩き始めたなら，車は，私の行動に対してさらなる機能を有する。車は，私が近づくように影響を与えている。しかし，車はこの機能をほかの要因と関係なく有しているわけでは決してない。実際，同じ車であっても，異なる要因と関連していれば，回避の機能を有することもあり得る。たとえば，その車があるスピードで私に向かってくるなら，それを目にした私を脇によけさせるかもしれない。これらのことは，**刺激機能**として知られている。ある出来事が，私の行動との関係においてどの種類の機能を有しているかは，具体的な状況を分析することでしか理解することができない。ここに，ひとつの簡単な例を挙げよう。私が暗い部屋の中にいるときに，明かりがつけられる。このことは，私にとってさまざまな刺激機能を有する可能性があり，問題となる状況と私の反応についてのより詳しい説明だけが，刺激機能が実際に何であるかを明確にする助けになる。明かりは，無条件刺激として機能して，私がまばたきをするきっかけとなるかもしれない。また，私がそのときに行っている行動によっては，それとの関連で弱化的機能を有する可能性もあり，その場合，明かりがついた時点で私は活動をやめることになるであろう。あるいは，明かりがついたことで気づけるようになった何かが弁別刺激になるといったように，明かりは確立操作として機能することもできる。たとえば，それまで暗かったときには見ることができなかった食器棚に向かって，私が近

づいていく場合などである。

　ここで強調したい点は，刺激が有する機能とは，刺激に本質的に備えられた性質ではない，ということである。その機能は，より幅広い状況（文脈）と個人の反応についての分析を通じてしか，決定することができない。同じ刺激でも，異なる刺激機能を有することも可能である。同じ刺激が，生体の行動に対して，さまざまな仕方で影響を与え得る。その効果は，第一に，どの生体がかかわっているのかによって決まる。これは，その生体の固有の学習履歴が影響するためである。そして，第二に，刺激が生じたその文脈によって決まる。私が目の前に赤い車を見たとき，私が目にする事柄は，もちろんかなりの程度この車の特徴に支配される。一方で，「赤い車」という文字を目にすることでも，読者のうちの少なくとも何人かに対して，赤い車を思い浮かばせることは周知のことである。それは，そのような車がここに存在しないにもかかわらず生じる。この「見られるべき対象がない状態での"見る"という反応」が起こる確率は，別な言葉が追加されることで増すかもしれない。「赤い車を想像してみよう」。このフレーズが持つ刺激機能は，ある意味では実際に存在する赤い車が持つ刺激機能と似ている。ただし，言葉自体がこの機能を本質的に備えているということは，ほとんどない。言葉は，そのような機能を，個人の学習履歴を通じて獲得したのである。この例について言えば，「赤い車を想像してみよう」というフレーズに対して，ほとんどの人が赤い車を思い浮かべることができるという程度には，私たち一人ひとりのそれぞれの歴史は十分に似ている。私たちの学習履歴の結果は，その瞬間において存在する。そして，今説明したような文脈において，その言葉は，ほとんどの人に対してこの刺激機能を有するのである。

　刺激機能によっては，もっと直接的に，関与する対象の性質に依存するものもある。これは，私たちが知覚現象と呼ぶもので，たとえば何かを見たり聞いたりするなどといったことがそうである。また，それは，行動分析学の中で**一次性強化子**として知られるものについても当てはまる。これらは，生体が生まれたときからすでに強化的に機能しているような刺激である。一次性強化子の例は，のどが渇いたときの水や，お腹がすいたとき

の食べ物などである。しかし，こういった現象でさえ，いつも同じ刺激機能を持つわけではない。文脈的要因が，それらの機能を変える可能性がある。ほとんどの状況で一次性強化子として機能するもの（お腹がすいたときの食べ物など）でも，特定の文脈では，弱化的な刺激機能を持つこともあり得る。ダイエットに励んでいる人が，たった今それを食べてしまったことを後悔している場合には，その人自身はまだ空腹を感じていたとしても，その魅惑的な食べ物がもっと盛られているお皿を二度と見ないようにするかもしれない。また，知覚的刺激機能は，特定の状況下でのある個人にとっては，私たちが一般に予期するものとはまったく違ったものになる可能性もある。たとえば，ある文脈において，ハンターが目の前にヘラジカを見たとしても，実際にそこにいるのはキノコ採りをする人だ，ということも起こり得るのである。

　第1章で，学習の基本原理，すなわちオペラント条件づけとレスポンデント条件づけについて説明したが，まさにこれらの原理こそが，どのようにして刺激機能が変容されるかを説明するものである。街の広場で襲われるということを例にして，その後広場そのものが恐怖を引き起こすようになり得る様子について，もう一度見てみよう。これは，刺激が，つまりこの場合には街の広場が，どのようにしてレスポンデント条件づけを通じて新しい機能を獲得したかの例である。これは，刺激（広場，またはそのある部分）が，無条件恐怖反応を誘発する出来事と連合したために生じる。この場合には，攻撃が無条件刺激である。オペラント学習において，出来事は，ほかの出来事との接近によっても新しい刺激機能を獲得する。第1章で，ほかの人の特定の表情が，私がその人に話しかける行動のための弁別機能を持つ様子について説明した。どのようにして，あの特有の表情が，あの種の状況で，この刺激機能を獲得したのであろうか？　これは，ほかの人の特有の表情（A）が，私が彼らに話しかける行動（B）に先行し，そして特定の結果（C）が私の行為によって生じた，というプロセスの結果として起こったのである。

　出来事が時間と空間の中で近接していることが，学習が成立するためにとても重要であることは，オペラント条件づけについてもレスポンデント

条件づけについても明らかである。言い換えれば，どちらの学習においても，刺激間の直接的な関係が，どのような刺激機能が確立されるかという点において決定的な役割を果たす，ということである。あるいくつかの刺激は，私の行動に対して強化的か弱化的かのいずれかの機能を有する。これは，私の学習履歴の中における，これらの刺激間の直接的な関係に基づいている。また，ある刺激は，ある時点で私に不安を喚起させる機能を有する。これは，私の学習履歴における，ほかの刺激との直接的な関係に基づいている。たとえば，誰かが声を張り上げたとしたら，このことは私に不安や恐怖を誘発させるかもしれない。それは，私が自分の親や低学年のときの学校の先生との間に経験したことが理由となっているかもしれない。出来事と出来事の間にある直接の関係が，どの機能が確立されるかに影響する。行動分析学では，「随伴性」という用語を，このような時間と空間の中の関係を指して使う（第1章参照）。これらの随伴性が刺激機能に対して及ぼす影響は，レスポンデント機能，およびオペラント行動に見られる弁別や動機，強化，弱化といったさまざまな機能に当てはまる。

　さらなる要因が，刺激機能を確立する上で役割を果たしている。先に，「般化」という用語とのつながりで説明したものである。出来事や刺激は，物理的な特性によって関係づけられる。今や私が誰かに話しかけるための弁別機能を持つようになった顔の表情は，私が以前に出会った表情とまったく同じである必要はない。それは，ただ，十分に似ているだけでよい。知らない街の広場に足を踏み入れることは，その広場が以前に私が襲われた広場と十分に似ているなら，たとえいくつかの部分では違っていたとしても，恐怖を引き起こす可能性がある。

## 派生的刺激反応と刺激機能の変容

　先に検討した，派生的関係反応を実証するために行われた実験について，もう一度見てみよう。カイルが参加したこの実験では，刺激間の関係を確立するために，オペラント条件づけが用いられ，「chair」という単語が，カイルが「silla」という単語を選ぶための弁別機能を持つようにされた。

同じようにして,「silla」は,「stol」を選ぶための弁別機能を獲得した。しかし,それと同時に,「silla」という単語は「chair」を選ぶための弁別機能を(相互的内包を通じて)獲得し,そして,「chair」は「stol」を選ぶための弁別機能を(複合的相互的内包を通じて)獲得した。これは,カイルには,これらの単語がどのようにしてこのような機能を有するようになったのかを説明できるような,オペラント学習とレスポンデント学習のいかなる歴史もなかったにもかかわらず,確立されたのである。カイルは,直接的に訓練されたものについては,それを説明するような強化随伴性を経験した。しかし,彼はほかの関係もまた派生させ,そしてこれらの派生された関係が,新しい刺激機能の確立を支配しているようであった。もし,刺激機能を変えることが,オペラント条件づけやレスポンデント条件づけのように随伴性が確立されることによって決まるのであれば,刺激間のそれぞれすべてのつながりが直接的に訓練されるか,般化を通じて確立される必要がある。しかし,派生的関係は,そのような随伴性が刺激間にないまま,刺激機能を確立するように見える。

ここまで解説してきた実験は,弁別的刺激機能が派生的関係を通じて生じることを実証したが,研究は,そのほかにもさまざまな刺激機能が同じ方法で確立されることを示してきた。その一例として,レスポンデント機能もまた派生的刺激関係を通じて確立されることを示した実験がある[51]。これは,特に臨床に関連するものである。なぜなら,恐怖やそのほかの情動反応などといったレスポンデント機能は,しばしば臨床上の問題の中でも中心的な役割を果たすからである。

この実験は,先に説明したような,抽象的で意味を持たない視覚刺激を用いて行われた。研究の参加者は,まず,本章の最初で概要を説明した方法で訓練された。訓練セッションでは3つの刺激(B,C,Dとする)が,共通の見本刺激とそれぞれを一致させる見本合わせに用いられ,互いに相互的内包や複合的相互的内包を通じての関係しか持たないように扱われた。オペラント学習やレスポンデント学習の原理に準じるいかなる直接的なつながり(随伴性)も,これら3つの刺激の間には確立されなかった。刺激は,コンピューターの画面上に表示された。B,C,Dとはまた別の刺激

グループ（F，G，Hとする）が，やはり刺激同士が互いに派生的関係しか持たないように，最初のグループと同じ方法で関係づけられた。ただし，後者のグループに含まれる刺激が，最初のグループに含まれる刺激と関係づけられることはなかった。続いて，最初のグループ内の1つの刺激（B）に，レスポンデント機能が与えられた。これは，Bが画面上に表示されるたびに軽い電気ショックを与える操作を繰り返すことで行われた。このレスポンデント条件づけを通じて，Bは新しい刺激機能を獲得した。皮膚伝導度を用いた測定が行われ，私たちが日常語で軽い不快感または恐れと表現するものの指標となった。

　この手続きと並行して，参加者たちは，コンピューター上で行う簡単な課題を与えられ，小額の金銭を稼ぐことができた。この課題の目的は，単純に，画面の前で注意力と集中力を維持できるように参加者を動機づけることであった。参加者たちが課題に取り組む間，無作為に選ばれた刺激（B，C，D，F，G，H）が画面に表示された。Bが皮膚伝導度の高まりを引き起こすことは，レスポンデント条件づけに基づいて期待されることである。しかし，この実験では，CとDもまた，皮膚伝導度の高まりを引き起こした。それは，CとDのいずれについても，それらに電気ショックが引き続いたことは一度もなく，また，それらが接近性あるいは形態的（物理的）な性質に基づいてBと関係づけられたことがなかったにもかかわらず，示されたのであった。しかし，F，G，Hが画面に表示されたときには，皮膚伝導度の高まりが示されることはなかった。

　2つ目の実験では，新しい参加者の集団に対して，再び，あらかじめ何の関係性もない刺激（B，C，D）から成るグループの中で，刺激間に派生的関係が確立された。それから，この実験では，すべての刺激がレスポンデント機能を与えられ，それは，それぞれの刺激が画面に表示された後に軽い電気ショックが続くことを通じて行われた。その後で，刺激のひとつに対して，消去随伴性が確立された。すなわち，Bが今度はそれに引き続くショックを伴うことなしに表示された。これが繰り返されるにつれて，Bが画面に表示されたときの参加者の皮膚伝導度は低下し，それは，レスポンデント機能の消去の結果として期待されることであった。同時に，実

験では，この消去が，相互的内包と複合的相互的内包を通じてBと関係づけられていた刺激（CとD）についても生じることを示した。実験には対照群も含まれていた。対照群には，派生的関係を確立する訓練は行われず，しかし，彼らは3つの刺激（B，C，D）すべての後に電気ショックを受けることによる条件づけの訓練と，最初のグループと同じ方法によるBに対する消去の訓練を受けた。この集団に含まれる個人たちについて，消去は，Bにおいて生じたが，CやDには生じなかった。

研究者たちは，これらの実験が，長らく知られているレスポンデント学習の条件が作用しないままに，刺激がレスポンデント性の機能を獲得したり失ったりできるプロセスを示している，と結論づけた。言い換えると，刺激機能は派生の関係を通じて変容されたのである。RFTでは，刺激機能が派生的関係に基づいて変容されることを，**機能の変換**と呼ぶ。

そのほかの同様の実験も，強化[85]，自己弁別[55]，気分[16]，そして性的機能[159]など，弁別以外の刺激機能で同じような変換を示している。このことは，刺激機能が少なくとも2つの別な方法で変容されることを示している。それらは，長らく説明されてきたオペラント条件づけとレスポンデント条件づけによる方法，そして，派生的関係反応を通じて変容または変換される方法である。前者の場合には，刺激機能は刺激間の直接的な関係の随伴性，あるいは，刺激間の物理的な類似性（般化）を通じて確立される。RFTでは，これらは通常**直接的随伴性**と呼ばれ，派生的関係とは区別される。直接的随伴性を通じて生じる刺激機能は，**直接的刺激機能**と呼ばれ，そして刺激間の派生的関係を通じて確立されるものは**間接的**，または**派生的刺激機能**と呼ばれる。

このことは，本章の冒頭で提示された2つ目の質問，どのようにして言語行動が人間の行動全体と相互作用するのか，に対する答えを導く。派生的関係反応が人間行動全体に対して及ぼす効果は，派生的刺激関係が確立されたときに刺激機能が変容されるという事実の結果である。RFTでは，このことを**刺激機能の変換**と呼ぶ。一般的な言葉で説明すると，これは，それまである意味を持っていた事柄が，新しい意味を獲得することである。たとえば，中立的だった出来事が不安を誘発する機能を有したり，かつて

は近づくための弁別刺激として機能していた出来事が今や回避を弁別するものとなったり，あるいは，以前は中立的だった出来事が強化的または弱化的になったり，といったことである。そして，これらのすべてが，そのような新しい学習が起こるための**直接的随伴性が存在しない状態で**，起こり得るのである。

　このことは，新しい柔軟な学習の道筋が開かれたことを意味する。しかし，それは，本章の冒頭で示された3つ目の質問を呼び覚ますことにもなる。この行動を支配するものは何か？　行動分析の基本に基づくと，これは人間が学習を通じて身につける能力だということを知って，これが特定の結果を持つと知るだけでは，十分とは言えない。私たちは，どのようにして文脈的な要因がこの行動に影響を与えるのかを知る必要がある。

## 出来事や刺激を恣意的に関係づける能力

　ほとんどの生体について言えることだが，行動が，その生体がおかれている文脈の中の主要ではない側面によって支配される可能性がある。たとえば，ハトを使った実験では，キーの特定の色が，ハトがキーをつつくかどうかを支配することがある。ハトは，キーが赤色に点灯している場合にはそれをつつき，緑色に点灯している場合はつつかないことを学習する。しかし，このことは，文脈のそのほかの側面がまったく重要ではない，ということを意味するわけではない。つまり，色そのものが，必ずしも単独で制御するようになるわけではない。仮に，ハトの環境の中で何かほかのものが赤色をしていても，それが色以外の側面でキーとはあまりにも似ていなければ，ハトはそれをつつかないであろう。しかし，赤いものであれば何でもつつくように，ハトを訓練することは可能である。そうすると，赤い色は，ハトが何をつつくかを制御する完全に決定的な文脈要因となる。私たちは，ハトがこの特定の文脈要因を抽出することを学習して，それに従っている，あるいは，それに反応している，と言うことができる。私たちは，多くの動物が，抽象化された刺激の物理的性質に基づいた関係に対して，反応することを学習できることも知っている。たとえば，サルは，

必ず一番長い棒を選ぶ，ということを学習できる[74]。もしも，私たちが，サルにいくつかの棒の中から一番長いものを選ぶことを強化し続けたとしたら，いずれ，過去に選んで報酬を与えられたことのない棒でも，ただ単に一番長いというだけの理由でその棒を選ぶようになる。これは，たとえ，その場に，それ以前に呈示されたときの選択肢のセットの中ではそれが一番長かったために，選んだことが強化された経験のある棒がまさにあったとしても，そうである。このように，サルは，抽象化された棒の間の関係に従って行為しているのである。サルは関係そのものに従って行為している，と言えるかもしれない。ただし，サルは，いまだに棒の物理的性質，特にその長さに基づいて行為していることに注目してほしい。人間は，環境の特徴を抽象化するこの能力を，もう一歩先まで進めることができるようである。私たちは，幼いころに，関係づけられる出来事そのものには支配されないような関係に対して，反応することを学んでいく。関係づけられる出来事は，私たちの学習履歴において現在も過去も，必ずしも互いに随伴している必要がない。そして，それらは，物理的性質に基づいて関係づけられる必要もない。それよりむしろ，関係づけは，ある文脈内のほかの要因によって支配される。私たちは，幼いうちに，物事がどのように関係づけられるかを決めるような，文脈的な要因や手がかりを抽出することを学ぶ。それらは，直接的随伴性や刺激の物理的性質とは独立したものである。特定の文脈手がかりに基づいて関係づけを行うこのスキルは，これまでさまざまな実験に関連して説明したように，直接的な学習なしに，どのように間接的に関係が生じ得るのかを説明する。このスキルは，私たちの行動にとっては，広範な意味を含んでいる。なぜなら，このようにして確立された関係は，刺激機能を変換し，それによって，出来事や刺激に対して，本来それ自身では有していない機能を与えるからである。刺激間の関係が，関係づけられている刺激ではなく，文脈手がかりによって支配され得るということは，このようにして，派生的刺激関係がどのように生じるのかを説明する。

　ここに，ひとつの例がある。2つの図形「#」と「@」について，検討してみよう。まずは，どのような直接的な関係がこれら2つの図形の間に

存在するかを考えることから始めよう。読者であるあなたが，印刷されたこれらの図形を目にした場合，これらの間には，刺激の物理的性質に基づけば相違の関係がある。これは，いくつかの意味で正しい。一例として，＃は＠よりも小さい。そして，この文章は，横書きの日本語で書かれているので，読者はおそらく左から右に向かって読み進める。そのため，そのように読んだ場合，＃が＠に先行する関係がある。これは，すべての読者が，横書きの日本語については左から右へ読むという共通の学習履歴を持っているからである。ほかに，読者の学習履歴の直接的な結果として，これら2つの間に直接的随伴性はあるであろうか？　個々の読者にとっては，その人自身の具体的な学習履歴によって，適用されるかもしれない関係がいくつもあるだろう。理論上は，どちらの図形も，読者の特定の歴史における直接的随伴性のために，何らかの心地悪さと関係づけられる可能性がある。また，その一方で，もうひとつの図形が何か心地よいものとつながる，ということもあり得る。

　ここで，私は，＃と＠の間に，先に説明した直接的随伴性とは独立した，新しい関係を確立しよう。この確立を，どの読者も反応できるような典型的な文脈手がかりを加えることによって行おう。すなわち，＃は＠よりも大きい。この関係が，関係づけられた刺激の物理的性質とは無関係に確立できることは，明らかである。この場合では，読者は実際には＠のほうを大きく知覚するので，この新しい関係がある意味では矛盾を含んでおり，物理的性質と無関係であることが明らかである。実際の知覚との矛盾にもかかわらず，新しく確立された関係に従って行為や反応をすることに問題を感じる読者はいない。これは以下のように示される。2つの図形のうちの1つに対して，特定の機能を与えてみよう。＠はある金額のお金である。さて，あなたが今，＃と＠のうち1つを手にすることができるとしたら，どちらを選ぶであろうか？

　幼い時期に，人間は，必ずしも接近（現在あるいは学習履歴における）や刺激の物理的性質によって支配されるわけではない方法で，刺激同士を関係づけることを学習する。このことが，ついに，私たちを本章の冒頭で提示された3つ目の問いへの答えへと導く。言語行動を支配する要因は，

何だろうか？　この特別な関係づけの方法は，そこで関係づけられる刺激の性質にかかわらず，その関係を特定するような文脈手がかりによって支配されている。そのような手がかりの例が，上の文章の中にある。つまり，「よりも大きい」の部分である。このような方法で用いられる刺激は，主に音の組み合わせ（または書かれた文章の場合には視覚的な組み合わせ）で，私たちが単語や文と呼ぶ形式のものだが，さまざまな身振りなどのように，そのほかの刺激もこのような仕方で機能することができる。どの関係が確立されるかを支配する文脈手がかりが，関係づけられる刺激とは独立でいられるため，関係は恣意的に適用可能となる。あらゆるものが，ほかのあらゆるものに対して関係づけられることができる。派生的関係は，社会的文脈の中で合意された恣意的な刺激に確立されるため，RFT において，それらは**恣意的関係**と呼ばれる。これに対応して，刺激間の随伴性，または（般化の場合のように）関係づけられる刺激の形態的または物理的性質に基づく関係は，**非恣意的関係**と呼ばれる。

　日常生活の中では，恣意的関係と非恣意的関係は，常に組み合わさって刺激機能に影響し，それゆえ，人間の行動にも影響を与える。そのために，日常的な例では，刺激機能が直接的に確立されたのか，派生的関係反応を通じて確立されたのかを判断することは，多くの場合に不可能である。しかし，実験的な取り組みから，私たちは，言語的に有能な個人はここで説明したような仕方で関係を派生させること，そしてそのような関係のほうが直接的に訓練された関係よりもはるかに大きな割合で起こっているということを知っている[202]。したがって，特定の言語的文脈の中で生じる関係の大部分が派生的関係であると主張することは，理にかなっているのである。同時に，それら2種類の関係の相互作用は，継続的なプロセスである。カイルが登場する例では，「chair」→「stol」の関係が，直接的な訓練によってではなく派生的関係を通じて確立される様子を示した。しかし，もしも，カイルがこのスウェーデン語の単語を英語の「chair」の代用として使うことを学んだとしたら，彼はそれぞれを関連づけて2つの単語を用いるようになるため，2つの単語の間には直接的な関係が次第に確立される。もともとは派生的関係反応としての関係であったという事実にもか

かわらず，直接的な関係になっていくのである。

## どのようにして私たちは出来事を恣意的に関係づけることを学ぶのか

　私たちは，本章で論じられている行動のレパートリーをもたらす学習履歴について，ごく限られた知識しか持っていない。その詳細を明らかにするためには，いまだに多くの研究が必要とされる。これから，私たちがどのようにして出来事を恣意的に関係づけることを学習するのかについて説明していく。これからの説明は，自然な文脈において言語学習がどのようにして起こるかについての既存の一般的な知識に基づく部分もあれば，今から説明しようとしている特定の訓練を受けた子どもたちに関する研究[91, 123, 134]に基づく部分もある。

　まずは，ここまでの説明の中心を占めてきた関係から始めよう。すなわち，「等位」の関係である。これは，類似性，等価性，または「〜と同じ」の関係である。私たちが日常語で象徴化と呼ぶ，刺激間の関係である。つまり，ある特定のことが，別な特定のことを意味する関係と言える。これは，Murray Sidman の古典的な実験の中で記述されている関係であり，そして，「chair」といくつかの新しい単語とを関係づけるようになったカイルの例で確立される関係でもある。等位は，私たちが学習する最初の関係であり，それが人間の言語にとって基本中の基本であることは理解しやすい[80]。ある音，または一連の記された文字が，何かを意味し，何らかの対象物または出来事を指し，そして，ある点でその言及された「何か」と置き換えることが可能である。たとえば，「靴」という単語は，実際の靴に対して，等位の関係にある。

　幼少期の子どもに，物事を等位の方法で関係づけるよう教えるために用いられる典型的な文脈手がかりは，「〜である (is)」，「〜と同じ (same as)」，「〜と一緒 (goes together with)」，そして「〜を意味する (means)」などといった言葉である。そして，特に言語に困難のある子どもたちの場合には，訓練は，最初は形態的な類似性を互いに持つような

対象，つまり，非恣意的関係を持つ刺激で，たとえば玩具，日用品，または絵などを用いるのが最も賢明である[124]。これらの刺激が子どもに対して呈示されている間に，その子を訓練している大人は，並行して，「これとこれが一緒」，「これは，あれと同じ」などと言いながら，文脈要因を導入していく。子どもが，ある対象に基づいてほかの対象のひとつに反応し，それが，大人が確立しようとしている関係に沿ったものであったときには強化される。たとえば，「よくできました，これらは同じだね」，「そのとおり，正解」などである。訓練は双方向に行われて，同じ文脈手がかり，つまりこのケースでは音の組み合わせが用いられる。訓練が双方向に行われることは重要である。そして，それはまた，子どもたちの自然な言語訓練のごく初期に典型的に起こることでもある。父親を目にしたときには，「パパよ。ほら，パパがいるよ」と子どもは言われ，「パパはどこにいる？ パパはどこ？」という質問の後には，子どもが父親のほうを向くとその行動が強化される。この例では，言葉と対象（父親）との間に形態的な類似性は何もない。しかし，継続的な繰り返しと連合によって確立された直接的随伴性が使われていて，それらが，レスポンデント学習を通じて，直接的な関係を提供する。子どもが，父親を何回も目にして，それと並行して「パパ」という単語を耳にし続けた後では，この単語はレスポンデント条件づけを通じて，子どもの中に実際に父親を目にするのと似たような知覚的経験を引き起こす。これは，ちょうど先に赤い車を目にすることとの関連で説明したのと同様である。Skinnerは，このことを，条件性の"見る"という反応（conditioned seeing），あるいは，見られるべき対象がない状態での"見る"という反応，と呼んだ[174, 178]。

　正式な言語訓練では，いろいろな刺激が多く用いられる。たとえば，「ボールはどこ？ ほら見て，あそこにボールがある」，「ねこちゃんはどこ？ ねこちゃんはあそこにいる」といった具合である。子どもが，これらの刺激のほうを向いたり，それ以外にも刺激と関係がある何らかの振る舞いをしたりすれば，その行動は強化される。訓練が双方向に（「ボール」という単語→実際のボール；実際のボール→「ボール」という単語）行われている間にも，文脈手がかり（音の組み合わせのみならず，動作や振る

舞いも）は変わることなく一貫している。訓練される対象が変化していくにもかかわらず，特定の文脈手がかりは，変化しない。すると，徐々に，子どもは，これらの文脈手がかりを，さまざまな刺激の間にある関係を決定づけるものとして，抽出するようになる。このことは，互いに物理的な類似性がなく，子どもの学習履歴において以前に訓練されたことのない新しい刺激を使って，訓練を先に進めることができる段階になったことを意味する。それでも，同じ文脈手がかり（「～である (is)」，「～と一緒である (goes together with)」，「～と同じ (same as)」）は，依然として使われる。子どもが，対象が同じ，または一緒であることに基づいて行為するなら，これは「そう，そのとおり！」といったように強化される。この方法で，子どもは，自分にとって新しくて，形態的な類似性のない刺激同士を関係づけることを学んでいく。ひとたび，その子が，このことを社会的環境が提供する恣意的に確立された文脈手がかりだけに基づいて行うと，私たちは恣意的に確立された等位の関係を目にすることになる。突如として，社会的につくられた特定の文脈（主に音の組み合わせ）の存在に基づいて，ひとつの事柄が別の意味を帯びるかもしれない。しかも，それは，その刺激に関する個人の学習履歴や刺激同士の類似性にかかわらず，示されるのである。仮に，4歳の男の子が，小さな手漕ぎボートに乗る経験をし，その手漕ぎボートを「船」と呼ぶことを学んだとしよう。そして，この男の子は，フェリーにはまだ乗ったことはないとする。この場合，「フェリー」という単語は，男の子がフェリーは「大きな船」だと伝えられたときに，いくつもの機能を有することができる。ひとたびこの行動レパートリーが定着すると，子どもは，次に，第2章で説明した原理に従って，このことを声に出さずに実行することも学んでいくであろう。

　同じような仕方で，社会的環境は私たちに対して，比較の関係（多い／少ない）のようなほかの種類の関係の中へも，恣意的に出来事や刺激を位置づける能力を訓練する。これは，先に#と@を使って説明した種類の関係である。自然な環境の中では，子どもたちが，さまざまな物理的な特徴について当然異なっている対象同士の非恣意的な比較の関係にめぐりあう可能性はいくらでもあり，これらを訓練の機会として使うことができる。

たとえば，あるものはほかのものよりも，大きかったり小さかったり，または重かったり軽かったり，あるいは，やかましかったり静かだったりする。比較の関係がしばしば反対の関係を含んでいることは，注意すべき点である。たとえば，もしも何かが別なものよりも重い場合には，これは反対の形態を含んでいると言えるかもしれない。つまり，ひとつの対象は重く，それは，もうひとつの対象が軽いのとは反対である。このことは，自然な学習における順序として，恣意的な反対の関係を学ぶことのほうが，刺激を比較の関係の中に位置づけることを学ぶよりも先であることを示しているのかもしれない。このことが，訓練を慎重に行う場合にはこの順でなされることが推奨される理由でもある[126]。学習が自然に生じる順序は何か，および，訓練を行う最適な方法は何か，という点を明らかにするためには，すでに学習している恣意的関係に基づいて，別の特定の恣意的関係が身についていくプロセスを理解するための多くの研究が必要とされている。それでも，中には，明らかと思える順序もある。たとえば，恣意的な階層の関係を学ぶことができるためには，刺激を似たものとしてあるいは似ていないものとして関係づける能力が求められることは，もっともであろう。

　等位の関係での訓練と同じように，比較の関係の訓練もまた，物理的性質に基づく非恣意的関係にある刺激同士から始めることが必要である。たとえば，仮に，多い／少ないが訓練されるべき関係であったとしたら，私たちは，同じ中身が入った2つの箱で，中身の量だけが違っているものを使うかもしれない。この場合には，文脈手がかりとなるフレーズは，「どちらに，多く入っていますか？」，「どちらに，少なく入っていますか？」，「一番多く入っている箱を選んでください」，「こちらには，多く入っていますか？　それとも少なく入っていますか？」などといったものであろう。ここでもまた，双方向に訓練することと，子どもが非恣意的関係に従って行為したときにはその反応を強化すること，が重要である。すなわち，この時点で訓練者は，片方に多く入っていて，もう片方には少なく入っていることのどちらも示しながら，正しい反応を強化するべきである。訓練は，さまざまな対象を用いて行われ，その間，非恣意的関係は変わらない。こ

の場合には，大小のおはじきの山を使って，文脈手がかりを変えずに行う方法などはよいかもしれない。子どもが，文脈手がかりと対象間にある非恣意的関係に沿って，正しく反応するようになったときには，訓練は，恣意的な刺激を用いるものへと移行する。つまり，訓練されている対象同士が物理的性質によって関係づけられていないようなものへと移行する。子どもは，同じ大きさをした2つの対象を見せられてから，たとえば，「この2つともがお菓子だとして，こっち（同じ大きさの対象から1つを指して）のほうが，そっち（もう1つの対象を指して）よりも多いとしたら，あなたはどっちが欲しい？」などと質問される。練習が繰り返されることで，子どもは，対象や出来事の物理的性質ではなく，恣意的で社会的に確立された文脈手がかりに沿った関係に基づいて行為することができるようになる。この場合では，「多い」と「少ない」という単語である。子どもが文脈手がかりに従って反応し，それが刺激間の非恣意的関係とは独立したものであったとき，この反応は強化される。これと同様の訓練が，たとえば子どもが硬貨同士の関係について学習するときには，自然に起きている。

## 刺激間のさまざまな関係

刺激間には，これまでに説明してきた関係（等位と比較）のほかにも，さまざまな種類の関係がある。相違（区別），空間的関係（後ろに／前に，上に／下に），時間的関係（先に／後に），因果的関係（もしも〜なら），階層的関係（「〜の一部」），そして「視点の関係」（私／あなた，ここ／あそこ）などである。

これらの関係のほとんどが，特定の状況のもとで，刺激や出来事の間の非恣意的関係に対応する。たとえば，ある木は別の種の木と比べて一般的に大きい，といったように，あるものが，ほかのものよりも大きいと関係づけられる。そのほかにも，木は，石ではない（区別），ある本が，別な本の上に置いてある（空間的関係），私があなたよりも先に部屋に入り（時間的関係），そして，もしも私が立ち上がったなら，あなたにとっては

私が見やすくなる（因果的関係），2階は，建物の一部分である（階層的関係），などと用いられる。このようなことはすべて，私たちが接する可能性のある非恣意的関係であり，それらはさまざまな仕方で，刺激の私たちに対する機能に影響を与える。また，それのみならず，私たちが将来これらの刺激やこれに似た刺激に接したときに，刺激がそのときに私たちに対して持つ機能にも影響を与えるであろう。しかし，人々の行動は，単純に刺激間にあるこれらの非恣意的関係だけによって支配されているわけではない。先に述べたように，私たち人間には，出来事と出来事の間の関係が，社会の気まぐれによって恣意的に確立されうるのである。これらの関係は，特定の状況下では，刺激間の直接的随伴性や刺激の性質とは独立に確立され得るのである。その代わりに，これらの関係は，社会共同体により確立された恣意的な文脈手がかりによって支配される。刺激間の関係は刺激機能を支配するため，恣意的関係によって支配される刺激機能は，非恣意的関係が必要とされる場合と比べて，はるかに柔軟に適用可能となる。このようにして，刺激機能は，社会共同体にとって「動かすことが可能」なものとなる。私たちは，ある出来事を，あたかも，それがほかの出来事よりも大きいかのように，また，それがほかの出来事よりも先あるいは後に起きたかのように，扱うことができる。私たちは，それを，それがほかの出来事の一部分であるかのように，そしてまた，それらがほかの出来事の原因であるかのように，扱うこともできる。私たちは，こういったことを，それらの違った出来事の間にある直接的な随伴性とは無関係に，することができる。

　もしも，「XはYよりも大きい」という関係が，XとYの非恣意的関係とは関連なく，その特定の状況，あるいはその個人の学習履歴の中で確立されることができるとしたら，このことは，人間がお互いに相手の行動に影響を与え合う可能性について，まったく新しい展望を開くものとなる。たとえば，「QがPに先行する」という時間的関係が確立されたとしたら，個人は，QおよびPとの関係の中で，この時間的関係に従って行為することができる。ひょっとすると，その人は，これまでにそのような関係の中でQやPと接することが一度もなかったとしても，あるいは実際には以前

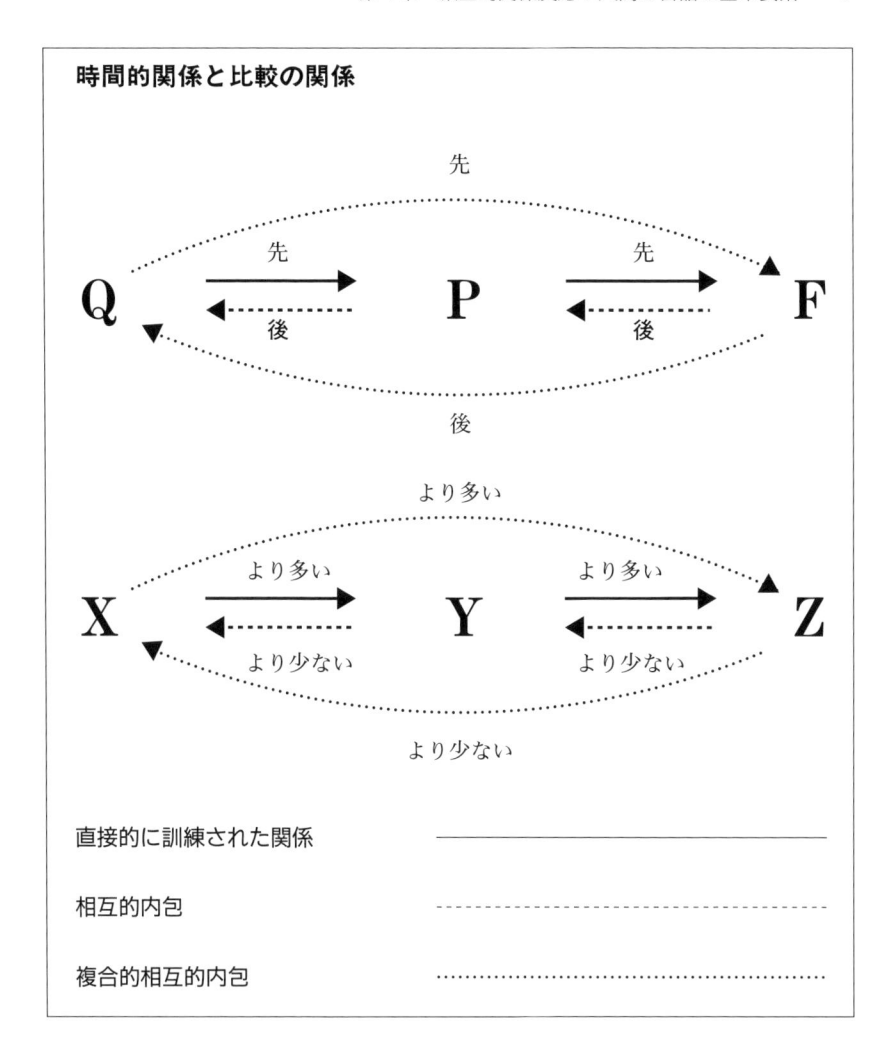

```
┌─────────────────────────────────────────────────────────┐
│ 時間的関係と比較の関係                                    │
│                                                         │
│                        先                               │
│                                                         │
│              先              先                          │
│      Q ──────────→  P  ──────────→ F                    │
│        ←──────────    ←──────────                       │
│              後              後                          │
│                                                         │
│                        後                               │
│                                                         │
│                                                         │
│                     より多い                             │
│                                                         │
│            より多い          より多い                     │
│      X ──────────→  Y  ──────────→ Z                    │
│        ←──────────    ←──────────                       │
│            より少ない        より少ない                   │
│                                                         │
│                     より少ない                           │
│                                                         │
│  直接的に訓練された関係    ─────────────────             │
│                                                         │
│  相互的内包              - - - - - - - - - - -          │
│                                                         │
│  複合的相互的内包         ・・・・・・・・・・・・         │
│                                                         │
└─────────────────────────────────────────────────────────┘
```

にQよりも先にPと接することがあったにもかかわらず，ひとまず先にQに焦点を絞ることを選ぶかもしれない。この行動レパートリーを学習したことによって，人間という種に対してさまざまな可能性が開かれたのである。これは，今日までに知られている限りでは，ほかの動物にはないものである。

多くの研究が，私たちが刺激や出来事を等位以外の恣意的な関係の中に位置づけることができる，ということを示している。これらの研究は，自然な環境において関係の確立を支配する文脈手がかり（「〜より大きい」，「〜の前にある」，「〜の後に」などといった単語）を直接用いずに，それに代わる類似物を実験的に形成することで行われる。これらの類似物は，実験の外では，実験で確立された機能を持たない刺激（手がかり）である。たとえば，実験の中で，「〜よりも多い」というフレーズが自然な環境の中で持つ機能を特定の形や色といった刺激が持つようにされる。そうすることで，参加者が恣意的な刺激を特定の関係の中に位置づけていく仕方を，これらの刺激（手がかり）がどのように支配するか示すことができるようになる。

そのような実験の1つであるDougherら[53]の実験について，その概要を見てみよう。この実験は，先に私が説明した，軽い電気ショックを用いて，刺激が等位の関係におかれたときにレスポンデント機能が変換する様子を示した実験を発展させたものである。ある刺激が，派生的関係を通じて別な刺激と等価のものになり，最初の刺激の機能がこの関係に従って変換された。今から説明する実験は，刺激機能が，比較の関係に従っても変換され得ることを示している。

研究の第1フェイズでは，意味を持たない視覚刺激が，「より大きい」と「より小さい」を示す文脈手がかりとして，それぞれ確立された。この手続きは，3つの異なる視覚刺激（D，E，Fとする）を，参加者に向けてコンピューターの画面上に入れ替わりで表示することによって行われた。参加者は，画面の下に同時に表示された3つの比較刺激の中から，1つを選ぶように教示を受けた。これらの比較刺激は，〈％・％・％〉と〈&・&・&〉といった具合に，形態は同じであったが大きさが異なるものであった。参加者がこれらの中から1つを選ぶと，その選択が「正しい」か「間違い」か伝えられた。実験は，画面の上のほうに，Dと表示されたときには大きさ以外には違いのない図形の中から一番小さいものを，またFが表示されたときには一番大きい図形を，そしてEが表示されたときには真ん中のサイズの図形を，それぞれ選ぶことが正しいとされるよう

にデザインされた。この設定が一連の課題を通じて一貫して適用されて，図形の表示については，刺激の大きさの違いということ以外は，いかなる質も参加者の選択に影響しないように工夫された。

　実験は，D＜E＜Fという意味を持つ3つの文脈手がかりをつくり出したのである。次に，テストが数フェイズにわたって行われ，参加者が，画面に表示された文脈手がかりに従って行為していることが示された。この手続きの際に，Eに対して，先の実験とまったく同じように，軽い電気ショックを随伴させることによって，レスポンデント機能を確立した[51]。そのあとで，参加者は，コンピューターの前で画面に表示されるさまざまな図形に注目するよう教示された。そして，研究者は，参加者たちの皮膚伝導度を測定した。Eが表示されたときには，レスポンデント条件づけの原理で予測されるとおり，明らかな反応が確認された。一方，Fが表示されたときには，皮膚伝導度はEが表示されたときよりも高い数値を示した。それは，Eだけが電気ショックと直接的なつながりがあり，Fは，電気ショックそのものにも，電気ショックとつながったほかの刺激にも，直接結びつけられたことは一度もなかったにもかかわらず，そうであった。実際，参加者のひとりは，Fが画面に表示されたときに，電極を引き剝がした。実験で使われた電気ショックの強さは，個々の参加者に合わせて調整されて，わずかに不快ではあるものの痛みは伴わないようになっていた。したがって，電極を引き剝がした参加者は，刺激を関係づける能力，特に，「より多く」と「より少なく」の側面について関係づける能力があったために，このような体験をしたと言える。

　研究者たちは，この結果は刺激機能が派生的関係に基づいて変容されたことをいま一度示したものであると結論づけた。さらに，彼らは，この変容は，ただ単に刺激がほかの刺激が有していた機能を獲得した（等位または等価性の関係のときのように）というだけではなく，ここで関与している刺激機能の変換は，実験の中で具体的に確立された「より多く」の関係によって支配されたものであるとも結論づけた。刺激間のそのほかの関係も，同じような方法で研究されており，刺激機能に影響を与えることが示されている。2つの例としては，反対の関係[57, 197]と，視点の関係[133]があ

る。

## 関係フレームづけ

　本章で説明されているような特有の仕方で関係づけを行うことは，**関係フレームづけ**（relational framing）と呼ばれる。より専門的な用語を使うと，**恣意的に適用可能な関係反応**（arbitrarily applicable relational responding；AARR）となる。この行動は，般化オペラントである。この「般化」という用語は，特定の行動が，トポグラフィーによる記述はなく，機能的な意味においてのみ記述され得ることを強調することが重要な場合に，オペラント行動を説明するためによく用いられる。このような般化オペラント行動の例としては，ほかに，「模倣」や「新しい何かをすること」などがある。これらのカテゴリーには，どのような行為でも当てはめることが可能で，それは行為の見かけやトポグラフィーによらない。関係フレームづけもまた，この種の行為（般化オペラント行動）に含まれる。私たちが，物事をさまざまな種類の関係（反対，比較，空間的，時間的など）でフレームづけすると語るとき，「関係フレーム」という用語はメタファーである。それは，フレームというものが，何でも含めることができるということを引き合いに出したものである。この用語は，関係フレームが精神的な対象物として存在するということを意味するのではない。関係フレームは，人々がさまざまな種類の関係のなかに物事を位置づけることができることを表現するための方法である。つまり，私たちは，物事をフレームの中に当てはめるのである。明らかに，当てはめるというのも，メタファーである。この関係づけは，関係づけられる刺激のいかなる形態的，あるいは物理的な性質にも基づかない。むしろ，これらの関係は，人間の行動の特有の現れの結果としてもたらされるものであり，それは文脈手がかりによって支配されている。関係フレームづけは，人間が人生のごく初期に，オペラント条件づけを通じて学ぶ行動であり，すでに言及した3つの現象によって特徴づけられる：

## 第4章　派生的関係反応：人間の言語の基本要素

- 相互的内包
- 複合的相互的内包
- 確立された関係に応じて生じる刺激機能の変換

　複合的相互的内包は3つ以上の刺激を含むもので，これがなぜ関係フレームづけの定義に含めるべき側面であるかについて，その理由をさらに説明する必要がある。先に触れたように，派生的関係の一つの側面は，それらが相互に内包されていることであり，それがあるから，「chair」→「silla」なら，「silla」→「chair」となる。この例の場合には，内包された派生的関係は，具体的に訓練された関係と同じものである。もしも，「chair」が「silla」と同じなら，このことは「silla」が「chair」と同じであることを内包している。これが等位の関係が作用する仕方であり，これは，反対の関係についても同じことが言える。もしも，ラリーがある意味でベンの反対なら，それと同じ意味で，ベンはラリーの反対である。ただし，相互的内包の関係が常に同じであるとは限らないことは，明白である。もしも，ラリーがベンよりも大柄であったら，このことは，ベンがラリーよりも大柄なのではなく，小柄であるということを内包する。また，もしも私があなたよりも先に到着したら，このことが内包するのは，あなたが私よりも遅れて到着することであって，あなたも同じように先に到着するのではない。

　ここでさらに大事な点として，どちらの方向の関係も同じレベルの正確さを保つのは，私たちが相互的内包の関係について説明している場合においてのみである。関係が組み合わされると，複合的に内包された関係の正確さは定まらなくなるかもしれない。もしも，ラリーがベンとは違っていて，ピーターもまたベンとは違っている場合，ラリーとピーターとの間にどのような関係があるかを私たちが理解する方法はない。このような正確性の欠如は，本質的なもので，したがって，複合的内包関係は，不明確なものとして定義される。

　複合的相互的内包は，複雑な関係のネットワークがどのようにして構築されるかということも説明する。もしも，ラリーがベンの反対で，ベンが

同じ意味でピーターの反対であったとしたら，ピーターはラリーに似ている。ここで，キャレブ，ヴィクター，グラント，そしてスタンリーがベンと似ていて，ピーターは不愉快な人物だと知ったなら，私たちはここで関与している全員をどのように関係づけたらよいかを，すぐに知ることになる。

　私たちが関係フレームづけを学んでいるときに経験する強化随伴性は，一般的で社会的な性質のものである。つまり，それらは般性強化子であり，言語オペラントに関連して第2章で説明されたものである。さらに，関係フレームづけすること自体が，まさに言語学習のプロセスを通じて獲得するような般性強化子を，次第に確立する。人間の言語の基本的な性質のひとつは，一貫性がなければならないということである。私たちは，単語，意味，あるいは文法の規則を，恣意的な方法で入れ替えることはできない。システムはおおもとでは恣意的ではあるが，ひとたび規則が確立されると，私たちはそれに従わなければならない。ほどほどになら規則を破ることもできるかもしれないが，システム全体としては，そのようなことへの寛容性はほとんど持たない。「船」という単語が，最初はあることを意味し，次には別なことを，そしてさらにまた別なことを意味する，などということは不可能なのである。1つのことに対して，ある文の中で「〜ではない」を当てはめ意味を持たせておいて，次の文章の中で「〜の上」の機能を与える，というわけにはいかない。意味を伝えるためには，文章の構造を恣意的に変えることはできない。このようにして，一貫性が，人間の言語に組み込まれている。言語を操ること（関係フレームづけ）が幼いころから強化されるので，一貫性もやはり幼少のころから強化される。社会的環境にとって，一貫性を特に言語訓練の一部として強化する理由は，たくさんある。その結果，一貫性，あるいは物事が論理的に一貫していることの経験は，言語的に有能な人間にとっては，般性強化子になる[29, 92]。

## 文脈が持つ2つの側面が関係フレームづけを支配する

　本章で説明された実験の多くで研究者たちが用いた刺激は，参加者にと

って，実験開始の時点では意味を持たないものであった。それらの刺激は，刺激機能をほとんど有しておらず，有していても限定されていた。そのため，何か新しい機能，たとえば弁別機能やレスポンデント機能が訓練されると，それは完全にその刺激が持つ主要な機能となった。このことは，これらの機能こそが，実験の中で関係フレームづけを通じてほかの刺激に対して確立される機能である，ということを理解しやすくする。しかし，実際の生活の中では，状況ははるかに複雑である。ほとんどの刺激が，それぞれの物理的性質，個人の学習履歴の中で確立されている直接的関係，そして，個人の関係フレームづけの学習履歴に基づいて，いくつもの異なる潜在的な機能を有している。刺激が，先に述べたような文脈手がかり（「○○は○○である」，「○○は○○の後ろにある」，「○○は○○の後にくる」など）を通じて関係づけられるとき，実際に働きを発揮するようになる特定の刺激機能は，いくつもの生じ得る機能の中から選び出されることになる。より専門的に表現すれば，特定の関係を与えられたとき，多くの可能性の中から特定の刺激機能だけが変換される，ということになる。

　ここに例を示そう。私たちがリンゴについて話すとしたら，おそらく，どの読者も，「リンゴ」という単語が，本物のリンゴと等位の関係にあることに気がつくであろう。この種の関係（単語が，言及している対象自体を表す関係）は，あまりにも強固に学習されているため，この関係を確立するために必要なことは，お互いに話をするという文脈ただそれだけである。つまり，私たちは，人は言ったことの意味で言っている，ことを前提にしていると言えよう。それでも，私たちは，リンゴが持ち得るいくつもの刺激機能の中から，どの機能が実際に発揮されるかを，対話の中でさまざまに変えることができる。しかも，読者の学習履歴の中にある，「リンゴ」という単語と実際のリンゴとの等位という基本的な関係を変えることなしに，それをすることができる。次の文章を読み，そこで少し立ち止まって，あなたが何を体験したかを書きとめてみよう：

　　リンゴを想像してみよう

さて，今の経験を，次の文章を読んだときに気がつくことと比べてみよう：

　　リンゴを食べるところを想像してみよう

どちらの例でも，リンゴという単語の周囲に確立されている文脈（この場合には，文章の残りの部分）は，リンゴという単語と読者の実際のリンゴについての経験との同じような等位の関係に，合図を与えている。しかし，読者にもたらされた機能については，2つの文章で，おそらく同じではないであろう。あなたの，想像の中でのリンゴとの接触は変化している。それは，同じ関係が合図されたにもかかわらず，違った刺激機能と接触したことを意味する。社会的に，また恣意的につくられた文脈は，特定の関係を合図するだけではなく，いくつもの潜在的な機能のうちのどの刺激機能がこの関係によって変換されるかをも決定する。最初の文章中の「想像してみよう」という言葉と，2つ目の文章の「食べるところを想像してみよう」という言葉は，刺激の機能について，それぞれ違った変換を合図した。読者が経験した文脈（この場合には文章）の変化は，現実生活の中のリンゴが持つ機能のうち，読者の前面に出たものを変換したのである。リンゴが持つほかの機能は，さらにまた別な文脈の変化によって接触される：

　　リンゴの上に座るところを想像してみよう

関係フレームづけは，常に，文脈が持つこれらの側面の双方によって決まる。一方では，特定の関係が刺激間に確立され，また他方では，特定の刺激機能が，確立された関係に従って選ばれる。これらの側面は，どちらも文脈手がかりによって支配されているので，そのため恣意的に確立することができる。上の例では，いくつかの要因，つまり，私たちが母国語で文章を読むときに多かれ少なかれそこにある要因が，本物のリンゴと「リンゴ」という単語との間にどの関係が確立されるかを制御した。印刷され

た言葉は，それが指している対象と等位の関係にある。この等位の関係に基づいて，利用可能な多くの機能の選択肢の中から，文章同士の違いの結果として，異なる機能が選択された。RFTでは，ある時点で刺激間にどの関係が確立されるかを支配する文脈手がかりを，$C_{rel}$（context〔文脈〕とrelation〔関係〕から）と呼ぶ。また，この関係に基づいてどの機能が選択されるかを支配する文脈手がかりを，$C_{func}$（context〔文脈〕とfunction〔機能〕から）と呼ぶ。さらに「ラリーはピーターよりも上手にテニスをする」という例を考えてみよう。「よりも上手に」という言葉が，ラリーとピーターとの間にどのような関係が確立されるかを制御しているため，ここではそれが$C_{rel}$として機能する可能性が最も高い。また，「テニスをする」という言葉が，関係（このケースでは比較の関係）を通じてどの機能が発揮されるようになるかを支配することにより，$C_{func}$として機能する。

　$C_{rel}$と$C_{func}$は機能クラスであり，そのため，私たちは，ある任意の要素がいつも必ずどちらかに指定されると言うことはできない。それを決めるためには，そのプロセスや出来事を分析する必要がある。これは，機能分析でいつもそうであるのと同じである。文脈手がかりのうちの，関係を支配するものと，可能性として起こり得る刺激機能の中から，実際にどれが変換されるかを支配するものとを区別することは，必ずしも大切なことではない。しかし，ときにはそれが重要になることもある。そのような区別が重要となる状況のひとつは，特定の臨床的介入の際などである。このことについては，本書の第3部で詳しく触れる。

## 言語行動の新しい定義

　ここまでで，本章の冒頭で提示した3つの問いに答えてきた。余すところなくというわけではないにしても，関係フレーム理論の鍵となる概念について，基本的な理解をする上で必要とされる程度には，答えてきたつもりである。派生的関係反応についての説明と，この現象に基づいて発展した理論は，言語行動についての新しい定義を与える。Skinner[175]が示した

定義より正確なものを提供する。すなわち，RFT が言語的であると呼ぶ行動とは，出来事または刺激を，言及してきた3つの基準（相互的内包，複合的相互的内包，そして，刺激機能の変換）に従って，関係的にフレームづけることである[82]。言語的な相互作用の中では，これは話し手と聞き手の双方によって行われる。私たちは，これを，声を出さずに自分に向けて行うこともでき，その場合には，その個人が話し手と聞き手の両方になる。RFT によると，言語刺激とは，それらが関係フレームに関与するからこそ効果を持つような刺激である[82]。

　この定義が基盤としているデータは，Skinner が言語行動についてのテキストを書いたころには，まだ存在しなかった。しかし，RFT からしても，彼が説明した現象は，この新しい観点から理解される必要があるとはいえ，いまもなお重要なものである。Skinner は，直接的随伴性によって支配される行動と，そのほかの仕方で支配される行動との違いについて説明した。後者については，彼は「ルール支配行動」という概念を用いたが，彼がそういった行動がどのようにして形成されるかを説明することはなかった。第2章で検討されたように，Skinner の分析には不足していた部分がいくらかあり，優れた行動分析家たちがこのことを指摘してきた。これらの不足部分は，RFT の新しい言語行動の定義によって埋められ，そのことで，ルール支配行動は，正確に定義できるようになる（このことについては第6章で再び取り上げる）。この新しい定義の下では，Skinner の定義では言語的と言えるような特定の行動が，RFT によれば言語的であるかもしれないし，そうではないかもしれない，という点は注意すべき重要なことである。たとえば，Skinner の定義によるタクトは，RFT の観点からは必ずしも言語的であるとは限らない。もしも，子どもが「イヌ」をタクトするなら，この反応は，以前にイヌを見て「イヌ」と発語したあとにこの行動に随伴して強化を受けたことの結果によるものかもしれない。それでも，これらすべてのことは，「イヌ」というフレーズが関係フレームに関与することなしに，生じることが可能である。そのため，その場合には，このタクトは完全に直接的随伴性を通じて確立されたものであるため，RFT の定義に従うと言語的ではない。とはいえ，子どもたちが「イ

ヌ」というフレーズを使うときは，多くの場合にそれは本物のイヌと（またほかのものとも）派生的関係にある。そうであれば子どもたちの反応は，RFTの基準でも言語的ということになる。言語行動をめぐっては，Skinner派による定義とRFTによる定義との間にある区別と似たようなものが，Skinnerによって説明されるほかの言語オペラントについても示されうる（Skinnerによる定義とRFTの定義に関するより詳細な比較については文献9を参照）。

## まとめ

　RFTによれば，言語行動とは，刺激（出来事）を関係の中に置き，結果として生じる関係に基づいて，刺激に対してアクションし，あるいはリアクションすることである。この行動は，言語学習のごく初期に学習されるもので，般化オペラントである。この特有の関係づけの仕方を主として制御するのは，関係づけられる刺激同士の非恣意的関係ではなく，そのほかの文脈手がかりである。そのような手がかりとして機能する刺激は，ほとんどの場合，音の組み合わせ，つまり私たちが普段は言葉と呼んでいるものである。しかし，そのほかの文脈的要因で，たとえば身振りや，社会的でない環境が持っている特徴といったものでさえ，この機能を持つことができる。このことは，社会的環境が文脈手がかりによる支配を操作できるようになるため，あらゆるものがあらゆるものに対して関係づけられることができることを意味する。

　この行動は，関係フレームづけ，あるいはより専門的には，「恣意的に適用可能な関係反応（AARR）」，と呼ばれる。後者の呼び方は，この章の中で検討された事柄の多くを説明している。「反応」は，これが行動の一種であることを明らかにする。「関係反応」は，この行動が，出来事を相互に関係づけることにかかわることを示している。これらが「恣意的に適用可能」だということは，この関係反応が，関係づけられる刺激同士のいかなる非恣意的な関係や形態的（物理的）関係にも基づかないことを意味する。むしろ，それは，関係を特定する文脈の側面に基づく。そして，

この文脈は，刺激の非恣意的性質とは関係なく，どのような刺激や出来事に対しても関係反応を可能にするのである[187]。文脈が持つこれらの側面，あるいは文脈手がかりは，社会の気まぐれによって確立される（したがって，恣意的に適用可能となる）。このように，原理的には，あらゆるものがあらゆるフレームの中に当てはめられ得る。「恣意的に適用可能な関係反応」と「関係フレームづけ」は，同義語である。同じように同義の用語は，本章の章題にも使われている「派生的関係反応」である。

　人間にとって，この行動は，学習の可能性を決定的な仕方で変える。つまり，それは，刺激機能が刺激間の非恣意的関係，あるいは随伴性によってのみ決まるものであった場合には不可能な仕方で，刺激機能を操作することを可能にする。ひとたび派生的関係反応が学習されて示されると，刺激機能は，これらの反応を通じて，瞬時に変わり得る。弱化的だったものが強化的になることができ，その逆もまた可能となる。私たちが未だかつて一度も遭遇したことのない何かが，特定の行動のための弁別刺激のように機能することも可能である。ある出来事が，突如として，それまで持ったことが一度もないようなレスポンデント的な機能を獲得することもでき，その結果として，たとえば，その人の情動状態を変える可能性がある。そして，これらのことはすべて，一方で確立される関係を支配し，他方でそこで確立された関係に基づいてどの特定の機能が選択されるかを支配するような，社会的に作り出された手がかりに基づいている。

　この章で説明したことを土台にすることで可能となる複雑な行動をいくつか見ていく前に，本書の主題，つまり，思考の力へと立ち戻りたい。徹底的行動主義とRFTの視点からは，私たちがいつも思考と呼ぶものは，単独の行動のクラスではない。思考を，精神的な世界の中で起こる何かとはみなさない。また，外から観察可能な行動に対する原理とは異なる原理に従う何かともみなさない。第2章で説明したように，思考とは，単に，言語行動が，それを行っている人，つまり，思考している人にしか観察できないような仕方で行われたものである。この定義は変わらない。そうであれば，思考の力は，関係フレームづけの力の中にある。私たちが第2章で説明した原理に従って，社会的環境から最初に学習する事柄に基づいて，

個人が，次第にそれと同じ行動を声に出さずに，自分自身に対してできるようになる。恣意的に適用可能な関係反応によって人間の行動全般に付け加えられた柔軟性の高まりは，私たちの私的行動の柔軟性も高めることになる。思考の力は，まさに，あらゆるものを，ほかのどのようなものにでも関係づけることのできる，この能力の中にこそある。

# 第5章
# アナロジー，メタファー，そして自己の体験

　第4章では，恣意的に適用可能な関係反応の基本原理について，その概要を示した。実際のところ，その本質は，むしろ簡単なものと言える——私たちは，出来事を社会の気まぐれによって関係づけることができて，それは，刺激機能をとても柔軟な仕方で変えることを可能にし，結果として，私たち自身やほかの人々の行動を変えることを可能にする。私たちの言語活動は，みんなで一緒にする社会的なゲームに似たもの，と考えることができる。ほとんどの人が，このゲームの基本的な側面や約束事を，幼いころに学ぶ。ボードゲームにたとえるなら，私たちの手持ちのコマ（さまざまな言語）はそれぞれに色が少しずつ違っているものの，ゲームの趣旨はみな同じ，と言えるかもしれない。それは，一つの基本原理の上に築かれている——恣意的に適用可能な方法で出来事を関係づけることそれ自体が学習された行動である，とする原理である。原理そのものは簡単ではあるけれども，その結果は，私たち人間にとって劇的なものである。ひとたび基本スキルが学習されると，言語活動の複雑性が幾何級数的に増加することへの道が開かれる。一旦，私たちが言葉やほかの出来事を社会的な気まぐれによって（恣意的に）関係づけることができるようになると，私たちは，出来事や経験を今までとは違ったまったく新しい方法で持ち寄って，行動に影響を与えることができるようになる。たとえば，「言語」という言葉は，私たちの言語活動についての直接の経験と等位の関係にあり，また「ゲーム」という言葉は，私たちがゲームをするときの直接的な経験と等位の関係にある。だから，これらの言葉を関係づけるだけで，私たちは2つの違った経験を互いに関係づけることができる。そして，たとえば

「言語は私たちが行うゲームである」などと言うことで，行動に対してさらなる影響を与えることができる。これは，アナロジーの中でも特有の一種——メタファーと呼ばれるもの——である。日常的な言葉で表現するなら，このプロセスは何かに対して新しい意味をもたらす。本書で用いられている科学的な言語で言えば，私たちは，出来事を関係づけることによって，それらの刺激機能を変換している。

多くの研究者や理論家で，心理学と哲学と言語学が交差する領域を専門とする人たちは，アナロジーやメタファーを創り出す能力は人間言語の根幹にあって私たちがお互いに話をする方法の土台を形作っている，と考える[6]。指導的な研究者は，そのことを以下のように表現した——「すべての知識が，究極的には，認知と思考のメタファー的（またはアナロジー的）なモードに根ざしている」（文献115のp.2）。この学際的な分野は，広範で，多くの理論を抱えるとともに，互いに対立する複数の視点もまた含んでいる。私のここでの目標は，人間の言語と認知を理解する上でアナロジーとメタファーが意義を持つことについての科学的な意見の一致がある点と，RFTがこれらの現象の理解を助けるとともに，どのようにしてそれらの現象が発生しまた影響を受けるかを示すのに役立つという点を，はっきりと伝えることである。

観察力の鋭い読者なら，「言語は私たちが行うゲームである」という例の中の関係と機能の多くが，恣意的なものでも社会の気まぐれによって確立されたものでもないことに気がついたかもしれない。ゲームをすることは，おそらく読者にとっては実際の経験であり，言語活動の経験がそうであるのとまったく同じだろう。そして，これらの経験同士の間には，恣意的に確立されたものではない関係がある——そこには，ある種の類似がある。まさに，その類似性が，メタファーが利用しているもの，つまり，メタファーが指し示しているものである。これは，重要な観察である。私たちが出来事を恣意的に関係づける能力を持つという事実は，先に説明したような研究室での実験で示されるとおりだけれども，だからといって，それは，私たちがほとんどの場合に出来事を完全に恣意的な方法で関係づけることを意味するのではない。私たちには，そのようにする行動レパート

リーがあって，これが最も純粋な形で起こるのは，特定の種類の数学と抽象的な論理においてである。実際には，ほとんどの状況で，私たちは，恣意的に適用可能な関係を，直接的随伴性および刺激の形態的属性を通じて確立された関係と組み合わせて用いる。直接的関係と派生的関係との間に起こるこの相互作用こそが，言語行動に影響力を持たせるものである。あるいは，もっと専門的にこれを表現すると，恣意的に適用可能な関係反応は，刺激機能を変換するが，その機能の多くがもともとは直接的随伴性を通じて確立されたものなのである。このことは，言語行動が持つ計り知れない大きな影響力を説明する。ここで，怖いイヌに怯えた経験のある幼いジョンを想像してみよう。レスポンデント条件づけの概念は，似たようなイヌに対してであれば，ジョンが恐怖を感じることを簡単に理解させてくれる。しかし，もしもジョンが，パティ伯母さんの家（そこでイヌを見たことも，ましてイヌによって怖い思いをしたこともないのだが）を訪ねることを嫌がって，それは誰かが「彼女のところのネコは，まるで年老いたイヌのようだ」と言ったためだったとしたら，これは，関係フレームづけが，怖いイヌとの先の直接的な経験が持っている刺激機能のうちのいくつかにジョンを接触させたからである。

　もしも，関係フレームづけが人間言語の基本的なプロセスだとしたら，そこから導かれるのは，それが人間の経験のほとんどの領域に影響を与えるということである。なぜなら，言語は，基本的にどこにでもあるからである。RFTの主張が正しいとしたら，適用できる範囲の可能性はほとんど無限大である。ほんの数例を挙げるなら，関係フレームづけが関連すると考えられる多様な分野は，教育，心理的発達，特定の言語的困難のある子どもたちの訓練，言語学の研究，政治，社会的プロセス，実存的問題，そして個人の心理的問題などである[80, 154]。しかし，本書では，私たちが通常心理療法と呼ぶ分野への適用に限定して扱う。

　心理的問題と心理療法に関連する適用へと進む前に，RFTで鍵となる概念をいくつか解説しておく必要がある。この章の残りは，そのようなものから2つの基本要素の説明に当てられる：1つ目は，すでに触れたように，恣意的に適用可能な関係反応は，関係をさらに別な関係と関係づける

ように用いることができて、それによって私たちがアナロジーやメタファーと呼ぶものが創り出されるという事実についてである。そして、2つ目は、どのようにしてこの行動（恣意的に適用可能な関係反応）が私たちにとっての自己の経験を創り出すかということである。

## アナロジー

　先に記したように、アナロジカル（類推的）に思考する能力は、人間の言語と認知にとって基本的な重要性を持つものと広く見なされている。さまざまな応用分野の研究者によって執筆されたアナロジカルな推論についての論文集[193]では、何人かの著者が、どのようにしてアナロジーを構成する部分となっているさまざまな種類の比較と「写像（mapping）」（アナロジカルな思考の認知モデルでは一般的な用語）について理解できるか、を検討している[43, 68]。中心となる考え方は、知識が1つの経験領域（しばしば「ベース」または「ヴィークル」と呼ばれる）から別な経験領域（通常「ターゲット」と呼ばれる）へと転移（transfer）される、というものである。ベースは、馴染み深い経験の領域である。では、ターゲットはというと、知識が展開される場である。知識の展開は、2つの領域を関係づけることによって行われる。よく知られた太陽系と原子との間のアナロジーは、その古典的な例である。このアナロジーを用いるとき、私たちは太陽系のほうがより馴染みがあることを前提としているため、それがベースとして機能して、原子がターゲットになる。パターンや類似性に従って行為するこのような能力は、人間の認知能力の根本と考えられていて、またそういうものとして、現在、認知科学として知られる広範な研究分野で多くの研究の対象となっている。研究者たちは、コンピューターモデルでこの現象を再現しようとしたり、現象の生物学的基盤を探究したり、そして、人々がどのように行動するかについて心理学実験を通じて研究したりしている[70]。基本となる現象は、対象物そのもの、また対象物同士の間の関係、のどちらをも関係づける能力である、としばしば説明される[69, 94]。この研究分野に馴染もうとする際に持ち上がる問題のひとつは、合意された基本

モデルがないことである。執筆者または研究者ごとにその人独自のモデルがあるとまで言うのは誇張かもしれないが，それにしても，それは的を射た誇張である。多くのそれぞれに違ったモデルが提示されているが，ほとんどが共通の出発点を欠いているように見える[43, 110]。

　RFTは，アナロジーを創る能力の基礎となる人間行動の説明を可能にする。私たちは，これを，これまで常に行動分析の特徴的なやり方でありつづけてきた，十分に操作的な概念を用いる，という方法で行うことができる。

　アナロジーは，関係フレームづけにその起源を持つ——特に，関係についての関係フレームづけに。既に確立された関係ネットワーク（relational network）で，一般には恣意的関係と非恣意的関係の両方によって構成されているようなもの同士が，関係づけられる。このことは，原理的には，私が第4章で説明したことと比べて何ら新しいことではない。もしも，異なる刺激や出来事が恣意的に関係づけられるなら，関係も，同じ原理に従って，恣意的に関係づけられる。

　やや単純で典型的なアナロジーの例を見てみよう——トヨタに対するニッサンは，マンゴーに対するパパイヤのようである。ここには，すでに確立された関係で，私たちが伝統的にベースと呼ぶものがある。パパイヤがマンゴーに対してどのような関係にあるかは知られている。これは，類似の関係である——両方ともが，食べることができて，甘くて，似た形をしていて，木になる，など。この関係を，ニッサンとトヨタ——このアナロジーのターゲットである——の間にある関係と等位に位置づけることによって，刺激機能がひとつの関係ネットワークからもう一方の関係ネットワークへと転移される。誰か，たった今ニッサンとトヨタのうちからどちらかを選ぶようにと言われて，その違いはかなり大きいのではないかと考えていた人は，このアナロジーによって，選択のための新しい基盤を得たことになる。2つのそれぞれ別な関係同士が等位に関係づけられる（パパイヤとマンゴーの関係が，ニッサンとトヨタの関係と，等位になる）ことを通じて，刺激機能は変換されて，それによって聞き手の行動に対して影響を及ぼす可能性がある。

アナロジーは恣意的関係と非恣意的関係の双方をその部分として含むことに，注目してほしい。ある実際の現象を指すために用いられる言葉は，恣意的に確立される。それぞれのネットワークの中にある関係のいくらかも，恣意的に確立されている。たとえば，パパイヤとマンゴーはどちらも私たちが果物と呼ぶように学習したカテゴリーに属するという事実，などといったことである。同じように，ニッサンとトヨタも，恣意的に確立された関係にある。たとえば，どちらも，自動車の商標である。同時に，アナロジーは，非恣意的な類似性の関係も活用する。パパイヤとマンゴーはある点で似ていて，そして，ニッサンとトヨタもある点で似ている。ニッサンとトヨタの名称は，どちらも特定の質を備えた自動車を指す。このアナロジーは，類似を内部に含んだ関係同士の間にある類似性の抽出に基づいているのである。

　RFTによると，アナロジーにおいて基本的なのは，等位の関係が2つの関係ネットワークの間に確立される，ということである。ただし，これらのネットワークの内部にある関係性は，必ずしも等位の関係だとは限らない。原子と太陽系の例では，アナロジーは，それぞれのネットワークの内部にある空間的な関係を指し示す。原子を視覚化してイメージする方法のひとつは，原子のある部分がほかの部分の周りを回るというもので，それは，太陽系と同じである。これは，2つの関係ネットワーク内にあるそれぞれの空間的関係同士の類似性を抽出したものである。

　また別な例を挙げよう——スーザンとラリーは，イヌとネコのようである。ここでも，2つの関係ネットワークが，等位の関係に置かれる。これは，文脈手がかりの「のようである」を通じて起こる。この文脈手がかりは，通常，出来事の間に等位の関係を確立するために使われる。ところで，この例では，アナロジーが指し示しているそれぞれのネットワークの内部にある関係性は，純粋な等位よりも相当に複雑なものである。そこにあるのは反対の関係だという言い方もできるかもしれないが，それでも，それは単純化のしすぎである。このアナロジーが指し示すのは，いくつもの種類の相互作用によって構成された関係で，要約するなら「いつもケンカしている」とか「敵意」，またはそれに似た方法で表現されそうなものであ

る。この場合には，イヌとネコの間の関係がベースで，スーザンとラリーの間の関係がターゲットである。

これは，私たちが通常メタファー，あるいは直喩（simile）と呼ぶものの例である。ほとんどの場合に，アナロジーとメタファーの概念の間に明確な区別はないが，それは科学的な状況でもそうである。RFTがこれら2つの概念について提供する定義が，私たちに，アナロジーとメタファーとの間の鍵となる違いを説明することを可能にしてくれることは，RFTの有用性の印と言えるかもしれない。このことについては，次の節で再び取り上げる。

アナロジーに関するこの節を，人間の言語と認知にとってとても重要な現象である関係ネットワーク同士の間の関係に対してRFTによる分析を行うことを支持する実験結果についての，簡潔なコメントで締めくくりたいと思う。より詳しい内容に興味を持たれた読者は，引用文献に当たってみてほしい。

多くの研究が，上で説明したプロセスを描写している。そのような研究の計画は，第4章で解説された派生的関係反応についての実験計画に似ている。ここでも，実験では恣意的な刺激で意味を持たない音節や抽象的な図形などが用いられて，対象者は，典型的には等位または等価，そして差異などの派生的関係ネットワークの発達について，訓練された上でテストされる。それから，実験では，対象者たちが先に確立された関係ネットワーク同士の間に関係を派生させることができるかどうかをテストされる。これは，参加者が，対となっている刺激同士の関係が同じだった場合に（たとえば，どちらも等価の関係だったり，どちらも差異の関係だったりした場合などに）刺激の対をほかの刺激の対と関係づけることができることを示す方法によって行われる。より最近になって発展してきた方法論で，関係評価手続き（relational evaluation procedure；REP）[184]と呼ばれるものでは，参加者は，真か偽かを意味するものとしてあらかじめ確立された手がかりを用いて，アナロジカルな関係ネットワークの対の間の一致度（coherence）を評価する。これは，最終的には，派生的なアナロジーの生成を，従来の見本合わせのプロトコルよりもはるかに早く可能にす

る。
　これらの研究は，アナロジーが私たちに影響を与えるときにはどのように作用するのかに対する理解を促すことと，文脈要因がどれほど確かにこの行動（アナロジーの生成）を支配するのかを示すこと，の両方のために用いることができる可能性がある。これまでに行われてきた研究は，アナロジーが，実際に RFT が想定する仕方で作用していることを裏づけている。すなわち，アナロジーは，刺激間の関係同士を関係づけることによって作用している[8, 13, 120, 184, 185, 186]。ほかにもいくつかの研究が，若い人たちにおいて，アナロジーを創る能力が関係フレームづけをする全体的な能力と並行して発達していくことを示している[34, 35]。

## メタファー

　メタファーはある種のアナロジーであるため，それらも，それぞれに別な関係ネットワークが互いに等位に関係づけられることで成り立つ。典型的なメタファーの例を見てみよう——「彼と議論することは，ロードローラーに轢かれるようなことである」。この例は，先のアナロジーについての説明とよく一致する。私たちは，ここに，2つの出来事で，それぞれに違った刺激の間に関係ネットワークを1つずつ創っているものについて説明した。ひとつは，ある人がほかの人と議論するということで構成されていて，もうひとつは，誰かがロードローラーに轢かれるということで構成される。どちらのネットワークも恣意的な関係（たとえば，使われている言葉とそれが指し示す対象との間の関係，あるいは，ロードローラーに轢かれることがどのような気分かなどといった，聞き手のほとんどが決して経験したことがなくて，言語機能を通じてしか接触することができないようなもの）と非恣意的な関係（たとえば，聞き手にとっての他人と議論するときの経験，または，何かがロードローラーに轢かれるところを見た直接的な経験）を含んでいる。これら2つの関係ネットワークは，文脈手がかり——「〜である」——によって，恣意的な等位の関係に位置づけられる。とはいえ，先に解説したアナロジーとまったく同じように，この等位

の関係も，完全に恣意的であるわけではない。それは，2つのネットワークの間にある，少なくともある特定の意味での非恣意的な類似性を利用している――この人，またはロードローラーを止めるかそれに影響を与えるか，といったことを試みるのはどのようなことか，という点を。2つの関係ネットワークはそれぞれにさまざまな種類の関係を含んでいるが，そのどちらにも含まれていてここで関係づけられている関係は，因果的関係（causal relation）である――すなわち，一方に，誰かまたは何かの前に立ちはだかることがあり，他方に，その結果として起こることがある。

　では，私たちはどのようにして，メタファーとアナロジーを区別できるのだろうか？　先にいくつか挙げたアナロジーの例では，その中で使われている非恣意的な関係同士の間に対称性がある。「原子は太陽系のようである」というアナロジーでは，原子がターゲットで太陽系がベースであるが，アナロジーは逆に働くこともできる。アナロジーの中で利用されている非恣意的な空間的関係（ある部分が別な部分の周りを回る）は，どちらの関係ネットワークについても同じである。もしも，ある個人が，原子をこのような形で（アナロジーが単純化して描写しているような感じで）理解していて，太陽系がどのように働いているかを知らなかったとしたら，私たちは，その人に対して，「太陽系は原子のようである」と言って，原子をベースとしながら太陽系をターゲットとして用いることができる。同じことが，さまざまな自動車やさまざまな果物の例についても当てはまる。誰かがパパイヤとマンゴーの関係を知らなかったために自動車の種類について知られていることを引き合いに出す説明が助けになったという状況は，想像しにくいため不自然に思えるけれども，それでも入れ替えることはできる。いずれにしろ，この例でも，2つの関係ネットワークはやはり対称的である。つまり，ニッサンとトヨタは，おおまかには，パパイヤとマンゴーが互いに似ている程度に似ているのである。「スーザンとラリーは，イヌとネコのようである」の例は，境界線上のケースである。もしも，誰かが，イヌとネコがどのような意味で互いに関係づけられているのかを知らなかったものの，スーザンとラリーが喧嘩をする場面を経験していたとしたら，このアナロジーは，まあ，それなりには，逆向きにも機能できて，

スーザンとラリーがベースとなってイヌとネコがターゲットとなることができる。

　これを，「彼と議論することは，ロードローラーに轢かれるようなことである」のメタファーと比べてみよう。このメタファーで適用されている非恣意的関係——抗しがたい力の前に立ちはだかることに関連した2つの出来事の間の類似性——は，対称的な関係ではない。ここで関係づけられている2つの関係ネットワークのうちの片方には，もう片方と比べて，より多くの鍵となる特質（key quality）が含まれている。ベース（ロードローラーに轢かれること）は，ターゲット（ある人と議論すること）よりも，この特質をより多く持っている。真のアナロジーは，先の例で示されたように，双方向に用いることができる。これは，メタファーの場合には当てはまらない。仮に，私たちがここで扱っているこのメタファーを反転させて，「ロードローラーに轢かれることは，彼と議論するようなことである」と言ってみたとしても，このメタファーは，おそらく，うまくは機能しないだろう。ベースとターゲットは，入れ替えることができない。より専門的な言い方をすると，特定の刺激機能で，私たちが「抵抗の無益さ」とでも呼べるようなものが，片方のネットワークにおいて，より明瞭である。これは，もちろん，ロードローラーを含むほうのネットワークである。このことは，それぞれのネットワークが持つ刺激機能が，互いに非恣意的な階層的関係にあることを意味する。平易な言葉で言えば，それらは似ているけれども，似ている点としてのその特徴は，片方のネットワークでより明瞭である。

　上述の考察は，不必要に詳細な検分だと思われるかもしれない。しかし，これは本質的に重要な問題である。なぜなら，RFTによると，メタファーが持つこの性質は，メタファーが有用であることの核心だからである。メタファーは，1つの出来事についてとても明確である特質を，ほかの出来事に対してすばやく転移することで機能する。ここで思い出そう——RFTでは，1つの刺激（出来事）の機能が別の刺激によって恣意的に変換されることが，人間が言語を操ることの最も核心にある。メタファーは，この変換を優れた方法で成し遂げるような関係の複雑なネットワークだ，

というだけのことである。メタファーの中の2つのネットワーク同士の間にある非恣意的な類似性は，アナロジー的な類似性だけでは実現できないくらいに，機能の変換を促す可能性がある。

　誰かが私に対して，「sayyara」は「自動車」と同じものだと告げたときには，本物の自動車が持っている刺激機能が（すでにこれらの刺激機能をいくらか獲得していると思われる「自動車」という単語を通じて），「sayyara」という単語（アラビア語で「自動車」を指す単語をローマ字で記したもの）へと転移される。私たちが，誰かが「もっと考えることでこの問題を解決しようとするのは，頭の中で土を鋤くことで畑を耕そうとするようなものである」と言うのを聞くとき，この言明は最初の例と基本的には似ている。どちらの場合にも，2つの現象が，文脈手がかり（「と同じである」と「のようなものである」）を通じて，恣意的に関係づけられている。しかし，これらの言明の間には，重要な違いもある。先のケース（「sayyara」と「自動車」）では，2つの個別な刺激が関係づけられているのに対して，後のケースでは，2つの複雑な関係ネットワークでどちらもが特定の性質を持つようなものの間に関係づけがなされているのである。後のケースでは，2つのネットワークのどちらもが，ある種の関係を含んでいて，それが両方のネットワークで同じものとなっている。同じようにして，原子と太陽系は，どちらもが「ある部分がほかの部分の周りを回る」という空間的関係を持っている。また，ニッサンとトヨタ，および，パパイヤとマンゴーの組み合わせのどちらもが，ある種の類似性を持っている。これらの関係は，恣意的なものではない。それぞれのネットワークに内在するこれらの非恣意的関係こそが，アナロジーを創る際に関係づけられるものである。

　メタファーは，アナロジーの一種で，焦点となる特質が，ターゲットにおいてよりもベースにおいてのほうが明瞭であるようなものである。よいメタファーの典型では，その特質が，ベースではとても明確であるのに対して，ターゲットではほとんど気づかれないほどわずかである。このわずかな特質が，まさにメタファーを通じて，明るみに出される。たとえば，問題が起きたときにそれについて考えることは，ほとんどの人が自然によ

いことだとみなす事柄である。私たちは，問題や困難をそのような仕方で解決することに慣れている。そしてそのことは，私たちが，こういった考え方を，実際には役に立たない状況ででも強迫的に行ってしまうことにつながる可能性がある。そのような状況では，私たちは，微かな感触としてこの思考がまったく問題解決へと導いてくれていないという気持ちを持っているかもしれないが，それでもなお，考え続けることが自然なことで，やらなければならないことであるかのように感じられる。私たちが，誰かが「もっと考えることでこの問題を解決しようとするのは，頭の中で土を鋤くことで畑を耕そうとするようなものである」と言うのを聞くとき，ある経験——私たちがしばしば洞察と呼ぶもの——が，1つの関係ネットワークから別の関係ネットワークへと転移される。これら2つのネットワークの間にある非恣意的関係は，もしもそれが，問題についての思考を継続することが思ったほど必要でも有効でもないという見解につながれば，私たちの後に続く行為に影響を与えるかもしれない。

　これまでに紹介してきた RFT に基づいたメタファーについての分析は，単なる観念的な構築物でもただの概念モデルでもない。それは，実験的研究およびそれと並行したアナロジーに関する研究を通じて，徐々に発展してきたものである[182, 183]。

## メタファーはどこにでもある

　ここまでのところで私が示したメタファーの例は，たどるのが簡単で，それがメタファーであることを見分けるのも易しかった。しかし，メタファーの活用は，はるかに幅広い領域をその視野に含む。メタファー的（metaphoric）な話法は，ここで示した例のように明確なものに限らない。メタファーは，どこにでもある。それは，私たちがメタファー的だとにわかには識別しないような話し方の中にすら，織り込まれている。直前の文章の中に，その見本がある——織り込まれている。これは，織物をしているときにすることである。でも，私が書いていたのは，メタファーがいかに私たちの話し方や書き方のあちらこちらに挿入されているか，というこ

とについてであった。私は，織物について書いていたのではなかった。「メタファーが私たちの言語の使用と関係する仕方は，糸が織物と関係する仕方と同じである」というのが，おそらく読者がつかむ（この「つかむ」というメタファーに気づいた？）ことで，これこそが，先に説明した，関係同士を相互に関係づけることである。メタファーは，私がそれを書いたときに，それがメタファーだという意識を払われる（これは気づいた？）ことなくそこに埋め込まれた（これは気づいた？）。このメタファー（メタファーは言語に織り込まれているというメタファー）を何か非メタファー的なもので，たとえば「挿入」などといった言葉に置き換えて，以下のように表現することはできるかもしれない――メタファーは，私たちの言語の中に挿入されていて，目立たない（これは気づいた？）場合もある。メタファーが言語に挿入されているという言い方のほうが，言語に織り込まれているというよりも，あっさりとした（これは気づいた？）言葉の置き方（これは気づいた？）だと感じられるかもしれない。そして，もっと注意深く見てみるなら，私たちは，果たして「挿入された」もメタファー的ではないだろうか，と思案するかもしれない。こういった類のメタファーは，私たちの語彙の中の確立された部分であり，通常は凍結されたメタファー（frozen metaphors）と呼ばれる。もちろん，「凍結された」という言葉の使用も，私が描写しようとしてきた現象の，またさらなる一例である。

　メタファーは，言語の土台に組み込まれている。このことについては，科学的なコンセンサスが得られていて，RFT は，この土台がどのようにして組まれているかを示してくれる。この節の見出し――メタファーはどこにでもある――もまたメタファー的だということを指摘しておく（！）のも，最後に挙げる例として適っていると言えそうだ。概念であるメタファーは，物理的な世界の中では，どこにも存在しない。それでも，それらは，目に見えるものが私たちの周りの至るところに存在するのと同じくらい自然に，私たちが言葉を操ることと関係しているのである。

## メタファーと，2種類の文脈手がかり

第4章で，関係フレームづけを支配する文脈手がかりが2つの機能クラスに分けられることを説明した——関係を支配するもの（$C_{rel}$）と，その関係に従ってどの具体的な機能が変換されるかを支配するもの（$C_{func}$）である。私がこのことをもう一度記すのは，メタファーが，$C_{rel}$と$C_{func}$との間の違いが問題となる際のよい例だからである。

「彼と議論することは，ロードローラーに轢かれるようなことである」というメタファーをもう一度見てみよう。これが発言される場面の文脈のなかには，$C_{rel}$として機能する要素がたくさんあるが，その中でも一番はっきりとしているのは「ようなことである」という言葉だろう。これが，2つの出来事の間にどの種の関係が確立されるかを支配する——すなわち，類似の関係である。実際の生活場面での，議論することと轢かれることとの類似性もまた，$C_{rel}$として機能することができる。この類似性が$C_{rel}$として機能する可能性は，このメタファーを聞いた人が，話題の人と議論した経験をいくらか持っていて，つまりメタファーとは独立にその類似性と接触したことがあるのであれば，一層大きいだろう。一方，話題の人との先立つ経験を何も持たない人がメタファーを聞いた場合には，メタファーを聞き終わってから初めて，その類似性についてのはっきりとしたイメージをつかむことができる。これは，この人にとっては，この類似性の要因は，$C_{rel}$としては先の人の場合ほど明確ではないことを意味する。もっと一般的な意味での轢かれることと議論することとの類似性が役割を果たす可能性もあるが，それはおそらくそれほど有意なものではないだろう。

一方で，ここでは何かが，メタファーのターゲットのうちからどの機能が影響を受けるかを支配しているはずである。2つのネットワークの間には等位の関係（「である」）が確立されるものの，ベースが持つすべての刺激機能がターゲットへ転移されるわけではない。このメタファーを聞いて，話題の人について，その人には操縦可能な車輪がついていて，前に向けて転がり，何トンもの重量がある，と結論する人はまずいないだろう。文脈の中には，どの機能が変換されるかを支配している何かがある。つまり，

$C_{func}$の役割を果たす何かである。ここでもまた,一方で誰かとても頑固な人と議論することと,もう一方で轢かれること,との間にある非恣意的な類似性(あるいはより正確には,階層的関係)が役割を帯びてくる。どの機能が前面に出てくるかは,その状況でのそのほかの要素で,たとえばその人が何と言ったか,などによっても支配されることがある。もしも,メタファーを聞いた人が,メタファーが指している人物による論争を先に目撃していたら,そのときの出来事に含まれる要因も,間違いなく$C_{func}$として作用するだろう。

　もう一度記すが,何が$C_{rel}$で何が$C_{func}$かを正確に描き出すことは,本質的に重要なことではない。限定された実験環境でならそうすることも可能かもしれないが,「外の現実生活の中」でそれをするのは,まず不可能である。私たちが経験したり人々が私たちに話したりする出来事やプロセスを,そのような詳細な方法で描き出せる(map out)機会は,とてもわずかである。私たちの知識は十分ではないし,また多くの場合にこの種の分析はとても思弁的になる。大切なことは,これら2つの種類の文脈的コントロールについて,その原理的な違いを理解することである。ここで,行動分析学の基本的なねらいを思い出そう──予測して影響を与えることである。影響を与えることについてとなると,$C_{rel}$と$C_{func}$との間の区別は重要になる。なぜなら,プロセスに影響を与えるためには,機能を支配する文脈手がかりを変容することによってのほうが,関係を支配するものを変えることによってよりも,容易だからである。そして,これは臨床的介入に関連した事柄なので,本書の第3部でこのことをもう一度取り上げる。

## 行動分析学と自己の概念

　「自己」という言葉は,日常的な言語の中でも科学的な言語の中でも,その位置づけがよく確立されている。私たちは,自己イメージ,自己コントロール,自尊心,そして自信,について語る。私は,自分について話し,自分について考える。この概念は,私たちが人であること,「私」であること,の経験と強く結びついている。それは心理療法の世界では中核的な

単語になっているし、また、精神分析の重要な一学派は、そのアプローチの仕方の名称にこの用語を取り入れて、自己心理学と称している[108, 109]。しかし、「自己」という言葉にはさまざまな意味があり、それは、科学的というよりはむしろ一般常識的な背景を持つと言える。行動分析では、そのような弱い定義しか持たない概念は、しばしば非科学的なものとして批判される。しかし、また同時に、「自己」という言葉は、行動療法のさまざまな応用分野において、たとえば自己コントロールや自己弁別といった概念の中でしばしば用いられる。Skinnerは、この用語がいかにしばしば非科学的な方法で使われてきたかについて書いているが、この用語は人間としての経験の重要な部分を指し示す、とも言っている。実際に、彼は、彼の最も重要な著書のいくつかの中で、この概念のために章をまるごと割くこともしている[174, 178, 179]。「自己」の経験は人間にとって普遍的なもののように見えるので、もしも私たちが人間の行動というものを理解したいと思うなら、私たちには、この経験を分析するだけの理由がある。「自己」について語ることは、疑問の余地なく、明らかに人間の行動であるが、Skinnerはこの現象の背景を発見することに興味を抱いていた。

　下記の簡単な例は、この現象を分析する出発点となるだろう（文献174のp.265）——「私には虹が見える」と発言することは、「虹が出ている」と発言することとは違う。最初のケースでは、発言した個人は、自分自身が見ていることを指し示している（identified his own seeing）。ここでは、虹そのものを指し示すことは、付随的である。第2章で概説した用語を使うなら、その人は、自らの行動をタクトしている。Skinnerは、このことを、「自己」の概念の土台であるとみなした。私たちは、人生のとても早い時期に、自分自身の行動について語ることを、周囲の社会的環境から学ぶ。なぜなら、私たちがそれを語ることが、周囲の人々にとって役立つからである。時間とともに、そうすることがその人自身にとっても役立つようになることは、第2章で説明したとおりである。この行動のある部分は、Skinnerが私的なものと呼んだカテゴリー、つまり、行動している当人によってしか観察されないような行動に属する。

　幼い子どもが話すことを学習するとき、それは、最初はエコーイング

(echoing）を通じてなされる（第2章参照）。初期の段階では，子どもは，ばらばらな個別の単語を使ってさまざまな対象と相互作用をする。やがて，時間の経過とともに，小さなユニットで，「わたし，お人形，とる」，「ぼく，ボール，とる」，「わたし，うれしい」，「ぼく，ほしい」などといったものが現れるようになる。これらのまとまりそれぞれの中のある部分は変化していき，ほかの部分は不変である。変化しないことのひとつは，子ども自身の行動と「わたし」や「ぼく」といった言葉との間にある，つながりそのものである。これと一貫する子どもの行為の仕方で，たとえば自分の行為とのつながりで「わたし」や自分の名前を実際に言うなどといったことは，その子の社会的環境の中にいる人々によって，強化され続ける。子ども自身の行為に関係づけられた言葉の使用が継続的になされるようになるとともに，子ども自身にしか観察されないような刺激もまた，「わたし」という言葉や，その子自身を指すそのほかの言葉で名前や愛称などといったものと，関連づけられる。このように，「わたし」や「ぼく」について語ることは，オペラント条件づけを通じて学習される類の，より大きな発話のまとまりの一部分として始まる。そして後になってから，より小さいまとまりである「わたし」が選び出されて，私的出来事――子ども自身にしかわからない刺激――と組み合わされる[107]。このような方法で，子どもは，自分自身の行動を，私的出来事も含めて，タクトすることを学ぶ。これが起こる際に子どもがいる場面の中にある刺激の一部が，「わたし」に対するタクトをコントロールする。しかし，RFTに従うと，複雑な現象である「自己」が出現するためには，これだけではなく，さらに何かが必要である。

## 自己を経験すること――視点取りの結果

　RFTは，前の節での分析の上に構築されるもので[76, 80, 84]，第4章で説明した派生的関係反応，および言語的な視点を確立する種類の関係フレームづけを，その出発点とする。私たちは，さまざまな関係フレームを活用して，刺激をそれらに当てはめる。出来事を，比較のフレームに当てはめ

る——「愛は憎しみよりも大きい」。出来事を，時間的フレームにも当てはめる——「ラリーのほうが先にそこに来るだろう」。同じようにして，私たちは，出来事を，視点によって関係づけることを学習する——「もしも，彼が，それを見たとしたら……」。RFTによると，人間が持つ自己の体験を可能にするものは，関係フレームづけを通じて視点を取ることができるという，この能力である。

　たった今説明したことに即していうと，子どもは，「わたし」をタクトすることを，自分自身の行動を私的出来事も含めてタクトすることの一部として学習することができる。とはいえ，この行動は，関係フレームづけによって，相当に複雑なものとなる。子どもが「わたし」を使うことを強化されるのとまったく同じように，その子は，「ここ」という単語を使うことも強化される。それだけではなくて，子どもは，「あそこ」や「あなた」といった言葉を使うことも強化される。そして，「あそこ」は，いつもどこか「ここ」以外の場所で，「ここ」は，いつも子ども自身が周囲を眺めるその地点からのものである。このような訓練から，ある固有な視点の感覚が立ち現れるかのようである。そして，私たちは，それを他者の視点とは区別することを学ぶ。私たちが自分に固有な視点（わたし）を経験するとき，私たちは，それを，別な視点（あなた——または彼，彼女，あるいは，それ）も可能なのだという経験を通じてする[31]。同じメカニズムが，ほかの2つの関係で，視点取りの一部だと考えられているものについても言える——すなわち，今／あのとき，ここ／あそこ，の関係について。「ここ」の経験が，現に私たちがするように体験されることは，「あそこ」の経験に依存している。また，「今」も，同じように，「あのとき」に依存している。仮に「あなた」，「あのとき」，そして「あそこ」の概念が消滅するとしたら（それは誰にとってもほとんど想像すらできないことなのだが），そのときには，「わたし」，「今」，そして「ここ」は，それぞれの特質を失うだろう。私たちがこれらの表現を通じて現在経験したり意味したりしていることは，存在しなくなるだろう。私が，自分自身の視点を持って私自身が立っているまさにその位置から物事を見ているのだ，という経験をするその仕方は，ほかの人が立つ位置から見るようなさまざまな視点

も可能なのだ，という経験によって支えられている。

　この考察は，私たちの経験の中でもあまりに自然で私たち自身の中に深く染み込んでいるために，それにについて語ることも書くことも難しいような部分について，それを説明しようとする試みである。RFT によると，視点の経験は，3つの別々な，それでいて相互に依存もしている関係で，わたし／あなた，ここ／あそこ，そして，今／あのとき，と表現できるものから発展してくる。はじめの2つは空間的な関係で，3つ目は時間的なものである。これらの3つの関係は，私たちの普段の言語訓練の一部として，以下に示す類の数え切れないほど多様な日々の質問を通じて，学習される：

- あなたは，今，何をしている？
- わたしは，今，何をしている？
- あなたは，そのとき，どこにいる？
- わたしは，そのとき，どこにいる？
- あなたは，そこで，何を持っている？
- わたしは，ここで，何を持っている？
- あなたは，今，どこにいる？
- あなたは，あのとき，どこにいた？

　この種の学習では，質問と答えの両方を含んでいるのだが，ある時点から次の時点へと，文脈の大部分が変化していく——誰かがしていること，誰かが持っているもの，何かを持っていたり何かをしていたりする人，誰かがいる場所，何かがなされた時間，など。このようなことは，すべて，常に変化している。不変のままとどまるのは，どの人にとっても，視点そのものである。

　個人は，常に，「私が―今―ここで」の視点から答える。この視点が，個人が直接的な仕方で経験する唯一のものである。もしも，あなたが，読者としてのあなた自身のたった今の経験に注意してみるなら，あなたはそれを，「私が―今―ここで」の視点からするのである。あなたは，何かを

「私が―今―ここで」以外の視点から経験した――見た，聞いた，または行った――ことが，いまだかつてあっただろうか？　まずないだろう。それでもなお，私たちは，ほかの視点というものがあるように行為して反応する。私たちは，自分のもの以外の視点を，決して直接的に経験することはできない。つまり，私たちが，個人として，自分のもの以外の視点に関係づけて行為するその仕方は，学習されたものなのである。幼い子どもたちがこのことをまだ学習していないことははっきりしていて，そのため，その子たちにそういった視点について質問をすると，彼らは明らかな間違いをする。もしも，幼い子に，同じテーブルについている別の人について，その人が何を食べているかと質問したら，子ども自身が食べているものについての答えが返ってくるかもしれない。もしも，テーブルを挟んでその子の向かい側に座っている人からは何が見えるか，という質問をしたら，その子はその質問に正しく答えないかもしれない。自分自身のもの以外の視点を理解する能力は，言語的に確立される。それは，つまり，恣意的に適用可能な関係反応を通じて学習される。先に列挙した類の質問は，無数の機会に，質問され，そして答えられる。子どもがさまざまな視点を抽出することを学ぶにつれて，それらの視点は，さまざまな言葉がその役割を担うようになる文脈手がかりを通じて，恣意的に適用可能となる。「あそこ」，「あなた」，「彼」，「彼女」，「彼ら」，「そのとき」，そして「昨日」などといった言葉が，子ども自身のものとは違った視点からもたらされる派生的刺激機能の合図となる。もちろん，文字どおりにもたらされるものは何もない。これらは，すべて，機能の変換の結果として現れる。このようなことが起こるにつれて，経験を関係――わたし／あなた，今／あのとき，ここ／あそこ――の中に当てはめることを学んだ結果として，私たちは，自分のもの以外の視点と接触するようになるようである。このような接触は錯覚的なものである――私たちは，自分自身の視点を取るのと同じ仕方で，ほかの人の視点を取ることは決してできない。よくても，別な人の視点を想像できるだけである。私たちは，別な視点を持っているかのように，自分自身について想像してみることもできる――すなわち，「私が―そのとき―あそこで」というように。でも，私たちがどこへ行ったとしても，

いかなる個人も，実際には決して，あなたが，そのときに，あそこで，の地点に立つことはできない。

　言語的に十分な能力を持つ人は，常に，私が，今，ここで，の立場にいる。仮に，私があなたの視点を理解するとしたら，それは私自身の視点からそれを理解するのである。私は，私がもしもあなたの状況に置かれていたらどのようにしたか，あるいはどのようにするか，を想像しようとすることはできる。でも，仮に私がこれを過去においてしたか，あるいは将来においてするかしたとしても，それでもそれは，その時点での今だった，またはその時点での今となる，はずである。私たち人間は，常に，心理的な今を生きている[75]。また，私があそこまで行ったとしたら，「あそこ」は，私がそこに到達したとたんに「ここ」になる。このことは，スウェーデンで人気のある子どものテレビ番組シリーズ「5匹のアリは，4頭のゾウよりもたくさん」（「セサミストリート」の路線の番組）の歌の中に，上手に表現されている。このような歌詞である──「あそこは，きみがいないところ。ここは，きみがいるこの場所。そして，ここは，いつもきみと一緒」。そして，この「今─ここで」の視点の中にこそ，私たちの自己の経験，つまり「私」であること，の起源がある。なぜなら，これが私たちにとっていつも存在する視点であり，私たちの身に起こることが経験される立場の視点であり，また，私たちがそこから「私」と呼び習わしてその視点自体について語ることを学ぶ視点だからである。そして，この視点は継続的なものであるから，そこから，私たちの継続性の経験が生まれる──ある種の感覚で，同じ人間であり続けているという経験──すなわち，「自分自身」の感覚である。

## 視点取りと心の理論

　上記で考察されたことは，「自己」の形成において，視点取りが重要な役割を果たすことを明らかにする。他者の視点を取ることができる能力は，それ自体としても重要な能力である。近年では，それは，認知理論に基づいた広範な研究，そして特に心の理論（theory of mind）に関する研究[19]

で，焦点となってきた。心の理論についての研究がねらいとするのは，人間がどのように機能するものなのか，私たちがどのようにして精神的な状態を自分自身や他者の属性とみなす能力を発達させるのか，そして，どのようにして共感が生まれるのか，についての一般的な理解を確立しようとするものである。もっと具体的に言うなら，この分野の研究では，自閉症的な人たちに見られる問題を検討して，これまでに直接的で応用可能な結果が得られており，子どもたちが視点取りを学習したり発達させたりするための具体的な方略の開発につながってきた[96]。この取り組みに基づいて，研究者たちは，自分とは別な人の視点を取る能力についてさまざまな段階と見られるものを，見出している。これらの段階は，基礎レベル——ある対象物が，自分のものとは違った立場から見た場合にどのように見えるかを想像することができる——から始まり，他者について，彼らがある出来事に対して正しいか誤っているかどちらの信念を持つかを想定して，そこから彼らの行動を見越す，といった複雑な行動にまで連なっている。言い換えると，私たちは，ほかの人が何を真だと信じるかについて私たち自身が想定することに基づいて行為することができて，しかも，私たちはそれを，自らが何を真だと信じるかとは関係なくできる，ということである。これをするためには，私たちが他者の視点を取ることができる必要がある。

　自閉的な子どもたち向けの訓練法を改善することは，何十年にもわたって行動分析家たちの取り組みの焦点となってきた。視点取りを関係フレームづけとして理解することに対して，実験結果がそれを支持していることは，これについての新しい可能性を開く。この研究分野を行動分析の観点から取り扱うことのメリットは，ここでもまた，その科学がボトムアップで構築されているということである。そこで使われる概念は，正確に定義され，説明されていて，それらの起源は基礎的な実験の取り組みの中にある。他方で，多くの見解は，認知指向のモデルを通じてこの分野で用いられるさまざまに違った用語が何を意味するのかや，何が基本的なスキルかを定義することは困難だ，としている[18]。

　RFTに基づく研究では，その出発点となっているものは，本書の中で解説されている概念とスキルである。視点取りは，般化オペラント行動の

一形態で,子どもが刺激を特定の視点——わたし／あなた,今／あのとき,ここ／あそこ——から関係づけることを学ぶことに関連したもの,とみなされる[18]。具体的な手順が,この行動レパートリーを訓練するために開発されている[18, 135]。簡単に言うと,訓練は,子どもに対して質問を呈示しながら,視点取りに関してさまざまな程度の複雑さを体系立てて訓練するような設計になっている。訓練中にはフィードバックが行われる。つまり,正しい解答は,対話の中で強化される。

訓練は,簡単な関係で,たとえば「私はどのボールを持っている？ そして,あなたはどのボールを持っている？」や「ここにいるのは誰？ あそこにいるのは誰？」などといったものから始められる。

次の段階では,関係が逆転される——「私があなたで,あなたが私だったら,私はどのボールを持っている？ また,あなたはどのボールを持っている？」や「あなたはそこの小さい椅子に座っている。私はここの大きな椅子に座っている（これは実際の状況の説明である）。ここがそこで,そこがここだったら,私はどの椅子に座っている？ そして,あなたはどの椅子に座っている？」

二重に逆転された関係も訓練される——「今日,私は,ここの大きな椅子に座っている。昨日,私は,そこの小さい椅子に座っていた。もしも,ここがそこで,そこがここで,それから,今が昨日で,昨日が今だったら,私は今,どこに座っている？ 私は昨日,どこに座っていた？」

読者もおそらく気がついたと思うが,この種の質問に答えることは,総じて易しいことではなくて,それは言語能力のある大人にとってさえもそうである。このスキルが心の理論の概念に含まれる現象に対応することは,一方では,このような関係フレームづけがさまざまな年齢の人々のグループでどのように示されているかということと,他方では,それ以外にこれまでの研究に関する文献の中に見出される事柄との間になされた比較検討によって,支持されている[134]。また,学齢期以前の子どもたちではこの種の訓練プログラムを通じてこれらのスキルに影響を与えることができること,そして視点取りは般化されること,が示されている[91]。さらに,自閉的な子どもたちの視点取りのスキルがこれらの方法によって改善できる

こともを示されている[155]（この分野全体の最新の要約については，文献 154 を参照）。

## 自己の体験の 3 つの側面

　ついに，本書の関心の中心へと戻るときである——人間行動のうちの私たちが思考活動と呼ぶものについて，また，それがどのように私たちの自己の経験とつながっているのか，そして，このことが RFT のアプローチの中でどのように理解されるのか，という主題である。ここまでのところで，私は，「私」であることの経験の起源について，また継続しているように感じられる自己の経験について，RFT がどのようにそれらを説明するかを解説した。次のように言い換えることもできるかもしれない——私には，虹が見えて，私自身が虹を見ているところが見える，というだけでなく，私には，虹を見ているのは**私**だということも見える。つまり，私には，私が虹を特定の視点から見ていること，そして，また別な視点も可能だということが認識できる。これは，私たちの言語訓練に従って発達した，関係フレームづけを通じて可能になる。

### 視点としての自己

　自己の継続性の視点は，一種独特である。私たちは，この視点を，それ自体として見ることはできない。それは，決して，私たちの観察の対象となることはできない。私たちは，それについて，たった今私がしているように，語ったり書いたりすることができるし，この視点を取れることによる結果を観察することもできる。しかし，私たちは，特定の視点または座から周囲を観察することはできても，この座または視点そのものを，そのように観察することは決してできない。もちろん，これはむしろ明らかである。なぜなら，いったいどの視点からそれを見ることになるというのだろうか？　私たちにあるのは，「私が—今—ここで」だけである。そして，私たちが何を見るにしても，見られる対象は，この座そのものではあり得ない。なぜなら，この座は，私たちがそこから対象を眺めるための位置だ

からである。

　結果的に，私たちの独自の視点には，何も含まれていないことになる。それはただ単に，私たちがそこから見て，行為して，日々の生活を送る点というだけのものである。そのような理由から，RFTは，私たちの自己の経験のこの側面を，**視点としての自己**，または，**文脈としての自己**，と呼ぶ。これは，私たちが経験することを経験するところの，文脈であり，視点である。とはいえ，自己の概念は，これを超えている。私たちは，自分が，ずっと空虚であるとも，浮遊する視点だとも感じない。誰かが私に対して私自身について尋ねたなら，私は通常，自分についていろんな方法で説明することができるし，私は「自分自身」と呼べるような経験の側面を観察することもできる。このように，私たちが「自己」という言葉を使って表現する現象領域を分析する試みでは，さらなる論理的考察（reasoning）が必要とされている。RFTでは，この取り組みは，自己について，さらにもう2つの側面を説明することでなされる——「プロセスとしての自己」と「物語としての自己」である。このことは，これら3つの側面によってすべての可能性を網羅すると言っているのでも，自己についてのほかの側面が妥当でないか役立たないと言っているのでもない。これは，行動分析的な目的のためにはこれら3つの側面が必要だ，ということを言っているのである。

## プロセスとしての自己

　「プロセスとしての自己」は，Skinnerの私的出来事の概念と似ていて，私たちはそれをタクトすることを学習できる。それは現在進行形の，観察可能な，自分自身についてのプロセスである。それは，その瞬間に起きている行動で，私たちがそれぞれに自分自身と呼ぶものを作り上げているものの部分——気分，記憶，身体感覚，そして思考——である。それは，常に，「今，ここに」存在する。このことは，それが，直接的な経験を通じても，言語訓練を通じても，個人が「私」として考えるものと結びつくということを意味する。ただ，注意するべきことは，それが，「視点として

の自己」と同じ仕方で継続的なものではない，という点である。私たちは，いつも同じことを考えたり，あるいは記憶したりしているわけではない。私たちの身体は，いつも同じように感じられるわけではなく，私たちの情緒的な状態も変化する。

　「プロセスとしての自己」としっかりと結びついていることは，とても役に立つ。たとえば，私たちがさまざまに記憶していることや感じていることは，私たちの学習履歴の要約を構成する。そして，先に解説されたように，この結びつきが私たちの周囲にいる人々にとって有用であるという事実が，私たちがなぜそれについて語ることを学んだかを説明する。私がたった今どのように感じるかは，私のさまざまな行為の傾向について何かを伝え，そして，私と関係を持つ理由のある人々に，私について何かを知らせる。もしも，私が現時点でのプロセスとしての私自身とつながっているなら，私にとって今重要な事柄に対して柔軟に対応しながら行為するための選択肢が広がり，他者と相互作用を持つ選択肢もまた広がる。もしも，私が，今自分自身が怒っていることに気づいたとしたら，私はこの自分の状態に対する認識を，次の行動を起こすための情報として利用することができる。もしも，私がある種の状況で攻撃的な行動に出る傾向を私自身の学習履歴が生み出し，そして，私が，誰かを叩くことへと向かうような私自身のプロセスとつながっていなかったとしたら，このことは困った結果を生む可能性がある。同じように，わずかな感情のプロセスでも，私が行動を起こすことを検討するための合図として役に立つ可能性がある。たとえば，何かの出来事か対象に関連して自分自身で興味や好奇心の感覚を持っていることに気がつくことは，それについてもっと調べてみる出発点となるかもしれない。もしも，私がこのプロセスに気づかなければ，私は，自分にとって価値があったかもしれない出来事を逃す恐れを高めることになる。「プロセスとしての自己」が意味する意味で「自分自身について知っている」ことは，もともとは言語的ではなかったけれどもまさにこの行動の結果として今では言語的となった部分を含めて，自分自身の学習履歴とつながっていることである。

　私たちが自分自身の情動の状態と身体感覚に気づくとき，私たちが観察

しているものは，ある程度までは，生物学的な定まった反応パターンである[59]。さらに，それは，部分的には私たちのレスポンデント学習の歴史であり，部分的には私たちの関係学習の歴史である。言語的に十分な能力を持つ人にとって，気分も含めて，単純にそれ自体そのままであるものは，何一つない。気分は，決して，単純に「そのような気分」であることはない。そしてまた，それは，「それが私にとって意味すること以外の何ものでもない」。それは，常に，関係的にフレームづけするその個人の能力の結果であり，そして，その意味での個人の学習履歴が，すべてに刻印される。胃の辺りがドキドキする感覚は，「おや，これはすばらしい」とも「これは，あまり良いことにはならないぞ」とも，意味することができる。この流れに即した考察は，「プロセスとしての自己」と，RFTで説明される自己の経験の第三の側面との境界へと，私たちを導いてくる——すなわち，「物語としての自己」が見えてくる。

## 物語としての自己，あるいは概念化された自己

私たちが言語的存在としてのたどたどしい第一歩を踏み出したとき以来，言葉は，私たちが出会うすべての事柄を指し表すようになるが，私たち自身の行動もその例外ではない。私たちは，自分自身について語ることを学ぶが，それは，そうすることが私たちの周囲の社会的環境にとって役に立つもので，そのために社会的環境がそのような行動を強化したからである。これはまた，幼少のころに私たちは自分についての描写を周囲から与えられて，それが，私たち自身が自分で描く自己とが合わさって，「私は誰か」という物語へと発展することを意味する。私たちは，この物語を，声に出して表現して関係づけることを学ぶが，まもなく声に出さずにそうすることも学ぶ。自己のこの側面は，「**物語としての自己**」または「**概念化された自己**」と呼ばれる。

言葉や思考はすばやく私たちの経験に侵入するが，それにはさまざまな理由があり，そのうちの一つは，言語行動が，多かれ少なかれ，ほかのあらゆる行動と同時に起こることができるという点である[149]。一般には，

同じ対象物についていくつもの非言語的行動を同時に執り行うことは難しいものだけれど，何かについて考えることは，その同じ何かに対するほかの行為と同時であっても，容易である。椅子にペンキを塗りながらそれについて考えることのほうが，椅子にペンキを塗りながら同時にその上に立って天井に手を伸ばすことよりも，簡単である。このことはあまりにも明らかで，私たちは，普段，それについて考えることすらしない。しかし，言語行動が通常は私たちの物理的環境に対して直接的な効果を持たないという，まさにその理由が，私たちが行うことのほとんどすべてについて，言語行動がそれに同時進行するのをごく普通のことにしている。この言語行動の一部分は，私たち自身の行為を説明し，そして関係づける。

　自分自身についての物語あるいは概念化は，もちろんとても役に立つ。それは継続性に寄与して，その個人に，「私は誰か」という問いに対するある種の要約を提供する。この種の要約は，私たちが他者と相互作用をする上で，とても重要である。それは，人に示すことができるため，社会的コミュニティーがその個人の直接的経験をその人に代わってすることを，ある程度まで可能にする。それは，その人の経歴，その人が何を重要と考えるか，その人に対して何を期待できるか，などをまとめて伝えることができる。この個人が属している社会的コミュニティーにとって，この物語は，その人についてのまとまった知識への近道となる。これは，先に記した，自分自身をプロセスとして語ることを学ぶことの機能についての議論に対して，ふたたび傾聴を促す。とはいえ，「物語としての自己」は，「プロセスとしての自己」よりも言語的にはるかに入念なものである一方で，その瞬間にその個人に起きていることの多くを省略している可能性もある。「物語としての自己」を形式化して用いる方法の典型は，私たちが就職面接や新しい社会的環境で自己紹介をするときなどの際に提示する要約である。

　私たちが子どもたちとする相互作用のうちのいかに多くの部分がこの物語の創作を教えることに関連しているかを考えてみよう。私たちは，次のような質問や言明をする――「そのとき，あなたは何をしたの？」，「それについて，あなたは何を考えたの？」，「あなたは男の子？　それとも女の

子？」,「あなたは，あなたのお父さんにとてもよく似ている」,「あなたは，なんてかわいいのでしょう」。これらの質問や言明は，それに引き続く対話と相まって，子どもたちが概念化された自己を形作るのを助ける。この物語について重要となるのは，それに一貫性があり，全体としてのつながりがあることである。このことは，その個人が，すでに出来上がっている「私」についての物語と何らかの文脈でうまく共鳴しないことをしたときに，明らかになる。たとえば，もしもある人の「物語としての自己」が親切で前向きであることを含んでいるにもかかわらず，その人がある状況で他人に対して癇癪を起こしてその他者の要望を拒否したなら，このことは，その人が自分やほかの人に対して「私は私自身ではなかったのだ」といった発言をすることへとつながるかもしれない。似たようなことが，誰かが私たちについて，私たち自身の物語と対応しないことを言った場合にも起こる。私たちは，説明や，一貫性を持つように物語を整える方法を探す。私たちは，自分自身についての物語を守り，そして私たちが変わるにしても，物語が論理的な一貫性を持ち続ける仕方でそれをする。

このことは，私が先に書いた，般性強化子としての一貫性へと私たちを連れ戻すのである。私たちが周囲の社会的環境とする相互作用の中にその起源を持つ概念化された自己は，すぐに，私たちにとって重要なものとなる。そして，じきに，これらの物語のある部分は，その個人にしか知ることができないものとなる。なぜなら，私たちは，それを声に出さずに語ることを学び，そして私たちはそれらの部分を，周囲の環境に対して，さまざまな理由から明かさないでいることができるようになるためである。「物語としての自己」には，私たちが，就職面接などでは関連づけることのない側面が含まれている。また，私たちはおそらく，友人や最も近しい家族には物語のまた違ったバージョンを語るだろうけれど，この情報も，やはり選択されたものである。私たちが自分について持っている物語の側面のいくらかは，その個人にしか知られないままでありつづける。また，多くの意味で，自分自身についての物語は，それが周囲の環境に対して持つのと同じ機能を，私たち自身に対しても持つ。それらは，さまざまに雑多な事柄の中で，行為のための台本として機能するような要約になる[189]

——「私は，このように，あるいは，あのように行動する人間である」。そして，このことは，私たちを次章の主題の方向へと導く——すなわち，ルール支配行動，また特に，自己ルールについてである。

「物語としての自己」は，いくつもの明らかなリスクを含んでいて，それは，要約というものがすべてそうであるのとまったく同じである。まず，この自己概念化は，必要に応じて極端に簡略化されたものである。それがまさにその重要な点であり，また同時に，その限界でもある。私の人生で起こったすべてのことに照らしてみるなら，概念化された私は，多くの可能な物語のうちの一つにすぎない。物語のある部分は，「プロセスとしての自己」を私自身がタクトすることの結果として形作られたものである——自分の行動，気分，記憶，身体感覚，そして思考について，私自身が気づいた事柄である。同時に，その物語は，社会的環境が私の行動をタクトすることを通じてやはり物語のある部分を創る上で役割を果たし，私がそれと相互作用をした結果として形作られたものである。私たちは，こういったタクトのうちの少なくともいくらかは，Skinner が不純なまたは歪んだものと呼んだ部類だと想定できる[175]。言い換えるなら，私自身についての物語のある部分は，私自身の行動以外の事柄に影響されている。さらに，もっと日常的な言葉で言うなら，私についての物語のいろんなバージョンが他者によって創られて，そして，それらが語られる際にはしばしば，それはただ私について説明するという以外にも何らかの目的を持っていた，と言える。ある指導的な精神分析家は，このことを，とても効果的に表現した——あなたは「知るべきではないことを知り，感じるべきではないことを感じている」（文献 30 の p.99）かもしれない。このことは，私たちの自己概念化が持つ，さらに別な重要な性質に結びついていく。物語の中核的な部分は，比較のフレームづけおよび評価のフレームづけによって構成される。「物語としての自己」は，常に，私自身について，何がよいかと何が悪いかを具体的に含んでいる。そして，ここに，私たちすべてにとっての，最も深遠な恐れが潜む——すなわち，私たちは根本的に悪くて，有害で，「あるべき」姿をしていないのではないか，という恐れである。

簡単に理解できることだが，「物語としての自己」が持つこうしたさま

ざまな限界が，物語を完全で一貫性のあるものに保とうとする努力のもとに組み合わされるときに，物語は，利点というよりもむしろ落とし穴になる。これは，私が，後に臨床的な問題を扱う際に，第7章と第3部で再び取り上げるテーマである。

## 自己の3つの側面が互いに持つ関係性

　自己の3つの側面についての先の検討は，それらの間の違いはいつも明確なわけではないことを明らかにしている。とはいえ，厳密に線引きをして区別することは，必要ではない。これは，自己の3つの部分が実際に存在するかのように説明しようとする試みではない。これは，ただ，私たちの経験について語るひとつの方法であり，それをRFTの中に要約されている科学的なデータと関係づけるための方法である。大事な点は，私たちが持つ恣意的に適用可能な関係反応の能力こそがこれらのさまざまな自己の側面の経験を私たちにもたらしているものであり，そして，そのことはこの知識を臨床に応用するにあたって意義を持つ，ということである。

　そうはいったものの，これら自己の3つの側面の間にある関係性については，記しておくに値することがいくらかある。まず，「視点としての自己」とほかの2つの側面との間の重要な違いについて述べよう。「視点としての自己」は，「今，ここで」の立場で，あらゆるものがそこから観察される位置であり，それ自体は直接観察されるものではない。それに対して，「プロセスとしての自己」と「物語としての自己」は，どちらも，私たちが直接観察することができる側面である。このことは，「視点としての自己」を一方に，そして「プロセスとしての自己」と「物語としての自己」をもう一方にして，両方の間に潜在的な経験上の距離を作り出す。それでいて，この距離の経験は，しばしば欠落している。人は，簡単に，「プロセスとしての自己」と「物語としての自己」を，「私が―今―ここで」と組み合わせることができる。それはつまり，これらの側面がその人を規定するかのように行為することである。でも，私たちは，「プロセスとしての自己」と「物語としての自己」の両方を，「あのとき，あそこで」

として経験する可能性も持っている。それは，たとえば，その人が感じたり考えたりしていることを，いつもその人について起こることの典型として認識するような場合などである。このことは，物語が自分自身を規制するような場合には，それに対して違ったアプローチを取ることができるということも意味する。「私が―今―ここで」と「私が―あのとき―あそこで」との間の経験上の距離を直接的に経験することは，その個人を，「あれは，生活が私に与えた私自身の物語で――それを観察することができるということは――私は，私の物語以上の存在である」という立場へと導くことができる。これはもちろん，また別な新しい物語をもたらす。でも，この新しい物語は，新しい経験の結果として現れるため，それは，より有用で制限が少ないものとなる可能性がある。私は，このことを本書の第3部で，より多くの紙幅を割いて検討する。

　このように，「プロセスとしての自己」と「物語としての自己」は，どちらもが「あのとき，あそこで」として観察できるような「自己の内容（content of self）」を構成するという意味で，似ている。それらが違っている点については，「プロセスとしての自己」は，より直接的な非派生的刺激機能に結びついている一方で，「物語としての自己」は，派生的刺激機能により多く支配されている，ということがある。言い換えれば，「物語としての自己」は，より認知的である。違いについて，また別な説明をすると，「プロセスとしての自己」は現在により多く焦点がしぼられているのに対して，「物語としての自己」は，より抽象的で，静的で，個人の全体としての学習履歴をより総合的に抱き込む。これらの2つの側面を別な言葉で表現するなら，それぞれ「プロセスとしての自己」と「産物としての自己」である。

## まとめ

　この章では，基本的な関係フレームづけが，どのようにして，たとえばアナロジーやメタファーに見られる関係ネットワーク同士の関係づけなどといったより複雑な関係づけ行動の基礎を提供するか，について説明した。

また，視点取りが，どのようにして，さまざまな仕方で表れる私たちの自己の経験の土台を形成するか，についても説明した。このようなことは，いずれも人間行動全般に関して中心的な事柄で，そのために，私たちがしばしば「精神病理学」と呼ぶものにとっての鍵となる。私たちは，次には，Skinner がルール支配行動と呼んだものへと向き合う。言語行動が，私たち人間が生きていく上での条件に対して最も大きな影響力を及ぼす領域が，この分野である。また，言語の副作用が最も明らかとなるのも，この能力とのつながりにおいてである。副作用については，第 7 章で取り上げる。しかし，その前に，ルール支配行動について，もっと詳しく見てみよう。

# 第6章
# 関係フレームづけと
# ルール支配行動

　「ルール支配行動（rule-governed behavior）」という用語は，Skinnerが初めて使ったもので，それは，問題解決についての章の中でのことだった[177]。第2章で記したとおり，それ以来，行動分析家たちは，こういった類の複雑な人間行動を記述しようとして苦心してきた。本章での私の意図は，ルール支配行動をRFTによってどのように分析できるか，また，それによってこの現象への理解が深まる展望がどのように開けるかを，示すことである。その後で，さまざまな種類のルール支配行動を説明して，それらがどのように発達するのか，また，それらが人間行動にとってどのように重要なのかを考察する。

　ルール支配行動の概念は，機能分析に基づいている。つまり，行動は，文脈要因——行動に何が先立ち（先行事象），何が後続（結果）するか——を分析することで，理解し，影響を与えられるものである。ルール支配行動をこのパラダイムに基づいて記述する試みの中で，Skinnerは，ある種の先行事象がどのようにしてルール（rule）や教示（instruction）として機能するのか，について考察している。それらの先行事象は，行動とその結果を特定する。それらは，まるで，まだ起きていないことを見込んでいるかのように機能する，と表現できるかもしれない。それらのもうひとつの重要な側面は，それが行動を指示することである。子どもは，「上着を着なさい。そうすれば暖かいから」と言われて，この発言に基づいて上着を着る。誰かが，「彼女に君の愛が確かなものだと思わせたいなら，君は，もっと，彼女と一緒に時間を過ごさなければならない」と言い，これを聞いた人が，時間の使い方の優先順位をいくらか変更する。私たち

は，この種の教示を，互いに，そして自分自身に対して，ほとんどいつも出し続けているのである。

　私たちは，この行動に，第2章で記述したような従来の機能分析を適用することで，問題を次のように要約できる——先行事象は，どのようにして，一見すると将来経験するような何かから，または，その個人が接触したことのないほかの出来事から，刺激機能を獲得できるのだろうか？　また，先行事象は，それが存在したその時点では行動に対する影響力を持っていなかったにもかかわらず，どのようにして，もっとずっと後——ひょっとすると，何年も後——になってから起こる行動に影響を与えることができるのだろうか？　ここに，ひとつの例を示そう——誰かが，旅行者に，「ストックホルムを訪れたら，ヴァーサ博物館にはぜひ行ってみるといい」と話したとしよう。何年も後になってその旅行者がついにストックホルムを訪れたとき，それほど昔に言われたことに基づいて，その人をこの博物館へと向かわせるものは，いったい何だろうか？　もしも，私たちがその理由を心的表象の内的世界に求めたとしたら，問題は解決したと感じられるかもしれない。しかし，先に概説したように，行動分析学では，この答えは決して十分なものではなかった。

　私たちは，関係フレーム理論（RFT）によってこれらの問いに答えることができるし，同時に，行動分析学の基本的な前提に忠実でありつづけることもできる。人生の初期に，人間は，般化オペラント——恣意的に適用可能な関係反応——を学習する。この反応は，関係を特定する文脈手がかりによって支配される。そのため，形態的・物理的属性にかかわらず，どんな刺激に対しても影響を与えるために，関係反応を生起させることができる。この関係づけは，次に，ある時点で，開始の合図をどの刺激機能に出すかを支配する。誰かが，私に，近所でたくさんの人が調理不十分だったチキンを食べてお腹をこわして苦しんでいる，と告げた後では，私にとって，目の前のお皿に盛られたチキンを食べることは，何か嫌悪的なこと——病気になること——と等位の関係に置かれる。この状況では，チキンが，私が一連の音（「近所でたくさんの人が……」）を聞く前には私に対して持っていなかった刺激機能を獲得する。この反応は，私が以前にチキ

ンを食べた後で病気になったか否かには依存していない。私は，今までに胃腸の不調を一度も経験したことがないかもしれない。

　注目してほしいのは，これが，その人の内側の隠れたプロセスによって起こるのではない，という点である。もちろん，その人の内側で起こっていることはあるが，それはほかの行動とまったく同じものである。私がここで記述したのは，総じてその人によって振る舞われた行動である。人間は，このような方法で物事を関係づける。その方法を最も正確に伝える表現は，社会的ゲーム，かもしれない。これが，ルール支配行動を理解するための鍵である。

## 関係フレームづけと，先行事象の刺激機能を変換すること

　関係フレームづけは，従来のABC系列を変えるものである。なぜなら，関係フレームづけは，系列を構成している要素がどのように機能を獲得するかということに対して，影響を与えるからである。従来の系列では，たとえば先行事象は，その生活体のこれまでの経験の中での直接の随伴性によって，または，般化のときのように物理的な属性に従って，刺激機能を獲得する。もしも，一匹のイヌが，ある門をくぐろうとしたときに別なイヌに攻撃されたとしたら，攻撃を受けたイヌにとってこの門は新しい刺激機能を獲得するだろう。その時点から，レスポンデント学習によって，その門は危険を合図する刺激機能を持つようになるかもしれない。ほかの門も，それが攻撃を受けたときの門と十分に似ているなら，般化によって，同じような機能を持つようになるかもしれない。同様の学習は，人間でも起こる。しかし，私たち人間には，「刺激間の恣意的に適用可能な関係」を介する学習という，別な道筋もある。ある門は，私が直接的な経験をその門や，その門に似た何かについてまったく持ったことがなくても，私に対する新しい刺激機能を獲得することができる。必要なのは，ただ，誰か別な人が，恣意的に合意された一連の音を発声することだけである——「そこに行ってはいけない。もしも行けば，恐ろしいイヌに攻撃されるか

もしれない」。白い背景に一連の黒い文字が並んだ目印で，「犬に注意」と記されたものでも，私の行動に対して同じ機能を持つかもしれない。それは，私が，いまだかつて——この門の側や，ほかのいかなる場所ででも——そのような目印に出会ったことがなかったとしても，そうである。それらの音や視覚刺激が恣意的なものだということは，それらが，誰か，たとえばアラビア語しか知らない人にとってはおそらく同じ機能を持たないだろうという事実から，簡単に示される。

　先行事象がこのような方法でルールとして機能するためには，聞き手の側に，ある種のスキルが必要とされる——それが刺激を等位に関係づけるスキルであり，これによって，ルール（音や単語）の中のそれぞれのパーツが何かを表すこととなる。この例の場合には，「恐ろしいイヌ」という単語が，実際の恐ろしいイヌと等位の関係に置かれる。ルールが意味を持ち，そして理解されるためには，聞き手が，刺激を時間的，因果的に関係づけることも必要である。これは，行動とその結果との間に関係を確立するためで，その関係は，ルールの中に記述される場合もあれば，暗黙のうちに含まれている場合もある。この例では，聞き手は，「そこへ行く」という行動を，「攻撃されるかもしれない」という結果との時間的・因果的関係の中に位置づけることができる必要がある。

　ルールやルールの一部が，暗黙のものであり得ることに注目しよう[10]。私たちがルールについて従来から考えてきたこととは違って，刺激機能を変容するすべてのことが，ルールの中に明白に表現されている必要はない。ここで，ルールとして機能する古典的な言語的先行事象を見てみよう——「注意深く振る舞うように。そうすれば，うまくいく！」。このルールは，行動（注意深く振る舞うように）と結果（うまくいく）を特定している。このルールは，たとえば，聞き手が特定の状況で，個人的な情報を開示することに対して，とても慎重になることをもたらすかもしれない。ところが，ただ「注意深く振る舞うように！」とだけ発声することも，この発言が何の結果も特定していないように見えるにもかかわらず，同様のルール支配行動をもたらすかもしれない。また，同様のルール支配「注意深く振る舞う」行動は，何の発声もなく，ただほかの人が特定の仕方で振る舞う

ところを見るだけで，生起することもある。そして，その人は，このルールが一般に有効なものであるかのように，つまり，基本的にいつでも有効であるかのように，それに従うことができる。これは，ルール支配行動がどのようにして暗黙のルールに従うことができるかを示す例で，それはRFTに基づくと簡単に説明できる——従われるルールは，言明されたものである必要はない。従われるルールは，接触したルールである。そして，どのルールに接触するかは，発言内容だけでなく，聞き手の学習履歴によって，直接的にも派生的にも決定される。この学習履歴は，その場の状況に特定の機能を与えて，それによって個人の行為に影響を及ぼす。私の学習履歴は，ほかの人間が単にその場にいるということで，私を，「注意深く振る舞うように。そうすれば，うまくいく！」というルールと，接触させるようなものであるかもしれない。

このように，現在はなかったり，これまでにその個人が経験したことがないような行動と結果をルールがどのようにして特定するのかという問い[165]には，恣意的に適用可能な関係反応を持ち出して答えることとなる[11, 145]。ルールは，聞き手を関係ネットワーク*1と接触させ，この関係ネットワークは，そのネットワークと関連づけられた刺激の機能を変換する。先の旅行者が，博物館へ行ってみるようにというルールが発言されてから何年も経ったのちに実際にストックホルムを訪れたとき，その時点でのその場の状況は，その旅行者に対して特定の刺激機能を持っている——それは，もしルールがかつて発声されず，そのため，旅行者が，目下のストックホルムと特定の博物館とを関係づけることを，以前にも，また今現在もしなかったとしたら，持たなかった機能である。もちろん，ストックホルム滞在中にヴァーサ博物館を訪れることは，まったく違った要因に支配されて起こることも考えられる。しかし，もしも，このケースの場合，

---

*1 （原注）読者にいま一度思い出してもらいたいのは，「関係ネットワーク」という用語を使うことはそのような対象物が存在することを意味するのではない，という点である。関係ネットワークについて話すということは，人間が特定の方法——出来事を潜在的に複雑な方法で関係づける——で振る舞うと言っていることと等しい。この関係づけの方法が，さまざまな出来事が持つ刺激機能に影響を与える。

それが何年も前に発言されたルールの結果として起こったのだとしたら，これは，現在の状況がその刺激機能を，社会的ゲーム——私たちが出来事を恣意的に関係づけることを学ぶ際に，参加することを学習するもの——を通じて獲得したからだと言える。

## ルールは，理解されたとしても，従われるとは限らない

　指摘する価値のあることは，ルールを聞き，それが理解されたとしても，それにルール支配行動が続くとは限らないということである。ルールは，理解した上で従うことができるが，理解しただけで，従わないこともできる。理解することは，上記で考察した方法で刺激を関係づける能力があるというだけのことである。ルールに従うかどうかということには，さまざまな要因が影響を与える可能性がある。

　たとえば，ルールに従うために必要な具体的な行動レパートリーが欠落しているかもしれない。おそらく，あなたは，「的の中心を撃ったら，射撃競技の優勝者になれる」というルールを完璧に理解できるだろう。でも，競技で使われる銃を取り扱うことができなければ，あなたはこのルールには従わないだろう。

　ルール支配行動が生起するかどうかに影響を与えるものとして挙げられる別の要因は，聞き手の視点から見た，ルールを発している人の信頼性である。本書の読者のほとんどは，俳優が星占いの星座を持ち出しながら心理的介入の手順を解説したとしても，おそらくそのルールには従わないだろう。しかし，同じルールが，精神療法の著名な研究者によってもたらされ，その人が新しい科学的な知見を引用していたら，このルールにルール支配行動が続く可能性は相当高くなる。話し手の信頼性は，その話し手が発したルールに従った聞き手の実際の経験か，または，派生的刺激機能に基づいている可能性がある。前者の例としては，以前に役立つ意見を言ってくれた人生の伴侶や近しい友人などのアドバイスに従う場合を挙げることができるだろう。後者の例としては，私たちが普通，さまざまな専門家

によって与えられたものだからという理由でそういったルールに従う場合を挙げることができる。さらに言うなら，「俗に言う専門家は，普通は間違っているものである」というルールに従って，専門家のルールに従わない場合も，後者の例に当たる。

　状況によっては，ルール支配行動への強化随伴性が欠けている場合もあり得る。たとえば，次のような場合である——子どもが，両親が出したルールには従っても，姉の出したルールには従わないかもしれない。なぜなら，その子がそれまでにルールに従うことで受けてきた強化は，すべてが両親と結びつくもので，姉とではなかったためである。ただし，同様の効果が，信頼性の欠如として先に説明したようなことの結果である可能性も考えられる。この例がどちらのケースになるのかを判断する方法は，具体的な状況を分析すること以外にない。

　ルールを理解したにもかかわらず従わないケースのさらに別な例は，そのルールが，聞き手の学習履歴との関係の中で，一貫性がないか，矛盾している場合である。これは，私たちの日常的な言葉で，「明らかに正しくない」と表現されるケースである。次のような例があるだろう——「なるべく長い時間座って過ごすこと，タバコは日に少なくとも20本は吸うこと，そして，習慣的に大量のアルコールを飲むこと。そうすれば，あなたは健康で長生きする確率を高めることができる」。このようなルールに従う人は，まずほとんどいないだろう。

## さまざまな種類のルール支配行動

　ルール支配行動には2つの基本的な様式があり，それらに関連する強化随伴性の履歴の種類によって区別される[*2]。それらは，プライアンス（pliance），および，トラッキング（tracking）と呼ばれる。また，ルー

---

＊2　(原注) この機能的な違いは，本書で用いられるものほど精密な用語を使ってはいないものの，Skinner[177]によって簡単に説明されている。また，先に記したとおり，Skinnerは，この種の行動を可能にする学習履歴に関しては，どのようなものについても詳細な分析を示すことはなかった。

ル支配行動の3つ目の様式として，オーグメンティング（augmenting）と呼ばれるものがある。これは，ルールで特定された結果が，強化や弱化としてどの程度機能するのかに影響を与えるという形で，ほかの2つのルール支配行動のいずれかと組み合わさって作用する。

## プライアンス

プライアンスは，「行動と先行言語刺激（関係ネットワークまたはルール）の一致に対して，社会的に媒介された強化の履歴のコントロール下にあるルール支配行動である。なお，ここでの強化自体は，ルールと行動の間の等位のフレームに基づいて提示される」（文献80のp.108）。それは，日常的な言葉で「言われたとおりにする」と言うときに私たちが意味することと似ている。なぜなら，そこには，まさに言われたとおりにすることを促す強化随伴性に遭遇した経験があることが，暗に含まれているからである。プライアンスで重要なのは，「ルールに従う」という行動それ自体で，ただそれのみである。なぜなら，結果は，ルールを与えた人によってコントロールされていて，ルールに従うかどうかにかかっているからである。典型的なプライアンスは，ある人が別の人の承認を得るためにその人の言うことに従い，しかも，この行動が，ルールの中で指定されている結果に基づく場合である。もしも，私が警察官に呼び止められて運転免許証を見せるように言われたとしたら，それに従うことは，プライアンスのひとつの例だと言えるだろう。プライアンスに先行するルールは，**プライ**（ply）と呼ばれる。ルールが発言されるとき，話し手の側から見たこの行動は，Skinnerがマンド（第2章で解説）と呼んだタイプの言語オペラントの例である。

もちろん，ここで支配を及ぼしている結果と接触するのは，見かけ上はルール——これは先行事象である——を通じてだけである。つまり，ルールに続く行動は，まだ実際の結果には遭遇していない。ルール支配行動では，聞き手が，ルールの中で特定されている結果に接触した経験を持っている必要はない。そして，これが，直接の随伴性に支配される行動から，

ルール支配行動を区別する点である。しかしながら，聞き手は，こうした「ルールに従うこと」自体に対する直接の結果については，経験したことがある。言語的な能力を有する人は，ルールの中で「〜しなければ，撃つぞ」のように結果が特定されていて，そのような結果に以前に遭遇したことなど決してなかったとしても，そのルールに従うことができる。必要なことは，「ルールに従うことに対する結果」に以前に遭遇したことと組み合わせられた，「恣意的に適用可能な関係反応」の行動レパートリーである。定義上，このことは，すべての様式のルール支配行動に当てはまる。

　私たちは，どのようにしてプライアンスを学習するのだろうか？　小さな子どもが，即時の結果にコントロールされて何かをする場合——何かおもしろそうなもの，たとえば，母親の新しいノートパソコンに触るような場合——を想像してみよう。母親は，この行動をやめさせたいと考えるかもしれない。もちろん，これは，たとえばノートパソコンを取り上げるとか，子どもをほかの部屋へ連れて行く，などといった直接的な結果を操作することで達成することができる。さて，子どもが言語訓練を通じて関係フレームづけを学習すると，音が言語刺激として機能し始めるだろう。これらの刺激は，そこに存在することで，その場の状況を恣意的に関係づけ，これによって状況が持つ機能を変容する。子どもが，特定の関係フレームづけの履歴を持つ場合，その子は，次のようなルールを聞いたときにはノートパソコンを触ることはしないだろう——「ママのノートパソコンを触ってはだめよ。触ったら，部屋から出てもらいますからね」，または，「あなたがママのノートパソコンに触らないでいてくれたら，後でびっくりするようなご褒美をあげるね」。この文脈の中で，ノートパソコンは，「触るためのもの」から「『部屋から出されること』または『後からのびっくりするようなご褒美』という結果と関係づけられたもの」へと変換された。ルール支配行動は，似たようなルールが頻繁に発言されて，それらに，ルールの中で特定された社会的に媒介された結果が続くことによって，強化されていく。

　この種の影響力が，人間行動にもたらす非常に大きな利点は，簡単に理解できる。ひとつは，社会的な環境が，新しい結果を追加できるようにな

ることである。ほかの利点は，遠くにある結果と接触できることである。行動と結果の両方をルールの中で特定することで，この接触は，より即時の結果に優先するかもしれない。そして，これらのことはすべて，個人が結果と直接接触することがなくても，起こり得るのである。おもしろそうなもので遊んでいる小さな子どもを，そのような遊びが招く嫌悪的な結果，または，それをしないで我慢することの好ましい結果，あるいはその両方に言語的に接触させることで，その行為をやめさせることができるのである。

　このようにして，人間集団の新しいメンバーは，集団の残りのメンバーが発したルールの中で特定される遠い結果から影響を受けることを，学習し続ける。もちろん，このことは，等位，比較，因果，条件などの適切な関係フレームづけを必要とする。そして，ここにこそ，遅延した随伴性に反応し，即時の結果を超越することができる，私たちの能力の秘密が潜んでいる。プライアンスは，私たちが学習する最初のルール支配行動である。このスキルを土台として，その次に，私たちはトラッキングを発達させていく。

## トラッキング

　**トラッキング**は，「ルールと，そのルールとは独立した環境の仕組みとの一致の履歴のコントロール下にあるルール支配行動」である（文献80のp.109）。典型的なトラッキングの例は，ドライバーが，「ここからまっすぐに800メートルほど進んで，ガソリンスタンドが見えるところで右折して，それから200メートル足らず行けば，競技場に着く」という内容を聞いた後に特定の方向へ車を走らせるような行動である。この例が有効なのは，ドライバーが，ルールと競技場の実際の立地との間に見かけ上の一致がある——もちろん，ルールが発声されたのを聞いた時点でのことである——ということに影響を受けて，指示されたとおりに車を走らせる場合である。結局，このケースでは，行動を支配しているのはルールのほうで，競技場の実際の立地ではない。聞き手がルールに従ったなら，そのルールは**トラ**

ック（track）として機能している。これは，話し手側の言語オペラントとして見ると，タクトの例になる（第 2 章参照）。

　トラッキングは，まずプライアンスがある程度身についてから，その後で社会的コミュニティーから教わることになる。子どもとノートパソコンの例をもう一度見てみよう。人間集団の幼いメンバーが，プライアンスを通じて，即時の結果（たとえば母親のノートパソコンを触ることから得られる喜ばしい効果）を乗り越えることができるようになると，その子は，そのほかの利用可能な結果と接触するようになるだろう。これらの結果は，必ずしも社会的に媒介されたものではない。それらは，環境がそのような仕組みになっていることからくる結果で，それは，即時の結果がまだその子の行動を支配していたとしたら，接触することのなかった結果である。学習環境の中では，このようなことは，子どもがそのような仕方で結果と接触するように社会的コミュニティーが取り計らったために起こるかもしれないし，また，ただ単に何事も常に変化していることの結果として起こることもある。子どもが，プライアンスの例のように，ノートパソコンを触らずにただその近くに居続けたとしたら，そのことで，その子は，少なくとも「触られていない状態のときのノートパソコン」と接触することになる。たとえば，そのノートパソコンが，一連のおもしろい写真を画面に表示するところだったとしよう。子どもが実際にノートパソコンを触らなかったとしたら，その子は，触らなかったことの結果として，これらの写真に遭遇することになる。もし必要な関係フレームづけの訓練がなされていれば，それらの結果は，今度は，社会的コミュニティーによって特定されるかもしれない。今や，外観上その子をこれらの結果と接触させるようなルールを形成することが可能である。そして，これによって，その子の行動は，さまざまなルールを通じて影響を受けることができる。このことは，集団の中の幼いメンバーが，「社会的コミュニティーが設定した結果」を特定するルールに従って振る舞える状態から，「そのメンバーを，あらゆる種類の事象と，見かけ上，つまり間接的に接触させる」ルールに従って振る舞える状態へと移行したことを意味する。

　このような学習が起こるように，社会的コミュニティーが取り計らう場

合の，もっとありそうな例を見てみよう。子どもがひとしきり遊び終わったときに，その子の父親が，「ほら，手がこんなに汚れている。もとどおりきれいになるように，手を洗いに行こう」と言うかもしれない。その子は，プライアンスによって，ついてくるものとしよう。その子は，「パパの言うとおりにしなければいけない」と表現できる強化履歴に基づいて，ルールに従う。子どもの手がきれいになったところで，父親は，手がいかにきれいかについて指摘する。しかも，その指摘を，その子が言われたとおりにしたことに対するいかなる社会的な結果も加えることなく，するかもしれない。この時点で，父親は，手を洗ったことで起きた変化を娘が弁別するのを手伝うことができる。そしてまた父親は，たとえば，事象を等位や時間や因果の関係の中にフレームづけするような一連の関係づけの訓練を提供することもできる。彼は，「見てごらん，手がすごく汚れているでしょう？　水ですすぐと，ほら――どうなった？」と言うこともできる。彼は，子どもに，その子が何をしたか，そうしたら何が起きたか，そして，どうしてそれが起きたのか，と尋ねることもできる（この種の訓練に関するより詳しい説明については文献 126 を参照）。社会的コミュニティーは子どもに，行動と実際の結果を特定したルールのサンプルをたくさん示す。なお，ここでの結果は，それ自体が強化的または弱化的なものであり，ルールに従うことに依存した社会的に媒介された結果とは独立なものである。たくさんの見本を示すことによって，徐々に，子どもがさらなるルールをトラックする可能性は高まるだろう。はじめ，これは少なくとも子どもにとって大事な人との相互作用に適用される。これが，私が先に話し手の信頼性と記述したことの出発点である。

## オーグメンティング

　**オーグメンティング**は，「さまざまな事象の結果としての機能の程度を変える関係ネットワークによるルール支配行動」である　（文献 80 の p.109）。オーグメンティングは，プライアンスまたはトラッキングのいずれかと組み合わさって起こる。

オーグメンティングがどのようにして起こるかは，RFTでは，次のように説明する——関係ネットワークは，ある結果と関係づけられることによって，その結果の強さまたは機能を変える。手を洗うことを覚えた子の例に戻ろう。「マリア，緑色の石鹸を使いなさい。そうすれば，手がきれいになるから」。たとえば，プライアンスの例として，このルールに続いて，その子が石鹸で手を洗う行動が起こるかもしれない。その場合に，行動が起こるのは，このルールが，マリアに対して，そのようなルールに従うことに対する結果を示しているためである。あるいは，マリアはトラッキングを学習していて，指がきれいになるという記述内容に基づいて，石鹸を使うかもしれない。しかし，もしも，マリアが従っているルールが，「石鹸を使ったら，あなたは賢い子だ」というものだったとしたら，これは，オーグメンティングの例に当てはまるかもしれない。もし「賢い子」であることが，それ自体として強化的な機能を持っている場合には，この例となる。**オーグメンタル**（augmental）はルールであり，このルールは，まだ接触してはいないが，今後接触することになる結果（たとえば，競技場の立地やきれいな手といった事柄）を特定することに限定されるものではない。オーグメンタルは，「抽象的な結果」や，「直接接触することが一度もないままに，行動に影響を及ぼすことができるような結果」に，私たちが接触することをも可能にする。たとえば，人は，死後に起こる結果について特定するようなルールに従って振る舞うことができるが，定義上，そのような結果と直接接触したことのある生きた人間はいない。同じように，私たちは，「均衡的国際経済秩序」といったもののように，直接接触するにはあまりにも抽象的な結果に基づいて振る舞うこともできる。

この種のルール支配行動が，プライアンスまたはトラッキングのいずれかとつながっていることに注目しよう。オーグメンティングは，それ独自の単位として記述することができる。しかし，その機能は，特定した結果の強化的または弱化的な特質を変えることを通じ，トラッキングやプライアンスに影響を与えることによって発揮される。

文献の中では，2種類のオーグメンティングが記述されている——形成オーグメンティング（formative augmenting）と動機づけオーグメンテ

ィング（motivative augmenting）である。**形成オーグメンティング**は，ある結果を強化的なものまたは弱化的なものとして新しく確立するルールによって起こる行動である。すなわち，形成オーグメンタルは，結果のうちのいくつかを，すでに確立されている強化子と関係づけることで，それらが以前には持っていなかった強化的または弱化的な特質をそれらに与える。形成オーグメンタルは，言ってみれば，動機づけ要因を作り出すのである。仮に，ある人が，蚤の市で古びた「ドナルドダック」のコミック誌が売られているのを目にしたものの，そのような古いコミック誌には特に興味がないものとしよう。すると，そのとき，「見て，『ドナルドダック』誌の初刷りがある。稀少本だ」と，誰か別な人が言ったとする。聞き手にとって，この発言は，その人がその雑誌を買う可能性を高める形成オーグメンタルとして機能するかもしれない。「初刷り」と「稀少本」は，すでに言語的に確立された強化子である。これらに関係づけられることで，その古びた雑誌もまた，強化子になる。「これを買えば，あなたは稀少本の所有者になれる」といったルール（このケースではトラック）は，その人の行動に影響を与える可能性がある。また別な例は，次のようなときに起こる。男性が，ある人物を紹介されたけれども，その人に対してとりたてて興味を惹かれることはなかった——ただし，それは，別な誰かが，その人物が，男性が興味を惹かれている女性のきょうだいだと教えてくれるまでのことである。別な誰かによるこの発言は，紹介された人物に関連して男性が取る今後の行為に対して，形成オーグメンタルとして機能するかもしれない。「この人物との接触」は新しい価値を獲得し，それとともに，「この人の側にいろ，そうすればバーバラのきょうだいの側にいることになる」といったようなトラックに，男性の行為が影響を受ける確率がより高まる。これは，形成オーグメンタルが，男性を，すでに確立されている強化子と突然に接触させたためである[*3]。この見知らぬ人物と会話をすることは，形成オーグメンタルを通じて，強化的なこととなったのである。

　**動機づけオーグメンティング**は，すでに確立されている強化子（または弱化子）が特定の状況で強化的（または弱化的）に機能する確率を変えるルールによって起こる行動である。動機づけオーグメンタルは，いわば，

動機づけ要因を目立たせる。仮に，ある人が，以前から古いコミック誌に興味を持っているものとしよう。彼は，収集家である。ある日，彼は，いつもの新聞に目を通していて，地元の古書店の広告を目にする——コープランド古書店：本とコミック誌。彼は，その書店のことをすでに知っている。実際，彼は日常的にその店を訪れていた。彼にとって，その店がコミック誌を売っていることを知るのに，広告は必要なかった。それでも，彼がその広告を見たとたんに，古書店は彼にとってより重要なもののように思えた。広告は，彼を，すでに確立されていた強化子と，情動的また感覚的に接触させて，その強化子をその時点で彼の意識の前面へと持ってきた。このことは，「今日はその店まで散歩してみて，何かおもしろいものがあるかどうかを見てみよう」といったルールが支配的となる確率を高める。彼がこのルールに従うのが，その広告を見たためだったとしたら，それは動機づけオーグメンティングの例になるだろう。また違った例を考えてみよう。ひとりの父親が仕事に追われているある日のこと。その日の夕方には，彼の8歳の息子が通う学校で教員との保護者懇談会が開かれることになっている。彼は同僚に，懇談会には行きたいのだけれど，その時間がないことを話した。仕事が山積みになっているのだ。彼の同僚は答える，「でも，君は日ごろから，子どものために父としてそこに居ることが，君自身にとって大事なんだと話しているじゃないか」。もしも，この言葉のおかげでその父親が結局懇談会に出て，それが，一度はあきらめかけたにもかかわらず，「息子のためにそこに居るようにする」というルールに基づいて行われたとしたら，同僚のリマインダーは，動機づけオーグメンタルとして機能したことになる。

　どちらの種類のオーグメンティングも，私たちが一般に動機づけと呼ぶもの——私たちにとって物事がどれほど重要と感じられるか——に影響を

---

＊3（原注）観察力のある読者は，ここで記述されたプロセスと般化が似ていることにおそらく気がついたことだろう。しかし，般化は，刺激間に形態的な類似性が存在すること，あるいは，般化によって機能を獲得する刺激に一次性の強化子が随伴することが必要であることに注意しよう。このケースは，それらには当てはまらない。ここでは，刺激機能は，恣意的に適用可能な関係反応を通じて変容されている。

与える。形成オーグメンタルは，何か新しいものを強化的なものとして確立し，動機づけオーグメンタルは，すでに強化的なものの強化価を一時的に高める。日常的な言葉で言えば，形成オーグメンタルは，何か新しい対象を重要なものにし，動機づけオーグメンタルは，それまでも重要だった対象を，そのときには一層重要なものにする，と表現されるかもしれない。このプロセスは，逆方向へも機能することができる。強化子として機能するものでも，オーグメンティングを通じて，その力が弱まったり，完全に強化的でなくなる可能性がある。もしも，興味をかきたてられたコミック誌収集家が稀少本を見つけた矢先に，「でも，傷んでいる。一番重要なページがない」と誰かが言うのを聞いたとしたら，収集家がそれを買う可能性は，おそらく下がるだろう。ただし，これは，その発言をした誰かに信頼性があることが条件で，それは本章の最初のほうで検討したとおりである。以下のケースも，似た例である。ある人が，何人かの人に会いに行くところで，会合のメンバーのひとりは，彼が興味を惹かれている女性のバーバラである。ところが，誰かが，「バーバラが，新しいボーイフレンドのスティーヴンを連れてくるそうだ」と発言する。もしこれによって彼が参加するのをやめれば，その集まりは，当初持っていた見かけ上の強化的な機能のいくらかを，オーグメンティングを通じて失ったことになる（念を押すが，ここで「見かけ上」という言葉を使うのは，実際の集まりがまだ行われていないためである。将来の強化的な機能は，まだ未知のものである。私は，ここでは，ルールとして機能する先行事象について記述しているのである）。

　この仕組みは，行動分析の中の，確立操作または動機づけ操作と呼ばれるものにたとえられるかもしれない[138]。これらは，先行事象であり，ある結果が強化的または弱化的に機能する度合いに影響を与えるものである（第1章参照）。これは，私たちが日常的に，それについて話す方法とも一致する。先の例に登場するコミック誌の収集家は，コミックに対する自分の関心を，飢えや渇きを伝える用語を使って，とてもうまく記述することができるかもしれない。たとえば，彼は，広告を見た結果として彼が書店を訪れることになった経緯を説明する方法として，「欲求が刺激されて，

店に何か新しいものがないかどうかを確かめたくなった」などと言うかもしれない。このように，私が「オーグメンタル」という用語を使って記述してきた関係ネットワークまたはルールは，言語的な確立操作として機能するのである[90]。

　オーグメンティングが，私たちが一般に動機づけと呼ぶものとつながっているという事実は，この様式のルールに従う行動が，人間行動全般にとって中心的なものだということを明らかにする。人生で何が私たちを動機づけるかは，私たちがどのように生きて行動するかにとって極めて重要なものである。オーグメンタルは，人生の中で私たち自身が価値を置く事柄，つまり，私たちにとって真に重要な事柄と，私たちを，接触させるような関係ネットワークである。先の例の中では，保護者懇談会に出席することは，「子どものために父としてそこに居ること」というルールに基づいて，動機づけられていた。私たちは，この父親にとって，このルールが，ほかにもたくさんの決断や行為のための動機づけオーグメンタルとして機能するだろうことを推測できる。多くの日常的な出来事やプロセスで，それ自体としては中性的なもの——あるいはつまらなかったり苦痛であったりさえするようなもの——が，言語的な確立操作に基づいて強化的な機能を獲得する。外では1カ月ぶりの暖かい日差しが降り注いでいるような初夏の日に，コンピューターの前に座って書きものをしている状況——私がこの文章を書いているときの状況——は，それ自体としては，あまり報いのあるものとは言えない。私は，オーグメンタルに基づいて——つまり，より大きな視点から見たときの，私の行為の目的に基づいて——書きものをしている。「明らかに」であるにしても，「暗黙に」であるにしても，私たちの人生は，ある種の前提に基づいている。その前提は，私たち自身が人生にどのような意味を見出したいかや，または人生がどのようなものであってほしいかについてのものである。これは，私たちが一般に価値と呼ぶものである。これらは，言語的に構築された結果で，その個人によって全人的に願われるもので，私たちが人生の全般的な方向性を決めていく上で助けとなる機能を果たすものである。それらは，関係フレームづけを通じて創り出されるため，結果的に，非常に多くの場面に存在して，私たちの行

為に影響を与えることができる。オーグメンティングが行動の核心を占める分野のひとつは，私たちが一般に道徳的または倫理的行動と呼ぶ領域である[83]。

この種のルールに従う行動が，私たちの生活の中でこれほどまでの重要性を持つという事実は，それが臨床的な問題とも高度に関連していることを意味する。これは，目新しいことでもなんでもない。価値は，久しく，さまざまな心理学や哲学の焦点であり続けてきた[44, 117]。この分野についての RFT に基づいた科学的な分析が，さらに有用な臨床介入の発展につながるだろうと，期待がかかっている。私は，本書の第3部でこの点に立ち戻るつもりだ。

## ルールに従うことは，機能的に定義される

さまざまな種類のルール支配行動についての解説を，これらが機能的な単位であるということをもう一度強調して，締めくくろう。ある時点でどの種類のルール支配行動が起きているかを決めるのは，関連する行動を支配する強化随伴性の種類である。ルールの形式的なトポグラフィーは，決定的なものではない。コミック誌を収集していた男性の例に戻ろう。広告を目にしたのが，収集家自身ではなくて，彼の妻だったとしよう。彼女は，夫に向かって言う，「あなたは，今日は一日仕事がお休みなことだし，古書店へ行ってみれば，欲しい雑誌がいくつか見つかるかもしれないわよ」。この言葉は，あたかも彼自身が広告を見たのとまったく同じ方法で彼の行動に影響を与えるルールとして機能することができる。その場合には，妻の言葉は，オーグメンタルと組み合わされたトラックとして機能する。しかし，彼女の言葉は，何か別なものとして機能することもできる。それは，ルールがまったく同じように発言されたとしても，そうである。夫は，妻を喜ばせるために書店まで足を運ぶかもしれない。つまり，それが夫にしてほしいと彼女が思っていることなのだと，彼自身が考えるからである。もしも，それが実際の彼の状況――彼女の承認を得たいと思っている状況――で，彼が書店へ行くことが，このようなルールに従ったことに対する

これまでの結果によるものだったとしたら，妻が言ったことはプライとして機能しており，彼の行動はプライアンスである。その発言が妻にとってどのように機能しているかは，夫の行為によって構成される「ルールに従う行動」がどの種類のものであるかとは，無関係のものである*4。夫が取り組むルール支配行動の種類を決定するものは，彼自身が接触し，そしてそれに従って行為するルールであり，それ以外にはない。

　プライアンスは，もちろん，単純にその個人の「ルールに従うこと」の経験——そのようにすることが以前には強化的であった事実——に基づいて振る舞われる場合もある。これは，私たちの学習履歴の初期に起こることで，上記のとおりである。しかし，プライアンスは，オーグメンティングの影響を受けることもある。もしコミック誌の収集家が妻の承認を得るために行為する場合に，彼は，その時点での承認を得ることを超越するような，言語的に構築された結果に基づいて，そうするかもしれない。彼は，夫とはどのように振る舞うべきか，という彼自身の想定に基づいて，それをするかもしれない。あるいは，もっと包括的な価値である，他者との相互作用では何が大切か，ということに基づいてそれをするかもしれない。このことは，オーグメンティングが人間行動全般にとっていかに重要なものであるかを示す，また別の例である。

　さて，私が先に記したある事柄をもう一度見てみよう——すなわち，ルールは，暗黙のうちに存在することもある，という点である。この例の中の男性が，コープランド古書店を訪ねたものとしよう。彼は，プライアンスによってそうしたのかもしれない——彼は，妻の発言が元で，彼が接触することになったルールに基づいて行為した。そのとき接触したルールは，

---

*4 （原注）形式上，妻の発言はタクトである。つまり，それは，彼女の発言に先行するもの——広告——によって支配されている。しかし，それは偽のタクトであったかもしれず，実際にはマンドを構成しているかもしれない。彼女が夫に対してしばらく出掛けるようにと伝え，彼女の発言が，以前彼にそうすることを伝えたときの結果に支配されているなら，それはマンドである。この場合には，彼女が用いるトポグラフィーがその発言をタクトであるかのように見せている，というだけのことである。思い出してほしいのは，話し手の言語行動もまた，機能的に定義されるものであるということで，それは第2章で記述したとおりである。

「私がしばらくの間家を留守にすれば，彼女は喜ぶだろう」と表現できる。この場合には，彼は，妻を喜ばせるためにそのように行為したのである。

　ところが，これは，彼の妻が言った内容とは違っている。では，私たちは，どのようにして夫が従ったルールを見つけ出すことができるだろうか？　私たちが夫に尋ねたとしたら，彼は，しばらく出掛けようと考えたのは，彼自身の一連の思考の流れだ，と言うかもしれない。しかし，そのような思考の流れは，必ずしも必要ではない。彼は，出掛けることに関連して，とりたてて何かについて考えた覚えがないということもあり得る。それでも，彼にとっては，妻が言ったことの中に，そのルールまたは教示が暗に含まれていたかもしれない。このために，彼の行動はルールに支配されたものであり，彼は，やはり，彼が接触したルールに従ったのである[*5]。では，その場合には，ルールはどこに存在したのだろうか？　この段階で，私たちは，精神力動理論の中で無意識の概念を用いて説明される現象へと接近しつつある。認知理論では，また別の仮定された内的現象──スキーマ──が引用されるのが一般的である[21, 204]。もしも，私たちがこのような現象を，暗黙のルールに従うことと記述するのなら，私たちは，ルールそのものはどこにあるのか？　と自問するだろう。しかし，機能的な文脈的観点からすると，ルールは具体的な現象として存在する必要はない。誰かがそれについて発言したり考えたりしたのなら，ルールが具体的に存在するということもあり得る。しかし，もしもそれが，発言されることがなく，誰かの思考の中にあるわけでもなくて，ただ暗黙裡にあるとしたら，それは，その場の相互作用の中に存在する，つまり文脈と反応の相互作用の中に存在する，と表現できるかもしれない[75]。ある行動を，言語的なものとして，単に直接の随伴性に支配されているものから区別するのは，相互作用が展開するその様式である。もしも関係フレームづけが関与していたら，RFTの定義によって，その行動は言語的なものである。

---

[*5] （原注）彼の行動が直接の随伴性に支配されていた，ということも可能である。ここでもまた，私たちは，日常場面で起こる事例の難しさに直面する。私たちは，その個人の学習履歴を知ることによってしか，その行動のどの程度までがそれぞれ直接の随伴性によって，あるいはルールによって，支配されているかを確かめることができない。

もしもルールが後から形成されたとしたら，その内容は，行動を言語的に抽象化したものにすぎない。そうであれば，これもまた，関係フレームづけのさらなる一例である。

　RFTの観点から理解されるルール支配行動の現象に対する実験的な支持は，「恣意的に適用可能な関係反応」の基礎的な現象に対する実験的な支持ほど精緻なものではない。しかしながら，近年になって，いくつかの関連する研究が，利用可能になっている[99, 144, 198, 199]。

## 自己ルール

　自己ルール（self-rule）は，自分自身に向けられたルールで，自らの行為に影響を与える。そのため，本書の中でこれまでに行ってきた分析をふまえると，自己ルールは，ルールに従うある程度の能力と，第5章で検討されたような自己の側面に沿った自己の経験，の両方を必要とする。自己ルールに従う行動の中核的な特質は，他者から与えられたルールに従う行動の特質と同じものである――特定の行動が，直接の随伴性のみに支配されるのではなく，ルールが特定する見かけ上の結果に支配されて，ルールに続く。すでに強調したように，これは，遅延反応としてまとめられるかもしれない人間が持つ能力のまさに基礎である。自己ルールは，「急げば，バスに間に合う」のように比較的単純なものから，もっと複雑な，「この不安さえ何とかして払拭できれば，人生でやりたいことが実現できる」といったものまであり得る。

　自分自身に対してルールを設定する能力は，増大する自己の経験と「他者から与えられたルール」に従う能力について，私が先に概略を示したことと一致するものである。そして，基本的には，それら以外にここで付加する必要のあるものはない。それは，逆に，これらの能力を与えられた以上，自己ルールを発達させることは避けられないことである，と言えるかもしれない[126]。私たちは，その順序を以下のように記述することができるだろう。

　子どもが，直接的な強化随伴性を通じて，自分自身の行動を，思考や気

持ちなどといった私的出来事も含めてタクトすることを学習する。これは，第2章で記述したとおりである。

　関係フレームづけによって，この行動が，より複雑なものへと発展する。なぜなら，子どもが社会的コミュニティーから受ける訓練に沿って，さまざまな現象が恣意的に関係づけられることが可能になるからである。

　この訓練の一部分が，子どもが，ますます複雑に「私」をタクトすることを発達させ，また，それと相前後して，自己の3つの側面──視点としての自己，プロセスとしての自己，物語としての自己──を次第に獲得することを助ける。

　子どもは，今や，自分自身をほかの人々の行為やその子自身の行為の対象として観察することができるようになる。

　これと並行して，子どもは，ルール支配行動を学習する。そのプロセスは，まずは，ほかの人から与えられたルールで始まる──「メアリー，ご飯を食べなさい」。初期には，この発声は，おそらく子どもによってエコーされる。子どもが関係フレームづけの最初の基本的な能力（等位）を身につけると，子どもは，エコーイック行動の「メアリー，ご飯，食べる」を，「私，ご飯，食べる」へと変換できるようになる。その次のステップはルールで，「あなた（メアリー／私）が食べ終わったら，その後で一緒にテレビを見ましょう」などといったものになる。プライアンスに続いて，トラッキングとオーグメンティングが起こる。刺激を恣意的に関係づける中で子どもが受ける訓練の一部として含まれている，さまざまな単語は，次第にさまざまな関係フレームの一部分になっていく。そして，それによって，子どもの行動の柔軟性が高まる。また，人が声に出して言うことができることは何でも，声に出さずに言うことを学習できる。そのため，自己ルールは，ルール支配行動に取り組む能力全般が発達していき，次いで「私」のさまざまな側面についてのより複雑な経験が深まっていく，この両方と並行して発展する。

　たとえば，幼稚園児くらいの年齢の男の子が，たった今，それまでずっとお母さんと呼んできた人がその子の本当のお母さんではないが，彼の年下のきょうだいの本当のお母さんではある，と告げられたところを想像し

第 6 章　関係フレームづけとルール支配行動　181

てみよう。もしも「お母さん」が，安心や喜びといった経験，そして男の子にとって大切なほかの多くの事柄と等位の関係にあるとしたら，彼は突然——「〜ではない」という否定のみに基づいて——これらの大切な事柄がない状態についての考えを派生させるかもしれない。もしも，その子にとって「お母さん」が，「彼のためにそこに居る母親の経験」と等位の関係にあり，さらに，もしも彼が時間的にフレームづけするスキルを持っているならば，男の子は，母親が彼を置いて去っていくことについての思考を派生させるかもしれない。彼は，また，年下のきょうだいたちについて，そして彼らと自分の関係についての思考も派生させるかもしれない——それは，たとえば，自分が彼らとは違っていることについての思考かもしれない。事象を，その状況の中で実際に起こっている数々の事柄と関係づけるこの能力は，「その子は誰か」についての物語の一部となる可能性がある。この状況からどのような自己ルールが生まれることになるかについて，いくつか見当をつけるのは簡単である。男の子が告げられたことは，彼にとって苦痛であるような数々の事象と彼を見かけ上接触させたため，その子がこの経験を再びすることを避けたいと思うことは十分考えられる。このことは，「このことについては話すな」といった自己ルールに結びつく可能性がある。なぜなら，それについて話すことは，必然的に，彼をこの痛みとの接触へと連れ戻すことになるからである。私がここで，またもや「見かけ上」という単語を使っていることに注意してほしい。男の子が相当な苦しみを経験しているだろうことは，明らかである。それでいて，その子は，自分で派生させたり，また，彼を怖がらせたりする可能性のどれにも，実際には遭遇していない。その子が遭遇したのは，一連のその子自身の反応で，私たちが「思考活動」と呼ぶものだけである。このことは，私たちにとってわかりきったことに感じられるかもしれない。なぜなら，私たちは，みんなが同じ社会的ゲームに参加しているのだから。けれども，これは，実は注目すべきことなのである。

　この考察は，臨床的な問題と臨床上の取り組みにとって重要な，「恣意的に適用可能な関係反応」とルール支配行動の能力がもたらす結果のいくつかを示唆している（この点については，本書の第 3 部で再び取り上げ

る）。とはいえ，私たちは，そのことが次のような事実に影を落とすことを許してはならない。それは，自己ルールに従う能力が，第一には私たちの行動の柔軟性を高めるものである，という事実である。私たちは，試験に合格して自らが希望した分野で仕事に就くことができるように，とても厄介でまったく喜びを伴わないような時期でも，自分自身に勉強を続けるように言うことができる。私たちは，これまでに一度も経験したことがない事柄について自分自身に話したり，以前に経験したことのないことでも，それを実際に達成する可能性を高めるように自分の行為を方向づけたりすることができる。私たちは，理想を持ち続けて，自らにとってもほかの人たちにとっても有益であるような長期的な目標を達成する方向へと，自分の行為や人生を導くことができるのである。

## ルール支配行動と問題解決

　本章のはじめで記したように，Skinner が「ルール支配行動」という用語を初めて使ったのは，問題解決についての一章の中でのことだった[177]。彼は，それ以前にも，問題解決のトピックについて書いていた──「ここでの私たちの関心の対象は，『解決にいたる』までのプロセスである。問題解決とは，変数を操作することを通じて解決策が出現する可能性を高めるようなすべての行動，と定義できるかもしれない」(文献 174 の p.247)。

　この定義に従うと，すべての問題解決が，言語的なわけではない。もしも，私がドアを開けようとして，鍵がうまくはまらないとしたら，私は鍵をさまざまな向きに調節して，何とかしてドアを開けようとするかもしれない。私の行動は，変数──このケースでは鍵と，鍵穴のさまざま部分との関係──を変えるもので，これは，ルール支配行動なしでも可能である。しかし，これにルールに従う行動が関与することもあり得る──たとえば，私が，何をするのかを自分自身に言い聞かせているとしたら，あるいは，この問題を解決するために以前には何をしたかを考えたとしたら，などの場合である。本書の関心の対象となる類の問題解決は，後者である。正確な定義は，この文脈では重要ではない。なぜなら，RFT は，問題解決を，

はっきりとした境界線を持った専門用語であるかのようには扱わないからである。RFTでの問題解決は，もっと一般常識的な用語で，私たちが理解したいと思っている領域をざっくりと仕切るものである。そして，この目的のために，Skinnerの定義はとても役に立つ。

　RFTに基づいて定義され，そして，先に記述されたような「ルールに従う行動」は，言語的な問題解決の中心となるものである。この行動の最も単純な様式では，はたして「ルール」の概念を用いることが適切かどうか，という疑問の余地があるかもしれない。たとえば，鍵の例で，私が以前にドアの鍵を開けたときのことを視覚化して，次に，私が思い出したことに基づいて行為したとしよう。この活動は，恣意的に適用可能な関係反応を含むことができて，その場合には，それは言語的なものである。そうであれば，たしかにそれは随伴性形成行動のみによって構成されるものではないけれど，それでも，それを「ルールに従っている」と表現するべきかどうかについては，疑問の余地が残る。定義によると，ルールは，行動と結果のどちらにも言語的に接触した状態で，行動と結果の間に随伴性を特定していなければならない。とはいえ，場合によっては境界線上のこれらのケースがあるにもかかわらず，ルールに従うこと，そして特にトラッキングは，日常的な言語の中で，「問題を解決する」と言う場合に私たちが意味していることを記述している。私たちは，目の前のさまざまな事柄を，お互いに関係づけるし，私的出来事にさえも関係づける。なお，この私的出来事も，私たちの「目の前にある」事柄である。なぜなら，私たちは，それらを，そのほかのすべてを眺めるのと同じ視点から経験するからである。私たちは，これらの事象のすべて——直接接触するものだけでなく，間接的に接触するものも——を，比較，因果，階層，時間，そして視点取りのフレームを用いて，関係づける。次に，このような方法で，私たちにとって利用可能となったさまざまな選択肢に基づいて，私たちは行動を起こす。このスキルにとっては，さまざまな行動とさまざまな結果との見かけ上の接触が，基本条件である。(Skinnerの言葉を言い換えるなら)解決策が出現する可能性を高めるために，私たちが，関係フレームづけを通じて，変数を操作するとき，私たちは，関係フレームづけのスキルを，

自己ルールを形成するために用いることができ，次に，この形成されたルールが，行動に対してさらに影響を与えることになる。

　いくつかの問題解決は，方略的なものである——つまり，何を達成したいかは明確であり，明確でないのは目標への道筋だけである。典型的な例は，誰かが，ある目的地まで行く途中で迷子になった場合だろう。その人は，知らない地域に居ることに気がつき，地図と周囲を見たり，違った可能性を検討してみたりすることで，自分の居る場所を再確認しようとする。また別な例は，外科医が，虫垂切除術の最中に，患者の身体の解剖学的な構造が標準のものとは違っていて，そのために新しい解決策が必要だと認識した場合に起こること，などである。さらにまた別な例は，学校へ行きたがらない少年と一緒に治療に取り組んでいる心理士が，少年が再び学校の勉強を始められるようにする場合である。この例は，目標そのものがはっきりとしていない場合の境界事例になるかもしれない。このような種類の問題解決では，すでにわかっている目標をただ単に達成しようとする場合よりも，私たちは，たくさんの可能性のある結果に直面することになり，それらを相互に比較して選ぶことが必要になってくる。この種の問題解決のより典型的な例は，大学を卒業したばかりの若者が，これから先の数年間に何をしようかと自問する場合である。ほかにも，恋人や配偶者，あるいは職業を選ぶことも，その例になる。そしてさらには，私たちがしばしば実存的問いと呼ぶ類のものもある——「私は，自分の人生にどのような意味を見出したいのか？」，あるいは，「私にとって，何が重要なのか？」などである。この種の問題解決では，オーグメンティングが決定的な機能を果たす。その個人にとって全人的に好ましい，言語的に構築された結果が，広範囲にわたって行動をコントロールするようになることもある。私は，身近で具体的な行為や結果を，さまざまな価値に関係づけることができる——私が人生において重要と考える事柄に。

　これらの状況のすべてにおいて，私たちは，直接経験した事象もそうでない事象も，自分自身に関係づける——つまり，さまざまな起こり得る行動や結果に。私は，あたかも，自分自身を，宇宙のはじまり以来あったすべての事柄，世界中の人類の目的，また，昨夜の義理の両親たちとの夕食

から今朝干し忘れた洗濯物まで，今から5年後に私がしていること，将来のいずれかの時点で訪れるはずの私自身の死，そして，私の死後に起こること，と接触させることができる。私は，これらのことのどれでも，あるいはすべてを，私が明日しようと計画していることや，今この瞬間に私が物事に対して感じていること，に関係づけることができる。しかも，私は，それらすべてを，自分のベッドに入ったままの状態でできるのである。とはいえ，実際には，ほとんどの場合に，私はこういったことを，生活のなかで実際に遭遇するあらゆることに対する取り組みの一部として行っている――同僚と会話するとき，夏の別荘を建て替えるとき，試験のために猛勉強するとき，セックスするとき，政治的な会合を開くとき，自動車を修理するとき，あるいはショッピングセンターで買い物をするとき，などに。こういった状況のすべてで，私は，それが配置されたものであるかのように，世界と遭遇する。そして，こういった状況のすべてで，話し手であると同時に聞き手である能力と，自己ルールに従い，それによって問題を解決する能力は，私の柔軟性を計り知れないほどに高める。この活動――日常的な言葉で言えば，直面している事柄と関連する考えや解決策を検討する能力，とでも呼べるようなもの――は，RFTでは，プラグマティックな言語分析と呼ばれることがある[80]。これは，私たち人間が，直面している事象の形式的な特徴を抽出することができ，しかも，特徴それ自体に必ずしも縛られることなく，それらを互いに関係づけることができる，ということを意味する。

## まとめ

　行動分析学的な前提に基づく立場からは，人間の活動のすべては，行動と，その先行事象および結果との間の随伴性に基づいて理解可能である。人が「恣意的に適用可能な関係反応」を学習すると，それは，その人のその後の学習活動がどのように継続していくかに対して，広範囲に及ぶ影響を与える。「恣意的に適用可能な関係反応は，先行事象が，個人がそれまでに実際に遭遇した直接の随伴性の履歴にも，さまざまな刺激が持つ物理

的特性にも限定されないような刺激機能を獲得することを可能にする。このような方法で，関係フレームづけを通して機能を獲得した先行事象は，今や，その場にはまだない行動や結果を特定することが可能となり，それによって，先行事象は，私たちが一般にルールまたは教示と呼ぶものとして機能することが可能となる。このことは，直接の随伴性に完全に支配されることなく，長期の結果との関係の中で振る舞う人間の能力を説明する。あるいは，もっと日常的な言葉で言えば，これによって，私たちは，即時の満足を先送りすることが可能となったのである。

　考察したように，言語的な先行事象の影響を受けている行動は，ルール支配行動と呼ばれる。2つの異なる種類のルール支配行動は，それまでの強化随伴性の履歴に基づいて区別される。また，3つ目の種類は，先の2つのどちらとも相互作用する。ルール支配行動の一番基本的な種類は，プライアンスである。それは，「ルールに従うこと」それ自体に依存して提示される，社会的に媒介された結果と，私たちが接触することを助けるようなルールに従う行動を含んでいる。私たちが最初にルールや教示に従うことを学ぶのは，プライアンスを通じてである。ひとたびこのスキルを学習すると，私たちは，トラッキング――ルールとは独立に，世界がどのような仕組みになっているかに依存して呈示される結果と，私たちを接触させるルール支配行動――を学ぶことができるようになる。ルール支配行動の3つ目の種類であるオーグメンティングは，プライアンスおよびトラッキングと組み合わされて，さまざまな結果が強化または弱化として機能する度合いに影響を及ぼす。オーグメンタルは，言語的な確立操作として機能する。比喩的に言えば，これら3つの様式のルールに従う行動は，以下のように記述することができるかもしれない――プライアンスでは，ルールを出した人が「その手の中に持っている」ものを得ようと努力する。トラッキングでは，「何であれ，地図に載っているもの」を得ようと努力する。オーグメンティングでは，あなた自身がそれに与える価値に基づいて，結果を得ようと努力する。

　ルールに従うことは，物理的環境の中でのみならず，社会的環境の中でも，私たちが柔軟に行為する能力を大いに高める。この能力こそが，言語

行動の最も全体的な効果のように見える[36]。ただし，これらすべてには，コストが伴う——ルールに従うことには，ある種の副作用がある。次の章では，事象を関係的にフレームづけするという，我々人間の持つこの能力の影の側面について解説する。

# 第7章

# 人間の言語が持つダークサイド

　刺激を恣意的に関係づけられるようになる能力が人間に大きな恩恵をもたらすことは明白であり，一連のルール支配行動も獲得している場合には特にそうである。ルール支配行動によって私たちは，即座の満足を先送りしたり，出来事がまだ起きていないうちからそれに取り組んだりできる。また，それによって私たちは，長い行動連鎖を実行することができ，また時間的にも空間的にも離れたところにある結果，あるいは非常に抽象的な結果によって行動することができる。しかし同時に，この能力にはダークサイドもある[190]。

## 即時結果に対する感受性の低下とルール支配行動

　ルール支配行動がもたらす困った効果の中でも，最も明らかでよく報告されているのは，刺激間の直接的なつながり——直接的随伴性——に対する感受性が鈍ることである。ルールは，刺激機能を変容して直接的随伴性よりも優位に立つ。これは，ルール支配行動の重要な利点であり，私たちに即座の満足をひとまず横に置いておく能力をもたらしてくれる。しかし，それは常に好都合なものだとは限らない。いくつかの研究が，この現象を示している[81, 130]。

　典型的な実験は，以下のようにして行われる——参加者は，たとえば，特定の明かりがついたときにはボタンを押す，といった簡単な課題を与えられる。参加者のうちの何人かは，ポイントを獲得するためには何をしなければならないかを伝えられる（たとえば，「この特定の明かりがついた

ときにだけ，ボタンを押すように」など）。別のグループは，ポイントがどのようにして獲得されるかについて具体的には特定しない，より一般的な指示が与えられる。すべての参加者が，課題を正しくこなしたときには即座のフィードバックを与えられる。つまり，彼らは，ポイントを獲得したときには，そのことを知ることができる。ルールを知っていることの利点は明らかで，それを知る参加者は，当初は，統制群と比べてポイントをより早く獲得する。しかし，しばらくすると，統制群も，もう一方のグループと同じ程度のポイントを獲得し始める。彼らは，試行錯誤を通じて学習するのである。どちらのグループも同じくらいにポイントを獲得できるようになったところで随伴性が変更され，ポイントを獲得するためには，すべての参加者が新たな方法でボタンを押さなくてはならなくなる。どの参加者にもポイントを獲得するための新しい反応の方法が知らされないまま，随伴性の変更が行われる。さまざまな研究が，いずれも同じ現象を示している――参加者のうちで，ポイントの獲得の仕方を最初にルールとして学んだ参加者のほうが，新しい随伴性を弁別することがより困難であった。この時点では，統制群のほうがより早く，新しく強化的となった事柄に基づいてポイントを獲得する方法を学習する。つまり，当初は助けとなっていたルールが，障害物となるのである。そのルールは，変更された，さまざまな出来事同士の間の非恣意的関係にすばやく適応する上で，妨げとなっているかのようである。

　自分自身の経験に基づくと，このことは多くの人にとって馴染みのあることだろう。私たちが抱いている，「〜とは，こうあるべきだ」とか「〜しなければならない」などといった考え（ルール）は，私たちが新しいことを学ぼうとするときに，それを妨げる可能性がある。私たちは，うまく作用していないことでも，「きちんと作用するはずだ」というルールに従って，それをし続ける。私たちは，たとえそうすることが，自分たちが意図した方向へと導かないとしても，「私たちは正しい」というルールに従って，特定の立場に賛成だと主張し続ける。私たちが，忘れることができないことを忘れようと苦闘するのも，「これらの不愉快なことについて考えることはよくない」というルールに従ってしていることなのである。

このことは、私たちを、本章の主題へと導いてくる——ルール支配行動（RFTの観点から理解されたもの）は、どのようにして通常私たちが精神病理と呼ぶものに荷担するのか。ただ、さまざまな種類のルール支配行動が相互作用しながら困難を作り出していく様子を詳しく見ていく前に、関係学習がもたらす、なお一層基本的な結果について見てみよう——すなわち、恣意的に適用可能な関係反応があることは、必然的に、私たち人間は苦痛との接触面が広いことを意味する、ということである。

## 苦痛との接触面が拡がること

好きなものもあれば、嫌いなものもある。美味しいと思うものもあれば、不味いと感じるものもある。興味を惹かれるものもあれば、怖いと感じるものもある。学習理論の言葉を使うなら、特定の文脈の中の、特定の個人にとって、希求性（appetitive）のものもあれば嫌悪性のものもある、と表現する。新しい状況が、これらのうちのどちらかの機能を獲得する際の一般的な方法は、般化を通じてである。その場合、物事は、私たちが以前に遭遇したこととの類似性に基づいて、または、レスポンデント学習を通じて何か好ましいものまたは好ましくないものに関連づけられることによって、好ましく思えたり好ましくなく思えたりする。しかし、般化とは別に、物事は、関係学習の手法を通じて、そういった非恣意的な関係からは独立して、相互に関係づけられることができる。つまり、文脈手がかりが、新しい恣意的な関係を確立できるのである。これは、私たちがまだ遭遇したことのない事柄、または今までに出会ったことと物理的なつながりを持たない事柄でも、私たちにとっての機能を持てることを意味する。これらの機能は、希求性にも嫌悪性にもなることができる。これが可能なのは、第4章で説明されたとおり、私たちが、相互的内包と複合的相互的内包の基本レベルで出来事を関係的にフレームづける能力を持つためである。

私たちのこの状況を、言語を持たない生物が天敵から逃れて安全な場所を探す状況と比べてみよう。そのような状況では、その生物は、特定の天敵がいるときには特定の行動が安全につながることを学習するかもしれな

い。しかし，ひとたび，動物が安全な場所に落ち着いてしまうと，動物が居る位置（position）は即座に，この安全な場所とつながった刺激機能を持つことになり，その際にこれらの機能が天敵と関係づけられることはない。この時点で，動物にとってこの場所が持つ機能は，人間であれば安全または保障と呼ぶものであろう。この場所の機能が天敵と関係づけられるためには，学習状況の中の出来事は，逆の順序で起こる必要がある。オペラント条件づけ，およびレスポンデント条件づけの原理に従うと，その安全な場所が天敵と関係づけられた刺激機能を持つことができるのは，動物が安全な場所に遭遇することが，天敵との遭遇に先行するときのみである。

　では，人間が似たような状況におかれたものと想像してみよう。人間も，やはり，避難場所とつながった安全と保障の機能を見出すだろう。ただし，人間の場合には，相互的内包を通じて，この場所は天敵とも関係づけられることになる（実際には，先の例で，動物が人間の現象である「安全」と「保障」を経験したと表現したのは，厳密に言うなら正しくないのである）。人間として，私たちは，安全をその逆の事柄と関係づけることなしに考えることはできない。ある意味では，私たちが意味するところの「安全」というものは，それがまさにその反対の状態ではないということによって表される。安全とその反対は，相互的内包を通じて，言語的に関係づけられている。その一方で，先の例の動物にとっては，この安全な場所は，（私たちの知る限りでは）ただ単に「この場所」である――動物がその瞬間に見つけた状況における，その場所それ自体でしかない。これは，言語的に有能である人間にとっては，決してそうはならないことである。人間にとっては，物事は常にその逆と関係づけられるのみならず，ほかの多くの事柄とも関係づけられる。関係的にフレームづけする能力があるということは，般化にとてもよく似た現象が，人間をほとんど限りない数の出来事や刺激と接触させてくれて，しかも般化に伴う類の制限を伴わないでそれをすることだ，と言うことができるかもしれない。

　このことは，私たち人間が現実というものを経験するその仕方に，決定的な影響を与える。ひとつの重要な結果は，私的出来事が獲得する機能に対する効果である。これらの私的出来事は，ほとんど常に私たちとともに

存在している。また，私たちが経験するつらいことのすべてに，そのような私的出来事が含まれている——それを経験する個人にしか気づかれず，知られることのない事柄が。相互的内包を通じて，私的出来事はその個人が経験した出来事との関係づけを経由して，刺激機能を獲得する。もしも，EがDに対する弁別機能を獲得したとしたら，Dも，相互的内包を通じて，Eに対して同様の機能を獲得できる。これは，第4章で，実験室での実験とのつながりで記したとおりである。さらに，出来事を関係的にフレームづけする私たちの能力は，このような基本機能のレベルにとどまるものではない。派生的関係反応は，ほとんど無限の可能性をもたらす。このように，ひとつの具体的な経験から始めて，私たちは，たとえば，これを比較と時間の関係の中に置いて，それによって「この次に起こる何かもっとひどいこと」と接触することができてしまう。こうして，私的出来事は，それ自体として苦痛を伴う可能性のあるものになる。そして，関係的にフレームづけする能力を通じて，私たちの苦痛との接触面が，幾何級数的に拡大することになる。

　次のような状況を考えてみよう——あなたは，地中海でのひとときを過ごしている。夜の空気は，暖かくて心地よい。すばらしい一日だった——リラックスすると同時に，活力がわいてくるものでもあった。あなたは，気心の知れた友人たち何人かと集まる。これからの計画は，みんなで美味しい食事を楽しむこと。みんなが会話を楽しんでいて，興味深い話の端々があちらこちらから聞こえてくる。あなたが座っている広いテラスのすぐ下に広がる海は，鏡のようになめらか。給仕たちが，料理の盛られた皿を運んでき始めている。何もかもが，喜ばしい。あなたは，すばらしい時間を過ごしている。そこへ，ひとつの考えが浮かぶ——「ピーターさえ，一緒にいられたなら」。

　私たちの良い経験でさえ，悪い経験と関係づけられる。苦痛は，どこにでも存在することができる。事実，私たちは，身体を動かすこともないままに，どこへでも思考の速さで運ばれることが可能である。このことは，たしかに私たち人間にとって大きな可能性の扉を開くことになるけれども，それはまた，私たちの苦痛との接触面を押し拡げることにもなる。苦痛が，

第 7 章　人間の言語が持つダークサイド　193

外的世界の中のある状況とつながったものである限りでは，私たちは，一般に，その状況から立ち去ることで苦痛から逃れるという選択肢を持っている。その選択肢がないときもあるかもしれないけれど，たいていの場合にはあると言える。しかし，自らの言語を通じて接触するような苦痛の場合，それから逃れるために，人はいったいどこへ逃げればよいのだろうか？　最終的には，私たちが人間として生きる状況には，言語を通じた苦痛から逃れる道はないことを意味している。ひとたび，物事を恣意的に関係づける能力が確立されると，私たちは，否応なしに，それから抜け出すことはできない——良くも悪くも。

　したがって，苦痛は，それ自体は苦痛と程遠いようなものにも組み込まれている。たとえば，6 歳の女の子が学校で絵を描いたことを考えてみよう。その子の父親は，「いい絵だね。本当に上手にできたね！」と言う。女の子の言語能力をもってすると，彼女は，言われたことの逆にも接触をする。つまり，「あまりよくない」と「上手にできない」ということに。彼女がこのようなことに接触するのは，父親が発言をしたまさにその瞬間ではないかもしれないが，後になってから，たとえば，別な絵を描こうとしてそれが自分で願ったようには仕上がらなかったときかもしれない。彼女は，この絵について，「あまりよくない」または「上手にできなかった」と判断を下すために，ほかの人を必要としない。彼女自身の関係的にフレームづけする能力が，特定の文脈の中で，彼女をこの判断と接触させる。このような人間の苦境から，逃れる道はない。

　これらは，すべてが，思考の力の一部である。思考は，私たちを，行きたいとは思わないところも含めて，どこへでも連れていく可能性がある。私的出来事は，それ自体が苦痛なものになることもある。また，苦痛についての思考，それも，私たちが経験したこともないような種類の苦痛についての思考さえもが，本物の苦痛から刺激機能を獲得する。

　それにもかかわらず，こういった思考も，私的出来事も，いずれもが本当の問題ではない[125]。それらは，人間言語に自然に備わった部分である。関係的にフレームづけする能力のために，嫌悪性および希求性の機能との私たちの接触面は，幾何級数的に拡がる。けれども，これらは，言語的に

有能である人間が生きるときの条件である。むしろ，本当の問題は，これらの私的出来事に基づいて，うまく作用しない結果を伴う行動を起こすようになったときに生じる。第5章での「物語としての自己」についての考察から思い出されるように，言語行動の中でも特に私的な類のものは，顕在的行動（overt behavior）と同時に，ただしそれとは独立なものとして起こることができる。私たちは，言語行動それ自体が私たちの環境にそれほど影響を与えることのないままで，考えたり，感じたり，記憶したりすることができる。私たちの生活がより全般的に影響を受けるのは，私たちが顕在的に行動して，それによって結果と接触する場合である。そして，行動分析学の観点からすると，私的出来事が顕在的行為をコントロールするようになったときに，人間の心理的問題への重要なステップが踏まれることになる。このことが，私たちをルール支配行動へと連れ戻す。第6章で考察されたように，ルール支配行動は，自己ルールなどの私的な刺激から影響を受ける。それ自体が関係フレームづけの結果である人間のこのレパートリーが，拡げられた苦痛との接触面と組み合わされたときに，たくさんの潜在的な落とし穴が生まれる。私たちは，このレパートリー（ルール支配行動）を，非機能的な方法で思考，感情，記憶，そして身体感覚との関係で用いること，また，特にこれらの私的出来事の苦痛な側面をコントロールするために用いることを，あまりにも簡単に学習する。

　たとえそれが完全に必然的なプロセスではないとしても，なぜそれが起こるかは簡単に理解できる。ルール支配行動は，さまざまな領域，そして特に危険や，そのほか生活の中でネガティブな結果に結びつく可能性のあるような出来事を回避する分野で，人間にとって功を奏するものである。それは，普段は，私たちが達成したいと思うことへの障害物を取り除く上で役に立つ。思考，記憶，そして感情が，私たちにとって嫌悪性だった，あるいはその可能性があったかもしれない出来事から刺激機能を獲得するとき，私たちがそれらの現象に対して，自分を傷つけたり妨げたりするような物事に対処するのと同じ方法で対処しようとするのは，自然なことである。簡単に言えば「困難または障害物を取り除く計画を立てて，その計画を実行せよ」ということである。私たちが，関係フレームづけのダーク

サイドを最もはっきりと見ることができるのは，この戦略（意図的に私的出来事をコントロールしようとすること）とのつながりにおいてである。特にそれは，ルール支配行動にはその目的が達成されないような状況においてもコントロールを継続する傾向があるという，この章の前のほうで説明した実験によるエビデンスに照らすとそうである。ルール支配行動は，直接的随伴性に対して鈍感である。そのため，「これらの現象は取り除かれなければならない」というルールに従って，私たちが苦痛な私的出来事をコントロールしようとするとき，これらの現象が私たちの努力によっても何ら影響を受けないという事実があったとしても，その事実は，私たちがそのようなルールに従い続けることの歯止めとはならないかもしれない。その結果として，私たちは，人生を制約するような悪循環に陥るリスクを冒すことになる。

## ルール支配行動の結果として起こる心理的問題

　説明をわかりやすくするために，ここではそれぞれのルール支配行動の種類ごとに，それとつながる問題を見ていく。しかし，実際の生活の中では，それらはどれもが絶え間なく相互作用を続けている。ここでの一番重要な問題は，オーグメンティングが，どのようにして，ほかのより基本的な2種類のルール支配行動と相互作用をしながら現在の随伴性の機能を変容して，さまざまな種類の落とし穴を作り出していくか，という点である。

### プライアンスとつながる問題

　プライアンスにまつわる根本的な問題は，それが直接的随伴性に対して鈍感だということである。ある人が，他者を喜ばせようとすることを通じて，常に強化を求めて弱化を避ける場合，その人は，希求性のものであれ嫌悪性のものであれ，そのほかの結果と接触することが難しくなる。前章の最後に記した比喩を再び用いるなら，「ルールを与えた人がその手の中に持っている」ものを主に追い求める人は，「地図に載っている」そのほ

かの多くのものを逃すリスクを冒すことになる，と言えるかもしれない。

　例を挙げよう——ある人が美術館を訪れるとしよう。彼がそうする主な理由が，それが知的な人間のするべきことであるため，または，誰か特定の人に認められるためだったとしたら，彼は自ら，芸術品を楽しむ機会や，そのような芸術についてもっと深く知る機会を減らすことになる。たとえば，他者の賞賛を得ることに注意を向けるなどといったことは，美術館に展示されている作品の細部に注意を向けることとは相容れないため，彼が得たかもしれない経験のある部分は妨げられることになる。その人が芸術品そのものへの興味に専念していたら遭遇したはずの結果は，実際にはその行動は決して起こらないために，接触されることがない。プライアンスが人の行動レパートリーを支配（dominate）するようになったときにつきまとう主な困難は，他者に依存した結果は，そうではない種類の結果ほど，予測やコントロールができないということである。たとえば，ある人が誰かを愛する主な理由が，愛し返されるためだったとしても，結果が必ずしもそうなるとは限らない。ある人がほかの人々の話に耳を傾ける主な理由は，ほかの人々に自分自身の話を聞いてもらうためかもしれないが，これもまた，実際にその人が期待するようになるとは限らない。もしも，ある人が繰り返し別な人に手を差し伸べる主な理由が，その他者に認めてもらいたいと願っているからだとしたら，その人はおそらく，折に触れて失望することになるだろう。般化されたプライアンス（generalized pliance）を示す人々に見られる最も明白な結果は，彼らが社会的な気まぐれに対して脆弱になるということである。

　このことは，たとえばある人が「命令には決して従ってはならない」というだけの理由で権威に対抗するような，カウンタープライアンス（counter-pliance）とでも呼べそうな行動についても当てはまる。長期的に考えるとそのような行為はその人自身にとって不利になるにもかかわらず，彼は，権威が何かをするようにと指示するたびに，拒否したり反抗的に振る舞ったりする傾向を見せる。それは，まるで，その人は——たとえ従うことで強化的な結果が得られる状況だったとしても——権威に従うことができないかのように見える。このようなケースでは，その人は権威

に対して反抗的に行為しているものの，彼は，権威に従う場合と同じ機能的つながりによってコントロールされるルールに従っている。このことが意味するのは，ルールに基づいた「社会的に媒介された結果」を達成するために彼は行動している，ということである——ただ，それを逆向きにしているというだけのことである。機能的には，カウンタープライアンスはプライアンスの一種であり，それが行動レパートリーを支配するようになることで，やはり問題が起こり得る。

　プライアンスが般化されて誰かの行為を支配するようになると，2つの重要な問題が生じる——第一には，それによって，その人が有効なトラッキングを学習することが妨げられるかもしれない[83]。トラッキングは，行動の柔軟性を飛躍的に増加させるスキルであるため，その学習が妨げられることは問題になる。第二に，その人は，他者が提供する結果に対してとても敏感であり続けることになる。唯一の支配的な結果が他者に管理されたものとなるリスクがあり，そのような事態は，その個人が，その人自身の社会的環境との関係の中で非常に脆弱になる結果をまねく。時間が経つにつれて，結果は，ただ単にそれが他者によってコントロールされているというだけで，強化的または弱化的なものになる。

　私たちが，「他者の願うことには従って，彼らがあなたに対して良い感情を持つようにしなさい」というルールを，明示的なものであれ暗黙のものであれ，私たち自身の人生の重要なルールとしてそれに従うなら，自分の人生を他者の手にゆだねて自分自身の目標や願いからはぐれる可能性が高くなるリスクを冒すことになる。このことが問題になるかどうかは，主に，私たちがどれほど上手に他者の承認を得られるか次第ということになる——そして，他者の承認を常に得つづけることは，容易なことではない。人間がおかれている状況のほとんどでは，このルールに従うと，求めるのに対して十分なだけの承認を得られないリスクが高くなる。そして，求めているものを得られず，しかもルールがまだコントロールをしている状況だとしたら，私たちは，他者からの承認を得るために一層の努力をすることになる。それでもまだ十分な承認を得ることができないかもしれず，そのために，私たちはさらに一層の努力を重ねることになり，そして，悪循

環に陥る。この状況は，とても限定された人生，すなわち，ほかの数々の潜在的に強化的な結果との接触を持たない人生へとつながる可能性がある。これらの潜在的な結果――トラッキングなしでは接触され得ないもの――は，ブロックされているのである。これは，古典的な臨床的問題で，少なくともフロイトが活動していた時代以来，描写されてきたものである。治療セッションの中では，般化されたプライアンスは，クライエントが「セラピストが求めていること」に厳密に同調しているかのようなときに，気づかれるかもしれない。セラピストとの関係におけるカウンタープライアンスも，同じ現象のまた別な形態である。ひとつの例としては，クライエントが「誰も，私に対して，ああしろこうしろと言うことはできない」というスタンスをとって，決してセラピストの指示に従おうとしない場合である。

この形態のルール支配行動がどのようにしてある人の生活の中でより複合的な問題になっていくかを理解するためには，私たちは，般化されたプライアンスとオーグメンティングとの間の相互作用を理解する必要がある。オーグメンティングは，般化されたプライアンスの持続のみならず，その増加にも荷担する可能性がある。このようなことが起こるのは，こういった問題のある類のプライアンスが，一次性の（primary）社会的に媒介された結果とつながりのある，抽象的で言語的に構築された結果にコントロールされるときである。問題あるプライアンスに行動レパートリーが支配されている人のほとんどは，単純に，たとえば今ここで誰かの承認を得るためなどといった即座に与えられる結果に基づいて振る舞っているわけではない。たいていの場合，もっと全体を巻き込むような，人生において何が重要かについての前提が作用している。この問題については，後から「オーグメンティングとつながる問題」のセクションで再び取り上げる。

## トラッキングとつながる問題

トラッキングの一番単純な形態は，直接的随伴性（つまり行動と結果）を指定していて，そのうちの結果のほうは，そういったルール自体とは独

立にこれらの行動に伴うものになっている。たとえば,「鎮痛剤を飲めば,痛みが和らぐ」などである。ここでは,行動が実行され,結果と接触する。トラッキングの能力はこの方法で強められ,その人の行動レパートリーは拡大していく。そして,その人が新しくておそらくもっと複雑なトラックに従う確率は高くなる。また,トラッキングは,たとえば学期末によい成績を修めるなどといった長期的な結果を追求する過程でも,用いることができる。長期的な結果の追求は,宿題を期日までに出す,すべての授業に出席する,などといったさまざまな種類の行為が持つ直接的で短期的な結果の強化的機能を,増大させる（augment）。これは,オーグメンティングがどのようにしてトラッキングと相互作用するかを示す一例である。

　しかし,トラッキングは,いくつかの形で問題となる可能性がある。ひとつの例としては,トラッキングが,そもそもそれが機能することができないような文脈の中で使われる場合である。たとえば,「私は,束縛されてはならない」というルールについて考えてみよう。これに従うことは,もちろん不可能である。自然に自発的な行動とは,定義上,指示の統制下にあることはできない。「私は,束縛されてはならない」というルールに基づいて行動する人は,結果として,束縛されずにいる経験をすることがない。つまり,トラッキングは,ルールの中で指定される行動が,ルールに従うことそのものと相容れない場合には,機能することができない。それは,「ルールに従ってはいけない」というルールに従おうとするようなものだからである。

　また,トラッキングが問題となる別の例は,トラックが,世界が成り立つ仕組みと対応していなくて,そのために,ルールに従うことが指定された結果につながらない場合である。このことを説明するために,「もし喫煙をやめたら,気分がよくなるだろう」というルールを見てみよう。タバコを吸うのをやめた人のほとんどが,ひとまずこのような結果に接触するということはないだろう。少なくとも当初はないはずである。重要な点は,このケースのような正しくないルールに従った場合,ルールに従う行動を維持する役目を果たすはずだった指定された結果が起こらないために,意図されていた標的行動がおそらくは弱まる,ということである。もしも,

誰かが，特に「気分がよくなる」ために喫煙をやめたとしたら，その人が比較的短い期間のうちに再びタバコを吸い始める見込みは高い。

　さらに，正しくないルールに基づいて行動し続けることは，また違った仕方で問題となる可能性がある。「回復するためには，苦痛を避けなければならない」というルールについて考えてみよう。このルールに基づくと，ある個人は，苦痛を遠ざけておくような方法で行動するかもしれない。ところが，その結果として，その人は，ルールの中で指定されている短期的結果と長期的結果（苦痛を感じないことと，回復すること）が，等位ではないということをいつまでも経験することがない。その人は，苦痛を避けるために行動して，苦痛は回避されるため，その行動は負の強化を受ける。それに加えて，ルールの中で「回復」と「苦痛を感じないこと」との間に確立されているつながりが，「正しいことをしている」という結果を作り上げていて，そのこともこの種のトラッキングを維持する原因になる。この例では，ルールの中で指定されている短期的結果に問題がある。特定の身体活動をしなければ苦痛を経験することがないだろう，ということは事実である。しかし，私たちが暮らすこの世界の仕組みの中では，苦痛は回復のプロセスの中で役割を果たすかもしれない。そうであれば，もしもある人が，苦痛と回復は両立しないことを明言するルールに従って行為するなら，比較的短期的な結果（身体活動の制限→苦痛がない状態）をトラッキングすることは，もっと長期的な結果（活動→苦痛→回復）をトラッキングすることを妨げることになる。これは悪循環で，短期的によく機能するトラッキングが，長期的には機能しない，という状態に陥ることになる。それにもかかわらず，トラッキングが短期的には機能するという事実は，行動を統制するルールの機能は全体としては強化されるというリスクがあることを意味する。このようなことが起こるのは，ルールが，苦痛がないという短期的結果（実際に接触される結果）を，回復という長期的結果と等位に関係づける（coordinates）ためである。それに輪をかけて，「正しいことをしている」という強化的な結果もあるわけである。

　この矛盾した効果は，うつ病，不安障害，またさまざまな種類の依存症を含めた，多くの一般的な臨床問題の中に見られる基本的なプロセスであ

る。社交不安障害の人などは，その例である。その人が「私は出掛けることができない。なぜなら，それは不安をもたらすから」というルールに従う場合，その人はしばしば，家にいることで不安を感じないでいるという短期的な結果を正しくトラッキングしている。しかし，もしもこの行動が長期にわたって続いたとすると，このようなトラッキングは逆効果となるかもしれず，結果として社交不安が悪化してうつ病につながる可能性がある。別の例は，アルコールに依存している人だろう。その人が「今すぐ酒を飲めば，気分がよくなる」というルールをトラッキングするとき，それは短期的にはうまく作用するかもしれない。しかし，もしもその人がそのまま飲酒を続けたとしたら，彼が抱える問題は消えることがなく，そして，人生を望むようにコントロールすることができないという経験が，おそらくは増えることになるだろう。それと同時に，彼は，飲酒を続けることによる長期的で有害な結果をトラッキングすることもない。この人は，長期的結果をトラッキングするということにいたっては，限定された，またこのケースでは不適切と言えるような，行動レパートリーにはまり込んでいる。

　これらの例は，その人たちが長期的な結果を理解していないことを示すと見えるかもしれない。しかし，実際には，そのようなことはまれである。引きこもることで気分をよくしたり不安を避けたりする人たちは，一般には，それが長期的には不安を増大させることを知っている。対処法として飲酒をする人たちも，長期的には飲酒が彼らの問題を悪化させることを知っているのが普通である。ほかのどの形態の私的な言語行動とも同じように，「理解する」という私的な言語行動も，顕在的行動（overt behavior）に対して何ら重大な効果を与えることなく生じることができる。問題の主要な点は，理解が不足しているということではない。重要なのは，ルールに従って行動し短期的な結果と接触したという結果のほうである。この重要な点は，強調して繰り返すだけの意味がある——それは，理解の問題ではない。ここで決定的な要素は，結果を伴ったルール支配行動なのである。

　上の例の中では，負の強化が明らかに役割を果たしている。社会的な状

況と接触をしないことで，社交不安の経験を回避することができる。アルコールを飲むことで，短期的には不安と居心地の悪さを減らすことができる。とはいえ，そのほかの強化随伴性も，役割を果たしている。オーグメンティングは，それ自体としては貧弱にしか機能しないトラッキングを維持する上で重要な役割を果たしていて，そのことは，問題のあるプライアンスとのつながりにおけるものと同じである。また，先に記したように，「正しいことをしている」という結果は，効果のないトラッキングの機能を変容（alter）して，それがもたらす長期的な結果にもかかわらず，個人がルールに従い続けるようにする。私たち人間は，いとも簡単に，うまく作用しないルールにはまり込んでしまう。特に恐怖，落胆，恥，悲嘆，または寂しさなどをコントロールするような行動を支配するルールにおいてそうである。私たちは，このことを，「さらにその先」の何かへと通じる道筋のどこかにある目標に到達しようとして行う。この方向性──この「さらにその先」──が本質として持つ機能は，問題のあるオーグメンティングとつながっている。

## オーグメンティングとつながる問題

　オーグメンティングとプライアンスには，共通の特徴がある──それらは，どちらも「社会の気まぐれ」に対して敏感である。プライアンスの場合には，それはルールの中で指定された結果が，社会的コミュニティーによってお膳立てされていることの結果である。オーグメンティングを可能にする言語ネットワークも，社会的コミュニティーによってお膳立てされている。ただし，もっと複雑な仕方でなされている。それらは，言語活動の一番基礎の部分にある社会的な相互作用によって形作られる。関係ネットワークで，オーグメンタルとしての役割を果たして，結果が持つ支配的な機能を強めるものは，ときにはとても抽象的な場合もある。そして，支配的な結果が抽象的であればあるほど，即座の結果が行動に影響を及ぼすことが難しくなる。つまり，オーグメンティングとのつながりで起こる根本的な問題は，それがプライアンスおよびトラッキングと相互作用をする

ことで，直接的随伴性に対する感受性が鈍ることである。

　プライアンスとつながる問題をもう一度考えてみよう。先にも記したように，オーグメンティングは，プライアンスに関連した問題を，簡単に持続させたり悪化させたりする。まれには，何らかの具体的な形の強化を得ようとして他者の承認を追求する個人はいるものの，一般的には，般化されたプライアンスは，もっと抽象的で言語的に構築された結果の影響のもとで起こる。そこでは，「いい人でいる」，「成功する」，あるいは「愛すべき人物でいる」などといった抽象的な結果が，ある個人にとっての究極的に望ましい結果として確立されているかもしれない。この類の結果は，たとえば，他人と同じことをする，他人が言うことに賛成する，行動パターンを一定の範囲内にとどめる，決して「いいえ」とは言わない，などといった特定の行動と等位に位置づけられているかもしれない。この種の学習履歴は，たとえば「愛すべき人物でいる」ことと，さまざまな仕方で他者に適応することとの間の，恣意的な等位の関係を強める。これは，今度は，適応しないでいることにかかわる行動が持つ刺激機能に影響を与える。このような人にとっては，さまざまな形態の「適応しない」でいることが，弱化の機能を持つようになる。これは，「適応しない」ことが，「愛すべき人物でいる」という，その個人にとっての自明の目標（self-evident aim）または価値に対して，反対のものだからである。ここで，ある人が，たとえば「やりたいと思うことを達成するためには，私は気分がよくなる方法で行為しなければならない。そして，私が気分がよいと感じるのは，誰にも批判されず，周囲の人が私を高く評価するときである」といった自己ルールに系統的に従って行動する場合を考えよう。このような般化されたプライアンスに基づいた問題あるオーグメンティングの中で，いったい何が起きているのかを，詳しく見てみよう[*1]。これは，高度な関係フレー

---

＊1　（原注）ルール支配行動が起こるときに，その人が必ずしも何らかの思考を観察するとは限らない，という点に注意してほしい。その人は，そのような思考について報告するかもしれないし，しないかもしれない。ルールは，暗黙（implicit）のものかもしれない。本質的なことは，その人が，実際にそのような仕方で行動しているということである。

ムづけの結果である：

1. 人々の批判や周囲から得られる賞賛の不足が，ある種の思考や感情（たとえば，「私は悪い。私は，あるべき姿をしていない」）を引き起こし，それらが，特定の目標の実現にねらいを定めた行為に反するものとして位置づけられる。つまり，「私にこのような思考や感情があると，それらは，私が特定の方向へ行動することの妨げとなる」。
2. その人の目標は，気分がよい状態と等位に位置づけられる。すなわち，「これらの目標に向けて行動できるようであるためには，私は気分がよくなければならない」。
3. 気分がよいことが，その人にとって本当に重要な事柄に到達するための必要不可欠な要素として確立（因果的フレームづけ）される。

　問題あるオーグメンティングの別の例は，うつ病の人が，過去の出来事にいつまでもこだわり続けている場合である。もしも，過去の出来事について何度も考えることで何か方向性が見えてくるのかと尋ねられたら，その人は，おそらく，そんなことはないと認めるだろう。にもかかわらず，彼は，それをいつまでも続ける。ここでは，負の強化が重要な役割を果たしている。この活動は，その人が苦痛なものとして経験するような何かを，回避する助けとなっている。ひょっとすると，彼は，過去のことをクヨクヨ考えることによって，ほかの思考を回避しているのかもしれない。とはいえ，負の強化だけが支配的な結果であるわけではない。この人がしている反芻は，おそらく，私たちが問題解決と呼ぶような行動の機能クラスに属する部類のものだと考えられる。これが，問題に対処するときには「するべきこと」なのである。したがって，このケースは実は，「気分がよくなるために，しなければならないことをしている」ことで行動が強化される場合のさらなる一例だと言える。物事を考え抜くことは，正しいことだとみなされているのである。私たちは，なぜ，この類の問題解決が，特定の状況の中で特定の人にとってそれほど強烈なものになるのか，と問うこ

とができるかもしれない。思考が常に過去を向いている人々は，しばしば，それは気分がよくなるための試みである，と言う。では，なぜ気分がよいことがそれほど重要なのだろうか？　それは，その人たちにとって，よい気分でいることが，人生におけるほかの重要な目標または価値に到達するための手段とみなされているからである。このルール——「気分がよくなるためには，私は抑うつ的な気分をなくすことに取り組まなければならない。そして，人生において重要なことを達成できるようになるためには，私は気分がよくならなければならない」——は，刺激機能をさまざまな仕方で変容するオーグメンタルとして機能するのである。その人が，過去の出来事をクヨクヨ考えることで回避している思考は，オーグメンティングを通じて，ますます嫌悪的なものになる。なぜなら，それらの思考は，もはや，単にそれそのものが苦痛だというだけにとどまらなくなるからである。それらは，今や，人生における重要な事柄を達成することに対抗するものとしても位置づけられているのである。この時点で，オーグメンタルは，望まれない思考を取り除こうとする努力を強めることになる。なぜなら，そのような思考を取り除くことは，重要な目標を達成してその人の価値に沿った人生を送るために必要なことだと，ルールが指定しているからである。

　幻覚を体験している人を想像してみよう。この人が，「今日，ベッドから出なければ，声（幻聴）を聞かずにすむ」というルールをトラッキングしているものと想定しよう。なぜ声を聞かないことが重要なのかと尋ねられたら，その人は，声を聞かないほうが生きやすい，精神病院（mental institution）に閉じ込められなくてすむ，あるいは，気が狂うという考えから逃れたい，などと答えるかもしれない。このトラッキングは，短いスパンではうまくいくかもしれないものの，それはより長期的な結果をトラッキングするものではない。その結果，その行動は，先に説明したとおり，長期的な悪循環の一部となる。オーグメンティングは，この状況を「私は確実に声を聞かないようにしなければならない。なぜなら，普通の人はそれを聞かないものだから」といった自己ルールを通じて，さらに複雑なものにする可能性がある。そして，幻覚を体験することは，普通の人間であ

ることに反するものとして位置づけられたために，さらに嫌悪的になる。このことは，ルールに従うと幻覚をコントロールする役割を果たすはずの行動を，一層動機づけることになる。全体としてのプロセスが，今や，もともとのつらい経験——それ自体のみでも十分に困難であるような経験——をしのぐものになる。今では，それは，「普通の人間であること」の問題ともなったのである。

　同じ原理が，依存性パーソナリティ障害にかかわるプロセスにおいても見られる。この診断を受けている人は，しばしば，表立って他者に伝えるにしても，受け身の形にしても，支えがないと感じる状況を避けるような方法で行動する。この人の行動を支配しているルールが，「やりたいことを実際にするためには，支えられているという気持ちに集中しなければならない」というものだと想定してみよう。このルールは，支えられていないと感じる体験が持つ嫌悪性の特質を強める。なぜなら，その体験は，実際の不安のみならず，今や，その人が願っている生活そのものを妨げることも意味するようになったからである。このことは，その人が，支えられているという気持ちをもたらすはずの方法，あるいはその逆を避けるはずの方法で行為しようとする動機を高める。そして，「支え」というものについての経験は，もちろん，社会的環境の中で多様であるため，このことは，あまりにも簡単に悪循環につながる——そして，その人が支えられている経験がないと感じれば感じるほど，それを得ることがより重要なことのように思えてくる。

　ここまでに挙げた臨床例のすべてが，診断にかかわらず，同じ基本的な出来事の流れと，同じ人間としてのジレンマを描写している。プライアンスとトラッキングの形をしたルール支配行動によって，私たちは，より長期的な結果の達成に向けて行動することができる。しかし，それは必然的に，ある程度の「固さ」も伴う。この固さが，オーグメンティングの影響のもとで強まる可能性があり，それは特に，追求される結果がとても抽象的か，時間的にも空間的にも遠いかのいずれかの場合には顕著になる。

　オーグメンタルの定義に立ち戻ってみよう。オーグメンタルは，私たちが日常的な言葉で想定，前提，あるいは出発点などと呼ぶようなものに似

第 7 章 人間の言語が持つダークサイド 207

たルールである。オーグメンタルは，しばしば暗黙裡にあって，当然のことのように感じられる。私たちは，それをただ当然のことと受け止める。そして，それこそがまさに，オーグメンタルが私たちの行動に影響を与えるときの様式である。それらは，言語的に構築された複雑な関係ネットワークであり，さまざまな結果が強化的または弱化的に機能する度合いに作用することによって，私たちの行動を支配する。それらは，一種の言語的確立操作として機能するのである。オーグメンティングは，ルール支配行動の最も高度な形態とみなされている[83]。念のために明らかにしておくが，すべてのルール支配行動にはよい側面と悪い側面があって，ここでの文脈の中では，それらの影響が問題となる部分を強調している。

　ただし，行動分析学の観点からすると，これらの想定または出発点は，それ自体が問題なのではないことに注意してほしい。問題は，ルールではない。ルールは，ただ単に，他者によって表現された言葉であったり，個人によって弁別された私的出来事であったりする。あるいは，多くの場合に，それらは他者によって表現されることも，私的出来事として弁別されることもなくて，暗黙のものであったりする。言葉にされると，それらは，第 6 章で考察したように，行動を言語的に抽象化したものである。本当の問題は，ルールではない。そうではなくて，本当の問題は，ルールに**従う**ことである。行動が，生きる上での問題となるような結果を導くとき，これらの問題は，一部には，ただ単に特定の行動が私たちが欲するものをもたらさないということから，また一部には，当該のこれらの行動が，強化的な結果に結びつく見込みが高かったかもしれないほかの行動を排除するということ，から生じる。

## 間接的な刺激機能が優勢になることに関連したリスク

　ひとたび，関係フレームづけのレパートリーが個人の中に確立されると，派生的または言語的刺激機能が，直接的に確立された機能に対して優勢となることができる。このことは，この章のはじめに記した実験の中で，もはやルールが環境側の仕組みとは対応しなくなるように随伴性が変更され

た後も，ルールが引き続き参加者の行動を支配し続けた様子によって示されている。このようなことが起こるのは，間接的刺激機能に従って行動する経験が，あまりにも多くの領域で著しく強化的だったためと思われる。簡単に言えば，言語は有用なのである。

　誰かが何かを発言するとき，彼らは一連の音を発する。これは，私たちが，自分には理解できない言語を誰かほかの人が話しているのを聞くときに，とてもよくわかる。その場合，私たちは，直接的刺激機能――音の特徴，あるいは発語のリズムやスピードなど――にしか接触しない。私たちが以前にその言語が話されるところを聞いたことがあったとしたら，一連の音は，そのころやその状況の記憶を引き出すかもしれない。それでも，私たちの経験は，依然としてその大部分が直接的刺激機能――これらの音と私たちの直接的経験との間の即座のつながり――によってコントロールされている。それに対して，私たちが習得済みの言語を聞くときには，このようなことは減っていく傾向がある。そのときには，間接的刺激機能が前面に出てくる。私たちは，その人が何を言っているのかを理解して，それに基づいて行動する。この場合でも，私たちが真に聞いているのは，音の組み合わせにすぎない。にもかかわらず，話し手と聞き手の双方が特定の音を互いに，また，そのほかのいくつかの事柄と関係づける共通の方法を持っているため，私たちは聞こえることを理解する。これらの関係は，それ自体は恣意的なものである。私たちは，共通の社会的ゲームに参加しているのである。

　間接的刺激機能が優勢になる自然な流れを理解するひとつの方法としては，普通ならそうはならないような文脈の中で，直接的刺激機能と接触することを試みることである。読者として，あなたは，今読んでいる文面を眺め，テキストが何を意味するかに注意を向けないまま，紙の色と印刷のインクによってつくられたパターンのコントラストに意識を集中することで，これを試すことができる。あなたは，これがとても難しいことに気がつくかもしれない。単語の意味が，私たちにとってはあまりにも明らかなのである。このことは，必ずしも，これらの意味を消し去ることが不可能だとか，間接的刺激機能が優勢でなければならない，などということを示

すのではない。ひょっとすると，何らかの瞑想やフォーカシングのテクニックによって，意味を実際のテキストから切り離して，白と黒の視覚的コントラストだけに注意が向くようにすることも可能かもしれない。とはいえ，それは，私たちが書かれたテキストとの関係でとるように学習した基本的な姿勢ではない。

　直接的および間接的刺激機能について実験してみるまた別な方法は，1つの単語を，声に出して——早く，繰り返して——しばらくの間言い続けることである。もしも，あなたがこれをまだ試したことがないなら，今試してみるとよいだろう。あなたが生まれた都市または町の名前を，速く，そして声に出して，しばらくの間繰り返してみよう。

　あなたは，何を経験しただろうか？　これをすると，ほとんどの人が，瞬間的に意味が消えて音だけが聞こえる状態を経験する。これは，どのようにして起こるのだろうか？　RFTに基づくと，普段なら間接的刺激機能を維持するはずの文脈が変容されて，それによって刺激機能が減少した，と説明できるかもしれない。この課題を行うことで，RFTの中で$C_{func}$と呼ばれる文脈の側面が変化する。間接的刺激機能は，元々備わっているものではない。それらは，私たちが，時には皆で，また時には自分自身だけで，どのように振る舞うかの結果として生じてくる。これらの機能を変容することは，文脈の要因に影響を与えることを通じて，可能である。ここで挙げた2つの例では，その効果は明らかに束の間のものである。普段の文脈は，紛れもなくそこにある。

　間接的刺激機能は，あらゆる場所や状況において優勢になるわけではない。人間は，直接的および間接的な刺激機能の両方が私たちの行動に影響を与えるような世界に生きている。状況によっては，直接的刺激機能が優勢となる。仮に，あなたが高いスキルを身につけたピアニストで，好きな作品のひとつを空(そら)で弾いているところだとしたら，あなたはそれを，主にその瞬間の直接的刺激機能の影響のもとで行っている。そのときに，誰かがあなたに向かって話し始めたとしたら——そう，たとえば，もっと違った方法で弾くように提案したとしたら——あなたは，その妨げに気がつくだろう。それでも，間違いなくあなたは，それをそのままにして音楽を演

奏することに没頭し，主として直接的刺激機能の影響下にとどまり続けることができるだろう。行動を継続しつつ，次にとるステップを，何であれそのときに直面することの影響に任せる能力は，人間にもしっかりと残っている。たとえ，それがルール支配行動と競合する必要があったとしてもである。

　間接的刺激機能が優勢となること自体は，問題とされる必要はない。ほとんどの場合に，恣意的に適用可能な関係反応は，私たちの行動の柔軟性を高めてくれる。それが，ほかの状況で固さのリスクを高めることは，ただ単に，同じコインの裏面にすぎない。それでも，たしかに，厳密に優勢となった間接的刺激機能に過度に影響されるリスクが存在することは，事実である。この章のはじめのほうで，私はこのことを，さまざまな形態のルールに従う行動に関係した問題とのつながりで説明した。この優勢が強まるとき，RFT では**フュージョン**という用語を使って，特定の行動が，間接的刺激機能によって完全に支配されていること，あるいはそれに融合（fuse）されていることを示す。**フュージョンは，特定の言語的（間接的）刺激機能が，ほかの潜在的に可能な直接的および間接的刺激機能に対して優勢となるときに起こる**[87, 188]。たとえば，私は，リコリス*2 というものをいまだかつて一度も味わったことがなかったとしても，リコリスはひどい味がするという想定に基づいて行動するかもしれない。しかも，ほかにも可能な直接的刺激機能（試食をしてみたら，どのような味がするだろうか），あるいは間接的刺激機能（リコリスについてのほかの意見）があるにもかかわらず，そうするかもしれないのである。また，私は，完全に「彼とは話をすることができない」と想定して行動するかもしれない。たとえ，ほかの直接的刺激機能（私が彼に話しかけたとしたら，どうなるだろうか）または間接的刺激機能（私ができることについてのほかの見解）が可能性としてあったとしてもである。ここでも，問題となる可能性があるのは**行動における**フュージョンである，ということを強調しておくこと

---

*2（訳注）北米ではポピュラーなお菓子で，マメ科の薬草エキスの独特の香りがあり，日本人にはあまり好まれない。

が重要だろう。次のように言い換えることができるかもしれない——フュージョンとは，行動である。それは，何らかの形で行動に先立つような精神的なプロセスを指すのではない。言語的機能が優勢となることとのつながりで生じる可能性のある落とし穴は，フュージョンした行動に結果が伴うことであり，柔軟性のない思考そのものなのではない。

## 精神病理につながる中心的なプロセスとしての体験の回避

　この章で指摘する根本的な点は，恣意的に適用可能な関係反応のダークサイドが最も明らかになるのは，ルール支配行動が私的出来事をコントロールすることに向けられるときだ，ということである。この行動が起こる理由は，私的出来事が，恣意的に適用可能な関係反応を通じて，容易に嫌悪性の機能を獲得するためである。このことは，先のさまざまな種類のルール支配行動がどのようにして行動のトラップ（behavioral traps）に変わり得るか，ということについての調査の中でも，主要なテーマだった。私たちの誰もが，あまりにも簡単に，私的出来事をコントロールすることに自分の行動を差し向けるようになる。この種のルール支配行動は，**体験の回避**と呼ばれ，感情，思考，記憶，あるいは身体感覚をコントロールまたは排除することを目的とした行動，と定義される[89]。この行動の結果は，一般には矛盾したものとなる。それは，短期的にはうまくいくかもしれないが，長期的には，私たちが回避しようと取り組んでいる種類の経験を，実際には増やすリスクを高めることになる。それと同時に，全体としての生活が制限されたものとなって，人生に対する満足感が弱まる。これらのことはすべて，先に記した，私的出来事をコントロールすることを目的としたルール支配行動がもたらすネガティブな効果についての節で示した。そして，多くの科学的なデータが，体験の回避が精神病理において中心的な役割を果たしている可能性があることを，立証している[33, 37, 38, 105]。

　この問題行動の起源は，率直でわかりやすいものである。すべての生物にとって，脅威をもたらす状況は，嫌悪性の機能を持っていて回避の対象

となる。私たち人間にとって，私的出来事は，関係フレームづけを通じてたやすく嫌悪性の刺激機能を獲得して，そのために回避の対象ともなる。それと同時に，私たちとこれらの出来事との接触面の拡がりは，無限ではないにしても，計り知れないものである。ルール支配行動が子どもの中で確立されるにつれて，数々の高度な行動が可能になり，それらが思考，感情，そして身体感覚をコントロールすることに向けられるかもしれない。それに伴って，もしも，嫌悪的に感じられる私的現象と，満ち足りた人生との間に，対立の関係（relation of opposition）を内包するようなルールが確立されると，それらのルールは，オーグメンタルとして機能する見込みが高い。そうなると，これらのオーグメンタルは，当該の私的出来事をますます嫌悪的なものとして確立するかもしれず，そのため，それらを回避することがますます重要となる。そしてオーグメンタルは，これらの現象をコントロールすることに対して意識的に行動を集中しようとする動機をますます高めることになる。このような流れで，体験の回避は確立される。

　関係的にフレームづけする能力が次第に複雑になるにつれて，より多くの出来事がほかの刺激に対して，さまざまな仕方で関係づけられることになる。そのために，より多くの感情や思考が，嫌悪的なものと等位に位置づけられる可能性が生じる。これらの感情や思考は，次には，望ましいものに対して対立に位置づけられるかもしれず，そうなると，それらもまた，さまざまな回避方略の対象となる。**体験の回避に伴う問題のひとつは，私的出来事をコントロールする人間の能力がかなり限られたものだということである**。相当な程度まで，これらの現象は，私たちの意志によるコントロールの範囲外にある。思考はふと浮かび，そして感情，記憶，身体感覚は自動的に活性化される。それらは生活場面の無数の状況で起こるもので，私的出来事のコントロールを指示するルールが，それらに対して効果的に作用するのは不可能である。体験の回避についてのまた別の問題は，このようなルールに従おうとすればするほど，より長期的には，結局避けようとしていたことそのものと一層密接に関与するようになるリスクが大きくなることである[1, 196)]。そして，また別の問題で，最も重要なものは，個人

がこの形態の意識的な回避に自分自身をコミットするとき，ほかの行動で，正の強化へとつながったかもしれないものが排除される，ということである。そうして，長期的な結果として，その個人にとって究極的には満足できない生き方に陥るリスクが高まることになる。

## 自分自身と格闘すること

　人間が自分自身を体験すること，そして，自分自身と自分の行動を言語的に弁別する能力を持つことは，より高度なルール支配行動が可能となるための必要条件である。ほかの動物種も自分の行動を弁別することができるけれども，人間には関係フレームづけをする能力があるため，人間による自己弁別の複雑さは，他種と比べてはるかに大規模である[11]。私たち人間は，自分の行動を，さまざまに違った関係フレームの中に当てはめることができる。このことは，私たちが，たとえば，「この行動を——以前に，または後で」（時間的フレームづけ），「この行動を行わない」（対立のフレームづけ〔oppositional framing〕），「この行動をさらにもっと」（比較のフレームづけ），あるいは「この行動を，あそこで」（視点のフレームづけ），などに接触できることを意味している——しかも，どれひとつとして，行動がその場で起きている必要がなく，また以前に起きたことがある必要さえもない。

　このことに加えて，私たちは，自己の体験についても，それを関係フレームに当てはめることができる。言語行動を通じて，私たちは，「この行動を実行しているのは，私である」と弁別することを学習できる。私たちが，これを言語的視点取得を通じて行うことは，第5章で説明したとおりである。このスキルは，ルール支配行動と組み合わされて，個人が話し手と聞き手の両方を兼ねるような，自己生成（self-generated）ルールを形成する。

　このような方法で自分自身を弁別する能力は，上で考察された問題ある複雑なメカニズム——関係フレームづけのダークサイド——の影響を受ける可能性がある。もしも，思考が関係フレームづけを通じて，基本的にど

の方面からも嫌悪性の機能を獲得することができるとしたら，私自身についての思考もまた，嫌悪性の機能を獲得できる。これは，まずは直接的な経験を通じて起こることが考えられる。たとえば，私が何か苦痛なことを経験したら，これは直接的に私自身の体験と関係づけられる。それはまた，ほかの人々による私についての話（ナラティブ）を通じて間接的にも，起こり得る。たとえば，私が頻繁に，私はあるべき姿をしていない，私は間違ったやり方をしている，私は悪い，あるいは，私はバカである，などと言われることを通じてである。このような直接的方法と間接的方法が組み合わされたとしたら，私が自分自身についてさまざまな意味で苦痛なナラティブを発達させる確率は高くなり，そして，このナラティブを通じて，私は，人生が制約されるリスクを冒すことになる。とはいえ，たとえ，私にこのような迫力のある経験——苦痛なことそのもの，あるいは，頻繁に私自身についての嫌悪的な話を聞かされること——がなかったとしても，私は，この可能性から逃れることはできない。なぜなら，仮に，私がする経験や他者が私に対してもたらしてくれた私自身の話が，希求性の機能が優勢なものだったとしても，私の言語能力が，必然的に，私を私自身に関係した嫌悪性の機能にも接触させるからである。また，すべての生物が，常に，嫌悪性の刺激と希求性の刺激を弁別している。これらの弁別反応は，出来事を関係的にフレームづけする能力とつながることで，そして特に比較のフレームづけによって，劇的な仕方で高まる。人間は，言語的視点取得を通じて，自分自身を対象物として関係づけることを学習するため，次の問いを避けて通ることができない——私は，希求性だろうか，それとも嫌悪性だろうか？　もっと日常の言葉で言うなら，この問いは，以下の言い方で表現できるかもしれない——私は，善いか悪いか？　私は，あるべき姿をしているだろうか？　私は，十分に善いだろうか？

　直接的および間接的な嫌悪性の刺激機能が，私的出来事全般に関係づけられるのとまったく同じように，それらは，「私」についての経験にも関係づけられる。私の私的出来事は，私の自己の感覚ととても特別で直接的な関係にあるために，それらが私の行動にとっての中心的な機能を獲得することは，簡単に理解できる。それらは，なんと言っても，やはり，私の

中に位置を占めることになる。第5章で行った，自己の体験が誕生する様子についての考察の中で，私は，どのようにして私たちの自分自身の物語が，固さのリスクや言語的落とし穴にはまり込むこととつながっているか，について説明した。私が私自身の物語とフュージョンした状態で行動すればするほど，長期的には私の人生にネガティブで制約的な効果を与えるような方法で自ら行動することになるリスクが大きくなる。このことは，私の直接的また間接的な学習履歴が，問題あるルールに従う行動の確率を高めるような限定された物語になっている場合には，特に当てはまる。

　仮に，私が抱いている私自身の物語が，私は「突然，何か完全に気が狂ったようなことをするかもしれない」あるいは「何事もひとりでは，やり遂げることができない」ような誰かだ，と記述しているとしよう。このようなナラティブが——私がそれとフュージョンして行動したとしたら——慎重さを維持させるようなルールに従う行動や，独立を欠いた行動などを助長することを理解するのは難しくない。また，そのようなナラティブは，間接的な嫌悪性の機能を，プロセスとしての自己のさまざまな側面に付与することもする。すると，私が，自分で感じていることに気がついた特定の気分——たとえば不安なら不安——が，行動に対する障害物，つまり回避への先行事象となる。このようにして起こる類の回避行動は，負の強化を受ける傾向がある。なぜなら，短期的には，私が慎重な仕方で行動するときに，私の不安な気分が減るからである。このように，このルールに従うことは，私が物語とフュージョンして行動する傾向を増加させる可能性があり，結果的に，物語が私の行動に対してさらに優勢となる。そして，これらのことのすべてが，行動が私の人生にとって重大な損失となるような状況においても起こり得る。体験の回避は，今や，トラップとなったのである。

　多くの心理的問題や精神疾患，これと同じ方法で分析可能である。注意が責任に集中する自己の物語（responsibility-focused stories of self）は，強迫性の症状とのつながりでしばしば重要な要素である。罪悪感にまつわる物語は，多くの場合に，抑うつ（depressive conditions）の鍵となっている。自分自身の身体と容姿に関連した物語は摂食障害とのつなが

りで中心的な機能を果たしていて，自分自身についてのナラティブや，対人的肯定感（interpersonal affirmation）の必要性は，境界性パーソナリティ障害とのつながりでしばしばこのような機能を持つ。これらは，典型的な例のうちのごく一部である。

多くの人が，彼らが心理カウンセリングを求めるのは自信や自尊心があまり持てないからだ，と説明する。そのような個人の多くが，「私は，どこかおかしい」，「私は，普通ではない」などといった用語を使って彼らの問題を表現する。あるいは，「自分の中に何かおかしなこと」があって，それが彼らのジレンマまたは症状を引き起こしていると想定しているかのようである。問題についてのこうした説明の多くは，それ自体が問題を含んでいて，その個人を制約する言語的なトラップのいくらかを構成している。それでも，これらの表現は，人間のジレンマの重要な部分が，私たちが自己の体験との関係でどのように行動するかとつながっている，ということを示すものでもある。この自己の体験は，言語学習を通じて嫌悪性の機能を獲得することがあり，また，本章で説明した体験の回避へとつながるような問題ある種類のルールに従う行動を通じて一層複雑なものになる可能性がある。

## まとめ

人間の言語は，私たちにとって計り知れないほど役に立つものではあるものの，問題となる副作用もいくらかある。派生的関係反応の行動レパートリーは，人間に刺激機能を相互的内包と複合的相互的内包を通じて変換する能力をもたらす。その結果として，私たちが現時点のものではない出来事と接触する可能性が飛躍的に高まり，そのために嫌悪性の刺激機能も，どこにでも存在することができるようになる。それに加えて，関係フレームづけをする私たちの能力は，ルール支配行動を可能にする。これもまた，とても有用ではあるけれども，その一方で，さまざまな種類の行動のトラップにはまり込む可能性への扉を開く。私が説明した何種類かのルールに従う行動のうちでは，オーグメンティングが，一番問題となる可能性が高

いようである。私たちが，良い有意義な人生のためには何が必要かということについてのオーグメンタルのルールに従うとき，多くの私的出来事が強い嫌悪性の機能を獲得する。そうなると，それらの私的出来事を意図的にコントロールすることが，前に進むためのただひとつの道筋を提供するかのように思われてくる。しかし，この道筋は，あまりにしばしば袋小路となる。私的出来事は，それをコントロールしようとする努力によっては影響されないのが典型的であるため，この類のルール追従にはある種の無益さが伴う。そして，逆説的なことに，これらの出来事を回避しようとするまさにその努力が，実際にはそれらが起こる可能性を高める。問題の度合いを増しながら，しかも，おそらく最も悪いことに，こうした努力は人生の中で重要な側面を占めるようになる可能性があり，結果として，ほかの行動が放棄される——つまり，長期的には正の強化と接触する確率を高めたかもしれないような行動が排除される。このような悪循環は，こういったルールとフュージョンした状態で行動することの根本的な問題によって確立される。これらのルールは，その多くが自己生成（self-generated）されたもので，また，その人が「自分自身」に対して何をするべきかをしばしば指定するものであるため，この問題ある行動のうちの重要な部分が，私たちの自己の体験との関係の中で成立すると言える。

　私たちがこれらのトラップにはまり込むことは避けられないことではないし，仮にそのような袋小路に迷い込んだとしても，それは必ずしも終点を意味するものではない。私たちの行動は，さまざまに違った文脈要因によって影響を受けることができる。そのため，有害なルールに従う行動を減らす手段として文脈要因を変えることは，本書の中で紹介されている原理に基づく，あらゆる心理的治療のゴールとなる。第3部での私のねらいは，このような治療に，どのようにして迫ることができるかを探ることである。

# 第3部

# 臨床上の意味

# 第8章
# 学習理論と心理療法

　心理療法というものはすべて，2つの別な舞台，つまり2つの原理的に異なる条件に対して取り組むことになる。第一の舞台は，セラピストとクライエントによって共有される場——彼らがセッションの場で過ごす時間——である。第二の舞台は，第一の舞台以外のクライエントの生活であり，援助を求める原因となった問題または困難にクライエントが遭遇する場である。第一の舞台は，セラピストが，その場に居合わせることで直接的に影響を与えることができる唯一の場である。同時に，クライエントがセラピーの場以外で過ごす生活である第二の舞台は，当然，長期的にはクライエントにとってより重要となる。すなわち，第二の舞台こそが，変化が必要とされる場である。

　このことから，行動分析的観点からすると，セラピストには影響力を発揮する上で2つの道筋が与えられていると言える。1つ目はクライエントの問題行動がセッションの中で示された際のクライエント－セラピスト相互作用を通じての道筋，2つ目はセラピストがクライエントのルール支配行動に影響を与える能力を通じての道筋である。前者の場合には，クライエントがセッションでも外の「現実生活の中」で行動するのと同じように行動するなら，セラピストがクライエントの行為に普段影響を与えているものとは違った状況をつくることで，クライエントが何か新しいことを学ぶ機会を提供できる可能性がある。たとえば，ある人が失望と悲しみを感じたときの典型的な反応が沈黙して他者から引きこもることで，この行動がその人自身にとって問題となっている場合を考えてみよう。クライエントとセラピストとの相互作用の中でこの行動が起きたとしたら，セラピストは，クライエントの行動を変えるような状況を作り出す方法で行為する

ことが可能になる。ひょっとすると，セラピストは，クライエントがどのようにして引きこもるかに気がついて，そのことにクライエントの注意を向けつつ，また違った種類の行動をとることを勧めるかもしれない。もしも，クライエントが，たとえば自分の失望を表現するなどといった新しい行動をセッションの中で試したなら，セラピストは，この新しい行動を強化する方法で行為することもできる。このプロセスは，エクスポージャー療法でも基本的な部分を占めるものである。たとえば，強迫性障害の問題がある人は，他者を傷つける恐れから，手の届く範囲内に決してナイフを置かないかもしれない。このようなケースでは，セラピーの中に，セラピストとクライエントが協働しながらナイフが身近にある状況を作り出す作業が含まれるのが典型的なものである。この作業は，診察室で行われるかもしれないし，または，クライエントの自宅などといった，普段問題が誘発される場所で行われるかもしれない。セラピストは，新しい行動を支援するように働きかける。このケースでは，クライエントが，以前には回避していた方法でナイフに接触したり，ナイフを取り扱ったりすることを支援する。そして，セラピストは，その新しい行動が強化されるような結果が起こる状況を整えることに努める。

　これらの例は，どちらも，クライエントの問題行動が起きたときに，それに対してどのように行動原理に基づいて新しい文脈を用意することができて，その方法を通じて行動の変化をもたらす確率を高めることができるか，を示している。後の例では，セラピストは，問題行動と新しい行動の両方について，先行刺激と結果を用意する。もちろん，セラピスト自身も，二人が相互作用をしているときには，クライエントにとっての文脈の一部である。しかし，私が先にセラピーの2つの舞台について記したことを考慮すると，セラピストが居る場で起こる変化が主要なゴールでないことは明らかである。私たちがセラピーの中でねらいとしているのは，第二の舞台，つまりクライエント自身の生活の中での変化である。そして，これが起こるためには，般化が必要となる。クライエントは，セラピストと一緒に取り組む過程で何か新しいことを学び，これが，次には彼の日々の生活の中へと般化される。また，そのような変化が持続するためには，クライ

エントが「外の」本当の生活の中で直面する結果が，これらの新しい行動を強化するものであることも必要である。そうでなければ，セラピーから新しく学んだアプローチが，クライエントの普段の生活の中にしっかりと確立されないリスクがあり，そのため簡単に消去される恐れがあることになる。セラピストは第二の舞台で起きている結果をコントロールできないため，このことは，セラピストとクライエントの両者ともが，変化のための取り組みの中で，治療計画を作るときには考慮に入れる必要がある。クライエントの日々の生活の中に，クライエントが新しい方法で行動するにあたっての自然な強化子があるだろうか？　エクスポージャー療法の例に戻って考えると，ほとんどの場合に，ナイフを普通に使うことのほうが，常にナイフを回避することよりも，多くの強化子が伴うと想定できる。同じように，おそらく，個人の失望と悲しさを表現することのほうが，引きこもることよりも強化されるだろう。必ずしもすべてではないにしても，少なくともある文脈ではそうだろう。

　したがって，好ましい変化への道筋には，以下のプロセスが含まれると言える——クライエントは，セラピストとの相互作用の中で新しい行動を練習し，そしてその行動を強化するような新しい結果と遭遇する。クライエントは，次には，日々の生活の中で同じ方法で行為してさらに多くの強化的な結果に遭遇し，そのことが，その新しい行動がほかの似た状況でも起こる見込みを一層高める。セラピストは，クライエントとの協働の中で先行刺激と結果の両方からなる新しい文脈を作り上げていて，これが，後に般化されることになる変化へとつながる。この変化への道筋は，一見すると互いに相当違っているかのように見える多くの問題の中で，共通してその中心を占めるものである。たとえば，親密さや，他者に考えや気持ちを伝えることに問題を抱えていることは，ナイフを扱うことを回避するなどの強迫的症状とは大きく違っていると思えるかもしれない。しかし，行動的観点からすると，問題それ自体も，変化への道筋も，どちらもが基本的な部分では似ている可能性がある。これは，もちろん，行動原理が主として心理的問題あるいは臨床診断に限定されるものではないためである。行動原理は，人間行動全体にかかわるもので，そのために，それは普遍的

に適用できるものとなるのである。
　行動的な観点からすると，変化に向けての取り組みの中での重要な部分は，セラピストがクライエントと会うセッション（第一の舞台）が，このような直接的な方法で新しいことを学習する機会を提供する，ということである。しかし，そこにはもうひとつの要素が関与している。クライエントは，セラピストに向かって，セラピストが不在のときに生活の中で（第二の舞台で）起きる事柄について語る。そして，彼らは，クライエントの行動について考察する——彼が何をして，何を経験したのか。この作業は，あらゆるタイプの心理療法の中で自然に起こることで，学派によらない。事実，それはあまりにも自然なこととみなされているために，そこに問題が潜むとは考えられず，明らかで，自然なこととされている。しかし，このことは，行動的観点からはそうではない。自明なこととする代わりに，私たちは，それがどのようにして可能になるのかを問う。どのようにして，2人の人間が部屋の中に座って，一連の音の組み合わせやしぐさを交換して，そうする中で，以前に起きた事柄——何年も前のことかもしれない——あるいは，まだ起きていない事柄と接触することができるのだろうか？　そして，どのようにして，このように会話をすることが，後から起こる事柄に影響を与えることができるのだろうか？　本書の第1部と第2部が，これらの質問に対していくらかの回答を，あるいは，少なくともそこに関与するプロセスについてのよりはっきりとした見当を提供していればと願うところである。言語活動を通じて出来事に影響を与える可能性は，私たちが学習によって身につけた関係フレームづけする能力の結果であり，それは本書の第2部で説明した方法によるものである。
　恣意的に適用可能な関係反応が最も実用的な結果をもたらす領域は，私たちがルールを作ってそれに従い，それを通じて，その場で起きているものではない行動に影響を与えることができることである。これは，他者の行動だけでなく，自分自身の行動にも当てはまる。このことは，私たちがひとたびルール支配行動に従事する能力を学習して以来，人間が生きるあらゆる側面で自然な部分となっているように，それは，すべての心理療法においても自然な部分である。セラピストが強調するかどうかによらず，

それは，治療の中でも生じるようになる。

　先の2つの例にもう一度戻ってみよう——他者に自分の考えや気持ちを話すことを学んでいる例と，ナイフを手にしたら自分がしてしまうかもしれないことについての苦痛を伴う思考を乗り越えようとする例である。もしも，最初のクライエントがセラピストに対して自分の失望を伝えて，それに続く相互作用が，クライエントがそれまでに診察室の外で経験してきたものとは違っていたら，それは，クライエントが新しい行動の仕方を学ぶ機会だということを意味する。また，もしも第二のクライエントが実際にナイフを上手に扱うことに成功したとしたら，さらに，したくないと思うことをしてしまうかもしれないという彼が抱いている恐れが実現しなかったとしたら，彼もまた，新しいことを何か学んだことになる。そうなると，おそらく，セラピストの助けがなくても，クライエントたちは，セラピーの中での自分自身の経験だけに基づいて，「私が自宅でもこのように行為したなら，物事が，もっと私が望むように展開するかもしれない」といった線に沿ったルールを定式化することができるだろう。

　もちろん，この出来事の連鎖は，起こることが保証されているわけではないし，このようなルールを定式化することが，診察室の外での行動の変化に必ずつながるとも限らない。それでも，これは，行動の変化が起こる一般的な様式である。そして，ほとんどのタイプの心理療法で，セラピストはこのような方略を意図的に用いる。セラピーの重要な部分は，まさしく以下のとおりである——ルールを定式化して，クライエントがそれに従う可能性を高めるように努める。

## 行動原理と，心理療法に対するほかのアプローチ

　前述の考察で，私は，変化へ向けての2つの道筋について説明した。典型的な行動的な用語を使うなら，言語的に十分能力がある個人に対する心理療法では，新しい行動を強化する結果をセッションの中で確立して，それからルール支配行動の訓練も行うということができるだろう。セラピストが，クライエントとの関係の中で行為できるのは，両者が第一の舞台で

出会うときだけである。そこでは，セラピストが，行動が起こるのに合わせて，先行刺激と結果を確立することができる。もしも，セラピー環境で新しい行動が起きたら，そしてセラピストがそれに対して強化的な結果を確立することができたら，それらの結果は，新しい行動が外の日々の生活の中で，つまり第二の舞台で，十分に強化的な結果に遭うことを条件に，クライエントの行動に対して長期に及ぶ結果をもたらす可能性がある。さらに，言語的先行刺激（ルール）は，それが確立された後も長期にわたって行動に影響を与えることができるため，特に大きな役割を果たす。そして，良くも悪くも，これらのルールは，直接的随伴性に対するある程度の鈍感さを含んでいる。

　行動原理に根ざした心理療法は，どれにしても，その治療方略は行動に影響を与える随伴性——先行刺激と結果——の理解に基づいて開発されている。セラピストは，これらの文脈要因に対して，さまざまな方法で影響を与えることを試みる。このように，セラピーは，機能分析，あるいはABCを土台として築かれているのである[153]。

　学習理論は人間の行動全般についてのものであるため，当然ながら，セラピーがどの理論に基づくかによらず，すべての心理療法がこの枠組みから分析可能である。もしも，クライエントとの関係の中でセラピストがとる行為が実際にクライエントの行動を変えるとしたら，私たちが行動原理を普遍的に有効なものだと想定する以上，このことも，行動原理に従って起きているはずである。精神分析家または認知療法のセラピストが臨床的状況の中で変化を達成したとき[26, 49, 116]には，これが起こるのは，セラピーの中での彼らの行為が，変容された行動の先行刺激と結果に影響を与えたからである。このことを行動的観点から眺めたときには，それ以外の可能性はなく，それはセラピストが彼ら自身の変化への取り組みをほかの理論的な角度から説明していたとしても，やはりそうである。この本の残りの部分では，私は，行動原理に基づいた心理療法を，関係フレーム理論（RFT）から導かれる結論を特に強調しながら，解説する。ただ，その前に，ほかの2つの重要な心理療法モデルをこの観点から眺めたときにどのように見えるかを概説しておきたい。私がこれをするのは，行動原理は普

遍的に適用可能だという信念からである。

　これをするにあたって，私は，2つの潜在的なリスクを冒すことを承知している——第一に，この作業は，差し出がましいことと解釈される可能性がある。つまり，主張があまりに野心的ではないかと。それは，避けることのできないリスクである。なぜなら，学習理論の主張そのものが，**実際に野心的**なのである。この理論は，人間行動の特定の側面や，特定のタイプの治療についてだけを説明するものではない。それが出発点として掲げる見解は，行動原理は普遍的に適用可能だというもの，また，これらの原理が，私たち人間がどのようにして学習するものすべてを学習して，またどのようにしてこれらの学習プロセスに影響を与えることができるかを説明する，というものである。

　第二に，ここで分析されるセラピーモデルを擁護する人からは，私の説明が公平なものではないと受け取られるリスクがある。なぜなら，私は，これらのモデルを要約して，かなりの程度まで，これらのセラピーで提供される解説を無視することになるからである。この点について私にできることは，私自身の出発点を明確にすることだけである。私は，学習の心理学とほかの理論を理論的に統合しようとしているのではなく，また，さまざまなモデルについての理論同士の対話を促そうとしているのでもない。私の意図は，読者に，心理療法のほかのモデルに対する行動的な見方を提供することである。そのような見方をすることは，可能である。私たちは，精神力動療法[*1]と認知療法について，その中心となっている構成要素を，学習理論の原理から眺めることができる。

---

[*1]（原注）私は，「精神力動療法」という用語を，通常「精神力動理論」または「精神分析理論」と呼ばれるものに基づくすべての形態の心理療法を指すために用いている。使われているさまざまな用語の間の境界は，いつもはっきりとしているわけではない。ここでは，この用語は，そのようなセラピー全般について，週に5回のセッションを何年にもわたって行う大規模な精神分析から，たとえばいわゆる情動恐怖症（affect phobia）に対して説明されるような，マニュアルに基づいた短期間のものまでを含めて，言及している[132]。

## 行動原理と精神力動療法

　精神力動療法を学習理論の観点から説明しようとする取り組みは，新しいものではない。Skinner は，いくつもの著書の中に，どのようにして彼が実験から推論した原理を用いながら心理療法が作用するメカニズムを理解できるか，について書いている[174, 175, 178]。彼が分析した心理療法は主に精神分析で，人間性心理療法も併せたものだった。早い時代のほかの著者たちもまた，精神分析に基づいた治療を，学習理論を用いて分析した[50, 65]。

　Skinner は，精神分析の枠組みの中で，また心理療法全般の中でクライエントの行動に影響を及ぼすことができる方法として，2つの基本的な可能性を記している[178]。第一の可能性は，セラピストが時間をかけてクライエントとの関係を育み，それによって，セラピスト自身が強化の源泉となることである。セラピストは，クライエントの行動を，クライエントが普段の生活の中でなじんでいるものとは違った仕方で受け止める。クライエントにとっては，セラピーの過程で，新しい結果が自分の行動に随伴するようになるのである。Skinner が挙げた重要な例は，セラピストが嫌悪的な（弱化的な）コントロールを差し控える場合である。全般的な嫌悪的コントロールの経験は，人々に回避性の行動レパートリーを使う方向に影響を及ぼす。そのような学習履歴があると，人々は，大抵の場合嫌悪的な出来事を減らして，それから逃れようとする。もしも，セラピストがこの点でそれとは違った仕方で行動したとしたら，クライエントとセラピストの相互作用の中で回避が消えて，クライエントが，新しい行動でたとえばセラピストが話したり行ったりした何かに対する意見をもっとはっきりと表現する，などといったことを試みる確率が高まる。そのときに，セラピストがこの新しい行動を強化するように行為したなら，他者との関係を結ぶための新しい方法を学ぶ可能性が確立されたことになる。頻繁に行われるセッションと長期間のセラピーの実施期間が，クライエントの行動に対してセラピストが結果を確立できる多くの機会を提供し，それが新しい行動を学ぶことへの展望を開く。セラピストは，頻繁な相互作用が長期にわ

たって繰り返される中で，そのように時間をかけないと不可能であるほど，クライエントに影響を及ぼす文脈要因をコントロールすることができる。2つの舞台の概念を用いるなら，セラピストとクライエントがより少ない頻度か少ないセッション数でしか会わない臨床的状況と比べると，精神分析は，第一の舞台をとても大きな比重を占めるレベルにまで構築する，と言えるかもしれない。しかし，もちろん，このことがクライエントにとって自動的に助けとなるわけではない。密接な相互作用の文脈の中で，セラピストは，クライエントの行動に対してクライエントが望むような変化を実際にもたらすような結果を確立しなければならない。セラピストがそれをする力量を持たないリスクは常にあるし，また，悪い場合には，セラピストが実際にはクライエントにとって問題となっている種類の行動を強めたり一層悪くしたりする結果となるリスクもある。

　この状況を学習原理の観点から眺めてみると，影響を及ぼすためのこの方法が持つひとつの限界は，それが般化を必要とすることである。仮に，クライエントが新しい行動をセラピストとの相互作用の中で学んだとしても，この行動が彼の治療環境以外の生活の中で強化されることがなければ，おそらく，般化は起きないだろう。ただし，この限界は，ほかのすべての心理療法についても当てはまるものである。なぜなら，治療環境の外で起こることをコントロールできるセラピストはいないからである。とはいえ，精神分析の一部としての頻繁で長期にわたる相互作用が，影響を与えるための多くの機会を提供することは，やはり事実である。

　もうひとつ考えられる限界は，私たちが影響を与えたいと考える行動に対して，実際にそのときの文脈要因を通じて影響を与えるためには，それがセラピー場面の相互作用の中で起こる必要がある，ということである。対人行動は，もちろん，このような枠組みの中で兆しが示される見込みが高い。しかし，対人行動の領域外にある問題行動は，セラピー環境の外でしか促されないかもしれない。ある種の強迫性行動や，たとえばクモや社会的状況などといった特定の外的現象の回避は，必ずしも精神分析の場面で示されるとは限らない問題行動の例である。クライエントがそれらについて語る可能性が非常に高かったとしても，実際の行動が示されることは

ない。そして，クライエントが，自分の抱える問題行動についてどのように語るかということは，変容を必要としている事柄ではないかもしれない。精神分析では，臨床的な接触を一定の時間と場所の範囲内にとどめることの重要性を強調するのが一般的なため，それが，特定の問題を前面へと引き出す外的状況を確立することを妨げる可能性があると言える。

　Skinner は，心理療法の中でしばしば一般的な形で強化されている行動のひとつは自分自身の行動を観察することだ，と記している――学習の心理学では，自己弁別と呼ばれるものである。自己弁別は，一部には，自分がすることと，することをしたときに何が起きたかとの間のつながりに気づくことを学習する行動だと言えるだろう。クライエントは，「私は，彼女が私のほうを見たことに気がついて，彼女と少し会話をするために彼女のほうへ行くべきかどうか迷いましたが，結局そうはしませんでした」と言うかもしれない。精神力動療法では，セラピストはおそらく，「そのことについて，もっと話してください」と応じるだろう。あるいは，ほかに何か，クライエントによる以下のような自己弁別が続くことを強化するようなことを言うだろう。どのようにそれを感じたか，出来事が起きている間にどのような記憶がよみがえってきたか，その後に何が起きたか，そしてほかの同様なつながりのある事柄について話すことなどである。これは，行動分析学で機能分析として言及されるものに近い。もしも，クライエントがこれらのつながりについて語ったり考えたりすると，これは言語的弁別であり，つまりは，その人がその特定場面の随伴性をタクトしたときの例となる。こうした行動を促すことが行動分析学とはやや違ったガイドラインに沿って行われるものの，精神力動療法の中でも，これらの随伴性をタクトする行動がしばしば強化されることは事実である。

　自分自身の行動，および，その行動とほかの出来事とのつながりの両方をタクトできるというこの行動は，精神力動療法と日常言語のどちらでも，洞察と呼ばれる。学習理論の観点からは，アウトルックとも呼ばれる――そのほうがより適った表現かもしれない[65]。そこでは，弁別することを学習し，そしてこの場合には言語的弁別であるため，自分自身の行動のみならず，自分がすることとほかの出来事のとの間のつながりについても，タ

クトすることを学習する。これができることは，Skinner が，心理療法全般について，そして特に精神力動療法について，影響を及ぼすためのもうひとつの可能な道筋として述べたことの必要条件である——すなわち，第二の可能性は，臨床場面の外で起こる行動のためのルールを定式化することである。専門的に言うと，セラピストは，目の前の場面とは違った状況の中で特定の行動が起こる確率を高める先行刺激を確立しなければならない。別な表現を使うなら，セラピストは，特定のルール支配行動が，セッションを離れてセラピストと一緒ではない状況の中でも起こる機会を増やすような何かをする。

　こうした自己弁別がセラピーの結果として起こるとしたら，セラピストが積極的にそうするように助けてくれるかどうかにかかわらず，クライエントは，このようなルールを定式化するようになるだろう。精神分析では，セラピストは通常この類の手助けを控えめに行うが，ほかの多くの精神力動療法では，そのようなルールを一緒に作っていくための余地をより多くとっている。また，古典的な精神分析でも，このことは間接的に起きている。なぜなら，クライエントは，言語的に十分能力がある人間で，自己ルールを作り出すのに必要なスキルを持っているのだから。

　明らかに，クライエントの行動に影響を与えるためのこれら 2 つの主要な方法は，互いに影響し合うことができて，実際に影響し合う。特定の新しい行動がセラピストとの相互作用の中で新しくて違った結果をもたらしたとしたら，そして，特にこれが繰り返し起きたなら，この経験は，この種のルール一般の土台となることができる——「リーに失望したときにも，私がこのように振る舞えば，彼は傾聴するかもしれない」。その人は，行為し，特定の結果に遭い，随伴性をタクトし，そして，取ることができる行動と起こり得る将来的な結果を指定するルールを定式化する。もしも，その人が後からこのルールに従って行為したら，この行動は，第 6 章で説明したトラッキングの一種となる。

　私たちは，さまざまなタイプの精神力動療法やほかの心理療法についても，クライエントの行動を変える取り組みのための，これら 2 つの方略のバランスに基づいて，説明することができる。頻繁で長期にわたる精神分

析では，セラピストとクライエントの相互作用の中で確立される直接的随伴性が，どの変化についても大きな役割を果たす見込みがとても高い。セラピーが提供するのは，初期の精神分析の解釈では「修正情動体験（corrective emotional experience）」と呼ばれたものである（文献2のp.66）。とはいえ，全般的には，精神分析は「理解すること」と，行為，思考，感情，そして外的出来事との間のつながりについて語ることに，非常に重きを置いている。古典的な精神分析的解釈は，そういった随伴性のすべてについて，それを言語的に定式化して弁別している，と理解することもできる。それは，セラピストの側がどのようにしてそういった随伴性をタクトするのか，を示す例である。この種の解釈は，理想的な状況では，必ずしもそうである必要はないものの，（第2章で説明された）純粋なタクトである。この言語行動は，ルールの定式化，提案，あるいはアドバイス，もしくは，ただのさまざまな代替案の説明につながるかもしれない。また，より短期的で，もっと指示的（prescriptive）なタイプの精神力動療法は，ルール支配行動に影響を与えることにより強く焦点を絞り，クライエントが代替行動のためのルールを定式化するのを支援することを通じてそれを行う。原理的には，セラピストとクライエントがそれほど頻繁に接触しないセラピーでも，両者の相互作用の中で確立される直接的随伴性を通じてセラピーの主要な効果が発揮されることを妨げるものは何もない。ただ，この類の接触が，効果があってクライエントの日常生活の中へと般化されるような新しい結果を含む見込みは，臨床的な接触が頻繁で長期的になるタイプほどには高くない。短期的か，より頻度の低い接触しか含まないセラピスト–クライエント関係では，単純に，セラピストが行動に対する直接的随伴性を確立する機会がそれだけ少ないと言える。とはいえ，頻繁な相互作用が，変化が起こることを保証するものでもない。頻繁で長期的な臨床的接触が，さまざまな種類の言語行動から成り立ちつつも，変化をもたらす随伴性を何ら確立しないままということもあり得る。

　学習理論の観点から，理想的な精神力動療法では，直接的随伴性を通じた非言語的学習で変化を促すものと，トラッキングのスキル向上につながるルールを定式化することという2つの原理の配分のバランスが取れてい

る，と想定することができるだろう。

## 行動原理と認知療法

「精神力動療法」という用語がそうであるのとまったく同じように，「認知療法」という用語もまた，それぞれに少しずつ違った複数のアプローチを含んでいる。以下の考察は，Beck の定義に基づいている――すなわち，「認知療法は，特定の疾患に認知モデルを適用し，それぞれの疾患の特性に合わせて，**非機能的な信念と誤った情報処理を修正するためにデザインされた多様な技法を用いる**ものであると考えると，最もうまく理解することができる（文献 25 の p.194，ゴシック体の語句は追加した）」。

認知療法も，影響を及ぼすための 2 つの原理で Skinner が述べたものを用いて分析することができる[206]。本書の用語を使うなら，認知療法の主要なゴールは，セラピストが，ルールがどのように定式化されるかに影響を与える点に焦点を絞ることだと言える。

セラピストは，はじめに，時間をかけて，クライエントの言語行動（思考，信念，人生の理念）とクライエントが問題だと説明する事柄との間の関係を観察する。それから，セラピストは，いろんな技法を用いこの言語行動に疑問を投げかけて，クライエントがそれを定式化し直す作業を助ける。この再定式化の重要な部分は，さまざまな実験を通じて達成される。セラピストとクライエントがセッション中に定式化したことに基づいて，クライエントは，宿題の中で自分の行動とほかの出来事とのつながりについてさまざまな仮説を検証するように促される。たとえば，セラピストとの対話の中で，クライエントは，「もしも，リーに私の考えを伝えたら，彼は私を軽蔑するだろう」といったルールを定式化するかもしれない。はじめに，セラピストは，これが意味することをクライエントがもっと明確にするのを手助けする。セラピストは，「なぜ，彼があなたを軽蔑するとわかるのですか？」といったことを質問するかもしれない。ほかにも考えられる質問としては，「彼があなたを軽蔑するものと想定して，どうしたらそれを確かめることができますか？ あなたは，それを何らかの方法で

観察することができますか？ あなたは，何を，彼があなたのことを実際に軽蔑していることを示す合図だと解釈しますか？」。この段階に続いて，セラピストは，リーがどのように反応するかの可能性について，代替となる仮説をクライエントが言語化するのを助け，その仮説が正しいことを指し示すかもしれないものとしてどの指標を観察できるかについて言語化するのを助ける。この対話に基づいて宿題が構築されて，その中で，クライエントは，この仮説が実際にリーがどのように振る舞うかと一致しているかどうかを検証する[23]。このようにして，セラピストは，クライエントが自分自身の行動とほかの出来事との間のつながりをタクトすることを助ける。このケースでは，タクトされるのは，クライエントがリーに特定のことを伝えたときにリーがどのように反応するか，という関係性である。宿題は，クライエントに対して，トラッキングのレパートリーを訓練するための方法となることができる。

　明らかに，認知療法は，ルールがどのように定式化されるかだけでなく，これらの事柄が——こうした実生活の中での実験の類を通じて——実際にどう展開するかを見ることでクライエントが直接的随伴性と接触するように取り計らうことにも，大きな力点を置いている。その後で，クライエントは，体験したことをセラピストとの会話の場に持ち帰ってきて，そこで，これらを基盤に新しい定式化が行われ，次にはまたそれが検証される。

　行動原理を基盤にセラピーのアウトカムを理解するとき，このセラピーモデルについて，そして主に外来の治療環境で行われるすべての心理療法モデルについても言えるのだが，その限界は，セラピストが，クライエントがセラピー環境の外で遭遇する結果をコントロールすることができないということである。先の例では，セラピストは，リーが実際にどのように行為するかをコントロールすることはない。しかし，セラピーが長期的な意味での変化をもたらすためには，般化が必要である。そして，般化が起こるためには，クライエントがセラピーセッションの外で実験している新しい行動が，実際に強化的な結果に遭遇することが必要なのである。

　では，認知療法は，いったいどのようにして，セラピストとクライエントの現在進行中の相互作用の中で，行動に対する直接的強化を可能にする

のだろうか？　相互作用の中で，ある種の行動は，ほぼ確実に強化される——すなわち，言語行動のうちの，タクトを定式化するもの，また，やがては，行動のためのルールを定式化するものである。私たちは，特定の仕方で話したり考えたりすることを——ある部分は直接的随伴性を通じて——学ぶのである。ただ，精神力動療法との関連で述べたように，このことは，必ずしも，クライエントにとって助けになるとは限らない。クライエントが，自分自身の行動について考えたり話したりする方法は，変容を必要とする行動ではないかもしれない。とはいえ，行動に対する新しいルールが定式化されるという点では，これらがさまざまな状況の中で行動のための先行刺激として機能して，そこからクライエントにとってよりうまく作用する新しい種類のルール支配行動へとつながる可能性がある。

　認知療法が持つまた別な特性で，クライエントの行動とのつながりでセラピストが直接的随伴性に影響を与える機会を増やすものは，セラピストがいる場所で行動実験に取り組むことである。これらの実験は，宿題の設定とほぼ同じ方法で構築される。仮に，クライエントが，「不安が高まり過ぎると，私は完全にコントロールを失ってしまう」というルールを定式化しているとしよう。このケースでは，セラピストは，まず，ルールの個々の部分がそれぞれ何を意味しているのかをクライエント自身が正確に指し示すことを助ける——高まり過ぎるとは，どの程度の不安なのか？　完全にコントロールを失うことの例としては，何があるだろうか？　次に，セラピストとクライエントは，ルールの中核となる内容の検証をねらいとする実験を練る。このケースでは，実験は，クライエントの不安のレベルを上げることをねらいとするべきである。これがどのようにして行われるかは，どのような外的状況がこの人を最も不安にする見込みが高いかによる。それは，ナイフを扱うことかもしれないし，洗車機をくぐることかもしれないし，あるいは，多くの人が見ている前で何か変わったことをすることかもしれない。セラピストが実験に参加するこのような状況の中でさえも，クライエントの行動の結果として起こる結果のほとんどについて，セラピストが，それをコントロールすることはできない。それでも，実験環境では，セラピストが参加しない宿題の場面と比べると，セラピストの

コントロール外にある変数が少ないのが一般的である。さらに，セラピストは，そのときに起こる行動——たとえば，クライエントの不安によって誘発される行動——を観察する機会を持ち，その場で代替行動を強化することができる。クライエントが実験から得た体験は，今度は，期待が持てる新しい行動の方法を定式化するために用いられる。セラピストとクライエントは，実験の中で，特定の行動の随伴性とその結果をタクトし，それからトラックを定式化する。そして次には，そのトラックが，将来起こる状況の中で新しい行動を増やすことが期待される。行動的な立場から見ると，この種の実験は，トラッキングという行動レパートリーを練習するための理想的な方法のはずである。そして，実際に，指導的な認知療法家たちは，この種の実験を，認知療法にとって重要なものとみなしていて，不安障害の治療においては特にそうである[41]。

セラピスト–クライエントの相互作用の中で直接的随伴性に取り組むことは，精神力動療法では中心を占めるが，それは認知療法の枠組みの中でも起こる[162]。そして，行動原理は，この類の臨床的取り組みをうまく説明することができる。クライエントの問題行動が第一の舞台でセラピストとの相互作用の中で誘発されたとき，セラピストの反応は，代替行動に対して強化的に機能することができる。さらに，クライエントの行動とそのほかの出来事との間のつながりを，協働で行う分析（joint analysis）の主題として取り上げることで，セラピストは，ルールの定式化を促す。これらのルールは，次には，治療環境の外の第二の舞台で，新しい行動のための先行刺激として機能することができる。現在，セラピーの中で治療関係を焦点として用いるこのような方法は，心理療法の精神力動モデルおよび認知モデルの境界を超えて行われている[141, 161]。

このように，認知療法のさまざまなモデルも，Skinnerによって解説された変化のための2つの可能な方略（直接的随伴性と，新しいルール支配行動を確立すること）の間のバランスに基づいて分析できる。このことは，考察の対象に行動療法の伝統にもっと近いモデルを含めると，特にはっきりする。Beckの認知療法モデルは，初期のころに行動療法から影響を受けていて，セラピーの技法にいたっては，特にそうである。そのため，ク

ライエントに対して直接的な修正体験を提供することを意図する方略は，認知療法の中では常に重要な位置を占めてきた[23, 25]。認知療法の中には，こういったことにはあまり重きを置かずに，その代わり，クライエントが自分の行動とそのほかの出来事との関係についてどのように考えるかとどのように話すか，に影響を与えることの重要性を強調する手法もある。2つの方略の間のバランスは，おそらく，それぞれのセラピストごとに違っているだろう。とはいえ，現在，行動的な用語で言うなら，クライエントに対して直接的随伴性を通じて影響を与えるような構成要素をセラピーの中で提供することの重要性を強調する潮流がある。この潮流は，一部には，行動療法の影響の強まりと密接に関連している[63]。しかし，この潮流は，行動療法の影響がそれほどはっきりしない認知療法のバリエーションでも見られる。たとえば，スキーマ療法では，セラピストとクライエントの間のある種の相互作用で，限定的リペアレンティング（limited reparenting）と呼ばれるものが推奨される[205]。このアプローチでは，セラピストは，クライエントが，自分自身の行動の結果として幼少時代に体験していたものとは違った結果に遭遇するような方法で行為する。このアプローチは，クライエントの幼少期の体験では満たされなかった欲求のうちのあるものに対して，セラピストが，適切な治療関係の範囲内で応えることも求めている。この方略のゴールは，スキーマ療法の支持者たちによって，Alexanderの1946年の用語を用いて解説される——クライエントには，「修正情動体験」が必要なのである（文献2のp.66）。

## 心理療法と，RFTに基づいた新たな理解

行動的な観点からは，心理療法の文脈の中で新しいことを学習するには，2つの基本的な道筋があると言える——第一に，新しい直接的随伴性がセラピーでの相互作用の中で確立される。そして，第二に，ルール支配行動が変容される可能性を高める新しいルールが確立される。本章で行った分析は，変化へのこれら2つの道筋が，はっきりと行動原理に基づいているわけではないセラピーのなかでも使われていることを明らかにする。その

上で，私たちが，行動的な理解を出発点としてはっきり掲げるセラピーを通じて実現したいと願うことは，変化のプロセスに関するこの具体的な科学的分析の上に意図的に構築されているからこそ，長い目で見て人々を助ける上でより大きな力を発揮する何かを，提供することである。行動原理に基づくことが明白なセラピーモデルは，期待の持てる結果を示していて，それは，関係学習の分野からもたらされる新しい知見を統合していなくてもそうである。そのようなものの例を2つ挙げるなら，弁証法的行動療法と，行動活性化療法である。

　変化へのこれら2つの道筋（セッションの中で新しい強化随伴性を確立することと，セッションの外での行動のために新しい言語的先行刺激を確立すること）がそれぞれ別なものとして説明されるとき，それらが違っているのは特定の意味においてだけだということを理解しておくのが重要である。自然なこととして，それらは，似てもいる。それらは，どちらも，関与するセラピストが現時点での文脈要因を変えることで行動に影響を与えようとするという点で似ている。関係フレームづけは，ほかのどの行動とも同じように，現時点での文脈要因に影響される。影響を及ぼす上で，ほかにいかなる方法もない。恣意的に適用可能な関係反応は，ほかのどの行動とも別の領域で起こるものではない。それは，個人が，「今，ここで」，その特定の文脈の中で振る舞う何かである。変化への2つの道筋を分けるものは，ひとたび関係フレームづけを学習すると，その人の行動は，その能力を学んでいなかったときには可能でなかった方法で影響を受けることができるようになる，ということである。これは，刺激が，今や個人にとっての機能を獲得できるようになった，その方法のゆえである。

　関係学習についてのこの理解から，何がもたらされると期待できるだろうか？　第一に，関係学習についての理解は，過去一世紀を通じて発展し続けてきた行動についての科学的な分析が，この伝統がかつては取り扱うことに苦慮していた現象を，今や，より効果的に取り入れることができることを意味する。人間の言語および認知が持つ機能は，今では，行動分析学にとってより利用しやすいものとなった。そして，これらが心理的問題とのつながりで重要な要因であるという限りにおいて，私たちは，これを

よりよく理解することによって利益を得ることができる。また，これまでほかの理論的アプローチによる心理療法の対象となってきた現象は，今や，伝統的に心理療法と呼ばれてきた領域とは別の分野で大きな成果を実証した科学的な手法の対象にすることもできるようになった[4, 151, 164]。関係学習の理解は，言語行動に対する臨床行動分析の取り組みが，全般的に一歩前進することへの期待をもたらす。後者は，特定のタイプの認知療法ではすでに始まっていると言える[29, 61]。

　関係学習についての理解が深まることの直接的な結果として，臨床行動分析にもたらされる第二の貢献は，第7章——人間の言語が持つダークサイド——で考察した内容である。柔軟性を高めてくれることを超えて，ルール支配行動は，同時に，いくつものトラップへの扉を開きもする。これらのトラップは，比較的よく見られる臨床上の問題で中心的な役割を果たすもので，そのため，臨床的治療と直に関連するものである。ルール支配行動を変えることが，すべての心理療法の中核にある。しかし，もしもルール支配行動がそれ自体として問題の一部であるなら，セラピストが最もよく使う道具のひとつが，「トロイの木馬」*2 として機能する可能性がある。あらゆる心理療法が，多かれ少なかれ，対話療法（トーク・セラピー）である。もしも言語が問題の一部なら，私たちは，どのようにして，変化をもたらすためにそれを用いることができるだろうか？　心理療法は，実際に，言語の力からの解放を何らかの形で提供しなければならないということだろうか？　少なくとも，ある側面では？　これは，RFTが基礎を置く研究からすると，合理的な結論のように見える。そして，この結論は，大方において，これまでにはなかった新しいものである。

　最近の20年間で，関係条件づけへの実験的取り組みが進展するにつれて，これらの知見に基づいた臨床介入が開発されてきた。その結果のひとつは，特定の形態をとった臨床行動分析——すなわち，アクセプタンス＆コミットメント・セラピー（ACT〔アクト〕）である。このモデルは，すでに確立

---

*2（訳注）無害に見えて危険が潜むものという意味で，古代ギリシャのトロイア戦争の伝説に基づいている。

されたものとして長いこと存在してきているいくつかの行動的介入——エクスポージャーや行動活性化など——を統合している。それはまた，本書の第2部で要約した新しい知見によって動機づけられる介入に，強い力点を置く。このことは，心理療法においては，問題のある言語行動が人間のほかの行動に対して持つ支配力を減らすのがしばしば重要である，という認識については，特に当てはまると言える。

## 臨床行動分析

　本書の残りの章では，もっぱら臨床行動分析を取り上げ，そして，特に，それを関係学習とその影の側面も含めた私たちの知見に照らしてどのように再構築（reshape）できるか，という点を強調する。ACT は，まさにこのアジェンダに沿って開発されてきたので，ここでは，このセラピーモデルが主なものとなる。とはいえ，私のねらいは，ACT を紹介することが主なのではなく，臨床行動分析をもっと広い意味で解説して，関係学習に関する知識がどのようにしてこの伝統全体をさらに発展させて深めることになるかを説明することである。そのため，私は，ACT のプレゼンテーションでしばしば使われる特定のモデルよりも，むしろ，古典的な行動分析学により近い構造の中で行われる臨床的介入のことを説明する（たとえば，文献 5，86，127 を参照）。

　私が，そうするのには，いくつもの理由がある。第一に，私は，古典的な機能分析と私が提案する介入との間の直接的なつながりを明確に描写したい。本書の目的は，学習理論が，この分野でのより最近の発見も含めて，どのようにして臨床実践に直接適用可能かを示すことである。ACT について特別な説明を用意しようという主張は，ACT モデルに関するほとんどの出版物で主流となっているが，それは，セラピストが学習理論にそれほど詳しくないことを前提にして，それでも仕事の中でACT モデルを手軽に使える程度の学習を促そうという意図に基づいている[79]。私の場合には，それとはまったく対照的に，行動的な土台を解説することを意図しているため，この主張は当てはまらないことになる。第二に，ACT の中で

推奨されている新しい介入は，どの特定のセラピーモデルに対しても，それに固有なものとしては定義されないことを強調しておきたい。学習理論は，科学的な理論で，その実践への応用は何に対しても自由になされるもので，いかなる特定のセラピーモデルとも関連づけられるものではない。最後に，ただし，これも重要なことだが，私は，よく定義されたマニュアルに基づくものではなくて，原理に基づいた心理療法を解説したい。行動分析学を土台とするセラピーモデルは，どれも，マニュアルによってではなく，原理によって導かれることを強調している。同じことがアクセプタンス＆コミットメント・セラピーと機能分析心理療法，そして，行動活性化療法についても言える。それでいて，これらのアプローチは，しばしば，それらがセラピーの同じ伝統の違った側面にすぎないというようにではなく，むしろ，あたかもそれらが個別の，範囲がそれぞれに限定されたモデルであるかのように解説される――そして，このことは，それらの体系が互いの近しい関係を公然と認めている事実にもかかわらず，そうなのである。結果として，さまざまなモデルを統合しようとするいろいろな試みが行われてきた[32, 101, 103]。これらの試みは，通常は，ひとつのモデルの側面を別なモデルのひとつの側面に付け加えようとすることになる。本書の残りの部分で，私は，もっと根本的なアプローチをとりたい。私は，臨床行動分析をひとつの統合された治療モデルとして解説するが，それを，行動心理学の原理に基づいて，RFT がもたらした貢献に特に焦点を当てながら行おうと思う。このことは，どの個別のモデルに対しても，あるいはそれらを説明するより一般的な方法に対しても，反論する立場からするものではない。私が意図するのは，それらの共通の地平を照らし出して，連携した適用の可能性を示すことである。

　私がめざす体系は，機能分析から理解されたものである。セラピストはある時点で，特定の行動を取り巻く先行刺激または結果のいずれかに介入の焦点を合わせることができる。次の章では，臨床行動分析の一般的なスタート地点をいくつか説明する。第10章では，結果に焦点を合わせる介入を説明し，そして第11章では，先行刺激に焦点を合わせる介入を見ていく。これらの章のすべてで，中核となるのは，RFT に基礎を置く介入

である。

# 第9章
# 臨床行動分析の実践にあたっての全般的な指針

　臨床行動分析を行う際のセラピーの環境は，一般的な心理療法を行う際の環境と変わらない。セラピーでは1時間から2時間ほどのクライエントとの対面式のセッションを数日から数週間おきに定期的に実施する。それらの各設定については，個々のケースに合わせてきめ細かく調整される。もしセラピーで扱う問題が，たとえば慢性のうつ病やパーソナリティ障害としてくくられるもののように，クライエントの生活に幅広く一般化されたものであった場合には，セラピーは，何ヵ月，またときには何年にもわたって実施されるだろう。その一方で，特定の恐怖症に対するセラピーでは，1セッションあたりの時間を長く取り比較的短期間の間に数回の個別セッションを実施することが多いだろう。ただし，クライエントの抱える問題の種類だけで介入における時間枠が決められるわけではない。セラピーのゴールも，当然ながら重要な要素である。重度の機能障害を持ったクライエントや，一般に深刻とされる診断を受けているクライエントであっても，ゴールが限定的であるためにセラピーを受ける期間が短いこともあるだろう。たとえば，統合失調症と診断されたクライエントに対するセラピーであれば「厄介な幻聴が存在しても，たいがいの日常作業をこなすことができるようになること」というように，そのゴールが限定されるかもしれない。

　臨床行動分析はまた，第8章で解説した心理学的な介入法の一般的な条件に従うものである。すべてのセラピーは，セラピーの場における2つの主要な方法を通してクライエントに影響力を与えるのだ。すなわち，その2つの方法とは，直接的な随伴性を確立する方法とルールを用いる方法で

ある．直接的な随伴性の確立に関しては，行動に対する新たな結果をセッティングすることが鍵となる．また，ルールとは単純に言語的先行事象のことであるが，ルールは，それが与えられた状況から時間的にずっと後になってからでも，あるいは違った文脈であっても，行動を特定の方向に導くことができる，という意味で重要である．ルールが持つもうひとつの重要な側面は，行動がルールによって導かれるようになると，直接的な随伴性に対するクライエントの感受性が相対的に鈍くなるということである．

## 初回面接とセラピーにおける2つの「舞台」

セラピストが直接アクセスできるのは，セラピストとクライエントが共有する「舞台」だけである．つまり，セラピストは，自分とクライエントが顔を合わせている場で生じた事柄に対してのみ，直接アクセスすることができる．このことは，セラピストがクライエントに何らかの影響を与えようとするならば，それが何であれ，この「第一の舞台」の中で行われる必要があることを意味する．また一方で，クライエントが支援を求めているのは「第二の舞台」，すなわち，セラピストとのセッションの外にあるクライエント自身の生活，での事柄についてである．つまり，第一の舞台とは，第二の舞台に影響を与えるために用いられる舞台なのである．

一般的に初回面接で，クライエントは第二の舞台に焦点を当てて話をするものである．つまり，クライエントは，その人自身が抱える問題と，それがその人の生活の中でどのようにして生じるのかについて話をするものである．それでいて，クライエントが抱える問題は，第一の舞台であるセラピストとの初回面接の中でも姿を現す可能性がある．たとえば，クライエントが，自分が抱えている問題を「心配し過ぎること」だと説明するならば，その人は，まさにその時点でも，たとえば「セラピーが今後どのように展開するかについて心配している」ことを報告するかもしれない．もしくは，たとえクライエントがそのような報告をしなくとも，セラピスト側がその様子を観察から気がつくこともあるだろう．場合によっては，クライエントがセラピストにセッションに関する非常にたくさんの質問を行

い，その質問の仕方がまさに「クライエントが心配している」ようであることもあるだろう。セラピストは，セラピーの基本的な条件，すなわち，「すべての，そしていかなる影響も『今』与えられる」に基づき，その時点で生じているクライエントのいかなる問題行動のサインにも気づいておくことが重要である。このことは，初回面接から始まり，セッション内での相互作用全体を通して当てはまる。実際に，これらの機会は，影響を及ぼす上での絶好のチャンスとなるのである。しかし，ほとんどのセラピーは，まずは第二の舞台に焦点を当てることから始まる。その理由は，1つ目には，クライエントが心理的援助に期待しているのは第二の舞台についてのものであるということがある。また2つ目には，第二の舞台についてのクライエントによる情報は，しばしば問題の全体像を提供するためセラピストにとって有用であることがある。これら2つの理由はいずれもがごく自然なものである。

　しかし，セラピストは常に次のことを意識しておく必要がある。クライエントが何かについて話をするとき，セラピストが直接アクセス可能なのはクライエントが話をするその仕方であって，彼が説明するその現象そのものではない。ここで重要になってくるのが「言語行動」である。もし，言語行動そのものがクライエントの問題の一部だとしたら，セラピーのあり方そのものに言語行動に由来する問題がはじめから埋め込まれていることになる。つまり，すべての心理療法が「対話療法（トーク・セラピー）」であることを考えると，すでにこのセラピーの条件の中に問題が本質的に内在しているということである。セラピストは，クライエントの問題行動が第一の舞台で示された際には，その機会を積極的に利用しようとする。その大きな理由が，セラピーにおけるこの本質的な課題にあるのである。こうしたジレンマを避けるべく，一般的に行動療法家は，これとはまた違った方法で対処しようとすることも多い。その方法とは，第二の舞台で生じる事柄に対して，より直接的にコンタクトすることを目指して，さまざまな評価尺度，記録，そして質問紙を用いるというものである。それらが寄与するところは重要ではあるが，クライエントが記入する評価尺度の回答は，当然，その尺度に回答されるべき行動そのものとは異なっている。

したがって，いずれにせよセラピストは，治療関係が始まるにあたり何よりも先に，言語行動という問題に直面し，その問題を回避する方法はないのである。このことは，第3章ですでに指摘した点に関連している。つまり，言語行動についての理解を深めることは，心理的介入を行う上で計り知れないほど重要なのである。対話療法の実践には，言語理論の理解が必要なのだ！　そこで，本書で紹介してきた理論的な観点に基づいて，治療的相互作用の初期の段階において私たちセラピストが何をなすべきかについて見ていくこととしよう。

## 機能分析を行う

「機能分析（functional analysis）」の基本は，行動をABCの要素に基づいて記述することにある[153]。そこでは，説明され，影響を与えられる対象としての特定の行動（B）があり，この行動に影響を及ぼしている文脈要因（AとC）がまずは同定される。続いて，セラピストは，これらの文脈要因の変容を試みる。クライエントとの最初の会話では，ABCに基づいた純粋な記述に焦点が当てられる。どの行動が影響を与えられるべき対象で，どの先行事象と結果がこのプロセスの中では操作可能かつ有効かに焦点が当てられるのである。

実験的行動分析では，これらの要因は直接観察および操作が可能である。その際，分析家は，まさにそのABCの流れの中にいて，関連する文脈要因にアクセスすることができる。応用行動分析についても，セラピストが，行動が起きる生活環境の中に居合わせる場合には，同じことがある程度当てはまる。そういった例として学校内や入院施設内での介入などといった施設内介入（institutional therapy）が挙げられる。ところが，臨床行動分析ではそれらとは話が異なっている。セラピストは，第二の舞台に対して，クライエントが話す事柄を通じてしかアクセスできない。つまり，クライエントの言語行動を通じてしか肝心な文脈要因に接触しようがないのである。このことは，臨床行動分析という設定で行われるセラピーの場合，言語行動がセラピーの出発点であることを意味する。セラピストが文脈要

因に対し，そうした間接的なアクセスしかできないにもかかわらず，セラピーが第二の舞台でのクライエントの行動を顕著に変容できるという事実は，言語行動がいかに強力なものであるかを物語っている。心理療法は，明らかに効果を持っているのだ[160]。

　では，私たちは，これらの条件の下，機能分析を通じて何を達成しようとしているのだろうか？　その答えは，クライエントにとって問題となっている行動の種類を弁別することである。行動分析的に言うなら，行動，および行動─文脈要因間のさまざまな関係性についてタクトすること，と言えるだろう。セラピストがこれを行うのには2つの目的がある。第一の目的は，クライエントが語る話の中から，長期的な変化につながり，かつ介入に活用できそうな随伴性を同定することである。クライエントが行っていることのうち，望ましくない結果につながっているものは何であろうか。ここでセラピストは，クライエントが話すことは実際の出来事と十分に対応しており，クライエントの語りはセラピーにおいて利用可能であることを想定している。一方では，セラピストはその語りが完全な情報ではないであろうことを十分認識した上で，そういったアプローチの仕方をとるのである。臨床行動分析では，クライエントは，少なくともセラピストによる支持的な質問と助けがあるときには，自分自身の行動を十分に純粋な仕方でタクトする，という前提から出発する。クライエントについて，彼らがクライエント自身の生活と体験における直接的な目撃者であると考えるのは自然なことであろう。しかしながら，この出発点に備わった短所を考慮するならば，セラピストが機能分析を行う際の第二の目的を常に念頭に置いておくことが重要になってくる。すなわち，第二の目的とは，セラピストが問題であり得ると考えるクライエントの行動が，セッション内の現在の相互作用で生じた場合には，その瞬間に起きたその行動を同定するということである。それによってセラピストは，クライエントの身に起こる少なくともいくらかの事柄について，クライエントと同様に直接の目撃者となることができるからである。機能分析を効果的に行うためには，第二の舞台に関してのクライエントの語りが必要であり，同時に，第一の舞台，すなわちセラピストの目の前，において生じるクライエントの行動

を捉えることが必要なのである。

　以下のクライエント-セラピスト間の相互作用は，こうした機能分析がいかにして実現されるかを例示している（ここで示すのは，本書に登場するほかのすべての事例と同様に，典型的なものではあるが架空の相互作用である）。

　アンは，自らについて「以前からずっと心配性だった」と語る。一方でそれは何年もの間，それほど困った問題ではなかった。彼女は，心配性であることを単に自らの性格の一部であるくらいに捉えていたのだ。しかし4年前，彼女が東南アジアを旅行して以来，それは大きく変わってしまった。彼女は，旅先で夜更けに海岸を歩いていた。その際，突然背後から現れた3人の男によって押し倒され，彼女は，カメラと所持金のすべてを奪われるという強盗事件に遭ったのだ。男たちは，終始彼女を脅すような態度だったが，彼女を傷つけるようなことはなかった。その後，彼女はホテルに戻り，一緒に旅行をしていた友人と会った。何が起きたかを友人に話し始めたとき，彼女は，強烈な不安とめまいを体験した。そして，彼女の報告によれば，彼女は「完全におかしくなってしまった」のだった。その際に生じた症状が数時間経っても消えなかったため，友人が彼女を病院へ連れて行き，彼女は，そこで一昼夜を過ごすことになった。病院側からは，彼女にはなんの問題もないと説明され，彼女はリラックスできるようにと精神安定剤を投与してもらった。

　帰国して自宅に戻ると，アンは，例の事件を思い出させるような出来事に遭遇するたびに，それに関連して起こる不安発作に悩まされるようになった。そして，彼女は2カ月以上にわたって心理士と面談を繰り返すことによって，その困難を緩和させたのだった。彼女は，旅先での事件についてそれほど多く考えないようになってきていたし，それについて考えること自体もつらくはなかった。しかし，アンは，いまだに彼女自身は変わってしまったと感じ続けている。日々の生活の中で何かを奪われてしまったかのように感じており，彼女には，例の事件によって自分自身が傷つけられたかのように感じられていた。彼女は「私はもう，それまでの私ではないんです」と語った。そして，日常生活における数々の問題，すなわち，

身体の緊張，疲労，特に物事に集中できないという体験，がこの類の思考を誘発するのだと語った。彼女は「いったい何が間違っていたのか」「自分はどうすべきなのか」について多くの考えを巡らせている。そして周期的に気持ちが落ち込む。彼女は，彼女の人生がなぜこのように台無しになってしまったのかについて考え，旅行中の出来事がこの傷の原因であると信じていた。気持ちが晴れる時期もたまにはあるものの，やがて，また同じ気持ちが戻ってくる。彼女は，病院を受診し，身体的な問題を取り除こうとさまざまな検査を受けるのだが，その度に，どこも悪くないと聞かされるのだった。

アンは，セラピストに上記の説明を行い，彼女がいかにして毎日の生活の中で「考え込み」という泥沼にはまるかについてさまざまな例を挙げた。その後，セラピストとの以下の対話が行われた。

**セラピスト**：あなたがおっしゃったその困難，つまり「おかしさ」についてですが，今もなにかしらそれを感じていますか？

**アン**：今？ つまり，私がここであなたと一緒にいる状態で，という意味ですか？ はい，今，それを実際にいくらか感じます。まるで，私はそれを絶対に追い払うことができないかのようです。絶望的なんです！ あの事件が起きたときに，何かがおかしくなってしまったんです，私の脳の中の何かが。それでも，実際に起こったことについては，それほど考えないんです。それは起きてしまったことであって，確かにひどいことだったけれど，でも，それはもう過去のことのように感じられます。自宅に戻ってから，それについて話す機会もありました。でも，私の中で，何かがおかしくなってしまったんです。それで，どうも，病院ではそれが何なのかがわからないようで，特になんの治療もできないみたいなんです。いったい，なんだっていうんでしょうか？ まさにそんなわけで，ろくに仕事もできなくなってしまいました。まともにものを考えることができないんです。これからいったいどこに向かっていくんでしょうか？ 先月，新しい役職を打診されたんですが，それを引き受けるだけの気力が私にあるかどうか。きちん

とこなすことができなかったらどうしたらいいんでしょう？　こんなことが延々と続くとしたらいったいどうすれば？

**セラピスト**：それが，あなたにいつも起こるということですか？

**アン**：どういう意味ですか？

**セラピスト**：つまり，たった今起きていることが……。

**アン**：私が「おかしさ」を今いくらか感じている，という話ですか？

**セラピスト**：はい，そうです。もっと言うならば，あなたがそれを感じているときに，あなたが何をしているかということです。まさに今，ここで起きていることには，2つのものがあるように思います。まず，あなたは「おかしさ」をいくらか感じるわけですね。そして，次に理屈で考えたり質問をしたりし始める，と。いったい，何がおかしいんだろうか？　これからどうなっていくんだろう？　といったように。私には，あなたがそれを整理しようとしているかのようにも見えます。それとも，私の解釈は的を射ていない感じがしますか？

**アン**：そうですねぇ……ああ，おっしゃる意味がわかりました。自分ではそんなふうに考えたことはありませんでしたが，先生がおっしゃったのを聞いてみると，そのとおりだと思いました。まず，何かきっかけがあって私がそのことを思い出します。そうすると決まって，後は，ただそれに「まっすぐに飛び込む」ような感じです。そう……まさにそのとおりのことが，いつも起きるんです。

ここでの注目すべきポイントは，アンが語った彼女自身の問題について，セラピストがどのようにセッションの中でそれを活用しているかということである。アンの話を聞く中で，セラピストは，アンが第二の舞台のこととして話している内容に似た内容を，今いる部屋での二人の相互作用のなか（第一の舞台）に見出し，そこに分析の焦点を合わせた。セラピストはアンと共に，今，ここで起きている彼女の行動について ABC 分析のそれぞれの要素をタクトし，次にそれが，アンが彼女自身の日常生活の中で観察している内容と重なるかを確認している。

## 注目すべきはどの行動か

　クライエント―セラピスト関係のはじめで，セラピストは，問題に関連する話としてクライエントが話す内容を語られるままに注意深く検討する。その際，当然ながら，セラピストの持つ知識として，一般的によく見られる問題の現れ方についての情報も重要な役割を果たす。セラピストも独自の仮説を持っているものである。また，その間にも，クライエントが語る内容について，幅広い視点を持っておくことが重要である。クライエントが抱える問題と，それがクライエントの現在の環境の中でどのように生じているのかということが機能分析の出発点となる。過去の出来事についての情報もまた，現在焦点を当てている事柄に付加する形で利用することができる。過去の出来事がそのずっと後に起こる何かにとって非常に重要であるということもあり得るし，クライエントが抱える問題の中核となっている可能性もある。その一方で，遠い過去の出来事についての情報だけに頼って有効な機能分析を行うことは難しい。なぜなら，その種の出来事やプロセスには，誰も直接アクセスできないからである。そういったわけで，私たちが機能分析を通じて達成したいと考える詳細な記述を，それら過去の出来事に基づいて行うのは困難なのである。むしろ，今回，クライエントが面接室に足を運ぶきっかけとなった現在のクライエントの問題のほうが，より扱いやすい対象だと言えるだろう。いくら何年も前に問題を抱えていた人であっても，現在はまったく困り事のないような人は，普通，面接室に援助を求めには来ない。したがって，機能分析で必要とされる情報は，常にもっと手近なところにあるのである。一方，私たちが一般に「記憶」と呼ぶものは，人が今持っている体験である，という意味ではとても興味深いものでもある。

　セッションの初期の段階では，治療的相互作用における焦点はクライエントの問題行動に当てられる。クライエントが行っていることのうち，クライエントの期待と異なる結果を導き出している行動は何であろうか？　文献的には，これは，人が何かをし過ぎることとして，しばしば「行動の

過剰（behavioral excess）」[100]と呼ばれている。問題行動によっては，それが過剰かどうかという以前に，一切行われるべきでない行動もある。子どもへの虐待は，その種の行動の典型例である。しかし，ほとんどの場合，問題行動は単に何かをし過ぎることである。先ほどの対話に見られるアンの対処行動の例も，このし過ぎる行動の典型だと言える。彼女は自分自身に問いかけ，それについて考え，そして，すべてを整理しようとする。そのような行動を完全にやめるべきだと提案する人はいないだろう。そういった行動は，多くの状況でとても役立つもので，私たち人間にとって必要不可欠だとさえ言える。ただ，アンは，それがうまく機能しない文脈の下で，その行動をし過ぎているのである。

　もうひとつの行動として，臨床場面でタクトすることが次第に重要となってくるのが「代替行動」である。代替行動は，それが行われたときにはクライエントの期待する結果が導かれる確率を高めるような行動であり，有効性（workability）を高めるような行動である。代替行動は，しばしば，不足している行動として捉えられる。つまり，クライエントのレパートリーの中に存在こそするけれど，ほとんど実行されない行動，あるいは，少なくとも，実行されれば有効性を高めるような文脈で実行されていない行動である。もちろん，期待される代替行動がそもそもクライエントのレパートリーにないということも考えられる。たとえば，いかなる状況であっても権威のある人物に対しては，決して反抗しないという人もいるだろう。そういった人は「どうしたらそんなことができるのか，それすらわかりません」と訴えるかもしれない。しかし，ほとんどの場合，そういった人の言葉が意味することは，ある能力の欠如を真に示しているわけではない。むしろ実際には「その行為によって引き起こされるような事態を，わたしは絶対に引き起こしたくありません」といったところであろう。

　以上より，臨床における機能分析では，原理的に，問題行動と代替行動という基本的に2種類の行動に焦点を当てる。もしくは，臨床関連行動には2種類のものがあるという言い方もできるだろう。ここまでくれば，セラピストが何に対して特に注意を向けるべきかをRFTによって照らし出すことが可能になってくる。

## 機能分析の焦点としての体験の回避

　人が心理的な支援を求めるとき，ほとんどの場合，彼らの問題行動の中核に，物事を避けようとする機能が存在している。たいていの場合，問題行動は「負の強化」によって支配されているのだ。人がそういった問題行動をとるのは，それが少なくとも短期的には，望まない事象を取り除く助けとなるからである。その意味で，そういった行動については「嫌悪によるコントロール下にある」と表現することもできる。第7章で解説したように，関係フレームづけの能力には，人が苦痛を体験する機会を大きく拡げる特徴がある。思考，感情，身体感覚などの私的出来事は，それ自体が嫌悪的な機能を獲得し，それによって，それらの私的出来事は人にとっての回避の対象となっていく。アンの例にも見られるように，ルール支配行動とそれに導かれる問題解決の方略は，いともたやすく「行動の過剰」を引き起こしてしまう。アンが「何かがおかしい」あるいは「何だかあまりよい結果にはなりそうもない」という思考を体験するとき，間接的な刺激機能，すなわち恣意的に適用可能な関係反応，を通じてアクセスされるような機能が彼女の行動を大きく支配するようになる。アンがある思考を持っているというだけで，彼女がそれを行動に移すことはない。アンは，その思考の持つ内容，または私たちが通常「意味」と呼んでいるものに導かれ行動するのだ。彼女は，とりわけ彼女の未来に関係するだろうあるストーリーに導かれ行動する。私たちは，そのことについて次のように言い換えることもできるだろう。すなわち，彼女はそのストーリーを「そのときの彼女の中にある単にひとつの出来事」とみなすのではなく，むしろ，彼女は「そのストーリーの中から彼女自身の未来を眺めている」のだ，と。彼女自身の言葉を借りるならそれは「まっすぐに飛び込む」ことである。もし私たちがその行動についてもっと詳しくアンに質問したとしたら，彼女はなんと答えるだろうか。おそらくアンは，次のように答えるのではないだろうか。「まっすぐに飛び込むこと」は，彼女のストーリーの持つ脅威的な側面を解消するための努力である。そしてそれは「それが何を意味

するのかを理解すること」で脅威の裏をかくことができるようにするか，または「それが危険でもなんでもない」ことを認識するためのものである，と答えるかもしれない。そういったアンの行動は本質的に，不自然なものでも，奇妙なものでもない。それは，脅威に直面した際に，人間誰もがとる行動なのである。アンにとっての問題は，彼女にとってのそういった脅威の体験が彼女の生活全体に拡がってしまっているということ。そして，結果的に脅威の体験を拡げるような行動方略が，彼女の行動を支配してしまい，しかも，その行動方略は，彼女が期待することに照らして実際にはうまく機能していないということである。アンの行動方略によって一度は消えた不快な身体感覚が再び戻ってくるとき，その感覚が持つ意味に関連した思考も同じように戻ってくる。彼女にそれらを排除することはできない。それらの体験を排除しようとする彼女の試みは，実際には，彼女の問題の悪化に加担し，それ自体が彼女の人生を狭めるような行動になっている。

　そういったアンの行動は，体験の回避の一例だと言える。彼女は，意志の力ではコントロールしようのない，自らの内側の現象を排除またはコントロールしようと心を奪われている。一方，アンのセラピストは，それが一般的に生じるような行動方略だということを知っているため，自ずとその行動を彼女の中に探すわけである。見かけの特徴が大きく異なっている場合でも，さまざまな行動が実際には体験の回避と同じ機能を持っている。それぞれの行動のトポグラフィーは異なっても，それらが同じ目的を果たすという意味では，それらは機能的に類似しているのだ。つまり，それらは同じ「機能クラス」に属するのである。私たちは，さまざまな方法で，不快な感情，苦痛な思考，つらい記憶を排除しようとする。たとえば，対面する相手との相互作用の中で不快を感じれば，人は横を向いて沈黙したりするかもしれない。しかし，嫌な体験を排除するという同じ目的のために，むしろエネルギッシュに話をしたり，声を荒らげたりすることもまた可能である。アンのような状況に置かれたとき，また別の人ならば，何か違ったことを考えようとするかもしれない。アンの場合には，むしろ，そのことについてもっと考えるという方法をとったというわけである。トポ

グラフィーの上では区別されるこれらの行動も，いずれもが不快な体験を排除することをねらいとしたものならば，それらは機能的に類似しているのである。また別な例としては，人が悲嘆を体験するとき，悲しみと喪失の気持ちを和らげることをねらいとして，活動性の高まりと受け身的な引きこもり，という両極端な行動パターンが同じ目的で生じることもある。

## 機能分析でセラピーを始める

　機能分析において，セラピストとクライエントは，クライエントの行動とそれに影響を与える文脈要因間の関係性について，共にタクトし合う。この作業は，ちょうど私たちをSkinnerの言明へと連れ戻す。すなわち「投げかけられた問いによって『自分自身に気づかされた』人は，自らの行動を予測し，コントロールする上で，よりよい立場に立つ」（文献178のp.35）のである。

　自分自身の行動とそれに影響する随伴性をタクトすることで，人はそこでタクトした行動を，後に自らによって変容することが可能となる。そして，RFTに基づくことでこの変容がなされるプロセスを説明することができる。すなわち，言葉や思考といった言語行動は，相互的内包と複合的内包を通じて，ほかの出来事が持つ刺激機能を変容する。では「自分は何かがおかしい」という気持ちを排除しようとするアンの努力について考えてみよう。彼女の行動の出発点は「それについてもっと考えれば目的を達成できるだろう」，つまり「努力すれば，何とかして脅威を排除することができるだろう」というものだった。必ずしもアンがこういった考えを明確な形で持っていたとは限らないが，彼女の行動がそのような前提に基づいたものであったことは確かであろう。彼女は，そのようなアプローチが，前進のためのベストな方法であるかのように振る舞ってきたのだ。セラピストは以下の二人の相互作用の中で，機能分析を用いて「まっすぐに飛び込む」行動の刺激機能に影響を与えようと試みている。

**セラピスト**：つまり，はじめに，何かきっかけがあって，あなたがそれを

思い出します。今回の場合，おそらくそれは私の質問だったかもしれませんね。そして，あなたは「そこにまっすぐに飛び込む」……。まっすぐに飛び込むポイントは何だとお考えになりますか？ そのポイントとは？

**アン**：ポイント？ わかりません。それが，私がするべきこと，とでもいいましょうか。私は，何とかしてそれを「解決するように努めなければ」ならないんです。おわかりだと思いますが。

**セラピスト**：では，その「解決するように努める」ことがポイントだとも言えるかもしれませんね。それが，あなたが行っていることのすべてということです。つまり，問題を解決しようとしているということですね。

**アン**：ええ，そう言えるかもしれません。何らかの解決策がなければなりませんから，そのとおりです。

**セラピスト**：そうですね。それが，そこに飛び込むことの理由のようですね。おそらく，解決策を見つけるための取り組みというわけです。その努力は，うまくいっていますか？

**アン**：(しばらく沈黙) まったくうまくいっていません。それについて考えれば考えるほど，いっそうひどくなります。

**セラピスト**：あなたのここでの体験が，何か重要なことをあなたに伝えているとしたら，それは何でしょうか？「まっすぐに飛び込む」ことは，前に進むための明白な道筋であるかのように存在していました。しかし，あなたがそれをすると実際はもっとひどくなる。もしかすると，うまく機能していないのは「まっすぐに飛び込む」ことのほうかもしれませんね。

　この対話の後「まっすぐに飛び込む」行動は，アンにとっての新たな刺激機能を獲得するかもしれない。以前には，彼女にとってこれが唯一取り得る行動，つまり，解決策を見出すためにしなければならない行動，のように感じられていた。しかし，上記の対話の後には，その行動は「状況をますます悪化させる振る舞い」という機能を獲得し得る。もちろん，これ

が変化を起こすのに必ずしも十分というわけではないが，行動と結果の関係性についての分析そのものが，将来の行動に影響を与える可能性を持っているのである。さらに，私たちは，なぜそのような現象が生じるのかについてRFTの観点から理解することができる。

ACTにおいては「創造的絶望（絶望から始めよう）」と呼ばれる状態を作り出す目的で，こういった機能分析が行われる。ACTのセラピストは，クライエントが，自分の行動と実際の結果とのつながりに接触できるよう支援するわけである。クライエントの行動がこれまで引き起こしてきた結果が，もしも，クライエントが望まないような結果だったとした場合，機能分析は，クライエントのこれまでの行動から結果へと続く一連の流れを創造的絶望へと変換するのである。ちなみに，ここでの「絶望」とは，クライエントが適用している方略がうまく機能していないという意味である。また「創造的」とは，この方略が絶望的であることを体験すること自体がまさに新しい代替策への扉を開く，という意味である。

## 行動を捉える

アンの例でセラピストは，二人の自然な相互作用の中でクライエントがある瞬間にしている行動を捉えた。そして，セラピストは，クライエントのその行動を介入の対象として着目し，その行動について対話の主題として取り上げたのだった。アンのケースではセラピーの早い段階でこうした動きが生じたが，場合によっては，注目すべきクライエントの行動が明らかになるのにもっと時間がかかることもしばしばある。いずれにしても，セラピストにおいては，そういったクライエントの行動に対し，常に注意を向けていることが重要である。臨床関連行動が生じているような状況は，セラピーにおいて2つの意味で有用な状況だと言える。第一に，この状況は，セラピストとクライエントがクライエントの臨床関連行動を機能分析する際の土台になるからである。そして第二に，この状況は，セラピストにとってクライエントの行動を変化させるための介入の機会を提供するからである。

機能分析心理療法（functional analytic psychotherapy）は，セラピストとの関係性の中で示されるクライエントの対人的な行動に対し，そういった分析を行っていくことを特に重視している。また，機能分析心理療法では，行動の変化の促進を目指して，この種の相互作用を活用するさまざまな方法を解説している[106, 191]。一方で，アンの例がそうであるように，厳密に言えば，すべての臨床関連行動が対人的なわけではない。アンの問題行動が，セラピストとの対話の中で示されていることは間違いないが，第二の舞台，つまりアンの日々の生活の中では，彼女はこれを多かれ少なかれ自分自身を聞き手として（つまり，対他者ではなく対自的に）行っているのである。

多くの場合セラピストにとって，クライエントの問題行動が二人の相互作用の中で実際に展開されているのかどうかは，あいまいでわかりにくい。そこでセラピストは，クライエントが語る第二の舞台での出来事の中に，セラピストから見て問題行動が含まれていると判断すれば，その機会を捉えて率直に質問を行う。リチャードとのやりとりはそういった一例である。

リチャードはここ何年もの間，憂うつな気持ちを抱えていた。彼が言うには，彼はこれまでずっと「どちらかと言えば悲観的なほう」だった。彼は教師として働いているが，ここ数年の働きぶりは次第に下降線をたどってきていると言う。彼は「抑うつ的な燃え尽き」のために周期的に療養休暇で職場を離れ，抗うつ薬を服薬するもそれらはこれといって役に立たなかった。彼が言うには，職場での仕事のほとんどが彼にとって気に入った内容だったのだが，一番やりがいのある仕事はもう彼には与えられないのだった。そして「そのような課題は若いやり手に全部かっさらわれてしまう」のだと語った。結局，彼は自宅でもまた，存在感がなかった。彼と妻のエリンには10代前半の子どもが2人いた。エリンは自分の仕事にも家族生活にも活発に打ち込んでいた。リチャードは自分が後れを取っているように感じながらも，エリンがリードするままについていき，自分がますます受け身になっていくのに気がついた。家族は，リチャードが頑なになっていくばかりで頼りにできないと苦言を述べるようになってきた。セラピストとの対話の中でリチャードは，ずいぶんとおとなしく従順な態度を

取っている。彼は，質問には答え，概ね話に集中してはいるが，明らかに落胆した様子であった。次の対話は彼との5回目のセッションの際のものである。

**リチャード**：重荷を背負っているような気持ちですよ。何をやっても，何も変わりません。まるで，もやがかかっているようです。なんとかして日々をやり過ごしていますが，なんの変化もないまま，これが永遠に続くようです。見てのとおり，ただもう，僕には気力がありません。
**セラピスト**：そんなふうに重荷を背負っていると感じて気力がないとき，あなたはどうされているんですか？
**リチャード**：職場でのことですか？
**セラピスト**：はい，たとえばですが。
**リチャード**：できることをしようとしています。一度に一つずつこなしていかなければなりません。また燃え尽きるようなことになると無意味ですからね。もっとひどい状況だったころのことを覚えています。でも，今の状態も，別に楽しいとは言えません。僕は，そこでただ耐えているだけです。
**セラピスト**：それで，ご自宅ではどうされているんですか？
**リチャード**：同じような感じだと思います。家でも，ますます重荷を背負っているように感じます。でも，エリンが場を保っていて，僕は，ただその場についていくだけだと思います。
**セラピスト**：あなたが「ただついていく」と言うのを聞くと，だいぶ受け身な印象を持ちます。少なくとも私にとってはそう聞こえますが。それは「じっとしている」といった感じで合っていますでしょうか？
**リチャード**：はい，そんな感じです。僕には何をしたらよいかがわかりません。もう，気力が残っていないんです。
**セラピスト**：わかりました。気力がなくて，あなたはじっとしています。それでも，その場の状況についていっている。
**リチャード**：はい，今のところは……。
**セラピスト**：あなたは今ここでも「じっとしている」とご自身で思われま

すか？
**リチャード**：「ここで」とは，どういう意味ですか？
**セラピスト**：ここで，つまり，私と一緒にいて，私たちの会話の中で，です。私は思ったんですが，あなたは私の話を聞き，質問に答え，ここでのやりとりには参加しています。しかし，その一方で，私は，あなたがここでも何らかの形で「じっとしている」のではないかと，疑問に思ったんです。まるで，ここに居てもなんの意味もないかのように，あなたがここでも，ご自宅や職場でするのと同じ方法で振る舞っているかのように。
**リチャード**：（しばらく沈黙した後に）はい，言われてみると，そうです。ただ，僕はこれが助けとなってほしいんです。僕はよくなりたい。でも，僕はここでも，じっとしているかもしれません。いや，していますね。僕にとっては，たぶん，自然に起こってくることなのかもしれません。

## 行動を引き出す

　多くの問題行動がクライエントとセラピストの相互作用の中で捉えられる。私の経験では，通常考えられている以上に多くの問題行動が，この相互作用の中に捉えられると考えている。とはいえ，セラピストがクライエントの行動を実際に引き出すこともやはり必要である。セラピストは，対話での質問によって示されたり誘発されたりするもの以外に，クライエントの行動に対して，直接的な方法でアクセスする必要がある。機能分析と，変化を目指したより直接的な介入のためには，そういったクライエントの行動に対する直接的な接触が不可欠なのである。

　行動療法は長い伝統の中で，まさにその直接的な介入を行ってきた。この種の臨床上の取り組みは，一般に「エクスポージャー」と呼ばれている。エクスポージャーはまた，科学的なデータによって広く支持されているひとつの心理学的介入法でもある[7]。それは，エビデンスに基づいたすべてのタイプの介入法において使われており，中でも不安障害に対する介入に

おいて最も典型的である。エクスポージャーはその手法自体はシンプルであるが，それは必ずしも介入が容易であることを意味しない。むしろエクスポージャーは，その実施にあたってセラピストに高い技能を求めるものである。エクスポージャーでは，普段の生活でクライエントの問題行動が起きる状況と類似したような状況を綿密に再現する。特定の恐怖症を治療する際には，それがたとえば注射に対する恐怖であれば，セラピストとクライエントは，注射が受けられるような状況を整える。洗浄強迫の治療では，セラピストとクライエントは洗面所に行くかもしれない。苦痛を伴う記憶が特徴の心的外傷後ストレス障害を治療する際には，クライエントは何が苦痛をもたらしているのかを思い出すよう言われるだろう。これらのことは，すべて，まさに行動を引き出す目的で行われる。そのねらいは，クライエントの問題行動が生じる際にセラピストがその場に居合わせるようにすることで，ある部分ではクライエントが自分の行動のうちうまく機能していないものを認識できるよう手助けするためであり，またある部分ではクライエントが自分自身にとってよりうまく機能する反応を見つけ出せるように手助けするためである。エクスポージャー療法は，クライエントが嫌悪的な現象に曝露されることだけを焦点とするものではない。それは，曝露されたときにクライエントが取る行動についても焦点を当てる。問題となっている状況に曝露されることは，通常，何か新しいことを学習する上で必要な要素である。人が，代替行動を学習できるのも，また，学んだことをその人自身の行動レパートリーに統合するためにその代替行動の認識の仕方について学ぶのも，この曝露という状況においてである。この意味で，スキル・トレーニングについてもまた，エクスポージャー療法の一部だと言うことができるかもしれない。

　読者が「エクスポージャー」という言葉を聞いたときに普通考えることと比べると「セラピーの舞台の中で意図的に行動を引き出す」という意味でのエクスポージャーは，もっと幅広い適用範囲を持つことになるだろう。それは，臨床関連行動を第一の舞台で引き出すべく，しばしばクライエントとの合意の上でセラピストが行うすべての事柄を含んでいる。たとえば，介入の焦点が過食行動にあるならば，セッションの直前に食事をしてくる

ようにすすめることで，その行動を意図的に引き出すことがそれに当てはまるかもしれない。また別な問題を抱えるクライエントにとっては，セラピストが沈黙しながらただ座って中立的な待ちの姿勢でいることがそれに当たるかもしれない。実際に，クライエントの問題行動がそのような条件下で誘発されるなら，まさにそれこそがエクスポージャーだと言えるだろう。さまざまな種類のロールプレイについてもまた，クライエントが取り組むべき事柄を引き出すために使用可能である。

ACTでは，クライエントの行動を引き出したり喚起したりするために，いくつもの体験的エクササイズを使用する[88]。それらのエクササイズは，問題行動を弁別することとクライエントが代替行動を見つけるための支援をすることの両方のために用いられる。ACTのセラピストには，ACTの理論的原理を基にこれまでに開発されてきたエクササイズを用いることはもちろん，これに加え，同じ原理に基づきながらもその場の状況に適した新たなエクササイズを創造することが奨励される。また，ACTのエクササイズの中には，クライエントが否定的な感情を体験するための場を設定するといった，伝統的な意味でのエクスポージャーにより近いものもある。クライエントの抱える主要な問題が体験の回避であることを考慮すると，そういったより伝統的な形でのエクスポージャー的なエクササイズの使用も自然なことである。たとえば，そうしたエクササイズのひとつとして，セラピストとクライエントがそれぞれの椅子を至近距離に置き，それから黙ってお互いの目を数分間見つめるというエクササイズがある。たいていの人にとって，自分自身の個人的な領域を他人に侵されることは居心地が悪い。このエクササイズではそうした事実を利用している。しかしその一方で，実際には，そのエクササイズの場に本物の脅威はなんら存在しないのも事実である。このエクササイズでは「このままじっと座って，どのように感じるかに注意しましょう」，「浮かんでくるさまざまな思考やほかのどのような反応に対しても注意を向けましょう」といった単純な教示を行う。そしてその後に，セラピストとクライエントで，クライエントが体験した思考，感情，身体感覚，そしてそれ以外の気づいたことについて話し合う。場合によっては，クライエントは，エクササイズを中断したい

という自らの衝動に気がつくかもしれない。そうであれば，クライエントとの会話は，ただ座って観察するのがどのような感じだったかを中心としたものになるだろう。あるいは，クライエントはエクササイズを実際に中断して，そのことについて話をする機会を作るかもしれない。もしもクライエントの抱える問題が体験の回避だとしたら，そこでの会話は，2種類の臨床関連行動についてのものになるだろう。すなわち，問題行動と代替行動についてである。

　これとはまた異なったエクササイズではあるが，以下のアンとの対話は，やはりこれら2種類の行動の弁別をねらいとしている。あるいは，視線合わせのエクササイズがそうであるように，このエクササイズもまた，クライエントが述べたこととある意味で相似な行動，または機能的に似た行動を引き出すことをねらいとしていると言えるだろう。

　セラピストとの対話の中で，アンは彼女自身がマネジメント（管理）しようとしている困難（身体症状，集中力の欠如，恐怖を呼び起こす思考）について語った。また，彼女は，自分自身の努力について，それらが実際にはうまく機能しない様子，そして，代替策を見つけることのできない彼女自身のいらだちについて語った。

**セラピスト**：私がときどき使うエクササイズがあるんですが，やってみませんか？

**アン**：はい。

**セラピスト**：*（メモ帳を取り出す）* あなたが一番ひどい問題だと考えることをいくつか書き出して，メモを作ってみたいと思います。あなたを煩わせていて，あなたが追い払ってしまいたいとおっしゃったことについてのメモです。たとえば，集中力の欠如ですね*（メモ帳に何かを書き留める）*。ほかには，何が重要でしょうか？

**アン**：疲労感，身体の緊張……。

**セラピスト**：*（アンが言うことを記す）* いつもの自分ではなくなってしまったという考えや，物事が決して良くならないんじゃないかといった考えについてはどうですか？

アン：それが，一番悪い部分です。つまり，この状態がいつまでも続くということが，ですね。

　セラピストは，アンが話す事柄を書き記す。それからメモ帳を少し持ち上げて，メモの内容が彼女に見えるようメモを彼女に向ける。

セラピスト：あなたの手のひらをこれに当ててください，このメモ書きにです。
アン：（ややぎこちなく，手のひらをメモ帳に当てる）できました……。
セラピスト：（メモ帳の反対側から自分の手を押し当てる）こちらに押し返してください。メモを自分から遠ざけてください！
アン：（さらに力を入れて押す返す）こんな感じですか？

　セラピストとアンは，それぞれ反対の立場からメモ帳を押し合いながら，それを押し引きさせる。

セラピスト：はい，いいでしょう！　今やったことがどんな感じだったかを覚えておいてくださいね（メモ帳を下ろす）。いまの感覚を意識しながら，今度は，これと比較してみてください（メモの内容がアンに見えるようして，メモ帳をアンの膝の上に置く）。
アン：（少し沈黙した後に）なんだか，さっきと少し違った感じがします。
セラピスト：どんなふうに違いますか？
アン：なんだか，膝の上に乗せておくほうが楽ですね，ある意味では。でも，すごく嫌でもあります。好きにはなれません。
セラピスト：そうですよね。では，2つのやり方では，どちらがより多くの力を必要としましたか？
アン：そうですね，それは，押し返して遠ざけておくときです。でも，そっちのほうが，なんとなく安心でもあります。少なくとも，自分自身で何かをしているわけですから。
セラピスト：わかりました。では，今の2つのやり方のうち，あなたがこ

の部屋の外での生活でしていることに似ているのはどちらでしょうか？

**アン**：遠ざけておくことです。それが，私がいつもすることです。それですね。実際に，いつもしています。

　エクササイズの最中やエクササイズの後に交わされるこういった対話は，さまざまな方向へと発展する可能性がある。ときには，メモ帳が膝の上に置かれるや否や，クライエントがそれをどけてしまうこともある。ここでもセラピストがクライエントの実際の体験に対して開かれた姿勢で臨むことが重要である。また，忘れてはならないのは，クライエントのそうした体験こそが，セラピーを行う上でセラピストが基盤とすべきものであるという点である。上記の対話は，クライエントに対しての説得の試みではない。それは，臨床関連行動を引き出した上で，クライエントがそれに気づけるようにするという支援の一例である。このエクササイズでは，予期しないさまざまなクライエントの行動が生じ得る。それらのさまざまな行動の持つ長所と短所は何であろうか？　対話で示した2つのやり方のどちらによって，クライエントは，人生において価値のある方向性をより自由に追求することができるのだろうか？　もしも，目の前のクライエントが，アンのようにはっきりと，自分がしていることは「それを遠ざけておくこと」だと認識できたなら，「それを膝の上に置いておくこと」とは，クライエントの生活におけるどういった行動を意味するのだろうか？

　こういった状況でのセラピストの目標は，クライエントにおける2種類の行動（体験の回避という形をとっての問題行動と，代替行動）を詳細に記述し，それらの行動に影響を与えることである。メモ帳を使った上記のエクササイズでは，何がこれまでの回避行動の代替行動となるかを提案することができるだろう。思い出してみよう。RFTに基づけば，体験の回避にかかわる問題の根本は，ルール支配を過度に強めてしまうような言語行動の存在にある。上記で説明したようなエクササイズは，クライエントに対し，直接的な刺激機能に触れる機会を与えることで，彼らが代替行動を見つけ出すことを支援する。このエクササイズによって，クライエント

は短い間ではあるが言語的なコントロールからの解放を体験することになるのである。

## セラピーの道具としてメタファーを使用する

　間接的な刺激機能は，いとも簡単に私たち人間を支配してしまう。体験的エクササイズは，そうした間接的な刺激機能による支配性をかわすための試みとしてセラピーにおいて使われる。同様の目的でセラピストが使用可能な道具に，メタファーがある。セラピーの道具としてのメタファーの使用は，取り立てて新しい工夫ではないし，またそれ自体 RFT とその基礎となる研究がもたらした独自の貢献でもない。メタファーという臨床における道具は心理療法の中で長い歴史を持ち，特に非実証的な学派において古くから用いられてきた[62, 111, 131]。その一方で，RFT の助けを得ることで私たちは，メタファーがなぜそれほどにも臨床において有効な道具となるのかについて理解することが可能となる。また，ヒトの言語におけるメタファーとアナロジーの持つ意義を理解することは，それらを活用する上での指針も明らかにしてくれる。

　メタファーとは言語的な道具である。同時に，それは直接的な刺激機能が決定的な役割を果たすような関係ネットワークを含んでいる。第5章で挙げた「スーザンとラリーは，ネコとイヌのようである」というメタファーを思い出してみよう。ここには，2つの関係ネットワークがある。一方にはスーザンとラリーがあり，もう一方にはネコとイヌがある。これらのネットワーク間の関係は「〜のようである」という文脈要因を介して恣意的に確立されている。ただし，どちらのネットワークも，聞き手側の経験の中に確立された多くの直接的な刺激機能を含んでいる。たとえばそこには，ネコやイヌについて，またそれらが一般にどのように関係し合うかについての経験が含まれる。そして，このメタファーにおけるポイントは，これらの直接的な刺激機能同士の関係が，聞き手がスーザンとラリーをどのように関係づけるかに影響を与えることにある。メタファーが発声されるや否や，瞬く間に膨大な数の刺激間の関係が聞き手にとっての手掛かり

となる。刺激間のこれらの関係性は，聞き手がこれまで経験してきた出来事を基に集められ，次に，より知られていないほうの現象へと転移される。発せられたメタファーがクライエントにおける代替行動を提案するようなものだったとすれば，そこで提案される代替行動は，厳密というよりも，むしろしばしば柔軟で開かれたものになる。事実に基づいた直接的な説明の仕方は，クライエントにとっての言語的なトラップとなり得る。一方，メタファーの使用は，そういったトラップを回避するための有効な手段なのである。

　アンの場合，問題が解決できなければ一層解決しようと考えるという方法をとってきた。そこで，彼女のそういった努力の試みに対して，メタファーを用いてその代替行動を提案するならどうであろうか。たとえばセラピストは「これはまるで，頭の中にある畑で必死に土を耕そうとしているかのようですね。でも，もしこの畑が決して耕しようのない存在だとしたら，どうですか？」と尋ねることもできるだろう。このメタファーは，これまで彼女が自分の問題を解決しようと使ってきた方略について，その絶望性に彼女自身が接触できるよう意図したものである。

　では，私たちはいったい，メタファーを使うことで何を目指しているのだろうか？　私たちは，機能分析を通して目指すものと同じものをメタファーの使用を通して目指している。すなわち，私たちは，クライエントが自分自身の行動をタクトするのを支援したいと考えているのである。つまり，体験の回避という形をとった問題行動と，代替行動の両方をクライエントがタクトすることを目指しているのだ。

　アンとの対話の例に戻ろう。実際には，アンは自らメタファーを使いながら，自分の問題について考えるときに彼女が何をしているのか，そして，それらの問題に対して彼女が何を試みているのか，を語ろうとする。彼女は自らが「まっすぐに飛び込む」のだと言う。彼女のこのメタファーは，彼女の行動の中でも，彼女にとっての特定の種類の体験の回避を説明するためのものである。場合によっては，このメタファーは，アンの体験についてセラピストと彼女が一緒に考えるためのきっかけにもなるし，また，彼女がジレンマから抜け出すための新たな方法を導き出す可能性もある。

たとえばセラピストは，いかにしてアンがさまざまな文脈下でその問題を体験し，それから逃れられずにいるかについて話をすることができるだろう。それはまるで人生が「彼女を水の中に放り込む」かのようである。しかし，たとえ彼女が水中に放り込まれたとしても，ひょっとすると，ひとたび自分が水中に居ることに気がつけば，彼女は自分の次の行動を選択することができるかもしれない。たとえば「飛び込むこと」と「到達したいと思っている何かに向かって泳いでいくこと」との間には，違いがあるかもしれない。

　メタファーは言語的なトラップを回避するための有効な手段であるものの，それらの使用にはいくらかのリスクも伴う。メタファーが，人によって異なる機能を持つことも珍しくない。そのため，セラピストがクライエントの体験に注意深く耳を傾けることが重要となってくる。目の前のクライエントに機能しないものは，役には立たないからだ。またセラピストはメタファーを，何が正しく何が間違いかをクライエントと議論するために用いてはならない。そのような議論をしてしまっているとき，セラピストとクライエントは，おそらく，またもや言語的なトラップにはまり込んでいることだろう。

　ところで，クライエントの行動を引き出すための体験的エクササイズとメタファーという2つの技法の境界線はしばしばあいまいであるが，これにはきちんとしたわけがある。体験的エクササイズの本質は，第一の舞台でのクライエントの行動と第二の舞台でのクライエントの行動との「類似性」にある。つまり，2つの関係ネットワークの間の「類似性」は，メタファーの場合においても本質的な要素であるため2つの技法は非常に関連し合っているのである。

　再び，メモ帳を使ったエクササイズについて考えてみよう。このエクササイズでセラピストは，アンが彼女自身の体験している苦痛に対する2つの異なった行動，すなわち，苦痛を遠ざけておくことと膝の上にのせたままにすること，を弁別するための手助けを試みた。もし，上記の対話の中でアンがそうだったように，クライエントが実生活での自らの行動を，それら2つの行動として弁別できるようになったならば，そのエクササイズ

はメタファーとしても機能したことになる。これは，エクササイズの直後に，セラピストからの質問を通じて行うこともできるだろう。たとえば「もし，日常生活の中でこれらの問題（集中力の欠如，緊張，厄介な思考）を膝の上にのせたままにするとしたら，具体的にはどのような方法でそれができると思いますか？」とクライエントに問うこともできるだろう。また，セラピストは，後のセッションでクライエントが第二の舞台で起きたことについて話した際に，このメタファーを再び引き合いに出すこともできる。「あなたが今おっしゃっていることは，問題をご自身から遠ざけたことになりますか？ それとも膝の上にのせておくことに当てはまりますか？」と尋ねるわけである。

体験的エクササイズやメタファーの使用はどちらもこのように，クライエントがルールに従う際に生じるトラップを最大限回避するための方法なのである。そのため，体験的エクササイズやメタファーは，セラピー全体を通じて用いられる基本となる技法と言えるだろう。しかしながらこのことは，体験的エクササイズやメタファーを用いればルール支配行動が生じない，ということを意味しない。人間とは言語的な存在であり，クライエントもまた常に自己ルールを作り続けるものである。セラピストがセッションにおいてどれだけ積極的な役割を果たしているかはここでは関係がないのだ。クライエントによって自己ルールが生成された場合でも，そのルールが体験的エクササイズを通じた直接的な刺激機能やメタファーに基づいたものであれば，そのルールはずっと柔軟なものになるだろう。ここで期待されるのは，むしろそういったことなのである。

## セラピーの一部としてのゴール

心理的援助を行うにあたってゴールを設定すべきことは，ごく当たり前のことであろう。ゴールとはそれがセラピーの向かうべき先であるという意味でもちろん重要であるが，機能的な観点からはさらに，ゴールとはそれ自体がセラピーの一部であるという意味で，セラピーの本質なのである。
機能分析に基づいたセラピーにおいては，行動の結果が決定的に重要で

ある。行動を支配するのは，何よりも過去に経験した行動の結果だからである。さらに，人間のような言語的な存在にとっては，これとは別に「望ましい結果」と呼べるようなものも存在する。関係フレームづけを通じて，私たちはあたかも，まだ起きていない出来事と接触するかのような機会を持つ。私たちには，経験したことのない事柄をも欲する能力があるのだ。そして，私たちはその事柄が起こるようにと，それに向けて行動することができる。第6章で解説したように，これがルール支配行動の一番の基本である。これは私たちが日常「意図がある」，と言葉にするものと同じことであり，私たちは目的を持って行動するのである。

すでに解説した2つの臨床関連行動（問題行動と代替行動）も，もちろん，この種の行動，すなわち，何かを達成しようとする意図を持った行動である。つまり，それらは特定の方向性を持った行動なのである。行動は，望ましい結果によって影響を受ける。このことは，アンとの対話の中で，セラピストが「まっすぐに飛び込む」アンの行動について，そのねらい（意図）を尋ねた場面で考察した。アンの行動のねらいは，彼女が体験していた脅威を解消することだった。それは，彼女の緊張，集中力の欠如，疲労感，そして何かがおかしいという彼女の思考を追い払うか，またはそのコントロールを取り戻すかするための行動だったのだ。場合によっては，アンは「普通な感じがする」ように一生懸命努力している，という言い方もできるかもしれない。アンのケースでは「まっすぐに飛び込む」ことがこのねらいを達成しないどころか，実際には，彼女がほかの解決策を試すのを妨げていた点に問題がある。体験の回避が，彼女の行動全般に拡がっていたのだ。

したがって，クライエントが新たに代替行動を探すようなとき，セラピストにとっては，その目的が何であるかを尋ねることが重要となる。もし，アンがまっすぐに飛び込むのをやめて何かほかのことをするべきだとしたら，そこでの代替行動の目的はいったい何になるのだろうか？　彼女はどの方向に進みたいのだろうか？　彼女が取り組むべき方向としての望ましい結果とは，いったい何であろうか？　もし，セラピストがアンにこれらの質問を投げかけたならば，アンは「私はただ，以前の気持ちに戻りたい

だけです。私は普通のままでいたいだけです」と答えるかもしれない。しかし，これは以前と同じジレンマの始まりであることに注意してほしい。この種のゴールは，まさにアンにとってこれまでうまく達成できなかったゴールとまったく同じものであり，アンの回答は体験の回避に由来する問題の始まりを意味している。結局のところ，私たちがいくら努力しようとも，思考，感情，身体感覚といった体験は，通常，意志によってはコントロールできない。アンは，飛び込むということをやめて，自分自身をもっと別なゴールへと方向づける必要がある。特に，はじめは不快を強めるような行動についても，もっと積極的に行っていく必要があるのだ。とりわけ，まっすぐに飛び込むという行動は，アンにとっては何か救いの可能性を感じさせる解決策であった。アンがこの行動を抑えれば，彼女ははじめのうち，状況が悪化しているかのように感じるかもしれない。それは，まるで何かに降参したかのように感じられる場合もあるだろう。では，そんなアンを，彼女が不快と感じるものへと向き合わせるにはどうしたらよいのだろうか？　彼女が不快と向き合うためには，それに匹敵するだけの何らかの動機づけが必要である。クライエントによっては，不快と向き合うことで「長い目で見れば，問題が改善するかもしれない」と思えるだけで十分な場合もあるだろう。しかしながら，ほとんどの場合，クライエントにとっては，何かもっと重要なもの，何か価値を置くことができるものが必要である。すなわち，それは望ましい結果として機能するものであり，代替行動を試してみようとクライエントを動機づけるようなものである。このように，クライエントが進むべき方向性を探ることも，セラピストにとっての重要な役割である。

　セラピストとの対話の中でリチャードは，「その場でただ持ちこたえている」と説明し，彼自身「じっとしている」ことを認めていた。セラピストは，リチャードと一緒に，この行動が何によって構成されているのか，そのゴールが何であるかを，もっと具体的に明らかにしていかなければならない。実際，リチャードは，彼の問題の悪化を食い止めることが彼のゴールであり，彼が以前の体験を繰り返したくないことをほのめかしている。彼には，避けたいと思うような記憶がある。しかし，体験の回避がいとも

簡単にトラップにかわるように, 彼のそうした方向性は, 容易にトラップに転じる可能性がある。リチャードにとっては, 代替となる方向性を見出すことが重要である。リチャードはいったい何のためならば, じっとしていること, あるいは, その場でただ持ちこたえることをやめることができるだろうか？　彼の代替行動のゴールは, 何になるだろうか？　何が, 彼にそのリスクを負うだけの値打ちを与えるだろうか？　望ましい結果とは, いったい何であろうか？

　賢明な読者なら, 私がここで, あるルール支配行動にアプローチしようとしていることに気がついたかもしれない。それは, 第6章で考察した「オーグメンティング」である。RFTに基づく心理療法のモデルでは, ルール支配行動に内在する問題やトラップの存在を強調する。しかし一方で, ルール支配行動は, 人間の行動を柔軟にすることにも大きく貢献する存在なのである。RFTに基づく心理療法のモデルでは, ルール支配行動の持つそういった有用な側面についても注目する。私たちは, 何かを求めるときには, たとえ実際にはそれに接触できなかったとしても, あたかもそれと接触し, その自分が求める何かを自分自身の進むべき指針とすることができる。そのとき, その求める何かが実際に目の前に存在している必要はない。それはただ, 私たちの関係フレームづけをする能力を通して, 私たちの目の前に存在するだけでよい。私たちの持つこうした能力は, 非常に有用なものである。そして, セラピストにとって, クライエントが進みたいと願う方向性を明らかにし, クライエントにとっての変化の目的を明確にすることは, 重要な作業である。この作業は, 日常的な言葉で言えば「動機づけ」の作業と言えるだろう。これについては, 第11章で, ルールあるいは言語的先行事象の扱い方に焦点を当てる際, 再び取り上げることにする。

## RFTを活用した臨床行動分析の誕生

　臨床的な機能分析では, 私たちは2種類の臨床関連行動に関心を持っている。1つ目は, 問題行動あるいは, 幅広い機能クラスに属した行動の過

剰である。また言い換えるなら，体験の回避のことである。そして2つ目が，代替行動である。原理的に後者は，どのような形態の行動であっても，それが体験の回避のクラスに属してはおらず，体験を回避する以外の何か，できればクライエントにとって包括的に望ましい（globally desirable）結果を得ようとする行動であればよい。セラピストの課題は，クライエントにおける体験の回避を減少させ，クライエントが代替行動の実行に挑戦できるよう手助けすることである。

これは単純なことのように聞こえるかもしれないが，実際にはほとんどの場合に難しい作業である。実際，それが単純で簡単なことだったとしたら，クライエントはすでにそれをしていたことだろう。人間の持つ言語の副作用が，それを妨げるのである。第7章で「フュージョン」という用語に要約したような派生的（間接的）刺激機能が，妨害的なトラップに加担するのだ。人間である私たちにとって，私たちの行動は，しばしば私たち自身の言語とフュージョンしている。私たちは，たとえこの種の行動が，私たちのためにならない場合であっても，明に暗にそれらのルールに従ってしまう。このように，私たちはセラピーを通し，2つの主要なゴールを達成しようとしている。私たちセラピストは，セラピーのプロセス全体を通し，その順序にかかわりなく，臨床におけるこれら2つのゴールの達成を目指すのである。その2つのゴールを以下に挙げる。

- セラピストは，クライエントにおける機能していないルールへの追従を弱め，また，クライエントが脱フュージョンできるよう支援する。それにより，クライエントは，間接的な刺激機能との関係性において，より柔軟に行動できるようになる。
- セラピストは，クライエントが，クライエント自身で価値を置き達成したい，あるいはそれに対し誠実でありたいと願う事柄へ前進できるよう支援する。また，クライエントが，クライエント自身にとっての包括的に望ましい結果が何であるかを見定め，それらの結果と接触する可能性がより高まる方法で行動できるよう支援する。

ここまで示してきたように，臨床行動分析におけるセラピーでは人間の言語の持つ副作用のみならず，その可能性をも考慮に入れる。
　そして，すべての行動は，それが生起する文脈からの影響を受けている。行動はそれに引き続いて起こる事柄（結果）と，それに先行する事柄（先行事象）とから影響を受けているのである。セラピストは，これら文脈の持つ2つの側面を変容させることで，クライエントに影響を与えることができる。したがって，セラピーにおける方略は，自ずと，行動に引き続く事柄を変容する方略と，行動に先行する事柄を変容する方略とに分けて考えることができる。続く第10章では，行動の「結果」に焦点を合わせた前者の方略について，第11章では，「先行事象」に焦点を合わせた後者の方略について解説する。

# 第10章
# 結果に注目しながら文脈を変える

　セラピストは，クライエントと一緒に問題に取り組むにあたって，行動を取り巻く結果または先行事象のいずれかに焦点を絞ることができる。ただし，明確にしておくべき重要な点がひとつある——それは，私たちが，本当の意味で，完全にどちらか一方だけを扱うことは決してできないということである。あらゆる行動には，その場で展開する事柄にさまざまな影響を与える先行事象と結果の両方が伴っている。臨床上のやりとりの中では，セラピストの行為は，クライエントの行動に対して，必ず結果事象になったり，先行事象になったりする。同じように，クライエントの行為も，セラピストの行動に対して結果事象になったり，先行事象になったりする。私たちは，人間が相互作用をするときのこうしたありようから，逃れられないのである。中立の状態はなく，「何もしないでいる」ことはできない。仮に，クライエントが何かを言った後にセラピストが沈黙を保ったとしても，この沈黙自体が，クライエントの発言後の結果になる。もしも，クライエントが，それを受けて，さらに何かを発言したとすると，セラピストの沈黙はクライエントのこの発言の先行事象の一部だったことになる。セラピストが何かを発言したり，ほかの方向を見たり，姿勢を変えたり，あるいはほかのどんな行為をしたとしても，それらはすべて，クライエントがその時点で遭遇する先行事象および結果事象の一部であり，クライエントのその後の行為に影響を与えるものである。こういった互いへの影響は，2人の人間が接触を持つときには必ず生じる相互作用の一部なのであって，例外はない。そして，クライエント—セラピストのやりとりの中で，互いの行為が互いの行為の結果あるいは先行事象として作用し，それぞれの行

為に影響を与えていくのである。

　この本の中で，結果（または先行事象）に焦点を当てると記述する場合には，ある瞬間にセラピストはどちらか一方に注目することができる，ということを意味している。したがって，それは，単にセラピストの意図を記述するひとつの方法にすぎない。セラピストの意図が，クライエントの行動を強化する結果事象としての自分の行動に焦点を当てることだったとしても，これは，そこで起こるすべてのプロセスを記述するものではない。事実，セラピストが何をしようとしているかにかかわらず，並行して多くの事柄が起きることは避けられないし，セラピストも，起きていることの多くについては認識していない。その場で起きている事柄をすべて記述することは，おそらく不可能だろう。せいぜい，セラピストがはっきりと認識しているのは，操作可能なひとつ，または二，三の重要な変数だけである。

## 結果を通じて影響を与える
### ——行動分析学の古典的方略

　Skinnerの業績の中でも最も重要な結論は，行動の結果が，行動を制御する上で最も重要な役割を果たしているということである。また行動に対する結果事象は，強化として働く場合もあれば，弱化として作用する場合もある。その帰結として，行動分析学では，まず行動を変えるための有効な結果を確立する試みが一般的である。これまで，行動分析学の業績の多くが，精神発達遅滞や自閉症などといった比較的深刻な問題を抱える個人を支援することを目的としてきた[157, 180]。行動に影響を与える結果を直接操作するためには，セラピストは，問題行動が起こるときにその場に居なければならない。これらの問題を抱える人々は，従来，施設に入所していることが多かったため，セラピストが結果を直接操作できる可能性は高かった。（施設ではなく）地域で生活する自閉症の子どもたちも，セラピストが週に何時間も指導する時間を確保する必要はあったものの，自宅環境で療育を受けてきた[42]。

　先に指摘したように，セラピストとクライエントとの間のこのような高

頻度の接触は，臨床面接（clinical settings）の枠組みの中では起こらない。精神分析は，心理療法の中では最も時間をかけて直接的なやりとりを行うが，これですら，応用行動分析が従来，重篤な機能障害のある対象者に対して提供してきたセラピーの形態と比べると，希薄なものである。臨床行動分析は，接触頻度の点から考えると，むしろ，応用行動分析以外の心理療法の形態に近いと言える。セラピストとクライエントは，週に一度，または可能であれば二度，対面するのが一般的である。治療全体を通じてのセラピーのセッション回数は，数回の場合もあれば，数多くの面接を重ねる場合もある。またそれらは1年からときには数年の期間にわたって行われる。この点で，臨床行動分析は，一般に心理療法と呼ばれる標準的な心理的治療と，何ら変わるものではない。

行動分析学の基盤である行動の原理から考えて，行動に対して結果を直接操作することで影響を及ぼそうとするのは，自然で基本的なアプローチだと言える。臨床行動分析では，セラピストとクライエントは相対的に低い頻度でしか接触しないが，上記の基本的なアプローチは臨床行動分析にも当てはまるものである。こういった時間的制約のある中で，臨床行動分析では，どのように行動にアプローチしていくのかを見ていこう。

## 問題行動に対して結果を確立する

問題行動に対して結果を確立しようとするときには，臨床関連行動の2つのクラス——さまざまな形態を取る「体験の回避」と，代替行動——が焦点となる。リチャードの例に戻って，セラピストが，彼の問題行動を変容するために行動に対する結果をどのようにして確立するか，について説明しよう。

前章の会話の中で示されたように，リチャードとセラピストは協働作業をする中で，リチャードの受動性を問題行動だと同定した。彼は，じっとしていて，脇に立っていて，そして，（相手に従い）ついていくだけである。これがリチャードにとって問題だということは，ある意味彼自身自覚している。というのは，物事が勝手に進んでいくことに彼が満足していな

いからである。リチャードとセラピストは作業を進める中で，この行動をリチャードが続けてしまう理由も同定している。現状では，受動的に振る舞うことが，彼にとっては，物事がこれ以上悪くならないための方策なのである。しかし同時に，彼はこの受動的な行動が，これまでずっと前からあり続けたパターンだとも説明している。ただ従ってついていって，ほかの人々の願いを受け容れることは，彼にとっては自然に感じられた。それが一番安全な方略のように感じられるのである。

　セラピストとの会話の中で，リチャードは，自分にとって望ましい代替行動について話している。彼は，もっと積極的になりたい——ほかの人々とのやりとりの中で，もっと主体的に動きたい——と望んでいた。職場であれば，これは，彼がどのような役割や仕事を望んでいるかを上司に伝えることを意味する。自宅でなら，これは，自らいろいろな活動の計画を立てることを意味する。たとえば，リチャードは，子どもたちをフットボールの試合に連れていきたい。彼は，これまでずっと地元のチームのファンであるし，子どもたちがフットボールに興味を持っていることにも気づいていた。他方，妻のエリンは，スポーツにはあまり興味を持っていない。リチャードとセラピストは，何を宿題として実行するかを検討する中で，リチャードがこのことを家族に対して話題として取り上げることを話し合った。その後，その結果について，8回目のセッションのときに以下の対話が行われる。

**セラピスト**：フットボールの試合については，どうでしたか？　話題にしましたか？

**リチャード**：はい，でも，大まかに話をしただけでした。家族がどう思うかを，確かめました。でも，これから先しばらくは，週末がいろんなことでばたばたとしているのです。

**セラピスト**：子どもたちには，予定がたくさんあるのですか？

**リチャード**：はい，エリンは，私たちに自分の姉を訪ねてほしいと考えています。さらに，来週は学校が忙しい週です。

**セラピスト**：あなたは，このことについてどう感じていますか？

**リチャード**：よくわかりません。エリンがかかわることに対して，何かをし続けることが，私にとっていかに難しいかは，ご存じのとおりです。私を助け出してもらえますか？　いつも決定権を握りたがる女性は，どのように扱ったらよいのでしょうか？

　ある意味素直に，リチャードはアドバイスを求めている。セラピストは，解決策を提案することもできるし，リチャードがエリンとの関係でどのように行動すればよいかについて，ロールプレイをすることもできるだろう。しかし同時に，セラピストは，リチャードが今ここで，またもや典型的な問題行動をしていることに気づく。リチャードは，じっとしていて，セラピストが道筋を示すことを求めている。セラピストは，この事実に焦点を合わせる。

**セラピスト**：私は，あなたが今，ここで，していることについてちょっと考えています。私には，あなたがじっとしているように感じられます――私が主導権を握るか，あるいは，あなたがついていくことができるような何かを，私が提案するかどうかを見極めるために待っているかのような印象です。
**リチャード**：私に何をしろとおっしゃるのですか？　専門家は，あなたです。

　ここで立ち止まって，セラピストがしていることと，その結果について検討してみよう。セラピストは，リチャードの問題行動に気づく――それは，彼の典型的な「体験の回避」で，彼はそれが一番安全だと感じている。リチャードは，じっとして，受け身の態度を取り，そして，誰か（この場合にはセラピスト）の指示を求めている。この時点で，セラピストは，リチャードの行動を単純にタクトするという結果を確立する――タクトするのは，リチャードとセラピストが問題であると前もって一緒に話し合っていた，まさにその行動である。専門的に言うと，セラピストは，弱化（罰）の随伴性（punishing contingency）を確立しようとしている。セ

ラピストは，リチャードがこの行動を繰り返す可能性を減らすことを意図しているのである。この時点で私たちは，セラピストのこの反応が，リチャードの行動に対して実際にどのような機能を持つことになるかまだわからないが，セラピストが嫌悪性の結果（aversive consequence）を確立しようとしていることは想像できる。私たちは，このことを，どのように理解したらよいだろうか——つまり，リチャードがしていることを，セラピストが日常的な言葉を使って彼に説明すると，それが弱化としての機能を持つ行動になるのだろうか？　私たちは，このことを，RFTの観点から理解することができる。先の会話で，まさにこの行動——引きこもって，じっとしていること——が問題だと話し合われた。リチャードのしていることが，彼自身の苦悩を増大させる結果になっている。そこで，セラピストはリチャードが同様の行為をしたときに，「私自身が，自分の問題を引き起こすことをしている」というコメントと接触させる。つまりセラピストは，その瞬間のリチャードの行動をタクトするのである。このタクトは，「私のしていることが，かえって状況を悪化させている」と等位の関係にある。また同時に，リチャードとセラピストとの先の話し合いの中で，この受動的な行動が彼の経験している苦痛を増大させているという事実を共有できているので，セラピストのこのタクトはリチャードにとって嫌悪的になる可能性が高い。

　セラピストのこの行為はリチャードの行動を変えることができると考えられるが，そこには，2つの問題が含まれている。第一は，用語の問題である。当然のことながら，自分のクライエントを罰したいと考えるセラピストはいない。罰という用語は，非人道的に聞こえる。この思いやりのない用語を避けるために，セラピストと研究者は，このプロセスを表現するためのほかの言葉を模索してきたし，誤解を生む用語を避けるほうが賢明である。罰（punishing）ではなく，弱化（weakening）という言い方をする研究者もいる[*1]。同様に，問題行動をブロック，あるいは遮る，と言うこともできる。重要なのは，どの用語を使うかにかかわらず，私たちが

---

*1　（訳注）本書では弱化のほうを使ってきた。

何について話しているのかを理解しておくことである。セラピストは，クライエントの問題行動に対して結果を確立し，その問題行動が繰り返される機会を減らすことを意図する。行動分析学の基本的な用語では，このプロセスは，行動が減少する効果を持つ場合，弱化の随伴性と呼ばれる。

　セラピストのこの行為に関連する第二の問題は，用語そのものや誤解のリスクなどといったことよりも，もっと重要だと言える。嫌悪性の結果が確立されたときには，その反応として，回避行動が単純に増えるというリスクが常につきまとう。それがまさに，この事例の中で起きた。すなわちリチャードは，一層受け身の姿勢をとった――「専門家は，あなたです」。セラピストが，これをどのように扱うかを見てみよう。

**セラピスト**：はい，そうですね。それが私の役割です。この面接では，あなたが相談者で，私が専門家です。この面接は，そのようにして成り立っています。そしてもちろん，一般に専門家は専門的見地から助言を行うことが期待されますね。それが，私たちが専門家に期待することですね――相談者の方が頑張れる何か，ついていくための何かを提供することが。あなたは，確かにそのことを言っています。でも，私たちは，これが一種のトラップになることを話し合いましたよね――つまり，あなたが，じっとし始めるようになると，ほかの人からの助言を待つだけになって，ついには，それにただ従うだけになる。そして，あなたを先導することが専門家としての私がすべきことだったとしても，私には，あなたが，まさに今ここで，私との会話の中で，このトラップにはまり込みつつあるように思えるのですが？

**リチャード**：（*はじめは沈黙し，それからため息をつきながら*）ええ，おっしゃることはわかります。そのとおりだと思います。私は，誰かに答えを出してほしいと思っています。そして，それが，私をもっと受け身にしていくのです。私は，だんだん人に追従するだけになります。なんて難しいのだろう。

**セラピスト**：ええ，そうですね。難しいですね。あなたがまさに今，ここで，私と話している間にも難しいと感じているわけですが，もし自分

のためにもっと「居場所」を作るとしたら，どこから始めますか？ 壁のどこかに隙間でもありますか？　そこから居場所を作り始められるような？

　問題行動に対して罰あるいは弱化（weakening）の手続きを採用することは，結果に焦点を当て，行動を制御する観点からは核心的な部分となる。この例では，セラピストは，嫌悪性の結果（「あなたは今，問題行動を示しています」）を保持したままでいる。しかし同時に他方で，セラピストはいくつかのことを行っている。第一に，セラピストは，その場で起きているリチャードの行動のより機能的な部分を強化する。これが可能なのは，リチャードが問題行動だけをしているわけではないからである。実際にじっとして，受け身の姿勢を見せる間にも，彼は，会話を続けているのである。ある段階では，彼は，セラピストに，状況についての彼自身の考えをいくらか伝えもする。リチャードが詳細な部分まで話してくれたとき，セラピストがそれを支持すれば，リチャードのこの行動に対して，強化的な機能を持つと期待される。このことは，弁証法的行動療法においては「バリデーション（validation）」と呼ばれる。弁証法的行動療法では，クライエントの発言には必ずと言ってよいほど承認する（validate）ことの可能な何かがあることを強調している[119]。従来の行動分析学においても，クライエントの行動には必ずと言ってよいほど強化されるべき何らかの側面があることが指摘されてきた。これが，「専門家は，あなたです」という発言に対する，セラピストがとる見方である。したがってセラピストは，リチャードが再び意見を発する可能性を高める結果を確立しようとするのである。セラピストは，「意見を言う」行動の機能的行動クラス（functional behavioral class）を強化しようとする。

　第二に，セラピストは，結果を確立する作業と先行事象を操作する作業とを，会話の中で同時並行で行っていく。セラピストは，代替行動のためのルールとして機能させることを意図した言語的弁別刺激を呈示する。セラピストは，リチャードが，面接場面でもっと「居場所」を拡げることができるか吟味する――つまり，リチャードが主体的な立場をとることがで

きるか，である。実際にはセラピストは，代替行動として事前に検討した内容——「もっと位置を占める」こと——に言及する。

　もしも，そこでリチャードが，「もっと位置を占める」ためのリスクを負うことを決断したなら，セラピストは話を進めて，「位置を占める」上で関係してくる困難について，またその行為の結果が実際にどうなるか，について話し合うことができる。その場合には，面接の中身は，エリンとの関係の中で，リチャードがどのようにして主導的な役割を取ることができるか，に変わるかもしれない。その時点で，介入は，明らかに，行動の先行事象を扱うものへと移行したことになる——つまり，その行動は，第二の舞台で展開されることになる。しかし，ここでのシナリオでは，それは，リチャードが関連する行動クラスについて直接的経験をもっと積んでから実行されることになる。すなわち，リチャードは，第一の舞台の中で，問題行動と代替行動の両方を実行して，それぞれに対して違った結果を経験することになる。

## 代替行動に対して結果を確立する

　クライエントが問題行動に対する代替行動を第一の舞台で実行したら，セラピストはその機会を捉えて，その代替行動の出現頻度を高めるような結果を確立すべきである。上述したリチャードとのやりとりの中で，セラピストは，リチャードが対話を続けながら意見を表明したことを強化した。ただこの場合は，主に，そのときの回避行動のリスクを避けるために行われた。一般的には，私たちが一番強化したいと考える行動は，その場面で最も代替行動として明確な行動である。では，どの行動が強化されるべきだろうか？

　この問いに答えるためには，セラピストが「体験の回避」を問題行動として念頭に置いておくことが役に立つ。私的出来事をコントロールしたり，減らしたり，追い払ったりしようとするときに，ルール支配行動を取ってしまうことが，基本的な問題なのである。自然に現れる気持ち，記憶，身体感覚，または思考のこととなると，私たちは，しばしば機能しない解決

策を試みるのである。強化されるべき代替行動は，私的出来事の回避以外の何かをねらいとした行動でなければならない。原理的には，そのようなねらいを持つ行動であれば，基本的に何であってもよい。しかし，たいてい，そのような行動はクライエントが望むものではない。そのため，私たちは，（何でもよいとはいえ）さらに絞り込む必要があるだろう――強化されるべき行動は，クライエントを望ましい方向へと導く可能性がより高い行動でなければならない。ただし，単に私的出来事を追い払うというだけの目的のものは除外して。

　明らかに，この解決策はパラドックスを含んでいる。人々が心理的な援助を求めるのは，抑うつ気分や不安などといった私的出来事を追い払うためである。そして，うまくいった心理的治療というのは，多かれ少なかれ，ある程度このことを達成している。にもかかわらず，ここにジレンマが生まれる――私的出来事を追い払うことがゴールとなるとき，第7章で見たように，行動はしばしばそれ自身の目的を妨げることになるのである。これは，言語行動の注目すべき副作用の例と言えよう。

　代替行動が何をねらいとすべきかについて，クライエントと一緒に入念に計画することは，セラピーの重要な部分である。このことは，先に述べた先行事象に注目する例だと言える。なぜなら，現時点でのゴールは，望ましい結果についての言明（verbal statement）（または思考）であって，結果そのものではない。結果は，まだ経験されてはいない。リチャードは，自分がしたいと思うのは「もっと場所を占める」ことだ，と説明した。そして，今までよりも多く「占めた場所」を使って何をするのか，または，その増えた「場所」をどのように使うのが建設的か，と尋ねられたとき，リチャードは2つのことを言った。まず彼は，「場所を占める」ことが，ほかの人たちとの関係に影響を与えるものであってほしいと考えている。彼は，子どもたちともっと近い関係を持ち，子どもたちの人生にもっとかかわりを持って，彼自身の経験も子どもたちと共有したいと願っていた。次に職場では，彼は，自分の能力を示したいと思っていた。また，生徒や学校にとって有益なことをするだけの役割が欲しいと思っていた。彼は，受け身の姿勢でただついていくだけでいることを好まない。彼は，主導権

を握ることができる人，少なくとも現状よりは多く握ることができる人になりたいと感じている。

　セラピストとリチャードが一緒に行った機能分析では，リチャードの受け身の姿勢は，「物事が不確かな感じがする」状況で高まることが明らかとなっている。リチャードがそう感じる状況はさまざまではあるけれども，共通する事実を持っている。ほかの人々は自分のしたいとおり，また思うとおりに行動していて，一方でリチャードは別なことを望んでいる状況である。この段階に入ると，物事は次第に「難しく感じられる」ようになってきて，そのため，リチャードは待つことにする。彼は，ほかの人たちが自分を軽視しているように感じ，それから，なぜこのようなことになったのかについて反芻するようになり，そして最後には，これは避けることのできない結末だと結論する。

　じっとして待つ行為に対する代替行動のひとつは，もちろん，一歩前に踏み出して，難しくて不確かに感じられる状況の中でいくらか「場所を占めて」みることである。セラピーの中で，この行動を試してみる状況としては，宿題の場面が考えられる。仮に，その宿題は，リチャードが同僚に対して，近々行われる教員のためのセミナーで役割を交換したいと持ちかける，というものだったとしよう。セラピストは，さまざまな方法ではっきりと，これが適切な宿題であることを示す。もしも，リチャードが反論して，宿題をもっと違った方法で組み立てたいと言ったら，このことは，セラピストとの関係の中で望ましい代替行動の例とみなすことができる。この行動は強化すべき行動であり，セラピストはリチャードの言うことにただ耳を傾けて，彼の反論を真剣に受け止めるだけでよいのである。

　セラピストの行動のうち，どれがクライエントの代替行動に対して強化子として働くかを，その瞬間に弁別することは難しい問題である。セラピストが常に自分自身に問いかけてみるとよい質問としては，自分のどの行動が，クライエントの日々の生活（第二の舞台）の中で自然に起こる結果であろうか，代替行動を強化するものに似ているだろうか，が考えられる。このことに照らしてみると，セラピーでの課題は，面接における対話の中で，代替行動に対して自然な強化子を提供することだと言える。リチャー

ドの例では，彼が反論して自分の意見を表明する行動は，彼の発言を検討の対象として真剣に受け止めることで強化できる。

もうひとつの別の重要な問いかけとしては，クライエントの代替行動が実際のやりとりの中で強化されているだろうか，ということである。リチャードの例で言えば，セラピストとの面接場面で「場所を占める」行動は，セッションが進むにつれて，増えてきているだろうか？ もしも増えていないとしたら，強化随伴性は十分に確立されていないということになる。そのような場合には，セラピストは，自分自身の行動を検証し，対応を変える必要があるだろう。反対に，リチャードが面接場面の中で代替行動をより示すようになってきているのであれば，その代替行動が起きる状況を書き出してしてみることで，セラピスト自身の行動のどの部分が効果的に働いているかをよりよく理解できるだろう。

ただし，このアプローチに関連したリスクに注意することが重要である——すなわち，ここで確立された強化随伴性は，自然ではないかもしれない[64]。その場合には，その強化随伴性は意図したとおりに機能しないだろう。あるいは，セラピストとの相互作用の中では強化的に機能するものの，セラピーの外のクライエントの日常生活にまで行動を般化させるものではないかもしれない[106, 191]。特に重要となるのは，セラピストが望む方向ではあっても，クライエントの目標とは一致しない形で，行動を制御することにならないように注意することである。もしも，これが起きたら，それは，私たちが日常会話の中で操作と呼ぶものとなる[*2]。

先に，セラピストがクライエントの問題行動をタクトすることが，問題行動に対する嫌悪性の結果として機能することについて説明した。それと同じく，セラピストが代替行動をタクトすることは，その代替行動にとっ

---

[*2] （原注）行動分析学では（また，より一般的に言えば経験科学では），「操作」という単語が，それが通常の文脈の中で持つネガティブな連想（associations）を持たずに使われる。「操作する」ことは，単純に「何かを変える」ことを意味する。この意味では，相互作用の中で何かを行ったり言ったりするときには，それは常に，行動に先行する，そして／または，後続する要因の操作だと言うこともできる。とはいえ，ここで説明されているリスクは，セラピストの行為はこの言葉が持つ日常的なネガティブな意味合いでの操作にもなる，ということなのである。

て強化的に働く。そのタクトが実際に機能するかどうかは，望ましい代替行動を定義するための機能分析が適切かどうかによって決まる。仮に，リチャードとセラピストが，「もっと場所を占める」という行動が望ましいものだと合意したとしよう。また，実際にリチャードとセラピストのやりとりの中で，この代替行動に対してときどき強化的な結果が随伴したとしよう。つまり，代替行動が何度か見られたとき，セラピストは，「ふと思ったのですが，あなたが今していることは，今までと違いますね。あなたは，まるで，自分のために『居場所』を作っているかのようです」と言うかもしれない。その結果として，リチャードは，望んでいた「居場所」を得るという強化的な結果に加えて，「変化を起こす助けとなるような新しい行動をしている」という発言とも接触する。これは，セラピストの発言がリチャード自身の体験を正確に表現しているなら，強化的に働くだろう。もしもそうならないとしたら，明らかに，リチャードがそれまでと同じ行動——その場に合わせて，ただついていくこと——をするだけのやりとりの例を積み上げることになる。その場合には，セラピストのコメントは，実際にはリチャードの問題行動を強化するものとして機能することになる。セラピストが，クライエントとのやりとりの結果に対して注意深くあることが，いかに重要かを示している。

## 問題あるルール追従を消去する

　第7章で説明したように，RFT に基づいて，ルールに従うことがしばしば心理的問題につながることを説明してきた。クライエントとセラピストの相互作用の中で新しい直接的随伴性を確立することは，この種の有害な言語的コントロールを崩す手助けになる。ある行動を通じて（たとえば「場所を占める」ことを通じて）望む事柄を得るという直接的経験によって，時間はかかるが，ルールに支配された行動（たとえば「私はじっとしていたほうがよい」）を克服することができる。もちろん，言語的に確立された随伴性がしばしば持つ優位性は，絶対的なものではない。行動は，2つの主要な道筋——直接的刺激機能を通じて，あるいは，派生的（間接

的）刺激機能を通じて——の相互作用によって，常に形成されている。臨床場面の相互作用の中で起こる新しい直接的経験は，言語的ルールの優位性を，ある側面から破ることができる。

一方，RFT による分析を行うことで，クライエントによっては，直接的随伴性を確立する以外の方法を提供することもできる。セラピストとアンの会話に戻ってみよう。5 回目のセッションのときに，彼らは，アンが感じている集中することの困難さと，それがどのように彼女の仕事を中断させるかについて話している。アンは，仕事での会議の際に，誰かがたった今話した内容を自分が理解していないのに気づいたときのことを説明した。彼女は，緊張して，「また同じことをしている」と考えた。物事が絶対うまく進まないという思考が浮かんできて，自分がこんなに違和感を覚えていることに，ほかの人たちは気がついているのだろうかと考えた。

**アン**：絶望的です。何が起きているのかがわかりません。
**セラピスト**：あなたにとって，これは難しいようですね。でも，あなたは，起きていることを把握したい。
**アン**：こんなふうに生きていくことはできません！　何かをしないといけないのです。
**セラピスト**：では，わかりました。今ここに，いくつかの考えがありました——ひとつは，あなたがこのようにしては生きていけないこと。もうひとつは，この状況に対して，何かをしなければならないこと。
**アン**：私は解決策を見つけなければなりません。
**セラピスト**：では，それも，また別な思考ですね——あなたは解決策を見つけなければならない。
**アン**：どういう意味でしょうか？　私には理解できないのですが？
**セラピスト**：またひとつ——私には理解できない。
**アン**：でも……あなたは，私がただこれを空想しているとでも言っているのですか？　私は本当に，周りで起きていることを把握しておくことができないのです。私は会議に参加できなければなりません。さもないと，仕事ができなくなってしまいます。それはよくありません。私

は本当にがんばったのですが，でもうまくいかないのです。
**セラピスト**：また別な考えが聞こえました――それはよくない。
**アン**：あなたは，私を混乱させています。本当に理解しようとしているのですが，私は，完全に途方に暮れました……。
**セラピスト**：よろしい！
**アン**：よろしい？　どのような意味で，ですか？　何をおっしゃっているのですか？　今，何か重要なことがあったということでしょうか。きっとそうなんでしょうが，私にはそれが摑めていません……。
**セラピスト**：あなたは，理解しようとしている？　なんとかしようとしている？　では，このようなことだったらどうですか？――もしも，私が言ったことを理解できたとあなたが考えたなら，私が何を言ったのであれ，それは違います。
**アン**：私は怒るべきなのでしょうか，それとも笑いだすべき？　私は，完全に混乱しています……。
**セラピスト**：そのとおり。そのままで，居られますか？
**アン**：混乱したままで？　好きではありません。
**セラピスト**：そうですね。でも，混乱して，好きではないという経験をしながら，ただそこに居ることはできますか？

　この会話が，私たちが通常行っている普通の会話と，いかに掛け離れているかに注目してほしい。ただし，セラピストは，掛け離れた行動を取るにあたって，明白なゴールを持っている。言語活動は，数多くの文脈要因によって維持される行動である。それは，複数の人間が同時に参加する社会的なゲームで，特定の文脈に依存するものである。いったんプレーの仕方を学習すると，私たちは，独り言を言ったり，声に出さずに発することができるようになるけれども，この行動は，もともと社会的な文脈で学習したものである。私たちの言語活動は，会話の中で遭遇する結果によって影響を受ける。日々の生活では，私たちの誰もが，言語行動を強化する結果を豊富に提供するような社会的および文化的な文脈の中に生きている。人々は，私たちが発言することを聞き取り，そして，私たちが理解できる

方法で答える。たとえ，拒否をする場合でも，私たちの言語活動に組み込まれた共同のルールに従った方法で行う。言葉は，通常は文字どおりの意味に解釈できる。私たちは，一般に文法のルールに従い，そして，それらのルールを破るときには，「理解可能」な方法でそうする。いってみれば，ルールに違反するときでさえ，ゲームのルールには従っているのである。私たちにとって，このようなことはあまりにも自然なため，それ以外のことを想像するのは難しい。さて，では言語行動が心理的問題の一部だとしたら，これらの行動を支えている文脈を変容することで，クライエントを言語的トラップから助け出せるかもしれない。これが，アンとの対話の中で，セラピストが成し遂げようとしていることである。セラピストは，アンの問題となる言語行動を維持している結果とは違った結果を提供することに焦点を絞ることで，文脈を変容しようとしている。

　アンは，この状態について「何かをしなければならない」と言っている。通常の会話であれば，聞き手は，この発言が聞き手自身に対して持つ間接的刺激機能に基づいて，何らかの形で対応する。たとえば，そこで行うべき何かを助言するかもしれない。あるいは，何をすべきかはわからないものの，何かをしなければならないことには同意するかもしれない。また，たとえその状況で何もする必要はないと返答したとしても，これも，アンの言語行動そのものを強化する行動である。なぜなら，この返答も言語行動全体としての一貫性を保持していて，第4章で説明したように，一貫性は幼少期の言語獲得の早期に確立される般性強化子だからである。この一貫性がアンの言語行動を強化しているかどうかは，何もする必要はないという意味の返答に対して，アンがやはり何かを実際にしなければならない理由を挙げたとしたら，明らかになる。そのような場合には，アンがこれまで何度も習慣として行ってきた言語行動を，さらにもっと行っていることになる。アンにとっては，何をするべきか，また，なぜ物事が彼女の望むようには展開しないのか，そして，いったい何がおかしいのか，について考えることが習慣になっている。さらに，言葉を操ることが得意な人間がそうであるように，アンもまた，自分の行為に対してなぜそうするのかの理由を挙げることが習慣となっている。そうしてアンが理由を挙げると，

通常は，周囲の人々が彼女の理由を受け容れるか，あるいは，それらの理由がなぜ正確でないか，または妥当でないかについて，アンに教えることになる。セラピストは，セラピーでのやりとりの中で，アンの言語行動に対してこの種の強化的な結果を提供しないことで，アンの問題行動を消去しようとねらっている。

　セラピストは，まず，直接的刺激機能に焦点を合わせる。アンの行動では，彼女自身の発言の間接的刺激機能が優勢となっている。ここにフュージョンが生じている。つまり，言語行動の関係性の機能が，アンの行動を左右している。ここで，セラピストは，私たちが通常の会話の中でするように，このことに同調することはしない。その代わり，実際にそこにあるものを指し示す――「ほら，ここに思考がある」。これが繰り返されたときに，アンは混乱し，いらだちもしたかもしれない。そこでは，話すこと（また考えること）が通用しない。結果が，普段のものとは違うのである。アンは，はじめは彼女自身の説明に対して疑問が投げかけられたかのように振る舞って，なぜ彼女が何かをしなければならないかの理由を伝える。それでも，返ってくる結果は，まだいつも経験しているものではない。アンは，その結果をいつも習慣としているやり方で対処しようとする――つまり，状況を理解しようと一層努めるのである。セラピストはそれに対して，何が起きているのかを本当に理解しようとしているアンにとって，嫌悪的な言葉をかける――「もしも，私が言ったことを理解できたとあなたが考えたなら，私が何を言ったのであれ，それは違います」。このような発言は，どのように対処されるべきだろうか？

　この最後のコメントは，理解しようと試みる行動に対する矛盾したルールとなるもので，弱化の随伴性となるものである。これは，この種の随伴性に関連したリスクに対して注意を促すものである。先に指摘したように，セラピストは，問題行動を妨げるのにとどまらずに，それ以上の何かをすることが重要である。このケースでは，セラピストは，アンがひょっとすると彼女が今まさにいる，その場所に留まることができるかもしれない，とヒントを与えることで，代替行動の先行事象を導入する。また，別な方法としては，「混乱することがあなたの敵ではないとしたら，いかがです

か？」といったコメントをしてもよいだろう。アンにとっては，これは，彼女がその場に留まって，感じることを感じて，そして，その瞬間に彼女が感じる不安をあまりに性急にコントロールまたは排除しようとしないための行動のルールとして機能するかもしれない。この章で焦点としているのは結果であるが，私がここで説明している，機能することが見込まれるルール（prospective rule）を確立する方法は，結果に焦点を当てることが完全に結果だけについての作業ではないことを示している。また，混乱は敵ではないといったコメントは，アンの行動のある部分に対しては，事実上強化的な結果として機能するだろう。アンが自分自身の混乱に気がついて，その瞬間に自分の状態をタクトする時点で，この行動は，すでに，最初に見られた問題行動とは違っている可能性がある。自分の状態からすぐに逃げ出す方法を探すのではなく，その瞬間に留まって，観察できるものをただ観察するのは，アンがこれまでしてきたこととは違う。このような方法で，セラピストのコメントは，変化の兆しをさらに強化することができる。

　RFTの視点から，言語行動のルールを破って人々が心理的トラップから抜け出す方法について説明し，援助することができる。類似の方略が，アクセプタンス＆コミットメント・セラピー（ACT）の中核的な構成要素として組み込まれている。この方略はセラピーの中で，あてずっぽうに行われることはなく，それを理解しておくことは重要である。RFTに基づく介入は，個々のクライエントの問題に対する機能分析に基づいて行わなければならない。上の例では，セラピストがこのように行動しようと選択したのは，言語的な解決を「すぐに求める（diving right in）」という，アンの典型的な問題行動を考えてのことである。アンの方略は，状況に対する理解を深めて，そこでの問題に言葉の上での答えを出す方向へ導くと思われるが，それは，結局は袋小路へとつながるだけなのである。

　さて，この新しい代替行動は，どのようにして般化するだろうか？　結局のところ，今説明してきたように，私たちは常に，目指すところとは逆の，問題ある言語行動を支持するような社会的文脈に直面している。したがって「どのように般化するか」という問いへの鍵は，直接的な随伴性に

ある。一般的に言えば，言語的ルールからの支配を崩すような介入によって，クライエントの感じている重圧感はいくらか和らぐ。それまで，解決を約束するかのような何かを求めてもがいている人が，この無意味な戦闘を放棄することができると気づいたとき，しばしば強化的な随伴性と接触する。その瞬間，生き生きとした感覚が経験され，より柔軟な行動が生じる機会が増加する。この状況で，人々は，単純にそれまではしなかったことをしてみる傾向を見せる。アンは，それまではただ無視していた何かに気づくかもしれない。ひょっとすると，彼女は，以前なら早々に切り上げていた状況の中で，誰かとの会話を続けるかもしれない。時間とともに，この行動の変化は，彼女が以前には接触したことのなかった多くの自然に生じる強化子との接触へとつながっていく。そのような中で，もしかしたら，彼女は，誰かから新しい反応を得るかもしれない。あるいは，アンは，それまで彼女自身がいかに集中できないかということに気がついて，頻繁に中断していた仕事を，遂行できるようになるかもしれない。ひとたびアンがさまざまな新しい直接的随伴性を経験すると，さらに，もっと別なことも起こる。そのような経験の後で，アンが問題を起こしていた状況で，仮に，再び旧式の問題ある反応様式で「すぐに言語的な解決を求める」ことをしたら，そのときには，アンは，新しい報酬的な経験を失う可能性のほうが高い。そうなると，そのことは，彼女の旧式の反応様式に対して，自然に起こるネガティブな弱化（罰）の随伴性として機能する[*3]。そうであれば，この随伴性は，アンの新しい代替行動を維持する上で貢献することにもなるのである。

## 結果と，セラピーの２つの舞台

本章では，セラピーセッション——私がセラピーの第一の舞台と呼んだもの——の中で扱うことができる事柄のうち，クライエントの行動に対す

---

[*3]（原注）もちろん，これは，誰かが誰かを罰しているという意味ではない。行動理論の中での「弱化」という用語の定義を再確認しておく——弱化とは，行動が再び起こる確率を減らす操作を指す。

る結果を重要視してきた。行動の結果は，セラピストがセラピーの中で，直接的操作ができる。セラピーを通じて，クライエントの行動に対してセラピストが果たしている役割をよく観察すること，またクライエントの問題に対して直接的に影響力を行使できる機会を活用することが大切である。同時に，クライエントが彼らの人生を生きるのは，第二の舞台の中であり，彼らが最終的に変わる必要があるのは，第二の舞台においてである。結局，クライエントが「外で」遭遇する結果が重要であり，しかも，これらはセラピストのコントロール外にある。また，行動とその結果との間の関係性は，一方的なものではない。行動に続く結果が，将来の行動の生起頻度に影響を与えるし，行動はどんな結果が生じるかに影響を与える。もしも，クライエントが，セラピストとの相互作用の中で新しい反応の仕方を学んで，次にその行動を第二の舞台で試すとしたら，それに続いて新しい結果を経験する機会が増える。そして，このことは，強化的な機能を持つかもしれない。

とはいえ，現在の行動に対して結果を操作することが，将来の行動に影響を与えるためのただひとつの方法だというわけではない。行動は，どのようなものも，結果と同時に先行事象の影響下にもある。恣意的に適用可能な関係反応を通じて，先行事象は，直接的随伴性だけに基づく場合よりもはるかに複雑になる。言語的な先行事象を通じてクライエントの行動に影響を及ぼすことは，心理療法のすべてのモデルで基本となっている。Skinner は，このことをずいぶん昔に指摘している。すなわち，クライエントに対するアドバイスと指示は，セラピーの種類を問わず，基本的な要素である（文献 178 の p.204）。言語的先行事象に関連する可能性と具体的な問題は，第 6 章と第 7 章で説明した。本書の第 11 章で，もう一度，この話題とその臨床上の意味について振り返る。

## 第11章

# 先行事象に注目しながら文脈を変える

　すべての心理療法において，ルール支配行動は当然のことと考えられている。クライエントにこの能力があるということは，セラピーの前提とされているとも言えるであろう。心理モデルにかかわらず，セラピストは，誰もが，何らかの教示によって行動に影響を与えることができると想定している。クライエントに自由に連想することを促す精神分析学の専門家にしても，また，クライエントの自動思考への気づきを促したり，あるいは行動実験を試みることを求める認知療法家にしても同じである。そして，本書の中で説明されている臨床モデルについても同じことが言えるであろう。それに加えて，RFTに基づく心理療法における分析では，このプロセスがどのように作用するのかを理解することの重要性が強調されている。

　対話療法（トーク・セラピー）を科学的に分析するには，言語に関する理論が必要とされる。本書の第2部で人間の言語に対する分析を紹介したが，これは，「会話」（実際に声に出す場合も出さない場合も）という形の言語的先行事象が，ほかの行動の一因となり影響を与え得るという普遍的な考え方を裏づけるものである。直接的な随伴性のみに支配された行動と比べて，行動に影響を与えることへのさらなる可能性が私たちにはあるということである。しかし，先述したとおり，この行動レパートリーには問題となる副作用もある。そのため，この観点に基づくセラピーでは，言語行動を活用する一方で，問題となる側面についても常に認識している必要があるのである。言語の問題となる側面についてのRFT的見解は，心理療法の分野にとって，さまざまな意味で新しい貢献だと言えるであろう。そのため，本章では，そのような言語活動の副作用への取り組みに，比較

的多くの注意を向けている。とはいえ，まずは，行動変容を達成するために使用される教示の典型的な例から見ていこう。

## 新しい行動のための言語的先行事象

　セラピストは，1回目の機能分析が終わると，すぐに，新しい行動のための言語的先行事象を確立するであろう。クライエントに，セラピールームの外で生じた出来事を説明するよう求めることで，クライエントの中にルール支配行動を生起させるのである。たとえば，これまでに起きたことや，そのときクライエントがどう考えたり感じたりしたかについて尋ねることがある。行動分析学の用語では，これは，（クライエントと一緒に）臨床関連行動をタクトすること，臨床関連行動と文脈要因の関連性をタクトすることと説明される。

　これは，実際に，セラピー全体において中心となっている事柄である。そのこと自体が，どのようにして，セラピストが言語的先行事象を通じて，クライエントの普段とは異なる行動選択の可能性を高めることができるかの一例である。たとえば，セラピストは，クライエントに次のセッションまでの間に記録を取り，情報を提供するよう求めることがある。クライエントがほかの活動領域で示す行動や，彼が一日のうちのさまざまな時間帯に何をしているかについての情報である。あるいは，セラピストは，クライエントの行動に伴って生じる抑うつ気分や不安の程度を記録するように求めることがあるであろう[48]。これらのセラピストからの指示が，記録をつけるというホームワークへの取り組みを促したとすれば，これはルール支配行動の典型な例と言えるであろう。さらに，通常，そのような行動はクライエントにとって新しい行動であることが多い。普段，クライエントは（また，人は一般に），構造化された方法で，自らの行動やその行動と周囲で起きている出来事との相互作用をじっくり観察するということはないであろう。

　このように自らの行動をタクトすること自体が，どのようにして変化をもたらすのかは第9章で述べたとおりである。セラピーの初期段階で重要

なことは，セラピストが，まさにこのような自己弁別を明確に強化するということである。これは，ホームワークとして提示された記録課題を注意深くモニタリングすることによって行われるのである。そして，この取り組みもまた，セラピストが先行事象と結果のそれぞれに注目し，クライエントの行動に影響を与えようとする場合の一例である。ここでは，何よりも第一に先行事象に注目している。より具体的に言えば，クライエント自らの行動に対するセルフモニタリングや記録を目的としたホームワークについて，それらをどのように行っていくのかという方向性を示すことに注目している。

　セラピーの初期段階では，そのような分析が，ほかの活動領域における代替行動の提案へとすぐにつながる可能性がある。そのダイナミクスをスコットの例で見てみよう。スコットは，何年にもわたって，周囲の人が彼のうわさ話をしたり，彼に嫌がらせをし，そしてさまざまな方法で彼を傷つけたいと思っている，という体験をしてきたのである。このような現象は，特に，彼がさまざまな日常場面で出会う見知らぬ人たちについて言えることであった。こうしたことが，自分は公平に扱われていなくて苦しいという気持ちに彼をさせ，その結果，彼は，さまざまな方略を試みて，これらの体験を回避しようとしていたのである。彼は，そのような体験をするリスクが高いと思われる多くの状況を回避しているのである。結果的に，どちらかと言えば孤立した暮らしを送り，そして，家族以外の人との社会的接触を回避しているのである。彼は，アパートでひとりで暮らし，自らが抱えている困難のために働くことができず，不自由な生活を送っている。時折，彼には，彼自身の体験を裏づけるような声が聞こえてくるのである。その声は，彼に悪意のあるように聞こえ，ときには彼を脅すことさえする。スコットは，ほとんどの時間は声を耳にすることはないものの，それでも，「背後で」嫌がらせが行われている体験をし続けるのである。また，スコットは，毎日の出来事について，かなりの時間を費やし考え込むのである。他人が彼のことをどう考えているのか，他人が彼について何を話し，そして，なぜそうするのか，について考えるのである。

　最初の機能分析の中で，セラピストとスコットは，2つの問題行動を特

定している——スコットは回避するということ，そして，毎日の出来事について，それぞれが嫌がらせに該当するものなのかどうかについて，多くの時間を費やし考え込むということである。考え込むということも，知覚された嫌がらせに直面しないための彼の対処方略の一部となっているという点から，これら2つの行動は関連していると言えるであろう。嫌がらせをされる当人としての体験は苦痛なものである。それらの体験は，彼の注意を，寂しさやその状況が彼にとっていかに苦痛に満ちたものであるかという気持ちへと向けさせるのである。スコットは，5回目のセッションで，いつも起きることについての例を語っている。

**スコット**：私は，カウンターのところで列に並んで，自分の順番を待っていました。すると，はっきりとは聞き取れなかったのですが，前に居る何人かが何かを言うのが聞こえ，そしてその中のひとりが私を見ました。いったいぜんたい，何なのでしょうか？　私は，彼らを知りもしないのです。彼らはいったい，どういうつもりなのでしょう？　弟は，彼らは多分私について話してはいなかったのだろう，と言いますが……。

**セラピスト**：それで，あなたはどのように考えますか？

**スコット**：（ため息をついて）わかりません。確かなことはわかりません。でも，列に並んでいたときには，私にははっきりとそのように感じられたのです。それが，まさにいつも起こることです——いつも起こるのです。彼らは，なんで私を非難するのでしょうか？

**セラピスト**：そうですね，では，それが本当にどういうことかはともかくとして，私たちにわかることが1つあります——あなたには，彼らがあなたについて話しているという考えが浮かびます。そして，それは，とても嫌な感じがします。——まるで，嫌がらせをされているかのような。

**スコット**：そのとおりです。

**セラピスト**：それで，あなたは何をしますか？

**スコット**：どういう意味ですか？　私に何ができるかですか？

**セラピスト**：単に，それが起きたときにあなたは何をしたのか，ということをお聞きしているのです。あなたは，そこに立っていて，彼らがあなたを見ているのを目にして，彼らがあなたについて話しているという考えが浮かんできて，そして，嫌がらせをされている気持ちになる。それで，何をしましたか？

**スコット**：私は，ただ，別の列に並び直しました。彼らのほうは見ないように努めました。

**セラピスト**：あなたは，これが，私たちが話し合ったことのひとつの例かもしれないと考えますか——つまり，このときあなたは，その状況を回避したのだと？

**スコット**：はい，そう思います。ええ，そのとおりです。

**セラピスト**：あなたがそうしたときに，状況はどのようになりましたか？

**スコット**：そうですね，私はそのことから解放されました。でも，これは，私が望んでいる状況ではありません——一から列に並び直すなんて。誰がそんなことを望むでしょうか。

**セラピスト**：仮に，嫌がらせをされているという気持ちがあってもそのまま列に並んでいたとしたら，どのような感じになると思いますか？

　この対話は，セラピストとしての基本的な行動の例をいくつも示している。ひとつは，対話の中で，セラピストが，代替行動のためのルールとして機能する何らかの発言をしているという点である——「そのまま列に並んでいたとしたら，どのような感じになると思いますか？」という発言である。もちろん，この時点で，これがスコットにとってルールとなるかどうかは確かではない。ある行動が，先行事象との特定の関係の中で起きてからでなければ，私たちは，先行事象がルールとして機能したと言うことはできない[*1]。それでも，そうなる可能性がそこにあり，そして，この可能性が，セラピストがそのように発言する理由のひとつである。このような場合，セッションが進むと，セラピストは，スコットに明確な提案（ルール）を示し，ホームワークの中で，同じような状況を実際に実験的に体験してみるよう求めることがある——すなわち，まずは，「嫌がらせをさ

れている感じ」に気づき，次に，回避する代わりに，そのままその場に留まってみるということである。目的は，スコットが現在とっている行動によって得られる結果とは異なる，新たな結果に直面する機会を作ることである。ただし，注意してほしいのは，ここでの取り組みは先行事象に焦点を当てているという点である。これは，これまでにすでに議論してきた，問題行動に対して結果を確立するという取り組みと同じものではない。セラピストとスコットは，ほかの活動領域で生じる出来事について話し合っているのである。もともとの活動領域において，まさにその瞬間に生じているのは彼らの会話のみである。このことが意味するのは，彼らが話題にしている行動（回避すること，または，その場に留まること）に続く可能性のある結果は，セラピストが制御できるものではないということである。彼らは，確かに結果について話をしているが，それは，結果を確立することとはまったく異なるものである。強化したり，あるいは弱化したりすることのできる行動とは，今この瞬間に生じている行動，ただそれのみである。そして，行動分析学を実践するという行動はどうかというと，それは，影響を与えることが可能なものである。セラピストは，会話の中で，この行動をさまざまな方法で強化しているのである。たとえば，スコットが別の活動領域における出来事を語った場合に褒めたり，彼がとっている行動と，その行動に先行して何が起きていて，その結果何が起きるのかについて，さまざまな随伴性を弁別しようとする彼の努力を褒めたりするのである。

　最初にこのような方法で機能分析を行い，そして，これらの行動をセラ

---

＊1　（原注）思い出してほしいのだが，ここでの「ルール」という単語の使われ方は，私たちの日常生活の中で使われる場合とはいくらか異なっている。普段，ルールとは，何か明確な表現を伴うものである。その定義は，トポグラフィカルなものである。しかし，ここではそれは当てはまらない。ここでは，ルールとは，特定の行動——私たちがルール支配行動と呼ぶもの——に対して影響を与える先行事象のことを意味する。何がルールとして行動に先行するのか（先行事象）を規定するのは，行動そのものと，それに伴う学習履歴である。トポグラフィーとしては質問と定義されるような場合（「そのままそこに留まり続けるとしたら，どのような感じだと思いますか？」）でも，ルールとしての機能を獲得することが可能である。

ピーのセッションの中で強化する。そして，最終的にはこれらの分析に基づいて，一緒に代替行動という方略にたどり着くのである。この一連の流れは，行動活性化療法と呼ばれる臨床モデルの中核であるとされる[48, 129]。このような代替行動という方略は，ホームワークとして与えられ，クライエントはセッションとセッションの間に実際に体験することを試みる。その後，この行動実験についての分析が行われ，新しい方略が考案され，新しいホームワークの中でテストされるのである。このように，セラピーのねらいは，別の活動領域におけるクライエントの行動に対する言語的先行事象──ルール──を確立することである。決め手となる問いは，もちろん，新しい行動が実際に強化的な結果をもたらすかどうかである。先述したように，これらの結果は，セラピストの制御下にはないのである。

　結果を確立するために使われる分析の中核に「体験の回避」があることは，先の章で述べたとおりだが，それと同じように，代替行動のための先行事象を確立する取り組みにおいても，この「体験の回避」は中核となる。このことは，スコットとの対話の中ではっきりと見て取れるであろう。クライエント─セラピスト間の会話の中で成された分析は，スコットの「嫌がらせをされているという気持ち」に対する回避に注意を向けている。セラピストは，スコットが彼自身の行動とその行動の結果の関連性をタクトすることを援助し（「あなたがそうしたときに，状況はどのようになりました？」），さらに代替行動の先行事象となり得るもの（「そのままそこに留まり続けるとしたら，どのような感じだと思いますか？」）を導入しているのである。基本的な方略は単純である。しかし，それをクライエントの援助につながるように実際に行うことは，しばしば困難となることがある。課題は，クライエントが，新しい行動を進んでテストし試してみようと思うよう，そのような影響を与えることが可能なルールを示すということである。

## プライアンスを使ってトラッキングの練習をする

　前の項で概要を示したプロセスにおいて，ねらいとされるルール支配行

動の種類は，適切に機能するトラッキングである。これは，望ましい結果を得るために何がなされるべきかを記述したルールに，クライエントが従っていること，また，その行動が，ルール提供者からは独立して機能しているものであることを意味する。行動がうまく機能しているとき，クライエントは望ましい結果と接触することになる。

　仮に，スコットが，嫌がらせをされていると感じる間も，そのまま元の列（または同じような状況）に留まったとして，そのことによる結果が，彼にとって何らかの点でポジティブに感じられたとしよう。彼は，もしかしたら，そのほうが彼にとって買い物がしやすくなる，嫌がらせをされているという気持ちが弱まる，または，周囲の人が実際には彼が恐れていたようには彼について話をしていない，ということに気がつくといったことがあるかもしれない。あるいは，スコットは，周りの人がたまにはそのように話をするけれども，うまく機能する方法で，彼らと相互作用することができるということを発見するかもしれない。もし，スコットが，嫌がらせをされているということで，気持ちや考えがいっぱいになってしまったときにも「その場に留まる」というルールに従い続け，そして，ルールを通じて得られる新しい結果との接触に基づいてそうしているということが明確なら，そのプロセスはトラッキングの例である。彼があと何回か同じように行動し続けたとしたら，直接的な随伴性がより支配的に機能するようになるであろう。実際に機能するという直接的な体験が，優位な状態になるのである。スコットは，自らの新しい行動によって，新しい結果と接触するようになるのである。

　しかし，多くの臨床実践において，クライエントが当初からこのような体験をするというのは難しいということも考えられる。抑うつ状態の人や，周りの世界の在り方について強い思い込みを持っている人などは，実際に何が起こるかを実験的に試してみるための準備ができていないことがある。同時に覚えておくべきことは，セラピストが，クライエントに接触してほしいと考える結果は，セラピスト自身が制御できる出来事ではないという点である。スコットに対して，彼が嫌がらせをされていると感じるときにも，「その場に留まる」ことを実験的に試してみるべきだと提案すること

は，そのようにしたとき，スコットが直面する結果が「その場に留まる」行動を実際に強化することを保証するものではない。このような課題に取り組むためのひとつの方法は，強化的な結果が起こる可能性が高いとセラピストが感じる領域での行動実験から始めることであろう。別な方法としては，セラピストが実際に制御可能な結果を用いて取り組むことである。たとえば，セラピストは，あるホームワークが「このセラピーには必ず含まれる」と伝え，セラピーを完了するためには，クライエントがホームワークをしなければならないことを明らかにすることができる。実際のところ，臨床モデルに順応することは，すべてのセラピーの一部となっていることから，こうした側面は，ほとんどの臨床場面において構成要素のひとつとなるであろう。クライエントがそれに従わなかった場合，彼らはセラピーが中断されるリスクを冒すことになるのである。また，結果を制御する場合の別の例は，セラピストがクライエントに，セラピスト自身のために何かをしてくれないかと頼むことである。これらの例のどちらについても，セラピストは，ルールの中で指定された結果を自由に制御できる立場にいるのである。

　もしクライエントが，「セラピストがそれを望むから……」または「それがこのようなセラピーではするべきことだから……」という理由でルールに従ったとすれば，この行動はプライアンスの例となる。プライアンスが優位になることは（第7章で説明したとおり）しばしば問題となるが，それでもなお，プライアンスを確立する試みは，適切に機能するトラッキングを確立するための第一歩として活用することが可能なのである。はじめは「セラピストがそうしてほしいと望むから」という理由で行われる何かであっても，セラピストの制御下にはない結果をもたらすこともももちろんある。そして，その行動がトラッキングを強化する第一歩となることがある。第6章で説明したように，これは，私たちの誰もが，トラッキングを学習したときに手始めとして行った方法である。スコットは，はじめのうちは，セラピストを満足させたい，または喜ばせたいと思って，回避するのではなくて「そこに留まる」ことを選択するかもしれない。仮にそうだったとしても，これは，彼が別の活動領域の中で新しい，代わりとなる

結果に直面するための手段となる可能性がある。これらの結果が,「そこに留まる」行動にとって強化的なものだったとしたら,彼の行動は,次第にトラッキングへと移行するであろう。回避するということよりも,そこに留まるというルール支配行動は,――たとえ周囲の人が彼について話していると彼が感じる状況の中であっても――彼にとって機能するものとなり,それはルールを提供する人とは独立して機能するようになるのである。

　たとえセラピストが,特にプライアンスを確立しようとしなかったとしても,この行動が多くの臨床上の相互作用の中で重要な役割を果たすと想定するのには十分な理由がある。クライエントは,しばしば,セラピストを満足させ喜ばせたいと願って行動することがある。このことは,適切に機能するトラッキングに向かうプロセスの第一歩となることができるという一方で,それが変容への道筋を妨げるなら,問題となる可能性もある。後者の側面については,本章の後のほうでもう一度取り上げることとする。

## 言語的先行事象を弱める

　私たちは,誰もが,教示またはルールを与えることは機能するものだ,という想定のもとで暮らしている。それは,日常生活全般においても,心理療法においてもそうである。しかし,言語行動に対するRFT的分析では,教示を与えることは必ずしも想定されたとおりに機能するとは限らないこと,それは問題となる可能性もあること,そしてなぜそうなるのかが示されている。第7章で説明したように,人間の言語には固有の固執性があり,私たちはそれによって,さまざまなトラップにはまってしまう傾向があるのである。ある行動を取ることが,私たちを望むところへは連れて行ってはくれない場合にも,間接的な刺激機能に基づいて行動することがある。

　私たちの言語には原理主義的な性質が備わっているのである。そして,この側面は,言語活動の社会的ゲームにおいて,私たちすべてが集合的に影響を与えているさまざま文脈要因によって維持されているのである。これらの要因を臨床上の相互作用の中で変容する重要な方法のひとつは,私

たちが通常なら言語行動に対して与えるような結果を，あえて与えないということである。これは，第10章でアンとの対話の中でも説明されている。また，言語行動に対する文脈要因を変容するための別な方法は，問題となるルール支配に影響を与えている言語的先行事象を弱め，代わりとなる先行事象を確立することである。スコットのセラピストがどのようにしてこの技法を用いているのかを見てみよう。

　スコットは，ほかの人たちが彼について話しているという思考について，そして，嫌がらせをされているという彼の気持ちについて，セラピストに語っていた。彼は，これが起こる状況について，さまざまな例を挙げていた。以下の対話は，彼の5回目のセッションの後半部分からのものである。

**セラピスト**：私たちは，あなたがさまざまな状況で体験するつらい考えや気持ちについて，少し話をしました。ここで，少し時間をとって，思考や感情といったもの一般について話し合うのもいいかと思ったのですが。それらがどのように機能するのかについて——厄介な思考について言える事柄だけれども，実際には，そのほかの思考にも，つまりどんな思考や感情にも当てはまるような事柄についてです。かまいませんか？

**スコット**：いいですよ。

**セラピスト**：ひとつには，それらは，普段から多少行ったり来たりするということがあります。言ってみれば，それらは，来ては去っていくということです。思考を例に取り上げてみましょう。あなたは，たった今，何らかの思考を持っていることに気がつきますか？

**スコット**：特に何も……。

**セラピスト**：私が例を挙げましょう。たった今，あなたが特に何も考えていないと言ったとき，私は「次に何と言うべきだろうか？」と考えました。それが，私の頭の中に浮かんだ思考でした。

**スコット**：なるほど。わかりました。私は今，あなたが何を意味しているのかがわかった，という思考を持ちました。でも，それはいつものことです。

**セラピスト**：そのとおりです。それらは，来ては去り，行ったり来たりするのです。あなたが，何もしないでただこの部屋を見渡せば，間違いなくほかの思考にも気がつくと思いますよ。試してみてください。

**スコット**：どのようにですか？　私に，周囲を見渡して，それで私が何か特別なことを考えるかどうかを試してほしいのですか？

**セラピスト**：はい。ただ，それは何か特別なことでなくてかまいません――何であってもよいのです。何秒か辺りを見回して，そしてただ，頭の中にある思考に注意してみてください。言いたくなければ，私に内容を話す必要もありません。ただ，それらに気がつくようにしてみてください。

**スコット**：*(まず，黙って辺りを見回す)* まあ，はじめはすべてが空虚でした。それから，空虚だと考えていることに気がつきました。そうしたら，後は，いろんなことがたくさん。たとえば，あの絵が好きだとか*(指さす)*。

**セラピスト**：すばらしいです！　そして，ほとんどいつもこのようなことが起きていると思いませんか？　つまり，私たちがお互いに話をするときでさえ，私たちの頭の中には，同時にほかの思考がある――私たちが声に出しているものとは違った思考が，です。少なくとも，私にとっては，そのようなことが起きます。たった今，私はたくさんのことを話していますが，同時に，私の頭の中を流れていくほかの思考で，私が声に出さないものがあります――それがあることに気づくのが私だけであるような思考が。私の言うことが伝わっているでしょうか？　そのようなことを，あなたも認識しますか？

**スコット**：もちろんです。全部話すための時間をつくる方法なんて，ありません。

**セラピスト**：そのとおりです。まるで，この部屋には私たち4人が居るとでも言えそうです。私はここに居て，私の頭の言うことを聞いていて，あなたはそこに居て，あなたの頭に耳を傾けている。そして，その間もずっと，私たちは，お互いに話し合ってもいるのです。

**スコット**：4人というのは，どういう意味ですか？　声のことを言ってい

るのではありませんよね，まさか？　私は，今は声を聞いていません。

**セラピスト**：そうですね，これは声にも当てはまることかもしれませんね。でも，私が言いたかったのはそういうことではありません。私が意味したのは，私たち全員の中にある「会話」のことです――思考，記憶している事柄，来ては去っていく事柄。でも，声についても同じことなのだろうと思います……。私が正しくあなたを理解しているとしたら，声も，来ては去っていくのではないでしょうか。あなたが，今は何も聞こえないとおっしゃったように。

**スコット**：なるほど，理解できました。そう言われると少し変な感じもしますが，でも，もちろん，私にとってもそんな感じです。確かに。

**セラピスト**：そして，考えてみれば，感情についても，それと同じではありませんか？　それらは，来ては去っていく。あなたは，たった今，ある感情を抱いている。今日のもっと早い時間には，別な感情を抱いていたかもしれません。今朝，私は疲れを感じました。でも，たった今は，疲れた気持ちはまったくないようです。あなたは，たった今，ここに座っていて，どのような気持ちですか？

**スコット**：気分はいいです。たった今は，楽しんでいるとすら言えます。でも，さっきは，外で待っているとき，いろんなことが不安定に感じられました。

**セラピスト**：例の嫌がらせをされるという気持ちですが，それは今もあなたの中にありますか？

**スコット**：*(一瞬の沈黙の後に)*　いいえ，たった今は，ありません。でも，私がここに着いたばかりのときには，それはいくらかありました。たくさんではありませんが，少しばかり。外の待合室で。

**セラピスト**：いいですよ。それが，まさに私が伝えたかったことです。それらは，来ては去るのです。思考や感情には良いものもあれば，ほかのものは，それほどでもありません。好きなものもあれば，そうではないものもあります。そして，あなたは，ほかにも何かに気がつきましたか？　私たちはずっとここに居る，ということに。私たち両方がですよ。思考や感情は来ては去っていくけれども，私たち，つまりそ

れらに気がつく人間は，いつもここに居続けているのです。
**スコット**：わかりません……私はとても不安定に感じます。私には，自分が誰なのかがわかりません，本当に。それは，まるで，私があるときはこれで，あるときはそれ，であるかのようです。
**セラピスト**：そして，あなたがそのように感じるときや，自分が誰なのかがわからないというその思考があなたに浮かんだとき――誰が，その瞬間に，それに気がついていますか？
**スコット**：どのように感じるかに気がついているか，という意味ですか？　そうですね，おそらくそれは，私でしょう。もちろんです。そう，実際にそのとおりです(笑)。

　この一連のやりとりの中でセラピストが行っていることを，私たちはどのように理解したらよいのだろうか？　思考や感情は，私たちの日常生活において一定の機能を獲得している。セラピストは，これらの思考や感情が，異なる機能を獲得するような文脈の確立を試みているのである。セラピストは，私たちが言語的トラップにはまりがちな領域に特に焦点を当てながら，これを行っているのである。体験の回避をもたらすようなトラップは，第7章でも説明したように，さまざまな形態をしている。とはいえ，どの言語的トラップも，認知的フュージョン，つまり派生的刺激機能によって支配されている行動として特徴づけられるのである。私たちは自らの関係づけによってもたらされた物語の中へと「入り込む」とも言えるであろう。言葉と思考が力を獲得するのである。スコットが感じているのは，このようなことであろう。彼のこれまでの学習履歴と現在の状況の組み合わせが，彼に，嫌がらせをされているという体験をもたらすのである。彼は，他人が彼について話をしていると考え，そして，これらの思考にもとづいて行動する。その結果として彼がすることのひとつは，人との接触から回避することである。注目してほしいのは，この議論で押さえるべきポイントは，スコットの思考が，いわゆる「真実」であるのかどうかという点ではないということである。ポイントは，これらの思考（それが真であれ偽であれ）を体験しているとき，彼は，明らかに望ましいアウトカムへ

はつながらないようなことをしているという点である。

　上記の対話の中で，セラピストは，これらの思考に対して異なった文脈——たとえ思考がそのままそこにあり続けたとしても，それらに異なった機能を与えるような文脈——を確立しようとしているのである。つまり，これは，セラピストが，現在の文脈において$C_{func}$として機能する部分を変容しようとしている例になる。セラピストの意図は，これらの思考とのつながりの中でスコットの行動を変えることであって，実際の思考そのものを変えたり修正したりすることではない。セラピストは，代わりとなる思考を探そうとはしていない。セラピストは，これらの思考が浮かんできたときの代替行動の獲得を援助するのである。スコットは，これまで思考の内容に基づいて特定の方法で行動してきたのである。セラピストは，彼が，思考の内容に反応するのではなく，むしろこれらの思考のプロセスに気がつくことができるような文脈を提供する。そのために，思考（および感情）について，私たちが普段外的な事柄について話すような方法で話すのである——「ほら，そこにあるでしょう」といったようにである。RFTの観点からすると，これは，スコットが彼自身の私的出来事に対して，視点取りするのを援助していることを意味する。言語を有する人間は，常に，「私—今—ここ」という視点から行動している。派生的刺激機能によって認知的フュージョンが生じるときにも，その機能はやはり「私—今—ここ」である。私たちは，知らないうちにその中にいるのである。「私—今—ここ」の視点は，私たちの現実を作り上げ，私たちの行動を支配するようになるのである。上記の対話の中で示されているように，セラピストは，文脈を変えることで，感情や思考に対する視点を「私—そのとき—そこ」へとシフトさせることができるのである——「あれは，私が，そのとき，あそこで考えた（または感じた）何かだった」といったようにである。意図されているのは，思考や感情が正しいか，または適切かについて議論することではない。クライエントが，彼の体験の中でこれらを自ら弁別することができるよう援助することである——「思考（または感情）は，私の中で起きる何かであると同時に，私から一定の距離のところで起きるものである」といったようにである。それらは，あそこで起きているので

ある。実のところ、これは、理屈に合った議論ではない。純粋な理屈に従えば、私たちの体験は、私たちから距離を置いたところで起きるものではない。しかし、第5章で述べたように、私たちがすべての事柄を固有の視点（「私」）から観察していることの継続的な体験と、この視点から私たちが観察する事柄との間には、体験的な違いがある。私たちの行動が認知的フュージョンによって特徴づけられる状態にあるとき、私たちはこれらの事象を、「私―そのとき―そこ」の視点からではなく、自分自身の中に「私―今―ここ」の視点でフレームづけているのである。上記の対話の中では、セラピストは、これらの私的出来事に関して、スコットが、この視点取りの能力を獲得できるよう援助しているのである。

　この臨床上の方略は、セラピストの主張を裏づける根拠を示すことを意図されたものではない。これは、クライエントが、このような自己弁別を獲得するのを援助するための手段として、役に立つものである。ここでは、クライエントが彼自身の体験を弁別するのではなく、むしろただ単にセラピストの言っていることに合意しているだけの可能性に対して、注意深くあることが特に重要となってくるであろう。**この臨床的方略には、具体的なゴールがある――クライエントが私的出来事を「私―そのとき―そこ」としてフレームづけできるよう援助することである。「私―そのとき―そこ」として関係的にフレームづけされた私的出来事は、それが「私―今―ここ」としてフレームづけされた場合とは、異なった刺激機能を獲得するのである**[125, 192]。このような取り組みの目的は、刺激機能を変容することにある。なぜなら、それが、行動変容へとつながるからである。この視点取りが獲得された瞬間から（私的出来事は「私―そのとき―そこ」として生じ）、人は、私たちが日常用語で「選択権を持つ」と表現するような体験的状態に置かれるようになる。認知的フュージョンに基づく行動では、私たちはそのような状態を体験することはない。そのようなとき、私たちは、「考える」といったような、ただ直面している派生的刺激機能に従って行動しているのである。思考または感情が「私―そのとき―そこ」としてフレームづけされると、私たちは、引き続きそれらの内容に従って行動することもできるが、また異なった方法で行動することもできるようにな

るのである。この介入は，ACTにおいて脱フュージョンと呼ばれるものの例である[28]。臨床上の技法として，脱フュージョンとは，認知的フュージョンに基づく行動を中断させることと同じである。

　スコットとの対話の中で，セラピストは，私的出来事全般と関連する行動に対して先行事象を確立している。さまざまな種類の思考や感情が例として用いられ，そしてこれらに基づいて，セラピストはスコットが視点取りを獲得できるよう——私的出来事を，ある意味で「自分自身」とは別なものとして弁別できるよう——援助しようとするのである。クライエントにとって，一番困難となる思考や感情が語られることはあるが，それらはセラピーの焦点そのものではない。これは，セラピーの中に脱フュージョンのエクササイズを導入する上で，適切な方法と言えるであろう。私的出来事が有する通常の先行事象としての機能を弱め，新しい文脈を形成する上で有用な，教訓の一形態とみなすことができるであろう。とはいえ，セッションの後半において，以下の例の中でセラピストが試みているように，クライエントの問題と特に関連するテーマをねらいとした脱フュージョンについてフォローアップすることが大切である。

　8回目のセッションにおいて，スコットは，待合室で周囲の人が彼を見ているように感じたことについてセラピストに話している。彼は，目の前に座って話をしていた人たちが，彼について話をしていたのかどうか，また，彼らはなぜそんなことをするのか——その理由は何だろうか——ということについて考えていたときに，困惑と怒りの両方を感じた。

**セラピスト**：では，今，あなたには，嫌がらせをされているという気持ちがあるのですね。そして，それは，あなたにとっては困難な状況ですね。
**スコット**：なんで，彼らは，私をただ放っておいてくれないのでしょうか？　馬鹿げている！　どう思いますか？　いったい，どうやって彼らが私のことを知るというのでしょうか？
**セラピスト**：私には，あなたが，普段からこのように考えて感じるときにいつもすることのひとつを，今もしているように聞こえます——あな

たは，たくさんの質問に答えようとしていますね。
**スコット**：ええ，そのとおりです。まったくもって，物事がこんなふうであってほしくない。
**セラピスト**：あるエクササイズを一緒にしてみてはどうかと思うのですが。今，ここで起きていることについて，何かを伝えてくれる可能性があって，あなたにとって助けとなるかもしれないようなものです。かまいませんか？
**スコット**：もちろん，もちろんです——助けになるものなら，何なりとやりますよ。

　セラピストは立ち上がって，スコットに彼女の横に立つように指示する。それから彼女は，新聞紙を取り上げて，彼ら二人の顔のすぐ近くに——普通に読むときよりも近くに——それを置いた。

**セラピスト**：新聞に書いてあることが，読めますか？
**スコット**：いいえ，まったく。全部ぼやけています。
**セラピスト**：私にとっても同じです。もしも，これが，ただぼやけているだけではなくて，怖いもの，嫌がらせをされているという気持ちのように怖いものでもあったとしたら，どうですか？
**スコット**：でも，この場合には，後ろへ下がるか，新聞を，腕を伸ばしたところで持つことができます。
**セラピスト**：そのとおりです。実際にそうしてみましょう（*新聞を，彼らの顔からもっと遠いところで保持する*）。どうですか？
**スコット**：（*紙面の数行を読む*）まあ，それなら十分はっきり見えます。

　セラピストとスコットは腰を下ろす。

**セラピスト**：ひょっとしたら，あなたが語ってくれた問題についても，何か似たことができるかもしれません——待合室で起きたことについてのあなたの思考すべてと，あなたを悩ます思考と質問についてです。

一番ひどいのはどれですか？
**スコット**：彼らは私に何を求めているのだろうか？　彼らは，どうして私をただ放っておいてはくれないのだろうか？
**セラピスト**：それらが一番ひどいものですか？
**スコット**：*（一瞬の沈黙の後に）*　最悪なのは，これだと思います——彼らは，私を嫌っている。
**セラピスト**：ええ，それは厄介な思考です。*（一瞬の沈黙）* あなたは，その思考を取って，あなた自身からいくらか離れたところに置くことができると思いますか？　あそこの壁に書いてみてください*（自分たちの後ろの壁を指す）*，絵の下のところに。そこに書くことができるかどうか試してみてください，あなたのマインドの目でそこにあるのが見えれば大丈夫です。目を閉じる方がやりやすいようでしたら，そのようにしてもかまいません。
**スコット**：変な感じです。むしろ，目は開けておきたいと思います。
**セラピスト**：もちろん，かまいませんよ。壁に書くことができるかどうか，試してみてください——「彼らは，私を嫌っている」。ゆっくりでいいです。急ぐ必要はありません。*（待つ）* そこに字が並びましたか？
**スコット**：はい。ちょっとはっきりしませんが。
**セラピスト**：それで大丈夫です。鏡のようにくっきりしている必要はありません。でも，そこに見えますね？
**スコット**：はい。
**セラピスト**：どのような筆跡で書いたかが，見えますか？　ほら，流れるような字体か，楷書体か，何か？
**スコット**：それは，印刷されています。楷書体で。
**セラピスト**：いいじゃないですか！　それは1行に収まっていますか，それともいくつかの行に分かれていますか？

　ここでは，セラピストは，スコットから語られた特定の脅威的な内容に対して，脱フュージョンの原理を適用している。セラピストは，この思考内容に対するスコットの視点取りの獲得を援助しているのである。その意

図は，刺激機能を変容し，スコットが，普段は彼の行動を支配している私的出来事——「嫌がらせをされている気持ち」という先の表現に要約された私的出来事——とは独立に，彼が行動できるような文脈を作ることである。セラピストは，スコットが接触することを学んだ，視点としての自己と，彼が容易にはまり込んでしまうところの物語としての自己（すなわち，日常の言語訓練の結果として獲得される視点取りの能力），との間の体験的な距離間を活用している。セラピストは，また，スコットが外的な事柄に対して取るのと同じ姿勢を，嫌がらせをされる体験に対しても取るよう援助することで，この体験的な距離を促進するのである。ただし，気がついてほしいのは，そのような物語自体はそのままにされている点である。セラピストは，スコットが物語に対する視点を「ここ」から「そこの壁」へと移す前に，物語の一番困難な部分をあえて言葉に出して言うことを手伝いさえしている。フォローアップにおける筆跡の種類などについての質問は，脅威となる先行事象に対して，多様で柔軟な行動の先行事象として機能することを意図しているのである。

　これは，脱フュージョンの明らかな例であり，エクササイズの形をとったものである。しかし，同じ方略は，典型的な臨床上の会話の中でも適用されることがある。そのような例のひとつは，第10章で見たアンとの対話の中で示されている。セラピストは，「それもまた別な思考です」と何回も繰り返すということを行っていた。あの対話の中で，セラピストが焦点を当てていたのは，問題となる言語行動の消去に寄与する結果を確立することであった。しかし，そのようなセラピストの発言は，それらの思考に対する代替行動のための先行事象となることも可能である。セラピストは，思考を，「そのとき―そこ」の視点を通じて眺める何らかの対象として扱う可能性を指摘してみせるのである。ACTでは，これは，クライエントとの相互作用において早い段階から重要な方略となる。クライエントが，何か起きたことについて話し，そしてその人のナラティブに私的出来事——たとえば，彼が何を考えたり感じたりしたか——が含まれているなら，セラピストはしばしば，話されたことを，そこに含まれている感情や思考をそれ自体として弁別できるような方法で，そして，何か「そのとき

―そこ」で起きたこととして関係づける方法で，繰り返し応えるのである。仮に，クライエントが，何かについて，それはうまくいかないだろうと言ったとしたら，セラピストは「つまり，あなたは，それがうまくいかないだろう，という考えを持ったのですね」と応じるかもしれない。先に述べたとおり，肝心な点は，クライエントが言ったことを問いただすことではない。もし，クライエントがその状況をそのように受け止めて，「それは，決してうまくいかないだろう」と応えたら，セラピストは，話したことのポイントは特定の思考が正しいかどうかについて議論するためではなかったことを，明確にするべきである。ポイントは，その発言あるいは思考は，単に発話された何かであるか，単なる思考である，ということを示すことである。これは，脱フュージョンのより具体的な取り組みのための基盤を築くことを意図しているものであり，語られたことや思考を「私―そのとき―そこ」としてフレームづけるための先行事象を確立することを通じて行われるものである。この要素はスコットとの最初の対話の中にもある。それは，スコットが彼の苦痛な体験について説明をした後，セラピストが「嫌がらせをされている気持ち」という表現を新しく導入する部分である。心理学の専門用語では，このことを，特定の思考，感情，あるいはほかの具体的な行動が，一瞬の間，対象物であるかのようにみなされ行動している，と表現するであろう。ただし，これは，スコットを対象物とみなすことを含むものではない点に注意してほしい。むしろ，逆である。これは，スコットが，自分自身を主体として体験するための意識的な訓練である。私たち全員にとって，主体としての自己の体験は，第5章で概説したプロセスに沿っているものであり，まさにこのような訓練に基づいているのである。

　言語的先行事象を弱めることについてのこの議論は，決してセラピーの中で言語的先行事象が回避できるということを示すことを意図しているのではない。セラピストが何を言うかにかかわらず，それは，クライエントにとって言語的機能を持つことになる。それでも，一般的に問題となるルール支配に影響を与えている先行事象を変容することは可能である。もちろん，実践においては，これはほかの先行事象が確立されることを意味す

る。

## 脱フュージョンを獲得するためのメタファー

　メタファーは，問題となるルール支配を弱め，代替行動を増やすような先行事象を確立する上で，また違った重要なツールのひとつである。メタファーは，目標達成のための行動指針を提案できることから，ルールとして機能することが可能である。しかし，一般的に，明確に行動を指示するというよりも，むしろ柔軟で開かれた方法でそれを達成する。メタファーを通じて示された方向性に向かおうとする人は，誰であれ，前へ進むための方法を一歩一歩見つけていかなければならないのである。その人の行動は，必然的に，「試しにやってみる」ということで特徴づけられる行動になるのである。メタファーにおいて，全体的な方向性は示されるが，行動についての明確な説明は提供されない。このことは，直接的な刺激機能との接触の機会が高まることを意味し，それがまさに，機能しないルール支配の低減に努めるセラピストが，ねらいとしていることである。メタファーは，クライエントの直接的な学習履歴によって確立された刺激機能間の関係性をある程度含むため，クライエントの体験によって特徴づけられた指針を示す性質も持つ。
　ACT の中で，脱フュージョンを高めるために用いられる典型的なメタファーに，バスの乗客にまつわるものがある[88]。セラピストは，私的出来事の「私―今―ここ」と「私―そのとき―そこ」の機能が話題にのぼったとき，このメタファーを，持ち出すことが可能である。それは，先のスコットとの対話など，これまでに行われた脱フュージョンの介入へのフォローアップとして使用することも可能であり，また，初期のより指示的な段階のセラピーの一部として用いることも可能である。それは，以下のような形で導入できる――「私たちは，思考，記憶，そして感情，またそれらが私たちの人生にどのように影響を及ぼしているかを，こんなふうに表現できるでしょう――私たちは，それぞれが，各自のバスに乗ってドライブしています。ハンドルを握っているのは私たちで，バスは乗客――思考，

記憶，感情，そのほかいろいろ——で満員です。乗客は，私たちの旅の途中のさまざまな地点で乗り込んできます。乗客がいつバスに乗り込んだかは，はっきりしているかもしれませんし，していないかもしれません。私自身のことで簡単な例を挙げるなら，私はシカゴで育ったので，シカゴの「イメージ」がバスの乗客になっているのが思い浮かびます。バスの乗客たちは，多くの場合，バスの後ろのほうに座っています。それは，私が今ではシカゴへほとんど行かないにもかかわらずそうなのです。あなたはどうですか？——あなたも，バスの乗客としてシカゴのイメージを持っていますか？」

　ここで短い対話をして，クライエントが説明されていることについて理解しているかどうかを確認するのが適切であろう。もしクライエントが理解しているなら，セラピストは話を先に進め，バスに乗っているほかの乗客としての「思考」や「感情」について説明することができるであろう。セラピストは，乗客の何人かは中立的な感じであり，ほかは好ましく，そして何人かは好ましくない感じ，あるいは不快な感じさえするかもしれない，と伝えることができるであろう。セラピストは，ここで，クライエントから語られた私的出来事を持ち出すことも可能である。クライエントの人生において，苦痛な支配的機能を有すると思われる私的出来事である。たとえば，スコットのセラピストは，好ましくない乗客のひとりとして，「嫌がらせをされている気持ち」に言及することが可能である。セラピストは，私たちがいつも乗客全員に気がついているわけではないことについて話すこともできるだろう。しかし，特定の状況では，そのような乗客が立ち上がることもあり，あるいは首筋に息がかかるところまで近寄ってきて，どのように運転するかの指示を出してくることさえあるかもしれない，と話すこともできるであろう。スコットの場合なら，セラピストは以下のようなことを言って話を続けることができる——「例の，嫌がらせをされる気持ちについて考えてみましょう。それは，何度もバスの前のほうへ出てきては，いろんなことをしゃべりますね？　結構負担になるものもありますよね。あなたは，例の気持ちが，どのように運転するかについての指示も出していると思いますか？」

この時点までに，メタファーを通じて，私的出来事は，運転手から一定の距離を置いたところにあるものとして確立されているのである。このメタファーの別な側面として，誰がバスのハンドルを握っているかについて話をすることができるという点がある。セラピストは，運転手が，乗客の言うとおりに運転することもできるし，あるいは，乗客が言うこととは関係なく，どのように運転するかを自分で決めることもできる，と話すことが可能である。セラピストは，さまざまな乗客に，バスをどこへ向けて運転するかの決定権を与えることで，クライエント（また一般の人においても）が時折はまってしまうトラップについて話すことも可能である。スコットの場合であれば，「嫌がらせをされている気持ち」が，彼に，それまで並んでいた列から離れる方向へと運転させているのである。セラピストは，乗客を静かに座らせておいたり，彼らが前まで来て脅したり気を散らせたりしないために，一般に人がどのような方法をとるのかについて話すことも可能である。セラピストは，たとえ敵意に満ちた乗客が首筋に息がかかるほどすぐ背後にいたとしても，私たちはそれでも自分のバスを運転し続けることが可能なのだ，と話すこともできるであろう。ハンドルを握っているのは，ほかでもないクライエント自身である。運転手と乗客の間には，根本的な違いがあるのである。

　このアプローチを用いると，セラピストは，体験の回避についてメタファー的に語ることが可能になる。同時に，メタファーは，バスの後ろのほうにある脅威的な事柄に対して，クライエントがアクセプタンスを示すことができるよう援助するために用いることも可能である。それは，彼らが普段から回避している事柄に対して，柔軟性を高めることの助けとなるであろう。

　ACTにはさまざまなメタファーがあり，それらの使用をセラピストに奨励している[88, 127]。ACTは，また，セラピストがクライエントと一緒に，新しいメタファーを創り出すことも奨励している——特定のクライエントにとって，個人的に関連性があり有用なものをである。もちろん，セラピストが，適切なメタファーを特定するには，何が強調されるべきかを見極めることが必要とされ，そのため，治療原理についての確実な理解が必要

とされる。私が，時折使う脱フュージョンのメタファーは，私たちのほとんど誰もが見覚えのある文脈からのものである[*2]。それは，1937年のディズニー映画『白雪姫と7人の小人』の中の短い場面で，特に，白雪姫が小屋の中で7人の小人たちと一緒に音楽に合わせて踊っているところである。何人かの小人たちが楽器を奏でていたとき，突然，マルハナバチが1匹飛び込んできて，みんなの気を散らせるのである。小人たちは，次第に，そのハチを懸命に追い払おうと行動するようになるのである。思考は，そのマルハナバチに似ているとも言える――ひょっとすると，その群れ全体かもしれない。マルハナバチを追い払おうとして，腕を振り回すといったことをするのは，ごく自然なことと言える。頭の周りにハチの群れが飛び回っている体験は，確かに脅威だろう。でも，必死になって腕を振り回すことで，それを追い払えるだろうか？　そして，クライエントの苦痛や苦闘の中心にある思考や記憶については，どうだろうか？　クライエントは，思考や感情に焦点を当てることで，追い払えるだろうか？　クライエントが典型的にすることで，マルハナバチを追い払うのに似ていることは何であろうか？　また，その行動は，一般にどのような結果をもたらすだろうか？　このメタファーは，こういった体験と，それらが浮かんできたときにクライエントがどのように行動するか，について話し合うための手段を提供する。しかし，これはメタファーの内容によってのみ達成されるのではない。メタファーの構造そのものが，私的出来事を，マルハナバチの話のように，頭の「外の，あそこ」へと位置づけてくれるようになるのである。このような方法で，私的出来事の刺激機能が変換されるのである。さらに，クライエントの行動は，こういった体験の支配を受けにくくなる。なぜなら，言語を有する私たちの行動は，常に，必ず，「私―今―ここ」で起きるものだからである。

---

[*2]（原注）これは，特にスウェーデンではそうだと言えるだろう。なぜなら，この場面は，クラッシックで特別なディズニー映画の作品集の一部として，過去50年にわたってスウェーデンのテレビでは毎年クリスマスになると放映されてきたものだからである。このメタファーを最初に考えてくれたクライエントに感謝！

## 私的出来事が人生で大切なことへの障害になる

　RFTを臨床に応用するにはさまざまな形があるが，その取り組みは，いろいろな意味で，まだ始まったばかりである。RFTは，すでによく知られた臨床上の方略に新しい光を投じるという一方で，たくさんの新しいアイディアやアプローチも提供する。本書では，一番画期的なものだと私が考える介入に焦点を当てている——すなわち，「脱フュージョン」と，苦痛な私的出来事を包含する「価値を置く生き方」，である。これらの方略は，ACTにおいても特に強調されるものである。それにもかかわらず，これらのアイディアでさえ完全に新しいものではない。これらは，さまざまな理論的背景に基づいた臨床モデルにも，多様な方法で組み込まれている。RFTが提供する理論的な理解は，すでに知られたこれらの方略の定義をより明確なものとし，さらなる改善の一助となるものである。これは自然なことであろう。なぜなら，RFTは，まさにそのような言語活動に関する理論であり，すべての対話療法（トーク・セラピー）が言語を主要なものとして活用するからである。言語活動への理解の深まりから，私たちは，これらの方略がどのように開発されて用いられるべきかを，より詳細に示すことが可能となるのである。

　先に説明した方略のうちの最初のものは，「脱フュージョン」という用語に包括される。その目的は，クライエントが体験する継続的な自己（第5章で述べた「視点としての自己」）と，クライエントの人生において非機能的な支配を及ぼすようになった私的出来事との間に，より大きな距離を確立することである。ゴールは，もちろん，そうすることで体験の回避が生じる可能性を低減することである。主な方略の2つ目は，クライエントが経験している体験的な障害と，クライエントが人生で大切と感じる事柄との間の関係性に取り組むことである[125]。

　学習理論の基本原理のひとつは，私たち人間は結果に支配されるということである。私たちの過去の行動に対する結果は，私たちの未来の行動に対して強い影響力を持つ。これは，オペラント心理学の基本命題である。

私たちがひとたび恣意的に適用可能な関係反応を学習すると，この能力は，何が支配的な結果として機能し得るかを変容するのである。その結果，外的な事柄と内的な体験は，もはや，それ自体としてのみ機能するものではなくなる。それらは，それが何と関係づけられるかに応じて，多くのさまざまな機能を獲得することが可能となるのである。そして，これらの関係づけは，かなりの部分までが社会的で恣意的なゲームによって支配されることから，その多様性は計り知れないものとなるのである。

　言語を持たない生体にとっては，強化的な結果として機能し得るものは，厳密に限定されている。そのような機能を有するものを一次性強化子といい，また，一次性強化子と直接的に関連づけられたことで確立された強化子もそうである。これらのいずれかと形態的または物理的に類似する刺激についても，また同じである。しかし，言語を有する生体においては，さまざまな派生的刺激関係のネットワーク*3によって，特定の出来事が強化的なものとなり得るため，この多様性が高まるのである。たとえば，ある行動の結果が，「いい人でいる」と等位の関係にある場合，その結果は強化的なものとなり得る。ただし，ある結果が，「わが子の将来の不幸」と因果的（もしも～なら）な関係にあった場合には，弱化としても機能し得るのである。

　このような関係ネットワークは，先行事象の要素となり得る。そのため，ルールとして機能し，行動に影響を与えることも可能である。これこそが，まさしくルール支配行動の本質である。第6章で定義したように，さまざまな事象がそれぞれどの程度強化的，または弱化的に機能し得るかに影響を与えるルールの種類は，オーグメンタルである。そして，先行事象がオ

---

＊3（原注）何度も繰り返す冗長さをあえて冒すが，これは，そのようなネットワークが外的な文脈においても内的な想像の世界においても実際に存在することを意味するものではない，という点を念押ししておきたい。これは，ただ，複雑な派生的刺激関係によって支配される行動を説明するための方法にすぎない。言い換えるなら，これらの関係とは，ある個人が文脈要因の制御下で示す反応の仕方そのものとも言える。私がこの点を繰り返す理由は，私たちの日常言語には心的概念があまりにも浸透していて，私たちがより厳密な科学的言語を用いようと努めるときでさえ，それらを避けることが難しいからである。

ーグメンタルとしての機能を持っていたことを示す行動は，オーグメンティングと呼ばれる。私たちの日常言語では，オーグメンタルとは，私たちにとって重要なこと——私たちが望んで，願う事柄——は何であるのかについて話しているときに言及している現象のことである。より科学的に言えば，これらの望みは，言語的に構築された望ましい結果であり，特定の個人にとって包括的に有用なものと説明できる。ACTの中では，「価値」という用語が使われているが，どんな用語を使うかということは重要ではない。好都合なことに，私たちは人生で何を望むのか，またある個人にとって何が大切かについて語ることができるのである。

　重要な事柄——私たちが，人生がそのようなものであってほしいと願う事柄——は，私たちの変容のための取り組みの中で決定的な機能を持つ。これらが，私たちを動機づけるのである。私たちが変わりたいと願うためには，それまでしていたこととは違ったことを選択するにあたって，何らかの意義がなくてはならない。前方に，望むものが何か見えている必要がある——何らかのゴールまたは価値づけされた方向性である。そして，その何かを見ているとき，私たちは望ましい結果と接触しているのである。これらの文脈要因は，後に，私たちが望ましい結果と直接接触する可能性を高めるような行動の先行事象として機能するようになるのである。

　体験の回避にはまり込んでいる人は，この領域に問題を抱えている。彼らは，価値や，特定の方向性に向かって行動しようと思わせるような事柄を持っていないわけではない。問題は，思考，感情，記憶，または身体感覚といった私的出来事が，こうした好ましい結果へとつながる可能性のある行動への障害として確立されているということである。このような人にとっては，私的出来事が，こうした行動へのバリアとして機能する状態になっているのである。そのため，彼らの視点からすると，自らの価値づけされた結果に向かって行動するためには，これらの私的な現象を取り除いたりコントロールしたりすることが前提条件となっているのである。

　説明のために，リチャードの例に戻ってみよう。彼は望ましい結果，すなわち，彼が価値を置く結果について語っている。セラピストとの対話の中で，彼は，どのような父親になりたいと願っているか，また職場でどの

ように行動したいと思うか，について説明している。しかし，彼は，そのような方向へと彼を導く可能性がある行動を，不安感や，以前，同じように踏み出そうとしたときの記憶，そしてこれらすべてと関連づけられたさまざまな思考のために思い留まっているのである。つまり，リチャードにとっては，これらの私的出来事は，彼が進みたいと望む方向に向かう行動に対して，反対の関係に位置するものとなっているのである。このことは，個人の人生において，問題となる言語的先行事象を特定し，それらの先行事象による制御を弱めることを目的とした，第二の基本的方略のより明確なフォーミュレーションの必要性へと私たちを導く——**関連する私的出来事と価値づけされた行為の間の関係性を変容し，それらが反対の関係にあるよりも，むしろ等位の関係となるようにすることである**。この場合，等位の関係とは，これら2つ——私的出来事と価値づけされた行為——が同時に存在できることを意味する。それらは共存できるのである。重要な点をもう一度確認しておくが，この方略は，クライエントに対して，「物事とは実際にはこう在るものだ」と主張するものでも，そう説得するためのものでもない。ねらいは，セラピストとクライエントの相互作用の中で，これらの2つの関係が等位となる行動が生じる可能性が高まるような文脈を提供することである。

　先に説明した2つのメタファーに戻って，それらがこの方略の中でどのように活用できるかを見てみよう。バスの乗客のメタファーについての会話の中で，セラピストは，価値や人生で大切な事柄について話すことから始めることが可能である。「もし，あなたが，どこへでも行きたいところへ自由に運転していけるとしたら，あなたはこのバスをどこへ運転して行きますか？　あなたが完全に自由な世界の中にいるとしたら，どの方向へ運転し始めますか？　あなたの人生のさまざまな領域において，何に向かって進みますか？」といったようにである。また，セラピストは，クライエントの行動に示されている反対の関係や，クライエントが「乗客を追い払うこと」に焦点を当てて行動した場合の結果について話すことも可能である。たとえば，以下のように言うこともできるであろう——「どうやら，あなたは，まず先に乗客を追い払わなければいけない，と感じているよう

ですね。もし，彼らをそのままにして，あなたが行きたい思う旅に一緒に連れていったとしたら，どうなると思いますか？」。

映画『白雪姫と7人の小人』のメタファーも，同じ方法で用いることが可能である——「もし，マルハナバチを追い払うために腕を振り回す代わりに，手を楽器から離さないで，奏でたいと思う音楽を奏でたとしたら？ それは，ハチが自由にどこへでも飛び回ることを許さなければならないため，勇気がいることは確かだと思います。でも，ハチがあなたの敵ではなかったとしたら？ もし，それが，あなたが思うようなものとは違っていたら？ それらをただそこにそのままにして，さらに，あなたの希望する方向へ進むことができるとしたら？」

同じ方略のさらなる別の例として，第9章で，セラピストがアンと一緒に行ったエクササイズがある——メモ帳を使って，「私から遠ざけておくこと」と「膝の上にのせておくこと」という2つの機能的行動クラスの選択肢を示した例である。最初の方の選択肢は，脅威に感じられる事柄を反対の関係のままにし，そのような障害を取り除くか遠ざけておくかしなければならない体験として確立している。第二の選択肢は，脅威となっている同じ現象が，アンの価値づけされた行為と等位の関係にあることを示している。これは，アンが，彼女が望む方向に進み続ける間にも，それらの困難な体験を，そこにそのままにしておくことが可能であることを理解するのに役立つであろう。

私的出来事と価値づけされた行為との間にある反対の関係が，柔軟性のない行動や悪循環に陥る傾向をもたらすことに注意してほしい。リチャードにとっては，不安感が，彼が望む方向へ進むことと，反対の関係になっている。この関係に基づいて行動するなら，彼は，こうしたいと思うことを思いとどまることになり，その結果，不安感は時間とともに一層嫌悪的に感じられるようになるのである。それは，当初から不快なものではあったが，時間とともに，「私が望むことへの障害」にもなるのである。そして，その望みが彼にとって重要であればあるほど，不安感はより嫌悪的なものとなる。なぜなら，それが，まさに彼が望む方向へ進むことを妨げているかのように見えるからである。このことは，その感情を追い払うこと

の重要性をさらに増幅し，そうしてこのサイクルは続いていくこととなる。
　体験の回避を取り除くための努力の中で，これらの2つの方略は，うまく組み合わさって機能する。最初の方略である脱フュージョンでは，「今一ここ」での行動に対する私的出来事の影響を弱めることが可能である。これは，問題となる刺激機能を持つ私的出来事を，「私一そのとき一そこ」としてフレームづけることによって達成される。このような方法で刺激機能を変換することは，私的出来事を，価値づけされた行為に取り組むこととは反対に位置する何かとしてではなく，「旅に一緒に持っていくことができる」何かとして関係づけることを容易にするのである。その結果，それらが，時間の経過とともにそれほど嫌悪的なものではなくなっていく可能性も高い。リチャードは，特定の状況では，まだ不安を感じるかもしれない。それでも，もし，彼が望む方向に向かって行動し続け，これらの行動に対してポジティブな結果が伴っている間にも，この感情を持ち続けていたとしたら，不安感と彼との関係性も変容されるであろう。そのような感情は，依然として不快なものかもしれないが，彼が人生において重要であると考える事柄へ向かう道を妨げるという意味では，それらはもはや嫌悪的ではなくなるであろう。

## 何を望むのかがわからないとき

　多くの場合，臨床上のゴールを設定することは難しくない。人は，自分が何を望んでいるか，自分にとって何が重要か，そして，どの領域に向かって歩んでいきたいと思うのかを知っている。たとえ，それらのゴールの前には障害が立ちはだかっていると彼らが感じていたとしても，このことに変わりはない。このような場合，クライエントのゴールや価値について会話をすることは，それ自体が，動機づけをもたらす先行事象として機能する。リチャードの例では，教員としての仕事の中で彼が果たしたいと思う役割や，地元のチームの観戦に行くなど，子どもたちとどのように一緒に時間を過ごすかを考える，などといった会話を中心に展開することが可能であろう。セラピストは，リチャードが成し遂げたいと思う何かを，彼

自身が「感知する」ための機会を提供するような方法で話をするのである。これが，リチャードが実際にその方向へと歩を進めることに寄与したなら，セラピストの発言は，動機づけを高めるオーグメンタルとして機能した可能性がある（第6章で述べられている）。

しかし，セラピーの状況は，時として，かなり異なっている場合もある。クライエントを動機づけるものが何もないかのように見えることがある。前に進んでいくために，クライエント自身にとって価値を持つものは何かについて話し合おうとするセラピストの試みに対して，答えが得られないままとなっていることがある。リチャードの9回目のセッションでの以下の対話は，このような状況のよい例である。

**リチャード**：何ひとつ，うまくいきません。私なりに努力していると思うのですが，どこにもつながっていかないのです。昨日は，明日行われる試合に行ってみないかと，実際に提案もしました。でも，それは夜の試合で，エリンは，息子が翌日には大事なスペイン語の試験を控えているから時間的に遅すぎると考えました。職場でも同じことです。私は校長と話をしようと試みましたが，何も起こりませんでした。そして，仕事のこととなると，自分が自分で望むことを知っているのかどうかさえ，わからなくなってきました。自分ではベストを尽くしてきたつもりですが，でも……。

**セラピスト**：つまり，行き詰まってしまったわけですね。この状況でできることについて，何かアイディアはありますか？

**リチャード**：いいえ，絶望的です。そもそも何がポイントなのかさえ，よくわからなくなりました。仕事は，そんなに重要でしょうか？　わかりません。

**セラピスト**：では，何が重要ですか？

**リチャード**：それがわかれば，と思いますよ。まさにそうです。まあ，家族は，私にとって重要です。でも，どのみち，彼らはうまくやっています。まるで，私がどう思っているかなど大した問題ではない感じです。何が重要なのか，私にはなんだかよくわかりません。

**セラピスト**：それは，あなたがただじっとしているためのよい理由になるように聞こえます。いかがですか？

**リチャード**：いいえ，それはよくありません。今の状況はよくない，それは私にもわかります。でも，私は，自分で何を望むのかが，どうしてもわからないのです。空虚です。たぶん，みんなは，私がじっとしていることにあまりにも慣れきっているのだと思います。今までずっとそうでしたから。もう，遅すぎるのかもしれません。

**セラピスト**：それで，それについては，どうですか？ もし遅すぎるとしたら？

**リチャード**：（はっとした感じで）重い。あまりに，腐りきっている。まるで，私には永遠にチャンスが与えられないかのようです。私のための場所がない。

**セラピスト**：（一瞬の間沈黙してから）あなたが，あなたにとってあまりに重いと感じるこれらの困難について説明してくださるとき，私が何を感じるか，わかりますか？

**リチャード**：いいえ，何ですか？

**セラピスト**：あなたにとっての重要で見過ごせない事柄が，まさにここにあるのではないか，と感じます。まさに，ここに，重くて腐ったものと一緒にあるのではないかと。

**リチャード**：どういう意味ですか？ 私には，それらはすべて，ただの地獄です。

**セラピスト**：私は，あなたが決してチャンスを与えてもらえない，と話してくれたことについて考えています。あなたにとっての場所がないことについても。この，チャンスを得ることについては，何かがあるはずです——そして，あなたにとっての場所があったとしたらどのような感じになるかについても。それは，重要なことのように聞こえます……。

重要なことがない，すべてがどうでもいい，そして，自分が何を望むかがわからない，と発言することは，それもまたひとつの事柄と言える。そ

れは言語行動であり，それ自体は比較的一般的なものである。そして，クライエントがこの発言をするとき，そこには重要な意味が含まれているのである。多くの場合に，それは，セラピストに対して，クライエントが自ら陥っていると感じるところの困難について何かしら伝えていると言えるだろう。けれども，「すべてがどうでもよい」という発言の内容が，そのままクライエントが体験していることについての実際的な説明であることはほとんどない。言い換えるなら，それがタクトであることはまれで，特に純粋なタクトであることはまずないと言える。むしろマンドである場合がしばしばである。それは，以前同じような発言をしたときに得られた結果によって支配された言明だと言えるであろう——つまり，聞き手がその時点で発言したり行ったりすること，といった結果に支配されたものである。ある人が「わからない」や「すべてがどうでもよい」などと発言したときに生じる一般的な結果のひとつは，対話の相手がこれに対して何らかの形で反論する，というものである。その場合には，相手はアドバイスを提供する形になる。また別な一般的な結果は，相手が質問をするのをやめるということである。後者は，ある人が「わからない」と発言した後には特によく見られるものである。これらの結果は，どちらにしても，リチャードを，彼の典型的なジレンマの渦中へとより深く導くことになるだろう。

　しかし，セラピストは，リチャードの発言の内容を，その場で生じていることの言明だとは解釈しない。なぜなら，セラピストは，人が一般に無関心な生き物だとは考えないためである。人間に生まれたからには，私たちは結果に支配されているのである。私たちの行動の後に何が続くかは私たちにとっては重要であり，それはほかの動物にとってそうであるのとまったく同じである。人は，さまざまな理由のために，さまざまな方法で話すことができるが，それは，私たちの基本条件を変えるものではない。このことについての対話を始めるために，セラピストは，リチャードの苦痛に接近し，重要な事柄は苦痛を伴った事柄と関係しているということを指摘する。考えてみれば，これは，おかしなことではない。実際に，それはむしろ自然なことであろう。心理的苦痛は，まさに，何か重要なものに手が届かないからこそ生じているのである。重要なものが何もなければ，ど

うして何かを困難で，腐っていて，重くなど感じるだろうか？　リチャードが，彼にはチャンスが与えられていないこと，彼の居場所がないことについて話すとき，そのような彼の言葉の使い方もまた，このつながりを示唆していると言えるだろう。

　リチャードとのこの対話を実りある方法で続ける手段はたくさんある。期待されるのは，チャンスと場所を与えられることの中に何か重要なものが存在している点を，リチャード自身が見出せるようになることである。セラピストは，リチャードに，もし彼にチャンスと場所が与えられたとしたら，それをどのように使いたいと思うか，と尋ねることができるだろう。また，セラピストとリチャードは，もしそれらを「与えられる」ことがなかった場合に，リチャードが自らチャンスを作り，自分で居場所を得るためには何が必要となるか，について話し合うことも可能である。リチャードのような人の場合には，おそらく，後者の問題のほうが議論する上で重要となるであろう。また，先に述べた2つの方略に戻ってみる理由が見つかることも考えられる——すなわち，第一に，重くて苦痛だと感じる事柄に対してリチャードが視点取りを獲得するのを援助し，そして第二に，これらの苦痛な体験と，居場所を獲得するための行動との間にある反対の関係を変容することである。

　私たちがどのような発言をするかにかかわらず，私たちにとっての重要な事柄は常に存在している，という上記のポイントは，もう少し明確にされる必要があるであろう。たとえ，「自分で何を望んでいるのかがわからない」と発言することがマンドであることがしばしばあり，実際には特定の結果の追求を意味していたとしても，何を望んでいるのかを知る上での困難があるのもまた事実ということもあり得る。多くの事柄の中で自分が何を望んでいるのかを知るためには，自分自身の中の捉えにくいプロセスをいくつも弁別する能力が必要とされる。これを学ぶことは，自分自身の中で私的出来事が生じた際に，それを同時にタクトすることを学習することであり，第5章で「プロセスとしての自己」と呼んだものを発達させることだと言える。私たちの中には，このスキルをよく身につけている人もいれば，そうでない人もいる。なかには，自分自身よりも，むしろほか

の人の行動やニーズを特定することを中心に学習し，そのために般化プライアンスを発達させた人もいる。その結果，そのような人は，自分自身の私的出来事をタクトするスキルにあまり長けていない可能性がある。さらに，ある人が，自分の望む事柄に近づく上で，問題を抱えることの理由として考えられるものには，特定の私的出来事が大きな脅威に感じられる，ということもあるかもしれない。このことは，これらの事象に焦点を当てることを，意図的に回避するような行動につながる可能性がある。これは，時間とともに，その人にとって，当初回避の対象とされていた刺激を越え，ほかの私的な刺激に近づくことさえも難しくする，という副作用を生む可能性がある。

このように，「プロセスとしての自己」をタクトすることを学ぶことは，人生で何が大切かを見極めるための重要なスキルとなる可能性があり，そのため，人が自身の進む方向性を選択しようとする動機を持つ上でも重要である。臨床行動分析におけるこれらの取り組みは，ほかの臨床モデルの中で説明されているものと類似している[73]。セラピストは，少しずつ段階的に，クライエントが自分自身の中で生じている事柄——通常は感情的および身体的な現象の形態を取るもの——に焦点を当て，それらを弁別できるよう援助するのである。これと並行して，一般には脱フュージョンと価値の明確化に取り組むことも依然として重要な場合が多い。これは，自分の中で起きている事柄をタクトする行動でさえも，ルール支配行動に関連して複雑となる可能性があるからである。そうなった場合には，よりしっかりとした自己弁別の発達を援助する上で，脱フュージョンのエクササイズが重要となる可能性がある。

自分が何を望んでいるのかを知ることの問題は，先行事象に対する取り組みと，結果に対する取り組みが常に組み合わさっているということを示す，またさらなる一例である。とはいえ，ここでの具体的な意図は，人生において大切な事柄について話すことが，動機づけをもたらす先行事象を確立するための方法として重要だ，という点を指摘することである。セラピストは，代替行動のためのオーグメンタルとして機能する条件を確立しようとするのである。

## 言語活動に備わった原理主義の
## さまざまな基盤を弱める

　第7章では，さまざまな問題となるルール支配行動について説明した。一般的なものとしては，プライアンスが般化し，そのために本来なら適切に機能するトラッキングが妨げられる場合である。また別な例としては，比較的短期的な結果をトラッキングすることが，より長期的な結果のトラッキングを妨げる場合である。この種のルール支配の非柔軟性は，多くの場合に，人生において何が重要かということに関連するより包括的で抽象的なルールによって強められていることがある。より具体的なルールの中で記述された結果の影響力を強めるようなルールである。この場合には，問題となるオーグメンティングが優位な状態となっている。

　ルール支配行動の中でも重要なもののひとつは，言語的に構築された結果が，個人にとって包括的に望ましいものであり，その結果が支配的となっているときに生じるとされる。先にも述べたとおり，私は，このような結果（「私は何を望むか」，「人生で何が大切か」）は，代替行動を動機づけるために応用可能であることを説明した。しかし，これらのルールが，クライエントの問題行動に関与する場合もある。私がこれまでに説明した3人のクライエントの例をより注意深く見てみると，彼らの問題となるルール支配行動は，どちらかと言えば具体的なルールに従っていることがわかるであろう。しかし，これらのルールが持つクライエントを動機づける力は，より包括的なルールから獲得されたものである。私が，言語的先行事象を弱めるための方法として用いた介入は，具体的なルールと，より包括的で抽象的なルールの，両者を考慮に入れる必要があると言えるかもしれない。

　アンのケースに戻ってみよう。彼女の問題となるルール支配行動（体験の回避）は，対話の中ですぐにはっきりとする。身体感覚や自分自身でも認識できないような現象が，「その状況がどのようにして解消されるべきか」についての自己生成ルールへとつながるのである。そして，こうした

体験の後には，このルールを達成することをねらいとした行動——とりわけ，彼女がメタファー的に「まっすぐに飛び込む」と呼ぶ行動——が続くのである。この行動は，比較的短期的な結果である「気分がよくなる」ということが優位な状態にあるためであり，そのことが，アンがより長期的な結果と接触するのを妨げる状態となっている，トラッキングの例である。脱フュージョンの方略には，身体感覚や，それと関連する破局的思考に対して，アンが視点取りを獲得することを援助し，それによって，支配的となっている先行事象を弱める，という取り組みが含まれることになるであろう。セラピストは，また，身体感覚が障害（価値づけられた行為と反対の関係にあるもの）となるのではなく，アンがしたいと思うことをする間にも保持し続けることが可能なものとなるように，その機能を変容することにも取り組むだろう。

　これと並行して，セラピストは，機能している可能性のあるより包括的なルールを探すことも可能である。これが必要のないケースもあるかもしれないが，普段していること以外の何かをすることがアンにとって難しければ難しいほど，彼女の問題行動に対してより制御力の高い，動機づけとなる先行事象を探す必要性は高まるであろう[*4]。これをするためのひとつの方法は，これらの身体感覚を経験しないでいることが，なぜそれほどまでに彼女にとって重要なのかと尋ねることだろう。アンは，ただ単に「間違った感じがする」，これらの感覚は何かが間違っていることを示している，と答えるかもしれない。ここでも，セラピストは，アンがこのことを「私—今—ここ」よりも，むしろ「私—そのとき—そこ」にフレームづけられるよう援助し，それらが障害となるものではなく，一緒に持ち続けることができるものであるように反応できるよう援助することが可能である。このような対話の中では，クライエントが以下のように発言することは珍しくない——「私には，これがたぶん，私が今までずっとしてきたことのように思えます——あのひどい出来事よりも前からでさえ。私にとっては，

---

*4（原注）もちろん，機能分析を行う際には，この状況に寄与する結果を探すことも一理ある。

物事が普通に感じられることが，これまでもずっと重要だったように思います。気がかりなことがあってはいけないのです」。多くの場合，この後に，人生の早い時期に経験している出来事についての記憶が語られることになる。もしアンがこのようなことを述べたとしたら，セラピストは，RFT に基づいて，これはアンの問題行動への動機づけをもたらす先行事象を示していると推測するであろう。それは，アンにとっての「まっすぐに飛び込む」という行動，あるいはその反対で，彼女の私的出来事を除去したり，コントロールしたりするためにできることなら何でもするという反応を，一層重要なことにするオーグメンタルである可能性がある。このケースにもまた，同じ臨床的方略が適用できるのである。

　理論的には，私たちは再び，第6章の中で，潜在的ルールに関連して簡単に述べた問題へとアプローチしているのである。ルール支配行動に関する今ここでの議論において，ルールはどこにあるのであろうか？　この場合には，それは後になってから構成されたもののように感じられる。アンは，彼女自身の行動について，あたかも彼女が，何も気がかりなことがあってはならない，というルールに従ったかのように説明している。アンは，彼女が頻繁にこのように考えるのだと言うかもしれないが，これは，私たちがここで取り扱っているものが言語行動だということを，さらに明確にする発言である。ほかの一般的なバリエーションとしては，アンが，彼女自身はもう何年もそのようには考えていないけれども，子どものころによくそのように考えていたことを覚えている，あるいは，彼女の両親がしばしばそのように話していた，などと発言した場合である。しかし，アンがこれらの思考を，最近についても，遠い過去についても，まったく認識していない可能性も常にある。彼女は，彼女自身の行動について，ただ単に，もう随分長い間続けてきたこと，それは彼女がこれまでいつもしてきたことだと気づくだけかもしれない。この場合，この行動が，ルール支配行動とみなされるべきか，あるいは，直接的な随伴性によって制御されているのか，という問いに答えを出すことはできないであろう。私たちは，このことを見極めることができるほど，アンの学習履歴について知ることはできないのである。それはともかくとして，今この時点で，アンは，彼女自

身の行動に対して言語的な関係づけをすることは可能である。彼女は，それを「私が（そのとき―そこで）する何か」として弁別することができ，そのため，選択権を持つという体験へと至ることもできるのである。この時点で，セラピストは，「あなたにとって，何が重要ですか？――もし，あなたが，気がかりなことが何もないのを確認する作業に集中していなかったとしたら，何をしたいと思いますか？」と質問してもよいであろう。その問いは，代替行動のための先行事象として機能することが期待される。

　精神力動や認知の枠組みの中で取り組むことに慣れている読者なら，これらのプロセスはもちろん認識するであろう。私たちが今ここで取り扱っている現象は，精神力動的な心理療法であれば「無意識」と呼ばれるもの，認知療法なら「スキーマ」または「条件的な信念」に該当する。これらのさまざまな理論的構成概念は，同じような現象，または類似した現象の説明を試みているものである。ただし，行動分析的観点からすると，ある現象について説明するために，観察不可能な内的構造に言及しても，私たちが得るものは実際には何もないという点を強調しておくことは重要である。私たちが注目すべき点は，ルールではなく行動にあるのである。ルールは，それが誰かによって発言されたり，考えられたりした場合には観察可能かもしれないが，潜在的なものである場合もあり，その瞬間の相互作用を抽象化したものとしてしか存在しないこともある。後者の場合には，ルールは，ある行動を示している人と，その人が行動を示している条件との間の相互作用の中に在るのである。とはいえ，セラピーの場面でルールについて話し合うことは，クライエント自身の行動に対する視点取りの獲得を促進することができ，また，それがまさにねらいとされるところであるため，やはり有用であると言えるであろう。

　私たちは，同じ分析をリチャードとスコットの例にも適用することが可能である。セラピストが，リチャードとスコットに対して行った，言語活動に備わった原理主義のさまざまな基盤を弱めるための試みに対してである。これらの原理についてさらに説明するために，それを簡単に行ってみよう。まずは，リチャードについてである。リチャードは，他者が何を望むのかについて表現していたり，ある物事について意見を持っているよう

な場合には，その人との関係において自分自身はじっとしている，という具体的なルールを持っていることについて説明している。彼が直面している障害は，不確かな感じの体験である。この体験については，おそらく，クライエント―セラピストの対話が進行していく中で明確にされ，より詳細に定義されるであろう。この体験（不確かな感じ）が持つ障害物としての機能は，アンのところで説明されたものと同じ方略を用いて，弱めることが可能である。リチャードの問題行動は，明らかに対人的なものであり，問題となるプライアンスのサインだと考えられる。そうだとしたら，セラピストには，第10章で説明されたように，セラピー・ルームで生じる相互作用に特に注意を払うだけの大きな理由があると言えるであろう。このことは，リチャードが相互作用の中で，自らの問題行動を弁別することを援助することを可能とする。そして，彼が，自らの体験的な障害に対して視点取りを獲得し，自ら望む方向性へと進むことを援助することが可能となるのである。

　リチャードのケースでは，問題となるオーグメンティングは，どのような形をしているだろうか？　それは，――十分な能力のある人間だとみなされないこと――に関連した，拒否されたり攻撃されたりするかもしれないという，潜在的な（あるいは想像上の）結果に基づいて，居場所を作るということを回避するという形態として示されるかもしれない。このルールも，脱フュージョンを通じて弱めることが可能である。リチャードが，十分に能力がある人間とみなされない体験を抱えながら，それに対して視点取りを獲得し，そして，この体験（そのとき―そこ）を保持したままで，なお，彼自身が選択したり，価値を置いたりする方向性に向かって行動することは可能だろうか？

　スコットとセラピストとの対話は，言語的ルールを弱める取り組みを示すものであった。スコットの行動は，嫌がらせをされていると彼が感じるときにどのように行動すべきかについての具体的なルールと，周囲から嫌われることへのリスクを示した，より包括的なルール，の両者によって支配されているのである。このことについて語るスコットの話し方が，セラピストがスコットにとっての（そして私たちほとんどにとっての）脅威的

な結果に接近しつつあることを示唆している——すなわち，見捨てられて独りになることにである。このような結果が事実に基づく場合には，それは人間にとっては嫌悪的なものとなる可能性が高く，私たちがそれを避けようとすることは自然なことである。しかし，明らかに言語的先行事象の形をとって，この結果への接触を避けようとしている場合には，人は，私たちの最善の利益のためには機能しないことをしてしまったり，望む方向へ進む上でしばしば妨げとなることがある。セラピーでの取り組みのねらいは，スコットがこの言語的先行事象を，（ここにいる）彼が（そこで）保持することのできる何かとして弁別し，そして価値づけされた方向へと向かうときにもそれを持ち続けることを援助することである。これは，そうすることによって，現在示されている行動によって得られている結果よりも，より望ましい結果に彼が直面できることを期待して行われるのである。

## まとめ

　臨床行動分析では，言語的先行事象に取り組むにあたって，複数の方法を用いることが可能である。なかでも，代替行動のための教示を与えることは，重要な役割を果たす。この方法は，セラピストが何かを提案するときには明確な形で行われるが，クライエント自身がセラピーの状況の中から結論を導き出し，それに基づいて自らルールを生成する場合には間接的な形でも生じるものである。これがどのようにして起こるかについての私たちの知識は，RFTに基づく研究によって，かなり増えたと言えるであろう。とはいえ，私が特に注目しているのは，人間の行動に対する言語的先行事象の制御力を弱めることで，どのようにして，ルール支配の影の側面に取り組んでいくことができるかという点である。ここで特に重要な要因のひとつは，私たちが私的出来事をコントロールしたり，それを除去したりしようとしたときに，それらの私的出来事が獲得する機能である。私は，問題となる先行事象としての役割を果たす私的出来事の機能を変容することを意図した方略として，2つの主な方略について説明した。ひとつ

の方略は，クライエントの継続的な自己の体験（視点としての自己）を発達させ，支配的な私的出来事を，進行中の継続的な自己の感覚と区別することである。人が私的出来事とフュージョンした状態で行動すると，それらの私的出来事は自然な出発点として機能するようになり，私たちの行動に対して優位な状態となる。私たちが，それらを「私―そのとき―そこ」としてフレームづけると，それらが持つ刺激機能が変換され，それらの事象に対してより柔軟に行動できる機会が増えるのである。これが脱フュージョンであり，このことは，私が説明したもうひとつの主要な方略の適用が成功する可能性を高めることにもなる。第二の方略がねらいとするのは，長期的で全般的に望ましい結果へとクライエントを導く可能性がある行動選択をする上で，障害となるような私的出来事の機能を弱めることである。その意図は，このような私的出来事の体験によって支配された行動——特に，価値づけされた行為と反対の関係となっている体験に基づいた行動——から，クライエントが，これらの体験を抱えたまま進みたいと望む方向へ進んでいけるような行動へとシフトすることである。これらの2つの方略のどちらにおいても，セラピストは，クライエントの問題となる言語行動が生じる文脈を変えることに取り組むのである。

　これらの2つの方略に焦点を当てることは，関係フレーム理論に基づいた言語行動の理解がもたらした当然の結果である。このことは，これらのアプローチが完全に新しいものだということでも，ほかの心理療法のモデルの中に類似したものがないことを意味するものでもない。しかし，これらの方略を特に強調することは新しいことであり，そこから，セラピーに関連したいくつかの具体的で革新的な展開が続くことになるであろう。

　RFTに基づいたモデルを，それ以外のモデルと比較したときの根本的な違いのひとつは，それが行動分析学を出発点とすることにある。本書を書き終えるにあたって，この点に立ち戻るだけの理由がある。本質的な前提は，行動とはその生体がひとつの個体として示すものであり，そして，この行動を支配する要因は，行動が起こる文脈の中に見出される，ということである。このことは，すべての行動について言えることであり，しばしば言語あるいは認知という用語で説明される言語行動も，もちろんそれ

に含まれるのである。

　この基本原理が，ある側面では制限となる一方で，それは，多くの可能性を持つ介入への扉を開けてもくれるのである。それは，文脈要因だけが直接的な関心の対象であるという点では限定的である。セラピスト自身もクライエントの文脈の一部であり，そして，セラピストが直接的に介入できるただひとつの方法は，まさにその同じ文脈を変容することによってである。しかし同時に，この出発点は，希望を大いにもたらすものでもある。文脈要因は，変容することが可能である。つまり，それらに直接的に影響を与えることが可能なのである。まさにこのことが，セラピストに援助のための機会を提供するのである。クライエントが，自ら望む方向へと変容することを援助するための機会を，である。

# 文　献

1) Abramowitz, J. S., Tolin, D. F., & Street, G. P. (2001). Paradoxical effects of thought suppression: A meta-analysis of controlled studies. *Clinical Psychology Review, 21*, 683-703.

2) Alexander, F., French, T. M., & the Institute for Psychoanalysis. (1946). *Psychoanalytic therapy: Principles and application.* New York: Ronald Press.

3) Andersson, J. R. (2005). *Cognitive psychology and its implications* (6th ed.). New York: Worth Publishers.

4) Ayllon, T., Layman, D., & Kandel, H. J. (1975). A behavioral-educational alternative to drug control of hyperactive children. *Journal of Applied Behavior Analysis, 8*, 137-146.

5) Bach, P., & Moran, D. (2008). *ACT in practice: Case conceptualization in acceptance and commitment therapy.* Oakland, CA: New Harbinger.

6) Barclay, M. W. (1997). The metaphoric foundation of literal language: Toward a theory of the reification and meaning of psychological constructs. *Theory and Psychology, 7*, 355-372.

7) Barlow, D. H. (2002). *Anxiety and its disorders: The nature and treatment of anxiety and panic* (2nd ed.). New York: Guilford Press.

8) Barnes, D., Hegarty, N., & Smeets, P. (1997). Relating equivalence relations to equivalence relations: A relational framing model of complex human functioning. *Analysis of Verbal Behavior, 14*, 1-27.

9) Barnes-Holmes, D., Barnes-Holmes, Y., & Cullinan, V. (2000). Relational frame theory and Skinner's *Verbal Behavior*: A possible synthesis. *Behavior Analyst, 26*, 69-84.

10) Barnes-Holmes, D., Barnes-Holmes, Y., Power, P., Hayden, E., Milne, R., & Stewart, I. (2006). Do you really know what you believe? *Irish Psychologist, 32*, 169-177.

11) Barnes-Holmes, D., Hayes, S. C., Dymond, S., & O'Hora, D. (2001). Multiple stimulus relations and the transformation of stimulus functions. In S. C. Hayes, D. Barnes-Holmes, & B. Roche (Eds.), *Relational frame theory: A post-Skinnerian account of human language and cognition* (pp. 51-72). New York: Kluwer Academic/Plenum.

12) Barnes-Holmes, D., Staunton, C., Barnes-Holmes, Y., Whelan, R., Stewart, I., Commins, S., et al. (2004). Interfacing relational frame theory with cognitive neuroscience: Semantic priming, the implicit association test, and event related potentials. *International Journal of Psychology and Psychological Treatment, 4*, 215-240.

13) Barnes-Holmes, D., & Stewart, I. (2004). Relational frame theory and analogical reasoning: Empirical investigations. *International Journal of Psychology and Psychological Therapy, 4*, 241-262.

14) Barnes-Holmes, Y., Barnes-Holmes, D., & McHugh, L. D. (2004). Teaching derived relational responding to young children. *Journal of Early and Intensive Behavior Intervention, 1*, 3-26.

15) Barnes-Holmes, Y., Barnes-Holmes, D., & Smeets, P. M. (2004). Establishing relational responding in accordance with opposition as generalized operant behavior in young children. *International Journal of Psychology and Psychological Therapy, 4*, 559-586.

16) Barnes-Holmes, Y., Barnes-Holmes, D., Smeets, P. M., & Luciano, C. (2004). The derived transfer of mood functions through equivalence relations. *Psychological Record, 54*, 95-114.

17) Barnes-Holmes, Y., Barnes-Holmes, D., Smeets, P. M., Strand, P., & Friman, P. (2004). Establishing relational responding in accordance with more-than and less-than as generalized operant behavior in young children. *International Journal of Psychology and Psychological Therapy, 4*, 531-558.

18) Barnes-Holmes, Y., McHugh, L., & Barnes-Holmes, D. (2004). Perspective-taking and theory of mind: A relational frame account. *Behavior Analyst Today, 5*, 15-25.

19) Baron-Cohen, S., Tager-Flusberg, H., & Cohen, D. J. (2000). *Understanding other minds: Perspectives from developmental cognitive neuroscience* (2nd ed.). New York: Oxford University Press.

20) Beck, A. T. (1963). Thinking and depression: Idiosyncratic content and cognitive distortions. *Archives of General Psychiatry, 9*, 324-333.

21) Beck, A. T. (1964). Thinking and depression: Theory and therapy. *Archives of General Psychiatry, 10*, 561-571.

22) Beck, A. T. (1967). *Depression: Clinical, experimental, and theoretical aspects.* New York: Harper and Row.

23) Beck, A. T. (1976). *Cognitive therapy and the emotional disorders.* New York: Meridian.

24) Beck, A. T. (1991). Cognitive therapy: A 30-year perspective. *American Psychologist, 46*, 368-375.

25) Beck, A. T. (1993). Cognitive therapy: Past, present, and future. *Journal of Consulting and Clinical Psychology, 61*, 194-198.

26) Beck, A. T. (2005). The current state of cognitive therapy. A 40-year perspective. *Archives of General Psychiatry, 62*, 953-959.

27) Berens, N. M., & Hayes, S. C. (2007). Arbitrarily applicable comparative relations: Experimental evidence for a relational operant. *Journal of Applied Behavior Analysis, 40*, 45-71.

28) Blackledge, J. T. (2007). Disrupting verbal processes: Cognitive defusion in acceptance and commitment therapy and other mindfulness-based psychotherapies. *Psychological Record, 57*, 555-576.

29) Blackledge, J. T., Moran, D. J., & Ellis, A. (2008). Bridging the divide: Linking basic science to applied psychotherapeutic interventions—A relational frame theory account of cognitive disputation in rational emotive behavior therapy. *Journal of Rational Emotive Cognitive Behavior Therapy, 27*, 232-248.

30) Bowlby, J. (1988). *A secure base: Parent-child attachment and healthy human development.* New York: Basic Books.

31) Buber, M. (1970). *I and thou.* New York: Touchstone.

32) Callaghan, G. L., Gregg, J. A., Marx, B. P., Kohlenberg, B. S., & Gifford, E. (2004). FACT: The utility of an integration of functional analytical psychotherapy and acceptance and commitment therapy to alleviate human suffering. *Psychotherapy: Theory, Research, Practice, Training, 41*, 195-207.

33) Campbell-Sills, L., Barlow, D. H., Brown, T. A., & Hofmann, S. G. (2006). Effects of suppression and acceptance on emotional responses of individuals with anxiety and mood disorders. *Behaviour Research and Therapy, 44*, 1251-1263.

34) Carpentier, F., Smeets, P. M., & Barnes-Holmes, D. (2002). Matching functionally-same relations: Implications for equivalence-equivalence as a model for analogical reasoning. *Psychological Record, 52*, 351-312.

35) Carpentier, F., Smeets, P. M., Barnes-Holmes, D., & Stewart, I. (2004). Matching derived functionally same relations: Equivalence-equivalence and classical analogies. *Psychological Record, 54*, 255-273.

36) Catania, A. C. (2007). *Learning* (4th ed.). New York: Sloan Publishing.

37) Chapman, A. L., Gratz, K. L., & Brown, M. Z. (2006). Solving the puzzle of deliberate self-harm: The experiential avoidance model. *Behaviour Research and Therapy, 44*, 371-394.

38) Chawla, N., & Ostafin, B. (2007). Experiential avoidance as a functional dimensional approach to psychopathology: An empirical review. *Journal of Clinical Psychology, 63*, 871-890.

39) Chomsky, N. (1959). Reviews. *Verbal Behavior*, by B. F. Skinner. *Language, 35*, 26-58.

40) Chomsky, N. (2006). *Language and mind* (3rd ed.). Cambridge, UK: Cambridge University Press.

41) Clark, D. M., Ehlers, A., Hackmann, A., McManus, F., Fennell, M., Grey, N., et al. (2006). Cognitive therapy versus exposure and applied relaxation in social phobia: A randomized controlled trial. *Journal of Consulting and Clinical Psychology, 74*, 568-578.

42) Cohen, H., Amerine-Dickens, M., & Smith, T. (2006). Early intensive behavioural treatment: Replication of the UCLA model in a community setting. *Developmental and Behavioral Pediatrics, 27*, 145-155.

43) Collins, A., & Burstein, M. (1989). Afterword: A framework for a theory of comparison and mapping. In S. Vosniadou & A. Ortony (Eds.), *Similarity and analogical reasoning* (pp. 546-565). Cambridge, UK: Cambridge University Press.

44) Dahl, J., Plumb, J., Stewart, I., & Lundgren, T. (2009). *The art and science of valuing in psychotherapy*. Oakland, CA: New Harbinger.

45) Devany, J. M., Hayes, S. C., & Nelson, R. O. (1986). Equivalence class formation in language-able and language-disabled children. *Journal of the Experimental Analysis of Behavior, 46*, 243-257.

46) Dickins, D. W., Singh, K. D., Roberts, N., Burns, P., Downes, J., Jimmieson, P., et al. (2001). An fMRI study of stimulus equivalence. *Neuroreport, 12*, 2-7.

47) Dimidjian, S., Hollon, S. D., Dobson, K. S., Schmaling, K. B., Kohlenberg, R. J., Addis, M., et al. (2006). Randomized trial of behavioral activation, cognitive therapy, and antidepressant medication in the acute treatment of adults with major depression. *Journal of Consulting and Clinical Psychology, 74*, 658-670.

48) Dimidjian, S., Martell, C. R., Addis, M. E., & Herman-Dunn, R. (2008). Behavioral activation for depression. In D. H. Barlow (Ed.), *Clinical handbook of psychological disorders* (4th ed.; pp. 328-364). New York: Guilford Press.

49) Dobson, K. S. (1989). A meta-analysis of the efficacy of cognitive therapy for depression. *Journal of Consulting and Clinical Psychology, 57*, 414-419.

50) Dollard, J., & Miller, N. E. (1950). *Personality and psychotherapy*. New York: McGraw-Hill.

51) Dougher, M. J., Augustson, E. M., Markham, M. R., Greenway, D. E., & Wulfert, E. (1994). The transfer of respondent eliciting and extinction functions through stimulus equivalence classes. *Journal of the Experimental Analysis of Behavior, 62*, 331-351.

52) Dougher, M. J., & Hackbert, L. (2000). Establishing operations, cognition, and emotion. *Behavior Analyst, 23*, 11-24.

53) Dougher, M. J., Hamilton, D., Fink, B., & Harrington, J. (2007). Transformation of the discriminative and eliciting functions of generalized relational stimuli. *Journal of the Experimental Analysis of Behavior, 88*, 179-197.

54) Dugdale, N., & Lowe, F. L. (2000). Testing for symmetry in the conditional discrimination of language-trained chimpanzees. *Journal of the Experimental Analysis of Behavior, 73*, 5-22.

55) Dymond, S., & Barnes, D. (1994). A transfer of self-discrimination response functions through equivalence relations. *Journal of the Experimental Analysis of Behavior, 62*, 251-267.

56) Dymond, S., & Barnes, D. (1995). A transfer of self-discrimination response functions in accordance with the arbitrary relations of sameness, more-than, and less-than. *Journal of the Experimental Analysis of Behavior, 64*, 163-184.

57) Dymond, S., & Barnes, D. (1996). A transformation of self-discrimination response functions in accordance with the arbitrarily applicable relations of sameness and opposition. *Psychological Record, 46*, 271-300.

58) Edvardson, C. (1997). *Burned child seeks the fire*. Boston: Beacon Press.

59) Ekman, P. (1992). An argument for basic emotions. *Cognition and Emotion, 6*, 169-200.

60) Ellis, A. (1989). The history of cognition in psychotherapy. In A. Freeman, K. M. Simon, L. E. Beutler, & H. Arkowitz (Eds.), *Comprehensive handbook of cognitive therapy* (pp. 5-19). New York: Plenum.

61) Ellis, A. (2005). Can rational-emotive behavior therapy (REBT) and acceptance and commitment therapy resolve their differences and be integrated? *Journal of Rational-Emotive and Cognitive-Behavior Therapy, 23*, 153-168.

62) Evans, M. B. (1988). The role of metaphor in psychotherapy and personality change: A theoretical reformulation. *Psychotherapy, 25*, 543-551.

63) Farmer, R. F., & Chapman, A. L. (2008). *Behavioral interventions in cognitive behavior therapy.* Washington, DC: American Psychological Association.

64) Ferster, C. B. (1967). Arbitrary and natural reinforcement. *Psychological Record, 17*, 341-347.

65) Ferster, C. B. (1972). An experimental analysis of clinical phenomena. *Psychological Record, 22*, 1-16.

66) Ferster, C. B. (1973). A functional analysis of depression. *American Psychologist, 28*, 857-870.

67) Freeman, A., Pretzer, J., Flemming, B., & Simon, K. (2004). *Clinical applications of cognitive therapy* (2nd ed.). New York: Kluwer Academic/Plenum.

68) Gentner, D. (1989). The mechanism of analogical learning. In S. Vosniadou & A. Ortony (Eds.), *Similarity and analogical reasoning* (pp. 199-241). Cambridge, UK: Cambridge University Press.

69) Gentner, D., Bowdle, B., Wolff, P., & Boronat, C. (2001). Metaphor is like analogy. In D. Gentner, K. J. Holyoak, & B. N. Kokinov (Eds.), *The analogical mind: Perspectives from cognitive science* (pp. 199-254). Cambridge, MA: MIT Press.

70) Gentner, D., Holyoak, K. J., & Kokinov, B. N. (2001). *The analogical mind: Perspectives from cognitive science.* Cambridge, MA: MIT Press.

71) Gifford, E. V., & Hayes, S. C. (1998). Functional contextualism: A pragmatic philosophy for behavioral science. In W. O'Donohue & R. Kitchener (Eds.), *Handbook of behaviorism* (pp. 285-327). San Diego, CA: Academic Press.

72) Gortner, E. T., Gollan, J. K., Dobson, K. S., & Jacobson, N. S. (1998). Cognitive-behavioral treatment for depression: Relapse prevention. *Journal of Consulting and Clinical Psychology, 66*, 377-384.

73) Greenberg, L. G., & Pavio, S. C. (1997). *Working with emotions in psychotherapy.* New York: Guilford Press.

74) Harmon, K., Strong, R., & Pasnak, R. (1982). Relational responses in tests of transposition with rhesus monkeys. *Learning and Motivation, 13,* 495-504.

75) Hayes, L. J. (1992). The psychological present. *Behavior Analyst, 15,* 139-145.

76) Hayes, S. C. (1984). Making sense of spirituality. *Behaviorism, 12,* 99-110.

77) Hayes, S. C. (1989). Nonhumans have not yet shown stimulus equivalence. *Journal of the Experimental Analysis of Behavior, 51,* 385-392.

78) Hayes, S. C. (1991). A relational control theory of stimulus equivalence. In L. J. Hayes & P. N. Chase (Eds.), *Dialogues on verbal behavior* (pp. 19-40). Reno, NV: Context Press.

79) Hayes, S. C. (2008). Climbing our hills: A beginning conversation on the comparison of acceptance and commitment therapy and traditional cognitive behavioral therapy. *Clinical Psychology: Science and Practice, 5,* 286-295.

80) Hayes, S. C., Barnes-Holmes, D., & Roche, B. (Eds.). (2001). *Relational Frame Theory: A Post-Skinnerian Account of Human Language and Cognition.* New York: Kluwer Academic/Plenum.

81) Hayes, S. C., Brownstein, A. J., Zettle, R. D., Rosenfarb, I., & Korn, Z. (1986). Rule-governed behavior and sensitivity to changing consequences of responding. *Journal of the Experimental Analysis of Behavior, 45,* 237-256.

82) Hayes, S. C., Fox, E., Gifford, E. V., Wilson, K. G., Barnes-Holmes, D., & Healy, O. (2001). Derived relational responding as learned behavior. In S. C. Hayes, D. Barnes-Holmes, & B. Roche (Eds.), *Relational frame theory: A post-Skinnerian account of human language and cognition* (pp. 21-50). New York: Kluwer Academic/Plenum.

83) Hayes, S. C., Gifford, E. V., & Hayes, G. J. (1998). Moral behavior and the development of verbal regulation. *Behavior Analyst, 21,* 253-279.

84) Hayes, S. C., & Gregg, J. (2000). Functional contextualism and the self. In C. Muran (Ed.), *Self-relations in the psychotherapy process* (pp. 291-307). Washington, DC: American Psychological Association.

85) Hayes, S. C., Kohlenberg, B. K., & Hayes, L. J. (1991). The transfer of specific and general consequential functions through simple and conditional equivalence classes. *Journal of the Experimental Analysis of Behavior, 56,* 119-137.

86) Hayes, S. C., & Strosahl, K. D. (Eds.). (2004). *A practical guide to acceptance and commitment therapy.* New York: Springer-Verlag.

87) Hayes, S. C., Strosahl, K. D., Bunting, K., Twohig, M., & Wilson, K. G. (2004). What is acceptance and commitment therapy? In S. C. Hayes & K. D.

Strosahl (Eds.), *A practical guide to acceptance and commitment therapy* (pp. 3-29). New York: Springer-Verlag.

88) Hayes, S. C., Strosahl, K., & Wilson, K. G. (1999). *Acceptance and commitment therapy: An experiential approach to behavioral change.* New York: Guilford Press.

89) Hayes, S. C., Wilson, K. G., Gifford, E. V., Follette, V. M., & Strosahl, K. (1996). Experiential avoidance and behavioral disorders: A functional dimensional approach to diagnosis and treatment. *Journal of Consulting and Clinical Psychology, 64,* 1152-1168.

90) Hayes, S. C., Zettle, R. D., & Rosenfarb, I. (1989). Rule following. In S. C. Hayes (Ed.), *Rule-governed behavior: Cognition, contingencies, and instructional control* (pp. 191-220). New York: Plenum.

91) Heagle, A. I., & Rehfeldt, R. A. (2006). Teaching perspective-taking skills to typically developing children through derived relational responding. *Journal of Early and Intensive Behavior Intervention, 3,* 1-34.

92) Healy, O., Barnes-Holmes, D., & Smeets, P. M. (2000). Derived relational responding as generalized operant behavior. *Journal of the Experimental Analysis of Behavior, 74,* 207-227.

93) Hofmann, S. G., & Asmundson, G. J. G. (2008). Acceptance and mindfulness-based therapy: New wave or old hat? *Clinical Psychology Review, 28,* 1-16.

94) Holyoak, K. J., & Thagard, P. (1997). The analogical mind. *American Psychologist, 57,* 35-44.

95) Horne, P. J., & Lowe, C. F. (1996). On the origins of naming and other symbolic behavior. *Journal of the Experimental Analysis of Behavior, 65,* 185-241, 341-353.

96) Howlin, P., Baron-Cohen, S., & Hadwin, J. (1999). *Teaching children with autism to mind-read: A practical guide.* Chichester, UK: John Wiley & Sons.

97) Jacobson, N. S., Dobson, K. S., Truax, P. A., Addis, M. E., Koerner, K., Gollan, J. K., et al. (1996). A component analysis of cognitive-behavioral treatment for depression. *Journal of Consulting and Clinical Psychology, 64,* 295-304.

98) Jeannerod, M. (1994). The representing brain: Neural correlates of motor intention and imagery. *Behavioral and Brain Sciences, 17,* 187-245.

99) Ju, W. C., & Hayes, S. C. (2008). Verbal establishing stimuli: Testing the motivative effect of stimuli in a derived relation with consequences. *Psychological Record, 58,* 339-363.

100) Kanfer, F. H., & Saslow, G. (1969). Behavioral diagnosis. In C. M. Franks (Ed.), *Behavior therapy: Appraisal and status* (pp. 417-444). New York: McGraw-Hill.

101) Kanter, J. W., Baruch, D. E., & Gaynor, S. T. (2006). Acceptance and commitment therapy and behavioral activation of depression: Description and comparison. *Behavior Analyst, 29*, 161-185.

102) Kanter, J. W., Busch, A. B., Weeks, C. E., & Landes, S. J. (2008). The nature of clinical depression: Symptoms, syndromes, and behavior analysis. *Behavior Analyst, 31*, 1-21.

103) Kanter, J. W., Manos, R. C., Busch, A. B., & Rusch, L. C. (2008). Making behavioral activation more behavioral. *Behavior Modification, 32*, 780-803.

104) Kantor, J. R. (1970). An analysis of the experimental analysis of behavior (TEAB). *Journal of the Experimental Analysis of Behavior, 13*, 101-108.

105) Karekla, M., Forsyth, J. P., & Kelly, M. M. (2004). Emotional avoidance and panicogenic responding to a biological challenge procedure. *Behavior Therapy, 35*, 725-746.

106) Kohlenberg, R. J., & Tsai, M. (1991). *Functional analytical psychotherapy: Creating intense and curative therapeutic relationships.* New York: Plenum.

107) Kohlenberg, R., J., & Tsai, M. (1995). I speak, therefore I am: A behavioral approach to understanding problems of the self. *Behavior Therapist, 18*, 113-116, 124.

108) Kohut, H. (1971). *The analysis of the self.* New York: International Universities Press.

109) Kohut, H. (1977). *The restoration of the self.* New York: International Universities Press.

110) Kokinov, B. N., & Petrov, A. A. (2001). Integrating memory and reasoning in analogy-making: The AMBR model. In D. Gentner, K. J. Holyoak, & B. N. Kokinov (Eds.), *The analogical mind: Perspectives from cognitive science* (pp. 59-124). Cambridge, MA: MIT Press.

111) Kopp, R. R. (1995). *Metaphor therapy.* New York: Brunner/Mazel.

112) Kosslyn, S. M., Ganis, G., & Thompson, W. L. (2001). Neural foundations of imagery. *Neuroscience, 2*, 635-642.

113) Lahav, A., Saltzman, E., & Schlaug, G. (2007). Action representation of sound: Audiomotor recognition network while listening to newly acquired actions. *Journal of Neuroscience, 27*, 308-314.

114) Leahy, R., & Dowd, T. (Eds.). (2002). *Clinical advances in cognitive psychotherapy: Theory and application*. New York: Springer.

115) Leary, D. E. (1990). Psyche's muse: The role of metaphor in the history of psychology. In E. E. Leary (Ed.), *Metaphors in the history of psychology* (pp. 1-23). New York: Cambridge University Press.

116) Leichsenring, F. (2005). Are psychodynamic and psychoanalytic therapies effective? A review of empirical data. *International Journal of Psychoanalysis, 86*, 841-868.

117) Leigland, S. (2005). Variables of which values are a function. *Behavior Analyst, 28*, 133-142.

118) Linehan, M. (1993). *Cognitive-behavioral treatment of borderline personality disorder*. New York: Guilford Press.

119) Linehan, M. (1997). Validation and psychotherapy. In A. C. Bohart & L. S. Greenberg (Eds.), *Empathy reconsidered: New directions in psychotherapy* (pp. 353-392). Washington, DC: American Psychological Association.

120) Lipkens, R., & Hayes, S. C. (2009). Producing and recognizing analogical relations. *Journal of the Experimental Analysis of Behavior, 91*, 105-126.

121) Lipkens, R., Hayes, S. C., & Hayes, L. J. (1993). Longitudinal study of the development of derived relations in an infant. *Journal of Experimental Child Psychology, 56*, 201-239.

122) Longmore, R., & Worrel, M. (2007). Do we need to challenge thoughts in cognitive behavior therapy? *Clinical Psychology Review, 27*, 173-187.

123) Luciano, C., Gómez, I., & Rodríguez, M. (2007). The role of multiple-exemplar training and naming in establishing derived equivalence in an infant. *Journal of the Experimental Analysis of Behavior, 87*, 349-365.

124) Luciano, C., Rodríguez, M., Mañas, I., Ruíz, F., Berens, N., & Valdivia-Salas, S. (2009). Acquiring the earliest relational operants: Coordination, difference, opposition, comparison, and hierarchy. In R. A. Rehfeldt & Y. Barnes-Holmes (Eds.), *Derived relational responding applications for learners with autism and other developmental disabilities* (pp. 149-170). Oakland, CA: New Harbinger.

125) Luciano, C., Rodríguez Valverde, M., & Gutiérrez Martinez, O. (2004). A proposal for synthesizing verbal contexts in experiential avoidance disorder and acceptance and commitment therapy. *International Journal of Psychology and Psychological Therapy, 4*, 377-394.

126) Luciano, C., Valdivia-Salas, S., Cabello-Luque, F., & Hernández, M. (2009). Developing self-directed rules. In R. A. Rehfeldt & Y. Barnes-Holmes (Eds.),

*Derived relational responding applications for learners with autism and other developmental disabilities* (pp. 335-352). Oakland, CA: New Harbinger.

127) Luoma, J. B., Hayes, S. C., & Walser, R. D. (2007). *Learning ACT: An acceptance and commitment therapy skills-training manual for therapists*. Oakland, CA: New Harbinger; Reno, NV: Context Press.

128) Marks, I., & Dar, R. (2000). Fear reduction by psychotherapies. *British Journal of Psychiatry, 176*, 507-511.

129) Martell, C. R., Addis, M. E., & Jacobson, N. S. (2001). *Depression in context: Strategies for guided action*. New York: Norton.

130) Matthews, B. A., Shimoff, E., Catania, A. C., & Sagvolden, T. (1977). Uninstructed human responding: Sensitivity to ratio and interval contingencies. *Journal of the Experimental Analysis of Behavior, 27*, 453-467.

131) Mays, M. (1990). The use of metaphor in hypnotherapy and psychotherapy. *Individual Psychology, 46*, 423-430.

132) McCullough, L., Kuhn, N., Andrews, S., Kaplan, A., Wolf, J., & Hurley, C. L. (2003). *Treating affect phobia: A manual for short-term dynamic psychotherapy*. New York: Guilford Press.

133) McHugh, L., Barnes-Holmes, Y., & Barnes-Holmes, D. (2003). Training perspective-taking with a 4-year-old child. Paper presented at the First World Congress on ACT, RFT, and the New Behavioral Psychology, Linköping, Sweden.

134) McHugh, L., Barnes-Holmes, Y., & Barnes-Holmes, D. (2004). Perspective-taking as relational responding: a developmental profile. *Psychological Record, 54*, 115-144.

135) McHugh, L., Barnes-Holmes, Y., & Barnes-Holmes, D. (2009). Understanding and training perspective-taking as relational responding. In R. A. Rehfeldt & Y. Barnes-Holmes (Eds.), *Derived relational responding applications for learners with autism and other developmental disabilities* (pp. 281-300). Oakland, CA: New Harbinger.

136) Michael, J. (1975). Positive and negative reinforcement: A distinction that is no longer necessary; or better ways to talk about bad things. *Behaviorism, 3*, 33-45.

137) Michael, J. (1986). Repertoire-altering effects of remote contingencies. *Analysis of Verbal Behavior, 4*, 10-18.

138) Michael, J. (1993). Establishing operations. *Behavior Analyst, 16*, 191-206.

139) Moore, J. (2008). *Conceptual foundations of radical behaviorism*. Cornwall-on-Hudson, NY: Sloan Publishing.

140) Morris, E. K., & Todd, J. T. (1998). Watsonian behaviorism. In W. O'Donohue & R. Kitchener (Eds.), *Handbook of behaviorism* (pp. 15-69). San Diego, CA: Academic Press.

141) Newman, M. G., Castonguay, L. G., Borkovec, T. D., Fisher, A. J., & Nordberg, S. S. (2008). An open trial of integrative therapy for generalized anxiety disorder. *Psychotherapy: Theory, Research, Practice, Training, 45*, 135-147.

142) O'Donohue, W., & Kitchener, R. (Eds.). (1998). *Handbook of Behaviorism*. San Diego, CA: Academic Press.

143) Öhman, A. (2002). Automaticity and the amygdala: Nonconscious responses to emotional faces. *Current Directions in Psychological Science, 11*, 62-66.

144) O'Hora, D., Barnes-Holmes, D., & Roche, B. (2001). Developing a procedure to model the establishment of rule governance. *Experimental Analysis of Human Behavior Bulletin, 19*, 14-16.

145) O'Hora, D., Barnes-Holmes, D., Roche, B., & Smeets, P. M. (2004). Derived relational networks and control by novel instructions: A possible model of generative verbal responding. *Psychological Record, 54*, 437-460.

146) Öst, L. G. (2008). Cognitive behavior therapy for anxiety disorders: 40 years of progress. *Nordic Journal of Psychiatry, 62*, 5-10.

147) Öst, L. G., Thulin, U., & Ramnerö, J. (2004). Cognitive behavior therapy vs. exposure in vivo in the treatment of panic disorder with agrophobia [sic]. *Behaviour Research and Therapy, 42*, 1105-1127.

148) Overskeid, G. (2008). They should have thought about the consequences: The crisis of cognitivism and a second chance for behavior analysis. *Psychological Record, 58*, 131-151.

149) Parrott, L. (1984). Listening and understanding. *Behavior Analyst, 7*, 29-39.

150) Parrott, L. (1987). Rule-governed behavior: An implicit analysis of reference. In S. Modgil & C. Modgil (Eds.), *B. F. Skinner: Consensus and controversy* (pp. 265-276). Philadelphia: Falmer Press.

151) Peterson, A. L., & Azrin, N. H. (1992). An evaluation of behavioral treatments for Tourette syndrome. *Behaviour Research and Therapy, 30*, 167-174.

152) Power, M., & Dalgleish, T. (1997). *Cognition and emotion: From order to disorder*. London: Psychology Press.

153) Ramnerö, J., & Törneke, N. (2008). *The ABCs of human behavior: Behavioral principles for the practicing clinician.* Oakland, CA: New Harbinger; Reno, NV: Context Press.

154) Rehfeldt, R. A., & Barnes-Holmes, Y. (Eds.). (2009). *Derived relational responding applications for learners with autism and other developmental disabilities.* Oakland, CA: New Harbinger.

155) Rehfeldt, R. A., Dillen, J. E., Ziomek, M. M., & Kowalchuck, R. (2007). Assessing relational learning deficits in perspective-taking in children with high-functioning autism spectrum disorder. *Psychological Record, 57,* 23-47.

156) Rehfeldt, R. A., & Hayes, L. J. (1998). The operant-respondent distinction revisited: Toward an understanding of stimulus equivalence. *Psychological Record, 48,* 187-210.

157) Remington, B., Hastings, R. P., Kovshoff, H., Degli Espinosa, F., Jahr, E., Brown, T., et al. (2007). Early intensive behavioral intervention: Outcomes for children with autism and their parents after two years. *American Journal of Mental Retardation, 112,* 418-438.

158) Roche, B., & Barnes-Holmes, D. (2003). Behavior analysis and social constructivism: Some points of contact and departure. *Behavior Analyst, 26,* 215-231.

159) Roche, B., Barnes-Holmes, D., Smeets, P. M., Barnes-Holmes, Y., & McGeady, S. (2000). Contextual control over the derived transformation of discriminative and sexual arousal functions. *Psychological Record, 50,* 267-291.

160) Roth, A., & Fonagy, P. (1996). *What works for whom? A critical review of psychotherapy research.* New York: Guilford Press.

161) Safran, J. D., & Muran, J. C. (2000). *Negotiating the therapeutic alliance: A relational treatment guide.* New York: Guilford Press.

162) Safran, J. D., & Segal, Z. D. (1990). *Interpersonal process in cognitive therapy.* New York: Guilford Press.

163) Salkovskis, P. (Ed.). (1996). *Frontiers of cognitive therapy: The state of the art and beyond.* New York: Guilford Press.

164) Sallows, G. O., & Graupner, T. D. (2005). Intensive behavioral treatment for children with autism: Four-year outcome and predictors. *American Journal of Mental Retardation, 110,* 417-438.

165) Schlinger, H. D. (1990). A reply to behavior analysts writing about rules and rule-governed behavior. *Analysis of Verbal Behavior, 8,* 77-82.

166) Schlinger, H. D. (2008). Listening is behaving verbally. *Behavior Analyst, 31,* 145-161.

167) Schnaitter, R. (1978). Private causes. *Behaviorism, 6,* 1-12.

168) Sidman, M. (1971). Reading and auditory-visual equivalences. *Journal of Speech and Hearing Research, 14,* 5-13.

169) Sidman, M., & Cresson, O. (1973). Reading and crossmodal transfer of stimulus equivalences in severe retardation. *American Journal of Mental Deficiency, 77,* 515-523.

170) Sidman, M., & Tailby, W. (1982). Conditional discrimination versus matching to sample: An expansion of the testing paradigm. *Journal of the Experimental Analysis of Behavior, 37,* 5-22.

171) Siegel, D. J. (1999). *The developing mind: Toward a neurobiology of interpersonal experience.* New York: Guilford Press.

172) Skinner, B. F. (1938). *Behavior of organisms.* New York: Appleton-Century-Crofts.

173) Skinner, B. F. (1945). The operational analysis of psychological terms. *Psychological Review, 52,* 270-277.

174) Skinner, B. F. (1953). *Science and human behavior.* New York: Macmillan.

175) Skinner, B. F. (1957). *Verbal behavior.* New York: Crofts-Century-Crofts.

176) Skinner, B. F. (1963). Behaviorism at fifty. *Science, 140,* 951-958.

177) Skinner, B. F. (1966). An operant analysis of problem solving. In B. Kleinmuntz (Ed.), *Problem solving: Research, method, and theory* (pp. 133-171). New York: John Wiley & Sons.

178) Skinner, B. F. (1974). *About behaviorism.* New York: Knopf.

179) Skinner, B. F. (1989). *Recent issues in the analysis of behavior.* Columbus, OH: Merrill Publishing.

180) Smith, L. J. (1996). A behavioural approach to the treatment of non-retentive encopresis in adults with learning disabilities. *Journal of Intellectual Disability Research, 40,* 130-139.

181) Solso, R. L., MacLin, M. L., & MacLin, O. H. (2005). *Cognitive psychology* (7th ed.). Boston: Pearson Education International.

182) Stewart, I., & Barnes-Holmes, D. (2001). Understanding metaphor: A relational frame perspective. *Behavior Analyst, 24,* 191-199.

183) Stewart, I., & Barnes-Holmes, D. (2008). *A functional-analytic model of metaphor using the relational evaluation procedure.* Unpublished manuscript.

184) Stewart, I., Barnes-Holmes, D., & Roche, B. (2004). A functional-analytic model of analogy using the relational evaluation procedure. *Psychological Record, 54*, 531-552.

185) Stewart, I., Barnes-Holmes, D., Roche, B., & Smeets, P. M. (2001). Generating derived relational networks via the abstraction of common physical properties: A possible model of analogical reasoning. *Psychological Record, 51*, 381-408.

186) Stewart, I., Barnes-Holmes, D., Roche, B., & Smeets, P. M. (2002). A functional-analytic model of analogy: A relational frame analysis. *Journal of the Experimental Analysis of Behavior, 78*, 375-396.

187) Stewart, I., & McElwee, J. (2009). Relational responding and conditional discrimination procedures: An apparent inconsistency and clarification. *Behavior Analyst, 32*, 309-317.

188) Strosahl, K. D., Hayes, S. C., Wilson, K. G., & Gifford, E. V. (2004). An ACT primer. Core processes, intervention strategies, and therapist competencies. In S. C. Hayes & K. D. Strosahl (Eds.), *A practical guide to acceptance and commitment therapy* (pp. 31-58). New York: Springer-Verlag.

189) Tomkins, S. (1987). Script theory. In J. Aronoff, A. I. Rabin, & R. A. Zucker (Eds.), *The emergence of personality* (pp. 147-216). New York: Springer.

190) Törneke, N., Luciano, C., & Valdivia-Salas, S. (2008). Rule-governed behavior and psychological problems. *International Journal of Psychology and Psychological Therapy, 8*, 141-156.

191) Tsai, M., Kohlenberg, R. F., Kanter, J. W., Kohlenberg, B., Follette, W. C., & Callaghan, G. M. (2008). *A guide to functional analytic psychotherapy: Awareness, courage, love, and behaviorism*. New York: Springer.

192) Valdivia, S., Luciano, C., & Molina, F. J. (2006). Verbal regulation of motivational states. *Psychological Record, 56*, 577-595.

193) Vosniadou, S., & Ortony, A. (1989). *Similarity and analogical reasoning*. Cambridge, UK: Cambridge University Press.

194) Vygotsky, L. (1986). *Thought and language*. Cambridge, MA: MIT Press.

195) Watson, J. B. (1929). *Psychology from the standpoint of the behaviorist* (3rd ed.). Philadelphia: Lippincott.

196) Wegner, D. M., & Gold, D. B. (1995). Fanning old flames: Emotional and cognitive effects of suppressing thoughts of a past relationship. *Journal of Personality and Social Psychology, 68*, 782-792.

197) Whelan, R., & Barnes-Holmes, D. (2004a). The transformation of consequential functions in accordance with the relational frames of same and opposite. *Journal of the Experimental Analysis of Behavior, 82*, 177-195.

198) Whelan, R., & Barnes-Holmes, D. (2004b). Empirical models of formative augmenting in accordance with the relations of same, opposite, more-than, and less-than. *International Journal of Psychology and Psychological Therapy, 4*, 285-302.

199) Whelan, R., Barnes-Holmes, D., & Dymond, S. (2006). The transformation of consequential functions in accordance with the relational frames of more-than and less-than. *Journal of the Experimental Analysis of Behavior, 86*, 317-335.

200) Williams, J. M. G. (1992). *The psychological treatment of depression*. London: Routledge.

201) Wilson, K. G. (2001). Some notes on theoretical constructs: Types and validation from a contextual behavioral perspective. *International Journal of Psychology and Psychological Therapy, 1*, 205-215.

202) Wilson, K. G., O'Donohue, W. T., & Hayes, S. C. (2001). Hume's psychology, learning theory, and the problem of knowledge amplification. *New Ideas in Psychology, 19*, 1-25.

203) Wray, A. M., Freund, R. A., & Dougher, M. J. (2009). A behavior-analytic account of cognitive bias in clinical populations. *Behavior Analyst, 32*, 29-49.

204) Young, J. E. (1990). *Cognitive therapy for personality disorders: A schema-focused approach*. Sarasota, FL: Professional Resource Press.

205) Young, J. E., Klosko, J. S., & Weishaar, M. E. (2003). *Schema therapy: A practitioner's guide*. New York: Guilford Press.

206) Zettle, R. D., & Hayes, S. C. (1982). Rule-governed behavior: A potential theoretical framework for cognitive behavior therapy. In P. C. Kendall (Ed.), *Advances in cognitive behavioral research and therapy* (pp. 73-118). New York: Academic Press.

# あとがき

　実践的であるためには，少なくとも2つの良い方法がある。ひとつは「特定の状況では何をどのように行うか」を伝えることである。それは，すばやく変化を生むにはとても良い方法ではある。しかし，状況が違った場合に何をするべきかを誰かに伝えることには向いていない。もうひとつのアプローチは「物事がどのような仕組で機能するのかを伝えた上で，その理解に基づいて何をしたらよいか」を提案することである。このアプローチのほうが複雑なことは確かなのだが，成功した場合には，はるかに多くのことを理解することができる。原理を知ることが重要なのは，この点においてである。

　後者のような理解を持つ人は，何が試みられるべきかについて，まったく違った選択肢を見出すことができるようになるかもしれない。新しい状況は，その「得体の知れなさ」が少し知れることによって，それほど怖いものではなくなる。今までに知られていることとのつながりを保ちながら，創造的になることが容易になるのである。

　本書は，後者の意味で「実践的」である。この本をここまで読み通してきた読者であれば，私が意味することの感覚がつかめるだろう。それは偶然によるものではない。本書を書くにあたって，トールネケには目的があったのである——すなわち，「学習理論が，この分野でのより最近の知見も含めて，どのようにして臨床実践に直接的に適用可能かを示すことである」という目的である。彼は「よく定義されたマニュアルに基づくものではなくて，原理に基づいた心理学的トリートメント」を解説したかったのである。彼は，それを「山の裾野から頂上まで」成し遂げたのである。本書は，『臨床行動分析のABC』(日本評論社, 2009) ("The ABCs of Human Behavior" Ramnerö & Törneke, 2008) と合わせて通読することで，行動理論

的な考え方を実践的な心理学（臨床的な仕事に対する基礎に寄与するような）に持ち込むことを促すだろう。

　本書の主題は，そもそも新しいアイディアではない。それは行動療法が世に出たときから存在していた。行動療法の初期（1960年代前半）には，そのアイディアは「行動原理は，人間としての苦悩と成功の両面を扱うことのできる完璧な心理学となるだろう」というものであった。しかし，残念ながら，そうはならなかった。果敢な努力が行われたものの，その原理は，人間の認知を全面的に取り扱うのに十分なものではなかった。そのため，ヴィジョンは沈み，そして実践家たちは，臨床的な事柄と常識な認知理論へと目を向けていったのである。

　しかし，トールネケが示したように，今や，状況は違ってきている。行動分析学のボトムアップかつ帰納的なヴィジョンは，この間，絶え間なく展開を続けてきた。そして，今では，はるかに多くのことが言えるようになったのである。

　人間の認知に関連することで，RFTの範囲から明らかにはみ出したものの中に，重要なものは何も残っていない。ただし，実際に検証する必要があるという意味では，もちろん多くのことが残っている。もちろん，私は，RFTのアイディアがどのような意味においても究極的に正しいなどと言うつもりもない。アイディアというものはすべて限界があるもので，それは，ある程度までは，すべての科学的な見解や理論が間違っていることを意味する。そのことが，昨日か，先月か，去年か，この10年のうちに変わったと推測させるような理由はない。しかし，限界のあるアイディアでも，ある期間――ひょっとすると長期間にわたって――有用だということもある。このように，私は，RFTが「正しい」ものだと言っているのではない。言いたいのは，ただ，「行動心理学というゲームはまだ終わっていない」ということである。その分析は，示唆的で，実証的で，そして進化している。そして，その辺にあるほかの多くの認知の理論とは違って，このアプローチは，実践家に対して，言語と認知とは何か，それらがどのようにして発達していくのか，それらの利点と弱点は何か，そして，それらが人間の利益のためによりよく機能するにはどのように修正でき

るか，を伝えることができるのである。

　本書の中で示されている原理は，それがある期間――もしかするととても長い期間にわたって――間違いなく有効なものであることを示す兆候を見せている。行動原理とRFTの原理は，ただ単に，アクセプタンス＆コミットメント・セラピー，機能分析心理療法，あるいは行動活性化療法に適用されるためだけに設計されたものではない。原理は，広い視野を持って，あらゆる形態の心理療法を下支えするように設計されている。それらは，あらゆる形態の教育に関連するように設計されている。これらの原理は，自宅で，ビジネスで，相談室で，あるいは学校で，適用できるように設計されているのである。それらは，紛れもなくすべての言語事象に適用されるもので，今この瞬間に，ここで起きているものも，その例外ではない。

　このように言うことが野心的に聞こえることは理解している。それでも，それはどうすることもできない。トールネケが指摘するように，学習理論は「ヴィジョンとして，本質的に野心的」なのである。

　本書のような本を手にしたときに読者にできることは，「信じる」ことではなく，勇気を持って責任を引き受けながら前に踏み出して，新しい理解を適用してみて，それがどれほどうまく機能するものなのかを試すことである。あなたが，言語，思考，そして推論を，機能的かつ文脈主義的な視点から考えはじめたとき，あなたの臨床的な世界は（そして，自宅，職場，また人間関係のそれぞれの世界も）どのような景色になるだろうか？

　その問いに答えることは，楽しくもあり，実践的でもあるようなエクササイズである。それは，実践家に自由をもたらすことを約束するものである。科学に傾倒する者たちにとっては，それは，同じように実証的に裏づけがあると言っても，大きく違った方法があることを指し示すものである――原理を知り，それらの原理の観点から状況を分析し，ある部分はその理解に基づいて行動し，そして，それがどのような結果となるかを評価しつつ必要に応じてそれを繰り返す。実証的な裏づけのあるパッケージに縛られるのではなくて，私たちは，実証的な裏づけのある手続き，プロセス，そして原理を探索することができる。それは，開放的なヴィジョンで，努

力を惜しまないだけの価値が十分にある。

　ああ，それから，最後に一つ。www.contextualpsychology.com へアクセスして，あなたの発見をぜひ知らせてほしい！

ネバダ州立大学　心理学科臨床心理学専攻　教授<br>
スティーブン・C・ヘイズ

# 監訳者あとがき
## 待望の書

　本書は，ACT を始めとする臨床行動分析に基づくトリートメントを実践したり，その基礎研究を行っている者にとっては，まさに待ち望まれた書である。ACT ではこれまで，生起頻度を増やしていくべき 6 つの行動的プロセスを含むヘキサフレックス・モデルによって，行動の強化随伴性に基づく機能分析ができなくても介入ができるような解説がなされてきた。しかしその一方で，ACT は行動分析学の基礎研究に基づいて開発されてきた方法であることが強調されており，その両者の間がまさにミッシング・リンクになっていた。この状況は，「もっとよく理解して欲しいが，その情報は提供できません」と言われているに等しく，基礎から応用までを自分の頭で理解した上で，積極的に ACT を使いこなしたいと思っていた人たちにとっては，大きな欲求不満をもたらす状況だったであろう。

　そのミッシング・リンクをつなぐ鍵となるのが関係フレーム理論であり，本書は，その概略と臨床に適用する際のポイント，前提となる機能的文脈主義やオペラント学習の理論，スキナーによる言語行動やルール支配行動について，実に分かりやすく解説してくれている。ただ，「分かりやすい」という点は，武藤崇先生が書いておられるように，自分の「頭で」捉えるということなので，分かったと思った途端に現実との接点が失われてしまうような両刃の剣になる危険がある。この点については，禅を欧米に広めた鈴木大拙が好んで使っていた「仏は仏にあらず，ゆえに仏なり」という言葉がヒントになるかもしれない。この言葉は，「仏が仏であることを自覚するためには，一度仏でなくなる必要がある」ということを意味しているが，ACT の文脈に即して言えば，言葉のダークサイドからすり抜けるためには，まずは言葉のフォースを最大限に使わざるを得ないということになるだろうか。

　しかし実際には，分かったつもりになっても，ACT はオペラント学習

を旨とする方法なので，自分で使う段になると，豊かな現実の中で立ち往生することになってしまう．実はそこからが始まりで，自分で目の前の現実を感じ取り，自分の頭で考えて，実際に行動を起こして結果を見るという行為を重ねることで，体験的な理解が可能になる．そこで本書を読み返してみれば，具体的な文脈を得た言葉がさらに進むべき方向を指し示してくれることだろう．

熊野宏昭

# 監訳者あとがき
## 「未来予想図」としての関係フレーム理論

　この翻訳書は，実のところ，数年前に公刊される予定だった。その遅延は，個人的・社会的状況の変化によるところも少なからずあるが，本質的には「この本が持っている特質の両義性」によるところが大きい。というのも，その特質のために「どのタイミングで公刊するのがよいのか。正直なところ，その見極めに自信が持てなかった（そして，今も自信がない）」からである。

　では，その特質とは何か。それは，この本の「わかりやすさ」である。一般的に，入門書が「わかりやすい」ことは賞賛されるべきことであって，決して非難されるようなことではない（「こんなにわかりやすくて，どうしましょう？」というキャッチコピーなら，まだしも……）。つまり，ここでの問題は，この本で「わかりやすく」解説されているトピック――関係フレーム理論――によるものである。

　行動分析学は，（本書でも述べられているように）1960 年代まで，言語と認知を有効に検討するパラダイムを持ちあわせていなかった。ただし，その当時においても，スキナーは，『言語行動』という著作や「ルール支配行動」という概念によって，行動分析学が言語や認知を扱える可能性を示唆し続けていた。しかしながら，『言語行動』はチョムスキーからの曲解とも言えるような批判を受け（そのチョムスキーの批判が，今日の『言語行動』に対する世間的な評価になっている。つまり，多くの批判者は『言語行動』を通読したのではなく，チョムスキー批判を読み，それを「鵜呑み」しているにすぎない），一方の「ルール支配行動」についても，行動分析学の内部からも疑義が提出され「なぜ，私は認知心理学者ではないか (Why I am not a cognitive psychologist. *Behaviorism*, 5, 1-10, 1977)」というエッセイをスキナーが書かなければならない事態にまで発展した。スキナーがそのような批判を想定の上で（おそらく想定し

ていたと思う），『言語行動』や「ルール支配行動」をこの世に送り出したのは，私たちが陥りやすい「『考える』ことが現実をマスキングする」ことを，学術的な「未来予想図」によって，打破したかったからではないだろうか。そして，そのようなマスキングを強化する事態こそ「わかる（＝手持ちの言語レパートリーで現象や対象を記述しつくし，そのことで同様の言語レパートリーを持つ共同体の成員から賞賛される）」ということなのである。

賢明な読者ならすでにお気づきかと思うが，「関係フレーム理論」は，『言語行動』や「ルール支配行動」と同様の意図をもって，この世に送り出された。しかし，そのような「未来予想図」は，宿命的に，概ね「現状解説図」と誤解され，現実に対するマスキングという「蜘蛛の巣」に絡め取られる危険にさらされることになる。さらに，その未来予想図が魅力的で，それに対する解説が「わかりやすい」ものであればあるほど，その絡め取られるスピードは速くなり，最悪の場合，それ自体が「新たな蜘蛛の巣」に転化してしまう危険性すらある。それは，ナトリウム金属は切断される瞬間から，その断面が酸化していくことに似ている（単体のナトリウムは柔らかい金属で，カッターでも簡単に切断することができる。切断したばかりの断面はキラキラとした金属特有の光沢があるが，すぐに光沢のない灰色に変化してしまう）。

関係フレーム理論が閉塞した現実から切り出した「真新しいキラキラと光るその側面」を，どのようにして，私たちがどこまでそのままにしておけるのか，そして「新しい蜘蛛の巣」に転化させないようにしておけるのか（その儚い宿命に抗して）。これが，この翻訳書が世に出た"後"のミッションである。このミッションが，本書を通読してくれた読者一人ひとりのミッションとなることを切に願うものである。

最後に，今回も翻訳編集作業にご尽力いただいた桜岡さおり氏（星和書店編集部）に感謝申し上げる。

武藤　崇

# 索引

ABC　22, 26, 42, 58, 161, 226, 246, 250
ACT　iii, 2, 7, 239, 240, 257, 262, 292, 316, 318, 320, 322, 359
Beck　73, 233, 236
CBT　1
C$_{func}$　121, 139, 140, 309
Chomsky　viii
C$_{rel}$　121, 139, 140
DBT　1
FAP　7
Linehan　1
Pavlov　17
REP　132
RFT　80, 95, 106, 121, 127, 130, 135, 137, 142, 147, 149, 163, 171, 178, 182, 185, 237, 320
Sidman　ix, 83, 84, 107
Skinner　viii, ix, x, 4, 5, 11, 13, 14, 15, 16, 17, 39, 40, 41, 42, 43, 45, 47, 48, 51, 55, 56, 58, 59, 60, 61, 62, 67, 68, 70, 71, 72, 108, 122, 141, 150, 155, 159, 165, 166, 182, 183, 228, 230, 233, 236, 255, 276, 294
Watson　12, 70, 71

## あ

アクション　65
アクセプタンス＆コミットメント・セラピー　2
アジェンダ　3
アタッチメント理論　13
アナロジー　55, 127, 129, 133
暗黙のルール　178
依存性パーソナリティ障害　206
一次性強化子　33, 97, 321
一次性弱化子　33
一貫性　118, 154
今ここ　325
今ここで　146
因果的関係　111, 134
イントラバーバル　iv, 42, 46
うつ病　204
エクササイズ　262, 268, 324
エクスポージャー　75, 76, 78, 222, 260
エコー　50, 180
エコーイック　iv, 42, 45, 46
エコーイック行動　180
エコーイング　141
応用行動分析　5, 246
オーグメンタル　171, 176, 205, 212, 321, 326, 333
オーグメンティング　166, 170, 180, 184, 186, 195, 198, 202, 205, 216, 331
オートクリティック　42, 46
オペラント学習　31, 98, 100
オペラント行動　99
オペラント消去　33
オペラント条件づけ　ix, 3, 17, 67, 94, 98
オペラント心理学　320

## か

階層的関係　111, 135
外的世界　57
概念化された自己　152
回避　204, 211, 229, 253, 297
回避行動　215
カウンタープライアンス　196, 198
書き取り　45
学習　49, 84, 98, 103, 104, 185, 190, 224, 289
学習原理　5
学習障害　viii
学習プロセス　91
学習履歴　24, 35, 43, 62, 86, 97, 99, 104, 105, 109, 112, 151, 163, 177, 215, 228
学習理論　227, 228, 232, 320
格闘する　213
確立操作　24, 44, 96, 174, 175, 186
価値　175, 177, 271, 320, 322, 325
価値づけされた行為　323
価値づけされた方向性　322
考える　39, 52, 67, 70, 74, 77
関係学習　238
関係づけ　103, 104, 106
関係ネットワーク　x, 130, 136, 163, 170, 266, 321
関係評価手続き　132
関係フレーム　116
関係フレームづけ　116, 118, 142, 161
関係フレーム理論　2
観察可能な反応　49
間接的刺激機能　208, 291
聞き手　41, 57
希求性　190

機能　21, 32, 99, 119, 176
機能クラス　22, 121, 139, 204, 254
機能的行動クラス　282
機能的文脈主義　11
機能の変換　102
機能分析　22, 47, 241, 246, 247, 251
機能分析心理療法　7, 258
逆転された関係　148
強化　21, 55, 108, 167, 172, 222
境界性パーソナリティ障害　216
強化子　32, 172, 223
強化随伴性　41, 42, 52, 100, 118, 165, 166, 176, 179, 186, 286
強化的　18, 42, 99, 174, 197, 321
強化的機能　26
強化的な結果　18, 292
強化的な随伴性　293
強化(の)履歴　166, 170
教示　62, 159, 178, 186, 304
強迫性行動　229
強迫性障害　222
恐怖　30, 34, 78, 98, 99, 128, 261
空間の関係　111, 131
苦痛　190, 192, 193, 200, 204, 214, 261, 280, 298, 317, 328
区別　111
組み合わせ　106, 108
繰り返し　45, 108
訓練　48, 87, 92, 93, 102, 108, 110, 113, 148, 180, 225, 234
訓練された関係　86, 89
経験領域　129
形成オーグメンタル　172
形成オーグメンティング　172
ケースの概念化　4

結果　17, 18, 21, 22, 26, 28, 29, 159, 168, 171, 275, 276, 277, 283, 301, 322, 331
結果を確立する　283
嫌悪刺激　iv
嫌悪性　190, 211, 214, 215
嫌悪性の結果　280, 282
嫌悪的　228
言語オペラント　42, 166
言語学習　45
言語訓練　92
言語行動　41, 42, 44, 45, 46, 47, 60, 67, 79, 83, 95, 245, 337
言語刺激　122
言語的先行刺激　226
言語的先行事象　296, 301, 315
言語的トラップ　308
言語ネットワーク　202
顕在的行動　194
嫌子　32
好子　32
行動　22, 26, 65
行動活性化　75
行動活性化療法　7, 78, 238, 301
行動原理　223, 226, 236
行動実験　303
行動主義　12, 70
行動心理学　3
行動の過剰　251, 253
行動分析　4
行動分析学　viii, 63, 65, 67, 71, 77, 83, 99, 276, 282, 286
行動療法　ix, 237
行動療法的技法　75
行動を捉える　257
行動を引き出す　260

ゴール　269, 289, 322, 325
心の理論　146
誇張　43
コピー　45
コンタクト　64
コントロール　195

## さ

さまざまな種類の関係　111
恣意的　118
恣意的（な）関係　106, 133
恣意的に関係づける　107
恣意的に適用可能な関係反応　ix, 116, 123, 145, 160, 163, 167, 179, 181, 185, 210, 224, 238
視覚刺激　114
時間的　162
時間的関係　111, 112, 113
時間的フレーム　143
時間的フレームづけ　213
刺激　29, 31, 35, 62, 84, 85, 98, 103, 104, 109
刺激間の関係　107, 112
刺激機能　96, 98, 99, 100, 102, 112, 120, 124, 160, 161, 163, 192, 203, 205, 207, 214, 216, 266
刺激機能の変換　102, 117
刺激等価クラス　ix
自己　140, 142
思考　39, 52, 67, 70, 77, 181, 192, 205, 308, 319
思考活動　181
自己生成　217
自己生成（された）ルール　68, 72
自己の体験　149, 213

自己弁別　230, 297
自己ルール　179, 194, 203, 205
実験　12, 15, 17, 84, 85, 87, 89, 91, 100, 101, 103, 107, 114, 119, 147, 188, 235, 236
実験的行動分析　5, 62, 246
私的出来事　iii, 39, 40, 47, 54, 70, 142, 150, 180, 183, 192, 207, 214, 310, 317, 320, 322, 336
視点としての自己　149, 150, 156, 314, 320, 337
視点取り　142, 146, 183, 309, 313
視点の関係　111
視点のフレームづけ　213
社会的強化子　51
社会的コミュニティー　169, 202
社会的般性強化子　45, 46
社交恐怖　76
社交不安障害　201
遮断化　24
弱化　20, 21, 172, 279, 280, 282, 293
弱化子　32, 172
弱化的　99, 174, 197, 228, 321
弱化的機能　26
弱化の随伴性　281, 291
修正情動体験　232
柔軟性　182
純粋なタクト　43, 71
消去　33, 102, 287, 291
消去随伴性　101
条件刺激　30, 31
条件性強化子　33, 36
条件性弱化子　33
条件反応　30, 31
象徴化　107

情動理論　13
承認する　282
情報処理理論　63, 65
初回面接　244
除去　18, 20
神経生物学　65
神経生理学的測定　93
心的外傷後ストレス障害　261
心的表象　63, 66
心理的問題　195, 215
心理療法　1, 221, 225, 230
随伴性　23, 33, 99, 100, 102, 124, 178, 179, 185, 186, 189, 195, 226, 231, 232, 243, 279
随伴性形成行動　59, 62
スキーマ　63, 178, 237, 334
図形　104, 114
ストーリー　253
精神疾患　215
精神分析　232
精神力動療法　227, 228
正の強化　18, 21
正の弱化　20, 21
接触面　190
セッション　224
セッションの場　221
セラピー　243, 255, 269
セルフモニタリング　297
先行刺激　42, 226
先行事象　22, 26, 29, 159, 161, 166, 275, 291, 294, 299, 301, 314, 330
相違　111
相互作用　178, 229, 250, 296
相互的内包　88, 89, 91, 92, 93, 100, 113, 117, 192, 216

操作　286
創造的絶望　257
そのとき―そこ　314

## た

ダークサイド　188, 211
ターゲット　129
第一の舞台　224, 225, 236, 244, 250, 283, 293
体験的エクササイズ　269
体験の回避　211, 215, 253, 273, 277, 301, 318, 320, 322
対人的接触　90
代替行動　iv, 236, 252, 261, 277, 283, 291, 301
第二の舞台　224, 226, 236, 244, 250, 258, 285, 294
対立の関係　212
対立のフレームづけ　213
対話　249, 256, 258, 263, 265, 290, 299, 305, 326
対話療法　78, 239, 245, 295, 320
タクト　iv, 42, 44, 47, 48, 51, 53, 54, 64, 71, 122, 142, 143, 155, 177, 180, 230, 234, 247, 250, 255, 267, 280, 286, 296, 301, 328, 329
脱フュージョン　314, 316, 320, 330
脱フュージョンのメタファー　319
単語　106, 108, 119, 120, 136
遅延反応　179
抽象化　104
抽象的な結果　171
チューニング　90
直接的刺激機能　102, 208, 291
直接的随伴性　102, 103, 105, 122, 188, 198, 226, 232, 234, 235, 237
定式化　233
徹底的行動主義　11, 14, 124
転移　129, 130, 136
転写　45
等位　107, 130, 180
等位の関係　109, 131, 133, 160, 162, 323
等位のフレーム　166
等価関係　iv
等価性　107
動機づけ　175, 272, 326
動機づけオーグメンタル　172
動機づけオーグメンティング　172
動機づけ機能　26
動機づけ操作　24, 44, 174
動機づけ要因　172
凍結されたメタファー　138
洞察　230
トーク・セラピー　78, 239, 245, 295, 320
読字行動　45
トポグラフィー　44, 45, 46, 116, 176, 254, 300
トラッキング　165, 168, 170, 180, 186, 197, 198, 205, 231, 232, 234, 302, 303, 331
トラック　168, 172, 176
トラップ　211, 215, 216, 217, 239, 267, 304, 308, 318

## な

内的現象　178
内的構造　63
内的世界　57
内包される　86
ナラティブ　214, 215, 314

二次性強化子　33, 36
二次性弱化子　33
認知行動療法　1, 76
認知的フュージョン　308, 309
認知的モデル　76
認知バイアス　78
認知モデル　77
認知療法　x, 1, 72, 73, 75, 76, 77, 227, 233, 236, 334
認知療法モデル　74
認知理論　1, 54, 63, 65, 66, 146, 178
ネットワーク　321
脳活動　93
脳構造　65

## は

曝露　261
派生　181
派生的関係　100, 102, 117
派生的関係反応　ix, 94, 102, 124, 192, 216
派生的刺激関係　84, 85, 86, 91, 93, 102, 321
派生的刺激機能　102, 145, 164
派生的刺激反応　99
罰　20, 279, 280, 282, 293
発語　45
話し手　41, 57
話す　78
バリア　322
バリデーション　282
般化　35, 54, 102, 148, 161, 173, 190, 191, 222, 223, 234
般化オペラント　116, 123, 160
般化されたプライアンス　196, 198

般性強化子　36, 43, 45, 118, 154
反対の関係　110, 131, 323
比較の関係　109, 110, 113
比較のフレーム　142
比較のフレームづけ　213
非恣意的（な）関係　106, 108, 124, 133
皮膚伝導度　101, 115
不安障害　236, 260
不安発作　248
フィードバック　87
付加的な関係　86
複合的相互的内包　88, 89, 92, 93, 100, 113, 117, 216
負の強化　19, 21, 204, 253
負の弱化　20, 21
フュージョン　210, 215, 217, 273, 291
プライ　166, 177
プライアンス　165, 166, 170, 177, 180, 186, 195, 202, 301, 303
プラグマティズムに基づく真理基準　27
フレームづけ　170
プロセスとしての自己　150, 155, 156, 329, 330
分析　47
文脈　15, 23, 120, 178, 209, 222, 289, 337
文脈刺激　iv
文脈手がかり　104, 105, 106, 107, 108, 109, 110, 111, 112, 114, 119, 120, 121, 123, 131, 136, 139, 145, 160, 190
文脈としての自己　150
文脈要因　246
変換　114, 119, 130, 161, 163, 167, 216, 337
弁証法的行動療法　1, 238, 282
変数　5, 13, 182

弁別　37, 213, 247
弁別機能　26, 88, 99, 100
弁別刺激　23, 50, 85, 88, 96
変容　46, 99, 115, 162, 202, 209, 246, 255, 336, 338
報酬　90
ホームワーク　297, 301, 303

### ま

マンド　iv, 42, 44, 166, 177, 328, 329
見かけ上　174
見かけ上の一致　168
見かけ上の接触　183
見本合わせ　85, 100
見本刺激　85, 100
ミラーリング　90
見る　108
無意味単語　92
無条件恐怖反応　98
無条件刺激　29, 30, 31, 96
無条件性強化子　33
無条件性弱化子　33
無条件反応　29, 30, 31
メタ認知　54
メタファー　55, 116, 127, 132, 133, 137, 139, 266, 316, 323, 324
モニタリング　297
物語　154, 215
物語としての自己　150, 152, 156, 314
問題解決　182
問題行動　222, 252, 253, 258, 272, 277, 283, 291, 297

### や

融合　210

### 有

有効性　252
要求　44
予測と影響（制御）　3, 5, 16, 17, 28, 52

### ら

領域　129
臨床関連行動　296
臨床行動分析　5, 239, 240, 243, 247, 277
類似性　55, 107, 127, 129, 131, 139, 190, 268
ルール　60, 68, 159, 164, 172, 178, 186, 198, 201, 203, 205, 217, 224, 226, 243, 292, 299, 300, 301, 304, 321, 331
ルール支配行動（rule-governed behavior）　58, 62, 68, 72, 122, 159, 165, 166, 168, 170, 176, 182, 186, 188, 194, 195, 225, 231, 295, 331
ルールに従う　166
ルールに従うかどうか　164
ルールを定式化する　225, 231
レスポンデント学習　31, 100, 161
レスポンデント機能　99, 115
レスポンデント消去　33
レスポンデント条件づけ　3, 28, 67, 94, 98
連合　28, 34, 94, 108

### わ

私―今―ここ　309, 310, 316, 319, 332
私―そのとき―そこ　309, 310, 315, 316, 325, 332, 337
私が―あのとき―あそこで　157
私が―今―ここで　144, 145, 149, 156
私が―そのとき―あそこで　145

■著者

ニコラス・トールネケ（Niklas Törneke, MD）

　精神科医，認定心理療法家。スウェーデンのカルマー（スウェーデン南西にある都市）で個人開業をしている。ユーナス・ランメロとの共著で『臨床行動分析のABC』（日本評論社）がある。

〈序文〉

ダーモット・バーンズ-ホームズ（Dermot Barnes-Holmes, Ph.D.）

　アイルランド国立大学メイヌース校心理学部教授。"*Relational Frame Theory*"の著者の一人。200本を越える科学論文や書籍がある。主に，行動分析学の観点から人間の言語や認知の研究を行っている。

スティーブン・C・ヘイズ（Steven C. Hayes, Ph.D.）

　ネバダ大学リノ校心理学部教授。"*Acceptance and Commitment Therapy*"や"*Relational Frame Theory*"，『ACTをはじめる』（星和書店）の著者の一人。この領域に関する数百本の科学論文や書籍がある。

## ■監修者

**山本淳一**（やまもと　じゅんいち）

臨床心理士。臨床発達心理士。1980年，慶應義塾大学文学部卒業。慶應義塾大学大学院博士課程心理学専攻を修了後，明星大学人文学部，筑波大学心身障害学系助教授を経て，2001年より慶應義塾大学文学部教授，現在に至る。専門は，臨床発達心理学，応用行動分析学。カリフォルニア大学サンディエゴ校客員教授（2007〜2008年）。著書に『応用行動分析で特別支援が変わる』（図書文化社），『できる！をのばす　行動と学習の支援：応用行動分析によるポジティブ思考の特別支援教育』などがある。

## ■監訳者

**武藤　崇**（むとう　たかし）

臨床心理士。1992年，筑波大学第二学群人間学類卒業。1998年に筑波大学大学院心身障害学研究科修了（博士〔心身障害学〕；筑波大学）。筑波大学心身障害学系技官・助手（1998〜2001年），立命館大学文学部助教授・准教授（2001〜2010年）を経て，2010年より同志社大学心理学部教授，現在に至る。ACBS（The Association for Contextual Behavioral Science）の日本支部である「ACT Japan」の代表（2010年〜現在）。また，ネバダ大学リノ校客員研究教授として，S. C. ヘイズ博士の研究室に所属（2007〜2008年）。著書・訳書に『よくわかるACT』（監訳・共訳，星和書店），『ACTハンドブック』（編著，星和書店），『ACTをはじめる』（共訳，星和書店）などがある。

**熊野宏昭**（くまの　ひろあき）

医師・臨床心理士。1985年，東京大学医学部卒業。東京大学心療内科医員，東北大学大学院医学系研究科人間行動学分野助手，東京大学大学院医学系研究科ストレス防御・心身医学（東京大学心療内科）助教授・准教授などを経て，2009年から，早稲田大学人間科学学術院教授。心身症，摂食障害，パニック障害などを対象に，薬物療法や面接治療に加え，認知行動療法，アクセプタンス＆コミットメント・セラピー（ACT），マインドフルネスなどの行動医学的技法を積極的に用いている。著書に，『マインドフルネスそしてACTへ──二十一世紀の自分探しプロジェクト』（星和書店），『ストレスに負けない生活』（ちくま新書），『新世代の認知行動療法』（日本評論社），訳書に『ACT（アクセプタンス＆コミットメント・セラピー）をまなぶ』（共監訳，星和書店），などがある。

■**訳者一覧**（五十音順）

石川健介（いしかわ　けんすけ）
　　金沢工業大学心理科学研究所准教授，臨床心理士（第10章担当）
宇留鷲美紀（うるわし　みき）
　　早稲田大学人間科学学術院心理相談室相談補助員，臨床心理士（第8章担当）
大月　友（おおつき　とむ）
　　早稲田大学人間科学学術院専任講師，臨床心理士（第4章担当）
菊田和代（きくた　かずよ）
　　同志社大学心理臨床センター相談員，臨床心理士（第1章担当）
川井智理（かわい　とものり）
　　早稲田大学人間科学研究科（第5章担当）
木下奈緒子（きした　なおこ）
　　日本学術振興会特別研究員PD（アイルランド国立大学客員研究員），臨床心理士（第11章担当）
熊野宏昭（監訳者略歴参照）（第5，8章担当）
小島美夏（こじま　みなつ）（全般）
是村由佳（これむら　ゆか）
　　（株）コレムラ技研バラスト運営責任者／慶應義塾大学先導研究センター共同研究員（第2章担当）
佐々木里恵（ささき　りえ）
　　医療法人秀峰会楽山（心療内科）心理士，臨床心理士（第5章担当）
佐藤友哉（さとう　ともや）
　　早稲田大学大学院人間科学研究科博士後期課程（第3章担当）
嶋田洋徳（しまだ　ひろのり）
　　早稲田大学人間科学学術院教授，臨床心理士（第3章担当）
田中善大（たなか　よしひろ）
　　浜松医科大学児童青年期精神医学講座特任助教（第6章担当）
野田　航（のだ　わたる）
　　浜松医科大学子どものこころの発達研究センター特任助教（第7章担当）
藤田彩香（ふじた　あやか）
　　NPO法人STEPこども発達相談室心理相談員（第3章担当）
三田村　仰（みたむら　たかし）
　　京都文教大学臨床心理学部専任講師，臨床心理士（第9章担当）
三宅佑果（みやけ　ゆか）
　　早稲田大学重点領域研究機構応用脳科学研究所研究補助者（第8章担当）
武藤　崇（監訳者略歴参照）（第1，2章担当）

## 関係フレーム理論（RFT）をまなぶ

2013年12月 9 日　初版第 1 刷発行
2022年 6 月23日　初版第 3 刷発行

著　者　ニコラス・トールネケ
監修者　山本淳一
監訳者　武藤　崇，熊野宏昭
発行者　石澤雄司
発行所　㈱星和書店
〒168-0074　東京都杉並区上高井戸1-2-5
電話　03（3329）0031（営業部）／03（3329）0033（編集部）
FAX　03（5374）7186（営業部）／03（5374）7185（編集部）
http://www.seiwa-pb.co.jp

Printed in Japan　　　　　　　　　　　　　　ISBN978-4-7911-0862-6

・本書に掲載する著作物の複製権・翻訳権・上映権・譲渡権・公衆送信権（送信可能化権を含む）は（株）星和書店が保有します。
・ JCOPY 〈(社)出版者著作権管理機構　委託出版物〉
本書の無断複製は著作権法上での例外を除き禁じられています。複製される場合は，そのつど事前に（社）出版者著作権管理機構（電話03-5244-5088，FAX 03-5244-5089，e-mail：info@jcopy.or.jp）の許諾を得てください。

## アクセプタンス＆
## コミットメント・セラピー（ACT）
## 第2版

マインドフルな変化のためのプロセスと実践

スティーブン・C・ヘイズ，他 著　武藤崇，他 監訳
A5判　640p　定価：本体4,800円＋税

1999年にヘイズらによりACTに関する初めての書が出版された。2012年に大幅に内容が改訂された第2版が出版。本書は、その第2版の翻訳である。ACTの神髄を体得できる基本マニュアルである。

## ACT（アクセプタンス＆コミットメント・セラピー）ハンドブック

臨床行動分析によるマインドフルなアプローチ

武藤 崇 編　A5判　384p　定価：本体3,200円＋税

ACTの哲学や理論から、ACTのトリートメント・モデル、そのエビデンス、他のセラピーやトリートメント・モデルとの比較・対照まで、本書一冊で、ACTの全体像を知ることができる。

## 行動分析学研究アンソロジー2010

日本行動分析学会 編
藤健一，望月昭，武藤崇，青山謙二郎 責任編集
B5判　320p　定価：本体3,500円＋税

行動分析学初学者の「行動分析学的な研究とはどのようなものか」の問いに具体的に答えるために編纂された。哲学、理論、基礎実験、応用実験、実践と多岐にわたる珠玉の論文21編を収載。

発行：星和書店　http://www.seiwa-pb.co.jp

## ACT(アクセプタンス＆コミットメント・セラピー)をはじめる
セルフヘルプのためのワークブック

S・C・ヘイズ，S・スミス 著　武藤崇，他 訳
B5判　344p　定価：本体2,400円+税

ACTは、新次元の認知行動療法といわれる最新の科学的な心理療法。本書により、うつや否定的思考をスルリとかわし、よりよく生きる方法を身につけることができる。楽しい練習課題満載。

## よくわかる ACT(アクセプタンス＆コミットメント・セラピー)
明日からつかえる ACT入門

ラス・ハリス 著　武藤崇 監訳
A5判　464p　定価：本体2,900円+税

ACT(アクセプタンス & コミットメント・セラピー)の超・入門書。クライエントとの対話例やメタファー、臨床に使えるワークシートが豊富で、明日からでも ACTを臨床場面で使いこなすことができる。

## 使いこなす ACT(アクセプタンス＆コミットメント・セラピー)
セラピーの行き詰まりからの抜け出しかた

ラス・ハリス 著　武藤崇 監修　三田村仰，他 監訳
A5判　264p　定価：本体2,800円+税

ACT実践家のために、セラピーの行き詰まりから抜け出す方略を示した臨床家向けガイドブック。初心者だけでなくすべてのセラピストが行き詰まりから解き放たれ、ACTをうまく使いこなし、効果的にセラピーを行うために。

発行：星和書店　http://www.seiwa-pb.co.jp

## ACT（アクセプタンス＆コミットメント・セラピー）をまなぶ
セラピストのための機能的な臨床スキル・トレーニング・マニュアル

J・B・ルオマ，S・C・ヘイズ，R・D・ウォルサー 著
熊野宏昭，高橋 史，武藤 崇 監訳
A5判　628p　定価：本体3,500円＋税

近年際立って関心の高まっているACTは、文脈的認知行動的介入であり、言語がもつ有害な機能と言語能力が人間の苦しみにおいて果たす役割に対して、解毒剤になりうるものを提供する。

『ACT（アクセプタンス＆コミットメント・セラピー）をまなぶ』学習用DVD
## ACTをみる：エキスパートによる面接の実際

ジェイソン・B・ルオマ，スティーブン・C・ヘイズ，ロビン・D・ウォルサー
熊野宏昭，高橋 史，武藤 崇 監訳
DVD1枚　収録時間：2時間7分　［A5付属テキスト］104p
定価：本体6,000円＋税

DVDの視聴で『ACTをまなぶ』を120％活用できる！
※DVDには字幕がついておりませんが、スクリプトのすべてを掲載した日本語テキスト付きです。

## ACT（アクセプタンス＆コミットメント・セラピー）を実践する
機能的なケース・フォーミュレーションにもとづく臨床行動分析的アプローチ

パトリシア・A・バッハ，ダニエル・J・モラン 著
武藤 崇，吉岡昌子，石川健介，熊野宏昭 監訳
A5判　568p　定価：本体4,500円＋税

アクセプタンス＆コミットメント・セラピーを実施する上で必要となるケース・フォーミュレーションを主として解説。また、行動を見るための新鮮な方法も紹介。

発行：星和書店　http://www.seiwa-pb.co.jp

## マインドフルネスそしてACT(アクト)へ
(アクセプタンス&コミットメント・セラピー)
二十一世紀の自分探しプロジェクト

熊野宏昭 著　四六判　164p　定価：本体1,600円＋税

「ACT＝アクセプタンス＆コミットメント・セラピー」と、マインドフルネスという2600年前にブッダが提唱した心の持ち方を結びつけながら、今を生きるためのヒントを探る。

## 10代のための
## 人見知りと社交不安のワークブック
人付き合いの自信をつけるための認知行動療法と
ACT(アクト)(アクセプタンス＆コミットメント・セラピー)の技法

ジェニファー・シャノン 著　ダグ・シャノン イラスト
クリスティーン・A・パデスキー 序文　小原圭司 訳
B5判　136p　定価：本体1,200円＋税

認知行動療法やアクセプタンス＆コミットメント・セラピーを基礎にしたトレーニングで、人見知りや社交不安を克服。豊富なイラストや事例、エクササイズは、10代の若者向けに工夫されている。

## セラピストが10代のあなたにすすめる
## ACT(アクト)ワークブック
悩める人がイキイキ生きるための自分のトリセツ

ジョセフ・V・チャロッキ，ルイーズ・ヘイズ，アン・ベイリー 著
スティーブン・C・ヘイズ 序文　武藤崇 監修　大月友，他 監訳
A5判　216p　定価：本体1,700円＋税

最新の科学的な心理療法ACTに基づいて、心理的な苦悩に対処し、自分らしい価値ある人生を生きるためのスキルを教える。若い人向けに分かりやすく解説され、楽しい練習課題が満載のワークブック。

発行：星和書店　http://www.seiwa-pb.co.jp

## 認知行動療法家のための
## ACT（アクセプタンス＆コミットメント・セラピー〈アクト〉）ガイドブック

ジョセフ・V・チャロッキ，アン・ベイリー 著
武藤崇，嶋田洋徳 訳・監訳　黒澤麻美，佐藤美奈子 訳
A5判　300p　定価：本体3,200円＋税

本書を学ぶことにより、認知行動療法家がすでに身につけてきた技法を、ACTという新しい〈臨床のOS〉上で実際に「動かす」ことができる。本書は、新世代のCBTのための完全利用ガイドである。

## 不安障害のためのACT（アクセプタンス＆コミットメント・セラピー〈アクト〉）
### 実践家のための構造化マニュアル

ゲオルグ・H・アイファート，ジョン・P・フォーサイス 著
三田村仰，武藤崇 監訳　三田村仰，武藤崇，荒井まゆみ 訳
A5判　464p　定価：本体3,400円＋税

本書は、不安障害で苦しんでいる人に対するアクセプタンス＆コミットメント・セラピーという心理療法について、その実際の面接の始まりから終わりまでを描いたガイドラインである。

## マインドフルにいきいき働くためのトレーニングマニュアル
### 職場のためのACT（アクセプタンス＆コミットメント・セラピー）

ポール・E・フラックスマン，フランク・W・ボンド，フレデリック・リブハイム 著　武藤崇，土屋政雄，三田村仰 監訳
A5判　328p　定価：本体2,500円＋税

職場でのストレスチェックが義務化された。本書で紹介するACTに基づくトレーニング・プログラムは、職場で働く人の満足感を高め、仕事の成績を改善し、良好な人間関係を築き、心の健康を増進させる。

発行：星和書店　http://www.seiwa-pb.co.jp